古事記解義

言霊百神

［新装版］

小笠原孝次 著

七沢賢治 監修

和器出版株式会社

凡例

一　本書は、一九六九年六月一日に東洋館出版社から刊行された小笠原孝次著『言霊百神』を原本とし、七沢賢治の監修により、一部校訂を加え新装版として刊行したものである。

一　原本を忠実に表現することを原則としているが、明らかな誤記や誤植は改めた。

一　原本の意味を変更しない範囲で、踊り文字、見出しの一部に必要最小限の修正および補足等を加えた。

一　原本の漢字の旧字体・異体字については、原則としては新字体・標準字体に改めた。ただし、引用文、熟語、慣用句、名詞などで特別な意味合いを持つ場合には、原書のまま旧字体・異体字を用いた。

一　原本の旧仮名遣いは、原則として、引用文以外は、現代仮名遣いに改めた。

一　図表に番号を付し、検索の便をはかった。

一　読解の便をはかるために、原則として本文の漢字、旧仮名文字、外国語にルビを振った。ただし、ローマ字表記、漢数字表記の西暦年号、凡例、巻末についてはルビを一部除外した。

一　圏点とルビが重複している場合には、原則としてルビを親文字の右側に、圏点を親文字の左側に付加した（ただし一部例外あり）。

一　ルビについては、原則として著者の小笠原孝次氏が生前に実際に使用していた読み方を採用した。

一　文中には、ひらがな表記とカタカナ表記の混在、漢字表記とカタカナ表記の混在、異字同訓、新旧の漢字の混在、中国語の漢字の混在などが存在しているが、引用文以外は、明らかな誤記や誤植でない限り原本の表記を尊重した。

一　他の著作物からの引用方法は、直接引用と間接引用が混在している。内容を要約した間接引用については、明らかな誤記や誤植でない限り原本の表記を尊重した。ただし引用文が原文と大きく異なる場合には必要最小限の修正および補足等を加えた。

一　検証の便をはかるために、引用文には原則として出典、情報源等を明記した。

一　小笠原孝次著『言霊百神』（新装版）、『言霊精義』（新装版）と、『言霊開眼』（新装版）の内容を比較すると、本文、図表、引用文等について、表記内容や解釈内容が異なる場合がある。それらの違いの背景には、著者自身の考え方の変化が影響している可能性があるため、著書を記した時々の著者の考え方を尊重し、原則的に修正等は加えていない（一部例外あり）。

一　「天之御中主神の形」を示す記号について（天之御中主神【言霊ウ】の節中）。新装版初版では旧版『言霊百神』（東洋館出版社一九六九年）の表記にならったが、監修者判断により、第二版からより適切と思われる表記に変更した。

一　『言霊百神』原本（一九六九年六月一日刊行）の本文中に引用されている『古事記』引用文は、『訂正古訓古事記』本居宣長訓（享和三年癸亥十月発行）底本の『古事記』幸田成友校訂（岩波書店一九二七年）を底本としていると推測される。そのため『言霊百神』（新装版）第一刷発行（二〇一四年六月一日）は、『古事記』幸田成友校訂（岩波書店一九二七年）を底本とし、真福寺本その他を以て校訂した。

第二版では、第一版で底本とした幸田成友校訂『古事記』（岩波書店一九二七年）が誤訓および誤表記等があったことを理由に絶版となったため、改訂版『古事記』（岩波書店一九三七年）および改正版『古事記』（岩波書店一九四三年）を底本とし、さらに『古事記伝』（岩波書店一九四一年）および『訂正古訓古事記』（勉誠社一九八一年）を参照した上で、著者の意図を変更しない範囲で、必要最小限の修正および補足等を加えた。修正と補足は次のように行った。

・原則として著者の表記を地の文として残した。

・校訂の際、底本とした『古事記』と表記の異同がある場合には、その語句の次に括弧を挿入して、異同の実際を示した。修正後の一例を次に示す。

【第一七頁　天地のはじめ（初発）の時……】地の文は著者の表記。括弧内は校訂後に追加されたもの。

一　和器出版株式会社の設立に伴い、「言霊学会」並びに小笠原孝次氏、山腰明將氏の遺稿等は、株式会社七沢研究所より和器出版株式会社に移管された。そのことにより、第三版から奥付の発行者および発行所名が変更されている。

一　第四版では、著者の他の著書を参照しながら、ルビ・送り仮名・漢字の読み・句点などについて新たに校正を行い、より適切な表記に改めた。書物は原則として二重括弧を付与して表記したが、複数の書物や経典を総称していると考えられる場合は、鉤括弧等の記号を付与せず示した。

一　第三版では「イキシチニヒミイリヰ」と「イ・キシチニヒミイリ・ヰ」の表記が混在していたが、第四版では「イ・キシチニヒミイリ・ヰ」に統一した。

一　第四版では、参考文献の追加、著者・監修者の紹介文の改定を行った。

はしがき

言霊《げんれい》の冊子《さっし》が出来《でき》た出来《でき》たんだ　出来《でき》たんだよと大空《おおぞら》に叫《さけ》ぶ

一年近《いちねんちか》くの間毎月少《あいだまいつきすこ》しずつ書《か》いては謄写版《とうしゃばん》に刷《す》って来《き》た古事記百神《こじきひゃくしん》の講義《こうぎ》は本号《ほんごう》を以《もっ》て一段落《いちだんらく》した。言霊《げんれい》を離《はな》れて日本《にほん》を説《と》き神道《しんとう》を語《かた》ることを得《え》ず、布斗麻邇《フトマニ》を学《まな》ばずして人類《じんるい》の哲学宗教《てつがくしゅうきょう》を語《かた》ることを得《え》ない。キリストは神《かみ》の子羊《こひつじ》として再臨《さいりん》し、仏陀《ぶっだ》は下生《げしょう》することが約束《やくそく》されているが、その所謂救世主《いわゆるきゅうせいしゅ》の実体《じったい》として改《あらた》めて世界《せかい》に齎《もた》らされるものがすなわち三種《さんしゅ》の神器《じんぎ》であり、神即言葉《かみそくことば》の原理《げんり》であり、摩尼宝珠《まにほうじゅ》と云《い》われるところの言霊百神《げんれいひゃくしん》の道《みち》である。

ここに嘗《かつ》て先師山腰明将氏《せんしやまこしあきまさし》、武智時三郎氏《たけちときさぶろうし》に就《つい》て学《まな》び、更《さら》にみずから新《あら》たに思索《しさく》して得《え》たところをまとめ上《あ》げて、不完全《ふかんぜん》ながら此《こ》の百神《ひゃくしん》の原理《げんり》の一通《ひととお》りの解説《かいせつ》を予定通《よていどお》り終《お》えることが出来《でき》た。手製《てせい》の粗末《そまつ》な謄写版《とうしゃばん》刷《ず》りのプリントであり、もとより内容《ないよう》を充分《じゅうぶん》に尽《つく》し得《え》たものではないが、三千年来秘密《さんぜんねんらいひみつ》に附《ふ》されて、全人類《ぜんじんるい》の渇仰《かつごう》と待望《たいぼう》の的《まと》であった精神《せいしん》の宝《たから》がいよいよ世界《せかい》に顕《あら》われることとなる。出口《でぐち》のない袋小路《ふくろこうじ》の超世紀末的《ちょうせいきまってき》どん詰《づま》りにひしめき悶《も》掻《が》き合《あ》っている現代物質科学文明《げんだいぶっしつかがくぶんめい》、覇道主義《はどうしゅぎ》、帝国主義《ていこくしゅぎ》の生存競争《せいぞんきょうそう》の世界《せかい》を永遠《えいえん》の生命《いのち》の道《みち》に渡《わた》す指導原理《しどうげんり》の入門書《にゅうもんしょ》としての差当《さしあた》っての役目《やくめ》を果《はた》すことだろう。「末《すえ》の世《よ》の麻《あさ》の乱《みだ》れは草薙《くさなぎ》の太刀《たち》よりほかに釈《と》くものぞなき」と古歌《こか》にある。神《かみ》も魔《ま》も、資本主義《しほんしゅぎ》も共産主義《きょうさんしゅぎ》も、キリスト教《きょう》も仏教《ぶっきょう》も斎《ひと》しく人類《じんるい》精神《せいしん》の完成《かんせい》された原理《げんり》である百神《ひゃくしん》の法《ほう》に遵《したが》わねばならぬ時《とき》である。プリント一《いち》から九《きゅう》までを一冊《いっさつ》に綴《と》じて、少部数《しょうぶすう》だがパンフレットの形《かたち》にして置《お》いた。お申《もう》し出下《でくだ》されば、なるべくお目《め》に懸《かか》ってお話《はなし》を伺《うかが》った上《うえ》で差上《さしあ》げる。

この冊子《さっし》をテキストとして、本来《ほんらい》の神道《しんとう》が拠《よ》って立《た》つところの比類《ひるい》のない神道独特《しんとうどくとく》の原理《げんり》の組《く》み立《た》てを一通《ひとと》おり弁《わきま》えて頂《いただ》き、共《とも》に手《て》を携《たずさ》えて更《さら》に此《こ》の神即言葉《かみそくことば》の道《みち》の深奥微妙《しんおうびみょう》の部分《ぶぶん》を究《きわ》めて行《い》こう。世界《せかい》の覚者《かくしゃ》を糾合《きゅうごう》してそのための研究機関《けんきゅうきかん》も開設《かいせつ》しなければならない。時《とき》は来《き》た。人間《にんげん》の魂《たましい》の中《なか》に復古再臨《ふっこさいりん》するキリスト、降臨《こうりん》する天孫《てんそん》、生命《いのち》の城《まち》、下生《げしょう》する仏陀《ぶつだ》、比喩的《ひゆてき》な表現《ひょうげん》であるが、時《とき》が熟《じゅく》して心《こころ》の天之岩戸《あまのいわと》の扉《とびら》を開《ひら》いて現《あら》われて来《く》る太古神代《たいこかみよ》ながらの人間精神《にんげんせいしん》の全貌《ぜんぼう》を「百敷《ももしき》の大宮《おほみや》」と云《い》われる形而上《けいじじょう》の原理《げんり》の完全《かんぜん》な体系《たいけい》に組織《そしき》するのである。資本主義《しほんしゅぎ》も共産主義《きょうさんしゅぎ》も、科学者《かがくしゃ》も、宗教家《しゅうきょうか》も、哲学者《てつがくしゃ》も天壌無窮《てんじょうむきゅう》、万世一系《ばんせいいっけい》と云《い》われる永劫不《えいごうふ》変《へん》の人間自体《にんげんじたい》の本性《ほんしょう》すなわち仏性《ぶっしょう》に還《かえ》る時《とき》である。その時《とき》が今到来《いまとうらい》した。

「みたまあがり、去《い》にませし神《かみ》は今《いま》ぞ来《き》ませる。魂箱《たまばこ》もちて去《さ》りたるみたま、魂返《たまか》へしなせそ」（石上神宮《いそのかみじんぐう》鎮魂歌《ちんこんか》）。魂箱《たまばこ》とは言霊《ことたま》すなわち摩尼《まに》、Manna《マンナ》のはいった箱《はこ》、すなわち真奈壺《まなつぼ》であるアイウエオ五十音図《ごじゅうおんず》のことである。

『古事記《こじき》』、『日本書紀《にほんしょき》』の「神代巻《じんだいのかん》」を必《かなら》ず座右《ざゆう》にして此《こ》の冊子《さつし》をお読《よ》み下《くだ》さい。

第三文明会《だいさんぶんめいかい》・皇学研究所《こうがくけんきゅうしょ》　小笠原《おがさわら》孝次《こうじ》

昭和三十九年《しょうわさんじゅうきゅうねん》九月《くがつ》　六郷《ろくごう》にて

はしがき追記《ついき》

『言霊百神古事記解義《げんれいひやくしんこじきかいぎ》』のプリントは昭和三十九年《しようわさんじゆうきゆうねん》一先《ひとま》ず完成《かんせい》して、幾冊《いくさつ》かを知人《ちじん》に頒布《はんぷ》したが、これと云《い》う反響《はんきよう》は起《おこ》らなかった。四十年《よんじゆうねん》の夏《なつ》、神道天行居《しんどうてんこうきよ》の井上俊治氏《いのうえしゆんじし》がこれを読《よ》んで感激《かんげき》して下《くだ》さった。同氏《どうし》は同年秋出版《どうねんあきしゆつぱん》した『第三文明《だいさんぶんめい》への通路《つうろ》』の英語訳《えいごやく》を試《こころ》み、引続《ひきつづ》いて『言霊百神《げんれいひやくしん》』の翻訳《ほんやく》に従事《じゆうじ》し、四十一年《よんじゆういちねん》春《はる》に両方共完結《りようほうともかんけつ》した。『第三文明《だいさんぶんめい》への通路《つうろ》』の訳《やく》は差当《さしあた》ってセレファックス印刷《いんさつ》で筆記原稿《ひつきげんこう》のまま百部《ひやくぶ》を冊子《さつし》に作成《さくせい》し、次《つ》いで『言霊百神《げんれいひやくしん》』の方《ほう》は井上氏《いのうえし》がタイプライターで原紙《げんし》を作《つく》って下《くだ》さったので、これも二百部印刷《にひやくぶいんさつ》製本《せいほん》してある。

四十一年三月《よんじゆういちねんさんがつ》から七月《しちがつ》にかけて第三文明会《だいさんぶんめいかい》に於《おい》て「言霊百神《げんれいひやくしん》」の講義《こうぎ》を行《おこな》った。その時《とき》テキストとして配布《はいふ》したプリントを講義《こうぎ》と並行《へいこう》しながら改《あらた》めて原稿《げんこう》に書《か》き直《なお》した。プリントは自分《じぶん》で原紙《げんし》を切《き》り謄写《とうしや》しなければならなかったから、手間《てま》を省《はぶ》くために文章《ぶんしよう》を成《な》るべく短《みじ》かくはしょって簡潔《かんけつ》に書《か》き、用語《ようご》も勢《いきお》い抽象語《ちゆうしようご》を多《おお》く用《もち》いてあったから、そうした点《てん》を訂正《ていせい》し、更《さら》に必要《ひつよう》な説明《せつめい》や解釈《かいしやく》を追加《ついか》した。内容《ないよう》は倍以上《ばいいじよう》になった。

繰返《くりかえ》し述《の》べるが、もとより本書《ほんしよ》が完全《かんぜん》なものであるわけがない。何故《なぜ》ならば概念《がいねん》や比喩《ひゆ》を以《もつ》て完全《かんぜん》に麻邇《まに》を説明《せつめい》する事《こと》は不可能《ふかのう》であって、完全《かんぜん》なものは布斗麻邇《フトマニ》五十音《ごじゅうおん》そのものであるからである。斯《こ》うして概念《がいねん》や比《ひ》喩《ゆ》や行道《ぎょうどう》を以《もっ》て五十音《ごじゅうおん》を釈《と》くことは、人間《にんげん》の精神原理《せいしんげんり》としての「神《かみ》の言葉《ことば》」言霊《げんれい》の発生《はっせい》と構造《こうぞう》と運行《うんこう》を著者《ちょしゃ》自身《じしん》の現在《げんざい》の時点《じてん》に於《おい》て、一応全体《いちおうぜんたい》として理解把握《りかいはあく》しようとする業《ごう》であって、この説明《せつめい》が布斗麻邇《フトマニ》そのものではない。これを読《よ》む人《ひと》はこの説明《せつめい》を「指月《しげつ》の指《ゆび》」として、更《さら》に各自《かくじ》が五十音《ごじゅうおん》の把握体得《はあくたいとく》に努《つと》めて頂《いただ》かなければならない。

昭和四十三年秋《しょうわよんじゅうさんねんあき》、ニューヨーク・タイムズとデイリーメールと朝日新聞社《あさひしんぶんしゃ》が日本《にほん》の神代歴史《じんだいれきし》と神道原理《しんとうげんり》に関《かん》心《しん》を持《も》って、『ジス・イズ・ジャパン』の誌上《しじょう》で、特派員《とくはいん》のＲ・グルード氏《し》の筆《ふで》で青森県《あおもりけん》のキリスト遺跡《いせき》の探訪《たんぼう》記事《きじ》が載《の》せられ、末尾《まつび》に第三文明会《だいさんぶんめいかい》の活動《かつどう》が紹介《しょうかい》されてあった。こうした事《こと》もあって第三文明会《だいさんぶんめいかい》から『古事《こじ》記《き》解義《かいぎ》 言霊百神《げんれいひゃくしん》』の出版《しゅっぱん》に就《つい》て一方《ひとかた》ならぬ協力援助《きょうりょくえんじょ》を頂《いただ》いたことに就《つい》て深《ふか》く感謝申《かんしゃもう》し上《あ》げる。

昭和四十四年二月《しょうわよんじゅうよねんにがつ》　幡ケ谷《はたがや》にて

目次

巻末

挿図目次

言霊百神

言《げん》霊《れい》図《ず》

天《あま》津《つ》菅《すが》麻《そ》

	ワ	ナ	ラ	マ	ヤ	ハ	サ	カ	タ	ア
(を)	ヲ	ノ	ロ	モ	ヨ	ホ	ソ	コ	ト	オ
	ウ	ヌ	ル	ム	ユ	フ	ス	ク	ツ	ウ
(ゑ)	ヱ	ネ	レ	メ	ヱ	ヘ	セ	ケ	テ	エ
(ゐ)	ヰ	ニ	リ	ミ	イ	ヒ	シ	キ	チ	イ

天《あま》津《つ》金《かな》木《ぎ》

	ワ	ラ	ヤ	マ	ハ	ナ	タ	サ	カ	ア
(ゐ)	ヰ	リ	イ	ミ	ヒ	ニ	チ	シ	キ	イ
	ウ	ル	ユ	ム	フ	ヌ	ツ	ス	ク	ウ
(ゑ)	ヱ	レ	ヱ	メ	ヘ	ネ	テ	セ	ケ	エ
(を)	ヲ	ロ	ヨ	モ	ホ	ノ	ト	ソ	コ	オ

天《あま》津《つ》太《ふと》祝《のり》詞《と》

	ワ	サ	ヤ	ナ	ラ	ハ	マ	カ	タ	ア
(ゐ)	ヰ	シ	イ	ニ	リ	ヒ	ミ	キ	チ	イ
(ゑ)	ヱ	セ	ヱ	ネ	レ	ヘ	メ	ケ	テ	エ
(を)	ヲ	ソ	ヨ	ノ	ロ	ホ	モ	コ	ト	オ
	ウ	ス	ユ	ヌ	ル	フ	ム	ク	ツ	ウ

図表-1｜**言霊図**

開闢《かいびゃく》（中今《なかいま》の意義《いぎ》）（母音半母音《ぼいんはんぼいん》）

天地《あめつち》のはじめ（初発《はじめ》）の時《とき》

天地《あめつち》は今此処《いまここ》で絶《た》えず開闢《かいびゃく》しつつある。『古事記《こじき》』が説《と》く「天地《あめつち》のはじめ」とは天文学《てんもんがく》や生物学《せいぶつがく》や歴史《れきし》の上《うえ》の観念《かんねん》で取扱《とりあつか》うところの事物《じぶつ》の初《はじ》めを云《い》っているのではない。『古事記《こじき》』「神代巻《じんだいのかん》」は必《かなら》ずしも過《す》ぎ去《さ》った大昔《おおむかし》の事《こと》を取扱《とりあつか》っているわけではない。今《いま》が、そして此処《ここ》が、すなわちnow-here《ナウヒア》が恒常《こうじょう》に天地《あめつち》の初《はじ》めの時《とき》であり場所《ばしょ》である。すなわち天地《あめつち》は実際《じっさい》に今《いま》、此処《ここ》で絶《た》えず剖判《ぼうはん》し開闢《かいびゃく》しつつある。その今《いま》を永遠《えいえん》の今《いま》と云《い》う。この事《こと》を禅《ぜん》では「一念普《いちねんあまね》く観《かん》ず無量劫《むりょうごう》、無量劫《むりょうごう》の事即《じすなわ》ち如今《にょこん》」（『無門関《むもんかん》』第四十七則《だいよんじゅうななそく》）などと云《い》う。「永《えい》劫《ごう》の相《そう》」（スピノザ）とも云《い》う。そしてその場所《ばしょ》が常《つね》に宇宙《うちゅう》の中心《ちゅうしん》である。この今《いま》、此処《ここ》を「中今《なかいま》」（『続日本紀《しょくにほんぎ》』）と云《い》う。

この始原《しげん》である中今《なかいま》から天地《あめつち》は瞬間《しゅんかん》に剖判《ぼうはん》して、忽然《こつぜん》として森羅万象《しんらばんしょう》を現出《げんしゅつ》する。言霊麻邇《げんれいまに》はその瞬間《しゅんかん》に活動《かつどう》する生命《せいめい》の知性《ちせい》の内容《ないよう》でありその原律《げんりつ》である。この恒常《こうじょう》の天地《あめつち》の初《はじ》めである「中今《なかいま》」を把握《はあく》することがあらゆる事物《じぶつ》をその根源《こんげん》から理解《りかい》する上《うえ》の正規《せいき》の出発点《しゅっぱつてん》である。仏教《ぶっきょう》、キリスト教《きょう》、儒教等《じゅきょうなど》の古来《こらい》の哲学《てつがく》宗教《しゅうきょう》の修証《しゅしょう》である「空《くう》」「悟《さと》り」「救《すく》われ」「天《てん》」などと云《い》われる宗教上《しゅうきょうじょう》の体認《たいにん》はすべて此《こ》の中今《なかいま》を把握《はあく》することに他《ほか》ならない。そしてこの中今《なかいま》と云《い》う天地《あめつち》のはじめの把握《はあく》が神道《しんとう》に入《はい》る門《もん》であり、神道《しんとう》の出発点《しゅっぱつてん》である。布斗麻邇《フトマニ》とはこの「空《くう》」である中今《なかいま》の精神的大宇宙《せいしんてきだいうちゅう》、法界《ほっかい》の中《なか》に活現《かつげん》する人間生命《にんげんせいめい》の自覚内容《じかくないよう》、すなわち、『般若経《はんにゃきょう》』で云《い》う「諸法《しょほう》の空相《くうそう》」と『法華経《ほけきょう》』で云《い》う「諸法《しょほう》の実相《じっそう》」の原理《げんり》と原律《げんりつ》のことであり、並《なら》びにその原理原律《げんりげんりつ》を人間《にんげん》の自覚《じかく》と自主自律性《じしゅじりつせい》の下《もと》に社会国家《しゃかいこっか》に活用《かつよう》して行《い》く方法《ほうほう》を云《い》うのである。

高天原《たかあまはら》

ここでは精神界《せいしんかい》、法界《ほっかい》、または本体界《ほんたいかい》と云《い》うほどの意味《いみ》に取《と》ったらよい。この言葉《ことば》は用《もち》いる時《とき》と所《ところ》によって夫々《それぞれ》多少《たしょう》の意義《いぎ》の相違《そうい》がある。一塵《いちじん》も止《とど》めぬ清浄無垢《せいじょうむく》な「空《くう》」と云《い》われる全大宇宙《ぜんだいうちゅう》の境涯即世界《きょうがいそくせかい》、及《およ》びその「空《くう》」の内容《ないよう》である実在実相《じつざいじっそう》が組織《そしき》された完成体《かんせいたい》が形而上《けいじじょう》の高天原《たかあまはら》である。そしてその高天原《たかあまはら》の原理《げんり》を把持《はじ》し教伝《きょうでん》し、それを以《もっ》て文明《ぶんめい》を指導《しどう》する世界《せかい》の教庁《きょうちょう》、政庁《せいちょう》である本来《ほんらい》の日本《にほん》の朝廷《あさにわ》が形而下《けいじか》の高天原《たかあまはら》である。

高天原《たかあまはら》の語原《ごげん》は「天津太祝詞《あまつふとのりと》」五十音図上段《ごじゅうおんずじょうだん》の音《おん》の配列《はいれつ》である「タカマハラナヤサ」にある。故《ゆえ》にこれをタカマハラまたはタカアマハラと訓《よ》むことが正式《せいしき》の読《よ》み方《かた》である。

成《な》りませる神《かみ》の名《みな》は

「なる」と云《い》う大和言葉《やまとことば》は成《な》、熟《な》、生《な》、鳴《な》等《など》の義《ぎ》に解《かい》せられる。漢字《かんじ》が輸入《ゆにゅう》された後《のち》、聖徳太子《しょうとくたいし》はこの様《よう》にして五十音神代仮名表音文字《ごじゅうおんかみよかなひょうおんもじ》に漢字《かんじ》の榜《ふりがな》を附《ふ》して、その意義《いぎ》を限局《げんきょく》して顕《あら》わした。『古事記《こじき》』を読《よ》むにはそれを構成《こうせい》している漢字《かんじ》を一旦元《いったんもと》の大和言葉《やまとことば》に還元《かんげん》して、その広汎《こうはん》な包括的《ほうかつてき》な意義《いぎ》を見《み》て行かなければならない。神《かみ》の生成《せいせい》を客観的《きゃくかんてき》な「それ」の問題《もんだい》と考《かんが》えず、自己内面《じこないめん》の霊性《れいせい》の自覚《じかく》とその自己表現《じこひょうげん》である言語《げんご》(言霊《げんれい》)の発生《はっせい》と観《み》て、「なる」と云《い》う言葉《ことば》に鳴《なる》と云《い》う字《じ》を榜《ふりがな》にすると、此処《ここ》の所《ところ》の理解《りかい》が出来《でき》る。

天之御中主神《あめのみなかぬしのかみ》【言霊《げんれい》ウ】

天地《あめつち》のはじめの宇宙《うちゅう》の時間空間《じかんくうかん》及《およ》び次元《じげん》の中心《ちゅうしん》、すなわち「中今《なかいま》」の直接的《ちょくせつてき》な知覚体《ちかくたい》を云《い》う。易《えき》で云《い》う「太極《たいきょく》」のことであり、宇宙《うちゅう》がその姿《すがた》を現《あら》わす最初《さいしょ》の様相《ようそう》であり、我《われ》なるものの自覚《じかく》の出発《しゅっぱつ》であって、この我《われ》は自覚《じかく》と同時不可分《どうじふかぶん》に存在《そんざい》する。すなわち我《われ》と云《い》うものの最《もっと》も原始的《げんしてき》な端的《たんてき》な存在状態《そんざいじょうたい》を云《い》う。換言《かんげん》すれば宇宙生命《うちゅうせいめい》の活動《かつどう》である人間《にんげん》の知性霊性《ちせいれいせい》が現《あら》われる始原《しげん》であり出発《しゅっぱつ》であって、人間《にんげん》はこの根拠淵源《こんきょえんげん》を是《こ》れ以上更《いじょうさら》に遡《さかのぼ》ることは出来《でき》ない。時間空間《じかんくうかん》は無限《むげん》であって、然《しか》もその無限《むげん》の奥《おく》を伺《うかが》い知《し》ろうとすることは不可能《ふかのう》である。

すなわち人間《にんげん》には無限《むげん》と云《い》う限界《げんかい》があり、無限《むげん》と云《い》う壁《かべ》がある事《こと》であると云《い》うことが出来《でき》る。

そこでも早《は》やこれ以上先《いじょうさき》には行《い》けないのであるから引《ひ》き返《かえ》すより他《ほか》はない。この引《ひ》き返《かえ》すことを自己返照《じこへんしょう》と云《い》う。この時何処《ときどこ》へ引《ひ》き返《かえ》すかと云《い》うと、その究極《きゅうきょく》の無限《むげん》から出《で》て来《く》る究極《きゅうきょく》の有限《ゆうげん》へであって、それは今《いま》の瞬間《しゅんかん》と此《こ》の場所《ばしょ》である。このようにして宇宙《うちゅう》の無限《むげん》と有限《ゆうげん》の関係《かんけい》の確立《かくりつ》が体認《たいにん》される。その無限《むげん》を天《あめ》と云《い》う。宇宙《うちゅう》と云《い》うことである。その有限《ゆうげん》を中主《なかぬし》と云《い》う、「中今《なかいま》」の自覚者《じかくしゃ》（主《ぬし》）と云《い》うことである。御中主《みなかぬし》のみは形《けい》容詞《ようし》と取《と》っても、霊《み》の義《ぎ》と取《と》ってもよい。天之御中主神《あめのみなかぬしのかみ》の形《かたち》を図示《ずし》すれば左《さ》の如《ごと》くなるであろう。

（天之御中主神《あめのみなかぬしのかみ》の形《かたち》）

然《しか》らば何故《なにゆえ》にこの「中今《なかいま》」の自覚態《じかくたい》が言霊《げんれい》ウであるかと云《い》うと、ウ音《おん》は人間《にんげん》が発《はっ》する最初《さいしょ》の言葉《ことば》であるから、その音《おん》と精神内容《せいしんないよう》とを合《あ》わせてあるものである。言葉《ことば》と心《こころ》を合《あ》わせることを「裏合《うらあ》へまかなはす」と云《い》う。裏《うら》は心《うら》である。かなは神名《かな》すなわち音《おん》であり言葉《ことば》である。また天之御中主神《あめのみなかぬしのかみ》が言霊《げんれい》ウであることを確立《かくりつ》する時《とき》、この後《あと》から顕《あら》われる百神《ひゃくしん》の生成《せいせい》の上《うえ》に妥当《だとう》であるから、ウでなければならぬことが逆《ぎゃく》に証明《しょうめい》される。ウに榜《ふりがな》をすれば有《う》・生《う》・動《う》・相《う》・産《う》である。

また然《しか》らばこの「中今《なかいま》」の始原《しげん》の知覚《ちかく》であるウ言霊《げんれい》の心理的正体《しんりてきしょうたい》は何《なん》であるかと云《い》うと、人間《にんげん》のみならずあらゆる動植物《どうしょくぶつ》を通《つう》じて、最初《さいしょ》の最《もっと》も単純《たんじゅん》な、原始的《げんしてき》な、直接的《ちょくせつてき》な、衝動的《しょうどうてき》な、本能的《ほんのうてき》な精神活動《せいしんかつどう》は感覚《かんかく》であり、人間《にんげん》にあっては眼耳鼻舌身《げんにびぜつしん》（色声香味触法《しきしょうこうみそくほう》）の五官感覚《ごかんかんかく》である。宇宙《うちゅう》に生命《せいめい》が発現《はつげん》しても、なお未《いま》だ自《じ》と云《い》う主体《しゅたい》と、他《た》と云《い》う客体《きゃくたい》が剖判《ぼうはん》する以前《いぜん》、すなわち思惟《しゆい》である知性《ちせい》が活動《かつどう》する以前《いぜん》に於《お》いて、何《なに》かが有《あ》ると云《い》うその中今《なかいま》の知覚《ちかく》の正体《しょうたい》は実《じつ》はこの最《もつと》も単純《たんじゅん》な感覚《かんかく》である。人《ひと》が朝眼《あさめ》を醒《さ》ます場合《ばあい》、また嬰児《えいじ》の知性《ちせい》が発現《はつげん》する場合《ばあい》も、最初《さいしょ》にこの自他未剖《じたみぼう》の感覚《かんかく》が活動《かつどう》する。アメーバもクロレラも既《すで》にこの感覚《かんかく》を持《も》っている。然《しか》らば此《こ》の感覚《かんかく》とは何《なん》であり、その内容《ないよう》は如何《いか》なるものであるかと云《い》う自覚《じかく》と判断《はんだん》はその後《のち》の知性《ちせい》の活動《かつどう》による所《ところ》のものであって、感覚《かんかく》そのものの作用《さよう》ではない。これは宇宙剖判《うちゅうぼうはん》、自他分離以後《じたぶんりいご》の問題《もんだい》である。

高御産巣日神《たかみむすびのかみ》【言霊《げんれい》ア】
神産巣日神《かみむすびのかみ》【言霊《げんれい》ワ】

カミムスビとは噛《か》み合《あ》わされて結《むす》ばれること。この作用《さよう》で言葉《ことば》も物体《ぶったい》も生《う》まれて来《く》る。高御産巣日《たかみむすび》のタと云《い》う接頭語《せっとうご》は音義《おんぎ》としてはタと云《い》う陽性《ようせい》の積極音《せっきょくおん》であり、語義《ごぎ》は田《た》であって、天照大御神《あまてらすおほみかみ》の御営田《みつくだ》（八咫鏡《やたのかがみ》）すなわち五十音言霊《ごじゅうおんげんれい》のことである。同《おな》じくカミムスビであっても其処《そこ》にタすなわち神田《みつくだ》（みとしろ）、すなわち精神《せいしん》の自覚《じかく》の作用《さよう》がある側《がわ》がタカミムスビであり、その自覚《じかく》のない方《ほう》がただのカミムスビである。前者《ぜんしゃ》はアであり、後者《こうしゃ》はワである。アは天《あ》・吾《あ》・朝《あ》・明《あ》であり、ワは和《わ》・我《わ》・輪《わ》等《など》の義《ぎ》に限局《げんきょく》されて用《もち》いられる。

天之御中主神《あめのみなかぬしのかみ》ウは渾然《こんぜん》たる一者《いっしゃ》であるが、この一者《いっしゃ》から初《はじ》めて天地《あめつち》が剖判《ぼうはん》を開始《かいし》する。天地《あめつち》が剖《わか》れてアとワに対立《たいりつ》すると云《い》うことは、吾《あ》と我《わ》（汝《な》）の二《ふた》つに剖《わか》れると云《い》うことである。易《えき》の「陽儀《ようぎ》と陰儀《いんぎ》」「主体《しゅたい》と客体《きゃくたい》」「主観《しゅかん》と客観《きゃっかん》」「積極《せっきょく》と消極《しょうきょく》」「霊《れい》と体《たい》」「精神《せいしん》と物質《ぶっしつ》」と云《い》う始原《しげん》の対立《たいりつ》する二者《にしゃ》として宇宙《うちゅう》が先《ま》ず剖判《ぼうはん》した姿《すがた》である。

ウ・ア・ワの三音《さんおん》を造化三神《ぞうかさんしん》と云《い》う。宇宙《うちゅう》がこのように三者《さんしゃ》に剖《わか》れたと云《い》う事《こと》は、それが人間《にんげん》の知性《ちせい》を以《もっ》てその様《よう》に判《わか》ったと云《い》う事《こと》と同時不可分《どうじふかぶん》の消息《しょうそく》である。客観的《きゃくかんてき》な宇宙《うちゅう》の剖判《ぼうはん》と主観的《しゅかんてき》な認識《にんしき》の判断《はんだん》とは一事実《いちじじつ》の表裏両面《ひょうりりょうめん》であって、どちらか片方《かたほう》だけでは事実《じじつ》にならない。天之御中主《あめのみなかぬし》（ウ）と云《い》う渾然《こんぜん》たる始原《しげん》の一者《いっしゃ》が活動《かつどう》を開始《かいし》する時《とき》、忽《たちま》ち宇宙《うちゅう》はこの「見《み》る者《もの》」と「見《み》られる者《もの》」、「知《し》る者《もの》」と「知《し》られる者《もの》」の両者《りょうしゃ》に剖判《ぼうはん》する。この事《こと》は人間《にんげん》の知性《ちせい》に定《さだ》められた第一《だいいち》の宿命《しゅくめい》である。布斗麻邇《フトマニ》に於《お》ける原則《げんそく》の第一《だいいち》である。

独神《ひとりがみ》

独神《ひとりがみ》とはそれ自体《じたい》で宇宙全体《うちゅうぜんたい》を占有《せんゆう》し、遍在《へんざい》する実在《じつざい》を云《い》う。その占有《せんゆう》する一《ひと》つの宇宙《うちゅう》を次元《じげん》と云《い》う。宇宙《うちゅう》は連続的《れんぞくてき》な時間空間《じかんくうかん》の拡《ひろ》がりであると共《とも》に、その時間空間《じかんくうかん》が連続《れんぞく》していない不連続《ふれんぞく》の次元《じげん》の重畳《ちょうじょう》である。大宇宙《だいうちゅう》の中《なか》には数段階《すうだんかい》の宇宙《うちゅう》が重複《ちょうふく》して存在《そんざい》している。これを次元《じげん》と云《い》う。その夫々《それぞれ》の次元界《じげんかい》を「独神《ひとりがみ》」

と云《い》う。

「実体《じったい》とはそれ自体《じたい》に於《おい》て存在《そんざい》し、自身《じしん》に依《よ》って理解《りかい》され、その概念《がいねん》に他《ほか》の概念《がいねん》を要《よう》せざるもの」（スピノザ『エチカ』）と説《と》かれる如《ごと》きものが独神《ひとりがみ》である。仏教《ぶっきょう》に於《おい》て仏乗《ぶつじょう》（イ）・菩薩乗《ぼさつじょう》（エ）・縁覚乗《えんがくじょう》（ア）・声聞乗《しょうもんじょう》（オ）・衆生乗《しゅじょうじょう》（ウ）と云《い》われ、或《ある》いは地《ち》（イ）・水《すい》（オ）・風《ふう》（ア）・火《か》（エ）・空《くう》（ウ）と云《い》われる段階《だんかい》がそうした次元《じげん》の重畳《ちょうじょう》の姿《すがた》である。概念《がいねん》を以《もっ》て云《い》えば例《たと》えば吾《あ》（ア）、汝《な》（ワ）、芸術《げいじゅつ》（ア）、科学《かがく》（ヲ《を》）、歴史《れきし》（オ）、道徳《どうとく》（エ）などのようにそれ自体《じたい》で独立《どくりつ》して全宇宙《ぜんうちゅう》を占有《せんゆう》するものの事《こと》である。『日本書紀《にほんしょき》』では「独神《ひとり》」を「純男《をとこのかぎり》」（ひたをとこ）と記《しる》してある。全宇宙《ぜんうちゅう》を占有《せんゆう》して他《た》と対立《たいりつ》することがないことである。

身《みみ》を隠《かく》したまひき

現象《げんしょう》としての存在《そんざい》でないこと、現象《げんしょう》として姿《すがた》を現《あら》わさぬことである。たとえば吾《われ》と云《い》うものの夫々《それぞれ》の現象《げんしょう》は存在《そんざい》するが、その吾《われ》そのものは現象《げんしょう》することがないこと。また例《たと》えば歴史《れきし》と云《い》うものの種々《しゅじゅ》の相《そう》は存在《そんざい》するが、歴史自体《れきしじたい》を現象《げんしょう》として捕《とら》えることは出来《でき》ない。すなわちカントの云《い》う「物《もの》それ自体《じたい》」Ding an-sich《ディング アン ズイヒ》である。物事《ものごと》の実在実体《じつざいじったい》それ自身《じしん》は学問的《がくもんてき》にはただ抽象的概念《ちゅうしょうてきがいねん》としてのみ存在《そんざい》し、宗教的《しゅうきょうてき》にはただ自覚《じかく》の内《ない》容《よう》としてのみ存在《そんざい》して、具体性《ぐたいせい》、具象性《ぐしょうせい》がない、すなわちそれは空相《くうそう》のものであって、実相《じっそう》のものではないのである。

国稚《くにわか》く浮脂《うきあぶら》の如《ごと》くして

渾沌《こんとん》が僅《わず》かに剖《わ》かれ初《はじ》めて、未《いま》だ現象《げんしょう》を発《はっ》せざる、実在《じつざい》、実体《じったい》だけの母音《ぼいん》、半母音《はんぼいん》の世界《せかい》のことである。アイウエオを少名彦神《すくなひこのかみ》と云《い》う。少《すく》は稚《わかい》（若《わか》）、名《な》は言葉《ことば》と云《い》う意味《いみ》で、若《わか》い言葉《ことば》と云《い》うことである。アイウエオは大自然界《ブラーマ》の音《おん》すなわち梵音《ぼんおん》であり、「アワアワ」とのみ云《い》う嬰児《えいじ》の幼稚《ようち》な言葉《ことば》である。

浮脂《うきあぶら》は水上《すいじょう》に浮《うか》ぶ脂《あぶら》の如《ごと》く、キラキラと光彩《こうさい》を顕《あら》わしてはいるが、未《いま》だ浮遊《ふゆう》していて定《さだ》かには捕《とら》えられない状態《じょうたい》。この浮脂《うきあぶら》がやがて後述《こうじゅつ》するキシチニヒミイリの八父韻《はちふいん》である。

水母《くらげ》（くらげ）なす漂《ただよ》（ただよ）へる時《とき》に

「くらげ」は暗《くら》げの咒示《じゅじ》である。渾沌《こんとん》の有様《ありさま》。「山《やま》の端《は》をいづる影《かげ》こそさやけれ海《うみ》なる月《つき》のくらげなるかな」とある。この月《つき》は仏教《ぶっきょう》の真如《しんによ》の月《つき》である。山《やま》と海《うみ》とは山幸彦《やまさちびこ》と海幸彦《うみさちびこ》で、言霊百神《げんれいひやくしん》の意義《いぎ》を学《まな》んで行《い》くと、最後《さいご》にこの古歌《こか》の真義《しんぎ》が釈《と》ける。

宇麻志阿斯訶備比古遅神《うましあしかびひこぢのかみ》　【言霊《げんれい》ヲ《を》】

うまし（可美《うまし》）は形容詞《けいようし》。葦《あし》の芽《め》の如《ごと》く、或《ある》いはその根《ね》の如《ごと》く、連続《れんぞく》し連鎖《れんさ》して何処《どこ》までも伸《の》び拡《ひろ》がって行《い》って止《や》まない性状《せいじょう》を持《も》った実体《じったい》。ヲ《を》は尾《を》、緒《を》である。生命《せいめい》の玉《たま》（霊《たま》）を聯《つら》ねるその玉《たま》の緒《を》のことである。

天之常立神《あめのとこたちのかみ》　【言霊《げんれい》オ】

大自然宇宙《だいしぜんうちゅう》すなわち天《あめ》が恒常《こうじょう》に成立《せいりつ》する原因《げんいん》である実体《じったい》である。玉《たま》の緒《を》は所謂弁証法的《いわゆるべんしょうほうてき》な段階《だんかい》を以《もっ》て無限《むげん》に連続連鎖《れんぞくれんさ》発展拡大《はってんかくだい》して行《い》く。その形《かたち》は△▽✡である。ヲ《を》はワの系列《けいれつ》、オはアの系列《けいれつ》であるが、ヲ《を》もオも同一《どういつ》の実体《じったい》である。

国之常立神《くにのとこたちのかみ》　【言霊《げんれい》エ】

地《くに》すなわち国《くに》が恒常《こうじょう》に成立《せいりつ》する原因基盤《げんいんきばん》である実体《じったい》。「くに」は大自然《だいしぜん》から発生《はっせい》してそれから分離独立《ぶんりどくりつ》した人間《にんげん》の知性活動《ちせいかつどう》の自覚《じかく》による創造《そうぞう》の所産《しょさん》である。『日本書紀《しょき》』には「国底立尊《くにそこたちのみこと》」とある。その基盤《きばん》（底《そこ》）の形《かたち》は⊞⊠⧆である。易《えき》で云《い》う八卦《はっけ》の基盤《きばん》である。この基盤《きばん》の原律《げんりつ》の把握《はあく》は神道及《しんとうおよ》び易《えき》に於《お》ける、広《ひろ》く東洋《とうよう》哲学独特《てつがくどくとく》のものである。神道《しんとう》ではこの基盤《きばん》の内容《ないよう》をヒチシキミリイニの八韻《はちいん》として捉《とら》え、易《えき》では数《かず》を以《もっ》て、或《あ》いは乾兌《けんだ》離《り》震《しん》巽《そん》坎《かん》艮《ごん》坤《こん》と云《い》う概念《がいねん》を以《もっ》て表現《ひょうげん》する。

豊雲野神《とよくもぬのかみ》　【言霊《げんれい》ヰ《ゐ》】

豊《とよ》は十四《とよ》と云《い》う数《かず》の咒示《じゅじ》。「アイウエオ、ワ、ヒチシキミリイニ」の基本的十四言霊《きほんてきじゅうよんげんれい》であり、また天之常《あめのとこ》立《たち》の✡六数《ろくすう》に、国之常立《くにのとこたち》の⧆八数《はっすう》を加《くわ》えれば十四数《じゅうよんすう》を得《う》る。十四《じゅうよん》は布斗麻邇《フトマニ》の基本数理《きほんすうり》の一《ひと》つである。豊《とよ》葦原瑞穂国《あしはらみずほのくに》と云《い》う場合《ばあい》の豊《とよ》は此《こ》の意味《いみ》であり、十四数《じゅうよんすう》の基本《きほん》を以《もっ》て言霊《げんれい》を組《くみ》（雲《くも》）立《た》てる道理《どうり》の実体《じったい》を云《い》う。言霊ヰ《げんれいゐ》は言霊《げんれい》エの内容《ないよう》が具現《ぐげん》したもので、ヰ《ゐ》はワの内容《ないよう》、エはアの内容《ないよう》であって、同《おな》じ意義《いぎ》のものである。『日本書紀《しょき》』ではこれを「豊斟渟尊《とよくみ(む)ぬのみこと》、豊組野尊《とよくむぬ(の)のみこと》、豊香節野尊《とよかふ(ぶ)しぬ(の)のみこと》、浮経野豊買尊《うき(か)ふ(ぶ)ぬ(の)のとよかふのみこと》、葉子国野尊《はこくにぬ(の)のみこと》」等《ら》と説《と》いている。浮経野《うきふぬ》は浮船《うきふね》であり、葉子国《はこくに》は箱国《はこくに》である。言語《げんご》は船《ふね》にたとえられる。吾《あ》である此岸《しがん》から汝《な》である彼岸《ひがん》に渡《わた》すからこれを天鳥船《あめのとりふね》、天浮船《あめのうきふね》と云《い》う。その浮船《うきふね》を造《つく》る基本原理原律《きほんげんりげんりつ》が豊雲《とよくも》である。また五十音図《ごじゅうおんず》は方形《はこがた》のものであるから箱《はこ》と云《い》う。言霊《げんれい》を入《い》れる箱《はこ》を玉箱《たまばこ》（玉櫛笥《たまぐしげ》、玉手箱《たまてばこ》）と云《い》う。真《ま》名壺《なつぼ》とも云《い》う。仏教《ぶっきょう》で云《い》う大乗《だいじょう》すなわち大船《たいせん》や、キリスト教《きょう》で云《い》うノアの方舟《はこぶね》の義《ぎ》とも相通《あいつう》じている。エ、ヱ《ゑ》は慧《ゑ》・絵《ゑ》・柄《ゑ》・選《え》であって、物事《ものごと》の要点《ようてん》を選択把握《せんたくはあく》する知的実体《ちてきじったい》、すなわち叡智《えいち》である。

識《しき》の原《げん》因《いん》原《げん》律《りつ》（八《はち》父《ふ》韻《いん》）

宇《う》比《ひ》地《ぢ》邇《に》神《のかみ》　【言《げん》霊《れい》チ】
妹《いも》須《す》比《ひ》智《ぢ》邇《に》神《のかみ》　【言《げん》霊《れい》イ】

宇《う》は地《ち》に比《ひ》するに近《ちか》（邇《ちか》）し、須《す》べからく智《ち》に比《ひ》するに似《に》（邇《に》）たりなどと訓《よ》むことが出来《でき》る。然《しか》し『古事記《こじき》』神名《しんめい》はすべて呪文《じゅもん》であり謎《なぞ》であって、このような訓《よ》み方《かた》や文字《もじ》だけから此《こ》の父韻《ふいん》の実体《じったい》であるチ、イの音《おん》を答《こた》えとして引《ひ》き出《だ》そうとすることは極《きわ》めて困難《こんなん》な仕事《しごと》である。『日本書紀《にほんしょき》』には「埿土煮尊《うひぢにのみこと》、沙土煮尊《すひぢにのみこと》」「埿土根尊《うひぢねのみこと》、沙土根尊《すひぢねのみこと》」とある。

角杙神《つぬぐひのかみ》　【言《げん》霊《れい》キ】
妹活杙神《いもいくぐひのかみ》　【言《げん》霊《れい》ミ】

角《つの》の活《はた》らきの杙《くい》すなわち柱《はしら》、拠《よ》り代《しろ》、生《い》きることの拠《よ》り代《しろ》となる音《おん》と云《い》うほどの意味《いみ》と解《かい》せられよう。『日《に》本書紀《ほんしょき》』には「角檝尊《つのくひのみこと》、活檝尊《いくくひのみこと》」とある。

意富斗能地神《おほとのぢのかみ》【言霊《げんれい》シ】
妹大斗乃弁神《いもおほとのべのかみ》【言霊《げんれい》リ】

オホは思《おも》うであり、また大《おほ》である。大《おほ》いなる思《おも》いを斗《はか》（量《はか》）る土台《どだい》（地《ち》）となり、弁《わきまへ》となる音《おん》と云《い》う意《い》味《み》と解《かい》すればよいだろう。斗能《との》（斗乃《との》）を殿《との》と釈《と》けば神殿《しんでん》のことである。殿《との》をあらかと訓《よ》むとき、五十音《ごじゅうおん》の麻邇字《まにじ》を粘土盤《ねんどばん》に刻《きざ》んで焼《や》いた五十音図《ごじゅうおんず》を瓦《いらか》または甕《みか》と云《い》う。いらかとあらかとは同義語《どうぎご》であり、神《かみ》を顕《あら》わしたものと云《い》う意味《いみ》で、それはやがて神社《じんじゃ》と云《い》うことにもなる。そうした意味《いみ》の殿《との》すなわち五十音図《ごじゅうおんず》の土《ど》台《だい》となる音《おん》と云《い》う如《ごと》く意富斗能地《おほとのぢ》、弁《わきまへ》と解《かい》してもよかろう。『日本書紀《にほんしょき》』には「大戸之道尊《おほとのぢのみこと》、大苫辺尊《おほとまべのみこと》」「大戸摩彦尊《おほとまひこのみこと》、大戸摩姫尊《おほとまひめのみこと》」「大富道尊《おほとまぢのみこと》、大富辺尊《おほとまべのみこと》」とある。

淤母陀琉神《おもだるのかみ》【言霊《げんれい》ヒ】

妹阿夜訶志古泥神《いもあやかしこねのかみ》【言霊《げんれい》ニ】

オモタルは面足《おもたる》であって、事物《じぶつ》が外面《がいめん》に開発《かいはつ》し、表面《ひょうめん》が完成《かんせい》した心《こころ》。アヤカシコネはあやにかしこき音《ね》の義《ぎ》。この神名《しんめい》からはそのまま素直《すなお》に言霊《げんれい》の意味《いみ》が肯《うなず》ける。『日本書紀《にほんしょき》』には「面足尊《おもだるのみこと》、惶根尊《かしこねのみこと》」「吾屋惶根尊《あやかしこねのみこと》、忌橿城尊《いむかしきのみこと》」「青橿城根尊《あをかしきねのみこと》、吾屋橿城尊《あやかしきのみこと》」とある。

扨《さ》て、是等《これら》八神《はっしん》の神名《しんめい》からチイキミシリヒニの八父韻《はちふいん》の意義《いぎ》を的確《てきかく》に探《さぐ》り出《だ》そうとすることは前述《ぜんじゅつ》の如《ごと》くまことに困難《こんなん》である。要《よう》は神代《かみよ》の皇室《こうしつ》の口伝《くでん》による秘法《ひほう》として継承《けいしょう》されて来《き》た言霊《げんれい》の八父韻《はちふいん》に、後《あと》から是等《これら》の神名《しんめい》を宛《あ》てて、その文字《もじ》と概念《がいねん》によって漠然《ばくぜん》とながらそれを肯《うなず》くことが出来《でき》るように編纂《へんさん》したものの如《ごと》くであって、此《こ》の八父韻《はちふいん》に就《つい》てばかりでなく、記紀《きき》の特《とく》に「神代巻《じんだいのかん》」の神名《しんめい》はすべて言霊麻邇《げんれいまに》とその操作法《そうさほう》を示《しめ》し現《あら》わすための、禅《ぜん》の所謂《いわゆる》「指月《しげつ》の指《ゆび》」としての意義《いぎ》と役目《やくめ》があるだけのものである。神道《しんとう》の実体《じつたい》である言霊《げんれい》が先《ま》ず存《そん》して、概念的《がいねんてき》な神名《しんめい》は後《あと》から作《つく》られたものである。この順序《じゅんじょ》を逆《ぎゃく》にして神名《しんめい》の訓古《くんこ》と意味《いみ》の常識的《じょうしきてき》な詮索《せんさく》だけから神道《しんとう》に入《はい》ろうとする時《とき》、指月《しげつ》の指《ゆび》であることを無視《むし》して真如《しんにょ》の実体《じったい》を把《とら》えることはほとんど不《ふ》可能《かのう》に終《おわ》る。

更《さら》にそうした意味《いみ》の神名《しんめい》が指示《しじ》する本体《ほんたい》である言霊《げんれい》を捕《とら》えずして、神名《しんめい》を神名《しんめい》のままで如何《いか》にもったい振《ぶ》って担《かつ》ぎまわったとて、それは中実《なかみ》を知《し》らずして容《い》れ物《もの》を尊重《そんちょう》するようなもので虚仮《こけ》の仕業《しわざ》に過《す》ぎない。言霊《げんれい》の意義《いぎ》に気付《きづ》かぬ従来《じゅうらい》の神道《しんとう》の方法《ほうほう》を以《もつ》てしては記紀《きき》の神名《しんめい》は永久《えいきゅう》に釈《と》くことの出来《でき》ない謎《なぞ》であり、それと同時《どうじ》に神道《しんとう》そのものも永遠《えいえん》の謎《なぞ》のままで居《い》なければならぬ。

然《しか》らば言霊《げんれい》を指示《しじ》するこうした神名《しんめい》は後世記紀編纂《こうせいききへんさん》の時《とき》に全部改《ぜんぶあらた》めて創作《そうさく》されたものであるかと云《い》うと、必《かなら》ずしもそうではないのであって、蘇我入鹿《そがのいるか》が焼《や》いたと云《い》われる『天皇紀《てんのうき》』、『国記《こくき》』などや、今日残存《こんにちざんそん》している『竹内文献《たけうちぶんけん》』や、『ウエツフミ』等《など》の如《ごと》き太古時代《たいこじだい》の皇統譜《こうとうふ》、古文献《こぶんけん》の中《なか》から、言霊《げんれい》の表現《ひょうげん》によく当嵌《あては》まるような天皇名《てんのうめい》や人名《じんめい》を選《えら》び出《だ》して、記紀《きき》の神名《しんめい》として用《もち》いたものであることが推測《すいそく》される。殊《こと》に『竹内《たけうち》文献《ぶんけん》』と記紀《きき》「神代巻《じんだいのかん》」とでは編纂《へんさん》の目的《もくてき》と立場《たちば》を全然異《ぜんぜんこと》にして居《お》り、前者《ぜんしゃ》は純粋《じゅんすい》の歴史的事実《れきしてきじじつ》の記録《きろく》であり、後者《こうしゃ》は国体原理《こくたいげんり》を編《あ》んであるのだが、双方《そうほう》に多《おお》くの共通《きょうつう》の神名《しんめい》が順序《じゅんじょ》を異《こと》にして用《もち》いられてある理由《りゆう》が今日《こんにち》まで未解決《みかいけつ》であった。元来太古神代《がんらいたいこかみよ》の天皇《てんのう》の諡名《おくりな》や人名《じんめい》は「言霊布斗麻邇《げんれいフトマニ》」の意義《いぎ》に従《したが》って組《く》み立《た》てられた所《ところ》のものであるから、この事《こと》を逆《ぎゃく》にその天皇名《てんのうめい》や人名《じんめい》を借《か》りて来《き》て元《もと》の言霊原理《げんれいげんり》を指示《しじ》する概念的呪文《がいねんてきじゅもん》として用《もち》いることは可能《かのう》な事《こと》であり、然《しか》も適切《てきせつ》なことであるわけである。

宇宙《うちゅう》は初《はじ》め渾沌《こんとん》であり暗黒《あんこく》である。これに物質《ぶっしつ》の振動《しんどう》としての音波《おんぱ》、光波《こうは》、電磁波《でんじは》があり、精神《せいしん》には同《おな》じく振動《しんどう》である霊波《れいは》、念波《ねんぱ》としての意識《いしき》の活動《かつどう》がある。物《もの》と云《い》わず心《こころ》と云《い》わずすべて振動《しんどう》し輻射《ふくしゃ》するものを光《ひか》り、すなわち霊馳《ひか》りと云《い》う。その高御産巣日《たかみむすび》と神産巣日《かみむすび》すなわち伊邪那岐《いざなぎ》と伊邪那美《いざなみ》である物心両儀《ぶっしんりょうぎ》の霊馳《ひか》りが感応同交《シンクロナイズ》して現象《げんしょう》が現《あら》われる。これが生命《せいめい》の活動《かつどう》である。生命《せいめい》がなければ現象《げんしょう》は現《あら》われることがない。「生命《いのち》は人《ひと》の光《ひかり》なりき。光《ひかり》は暗黒《くらき》に照《て》る、而《しか》して暗黒《くらき》は之《これ》を悟《さと》らざりき。」（『新約聖書《しんやくせいしょ》』「ヨハネ福音書《ふくいんしょ》」第一章《だいいっしょう》）とある。

八父韻《はちふいん》は現象《げんしょう》である『法華経《ほけきょう》』の云《い》う諸法《しょほう》の実相《じっそう》が顕《あら》われる契機《モーメント》（きっかけ）である。それは未《いま》だ物《もの》でもなく心《こころ》でもなく、その物《もの》と心《こころ》、主体《しゅたい》（アオウエイ）と客体《きゃくたい》（ワヲ《を》ウヱ《ゑ》ヰ《ゐ》）との間《あいだ》を渡《わた》し、結《むす》び付《つ》けて、其処《そこ》に刹那《せつな》の間《あいだ》に、森羅万象《しんらばんしょう》を現出《げんしゅつ》せしめるところの光《ひかり》の原律《げんりつ》、色《しき》の原素《げんそ》であり、識《しき》を生《しょう》ずる根本《こんぽん》の縁《えん》である所《ところ》の知性《ちせい》の基盤《きばん》をなすものである。

それは後述《こうじゅつ》する伊邪那岐神《いざなぎのかみ》（主体《しゅたい》）と伊邪那美神《いざなみのかみ》（客体《きゃくたい》）の間《あいだ》を渡《わた》し結《むす》んで、その御子《みこ》である諸法《しょほう》の実相《じっそう》、すなわち事実現象《じじつげんしょう》を生《う》むところの宇宙生命《うちゅうせいめい》の律《リズム》であるから、これを「天浮橋《あまのうきはし》」と云《い》う。主客両儀《しゅきゃくりょうぎ》の間《あいだ》に有《あ》ってあたかも中有《ちゅうう》に浮《う》かんでいる如《ごと》くに考《かんが》えられるから浮橋《うきはし》（ウの気《き》の橋《はし》）と云《い》う。仏教《ぶっきょう》ではこれを此岸《しがん》（吾《あ》、主体《しゅたい》）から彼岸《ひがん》（汝《な》、彼《かれ》、客体《きゃくたい》）に渡《わた》す「石橋《しゃっきょう》」と云《い》い、キリスト教《きょう》では「我《わ》れ雲《くも》の中《なか》に虹《にじ》を起《おこ》さん、これ我《われ》と汝等《なんぢら》との間《あいだ》の限《かぎ》りなき生命《いのち》の契約《けいやく》の徴《しるし》なり」（『旧約聖書《きゅうやくせいしょ》』「創世記《そうせいき》」第九章《だいきゅうしょう》）とあるところのものであり、易《えき》ではこれを乾兌離震巽坎艮坤《けんだりしんそんかんごんこん》（天沢火雷風水山地《てんたくからいふうすいさんち》）の八卦《はっけ》として示《しめ》している。

「淡路島《あわじしま》通《かよ》ふ千鳥《ちどり》の鳴《な》く声《こえ》に」と云《い》う古歌《こか》がある。淡《あわ》とは吾《あ》と我《わ》である。主客両者《しゅきゃくりょうしゃ》が対立交渉《たいりつこうしょう》し感応同交《かんのうどうこう》する時《とき》、その間《あいだ》に絶《た》えず霊《れい》の火花《ひばな》が鳥《とり》のように飛《と》び交《か》い、往復《おうふく》する。この火花《ひばな》を千鳥《ちどり》と云《い》う、生命《いのち》の道《ち》の鳥《とり》である。この霊《れい》の火花《ひばな》を独逸《ドイツ》の神秘哲学《しんぴてつがく》ではFunk《フンク》と云《い》う。この火花《ひばな》の原律《げんりつ》が八父韻《はちふいん》である。

八父韻《はちふいん》の八律《はちりつ》を要約《ようやく》すれば四律《しりつ》である。初《はじ》めに宇宙《うちゅう》が剖判《ぼうはん》した原律《げんりつ》である陰陽《いんよう》の相対《そうたい》が根本原理《こんぽんげんり》として何《ど》処《こ》までも万物《ばんぶつ》を律《りつ》して行《い》く。陰陽《いんよう》を水火《みずほ》（瑞穂《みずほ》）と云《い》う。現象《げんしょう》の原律《げんりつ》である八律《はちりつ》もまた相対的《そうたいてき》なものであって、例《たと》えば一個《いっこ》の物体《ぶったい》を見《み》てもそこに上下《じょうげ》、左右《さゆう》、前後《ぜんご》、内外《ないがい》がある。またその運動《うんどう》から見《み》れば作用《さよう》には必《かなら》ず反作用《はんさよう》がある。八父韻《はちふいん》は二《ふた》つずつ陰陽《いんよう》に組合《くみあ》わされて四律《しりつ》となる。これを「耦生《ぐうせい》の八神《はっしん》」と云《い》う。妹《いも》背《せ》の関係《かんけい》になっている。妹《いも》は五百《いも》の義《ぎ》、すなわち千《ち》（道《ち》）の半分《はんぶん》である。

然《しか》らばこの父韻《ふいん》が生命《せいめい》の原律《げんりつ》として如何《いか》なる韻《ひびき》の意味《いみ》を持《も》っているか、現象《げんしょう》を顕出《けんしゅつ》するところの「八力神《はちりきしん》」と云《い》われるその生命《せいめい》の力《ちから》の出《で》る出《で》かた、契機《きっかけ》を音韻学《おんいんがく》の上《うえ》で凡《およ》そ左図《さず》（図表《ずひょう》2）の如《ごと》くに説明《せつめい》する（山腰明《やまこしあき》將《まさ》氏《し》による）。

チ（タトツテ）　陽出力《ようしゅつりょく》　立《タ》・竹《タ》・手《テ》・血《チ》・道《チ》

イ（ヤヨユヱ）（ゑ）　飛至力《ひしりょく》　矢《ヤ》・射《イ》・湯《ユ》

キ（カコクケ）　陰掻力《いんそうりょく》　書《カ》・毛《ケ》・子《コ》・柿《カ》

ミ（マモムメ）　旋回力《せんかいりょく》　鞠《マ》・円《マ》・廻《マ》・目《メ》・見《ミ》・結《ム》

シ（サソスセ）　透刺力《とうしりょく》　死《シ》・刺《サ》・巣《ス》・皇《ス》・墨《ス》

リ（ラロルレ）　螺婁力《らろうりょく》　針《リ》・見《ル》

ヒ（ハホフヘ）　開発力《かいはつりょく》　葉《ハ》・花《ハ》・穂《ホ》・火《ヒ》・屁《ヘ》・霊《ヒ》

ニ（ナノヌネ）　吸引力《きゅういんりょく》　成《ナ》・飲《ノ》・根《ネ》・煮《ニ》

天《てん》　地《ち》　風《ふう》　水《すい》　雷《らい》　沢《たく》　火《か》　山《さん》

陽《よう》：ヒシキチ

陰《いん》：ニリミイ

図表-2｜**八父韻**

創《そう》造《ぞう》意《い》志《し》（子《し》音《いん》）

伊邪那岐神《いざなぎのかみ》【言霊《げんれい》イ】
伊邪那美神《いざなみのかみ》【言霊《げんれい》ヰ】

この二神《にしん》は『古事記《こじき》』「序文《じょぶん》」に「二霊群品《ふたはしらのかみよろづ》の祖《おや》となりき。」とあるところの造物主《ぞうぶつしゅ》である。事物《じぶつ》はすべて物《もの》夫《そ》れ自体《じたい》すなわち独神《ひとりがみ》で存《そん》したとて現象《げんしょう》にはならぬ。太極《たいきょく》の宇宙自体《うちゅうじたい》の始原感覚《しげんかんかく》ウが剖判《ぼうはん》して両儀《りょうぎ》ア、ワを生《しょう》じ、両儀《りょうぎ》が四象《ししょう》オエヲ《を》ヰ《ゐ》を生《しょう》じ、その四象《ししょう》の知的内容《ちてきないよう》として両儀《りょうぎ》を渡《わた》し結《むす》ぶ八卦《はっけ》が出揃《でそろ》った時《とき》、その両儀《りょうぎ》が物心《ぶっしん》、主客《しゅきゃく》の対立《たいりつ》として交流《こうりゅう》することによって、ここに初《はじ》めて実相《じっそう》、現象《げんしょう》、森羅万象《しんらばんしょう》が生《う》まれる。

心《こころ》があるから物《もの》があり、物《もの》があるから心《こころ》がある。心《こころ》がなければ物《もの》はなく、物《もの》がなければ心《こころ》もない。唯物《ゆいぶつ》論《ろん》と云《い》い唯心論《ゆいしんろん》と云《い》うが、それはいずれか一《ひと》つを捨象《しゃしょう》し他《た》を抽象《ちゅうしょう》したところの観念《かんねん》に過《す》ぎない。物心《ぶっしん》は事《こと》の表裏両面《ひょうりりょうめん》である。「三界唯心《さんがいゆいしん》、万法唯識《ばんぽうゆいしき》」と説《と》く宗教《しゅうきょう》も、唯物史観《ゆいぶつしかん》も人間生命《にんげんせいめい》の知的活動《ちてきかつどう》をその片方《かたほう》のみの世界《せかい》に閉《と》じ込《こ》めて置《お》こうとする無理強《むりじ》いの業《わざ》である。故《ゆえ》に唯心論《ゆいしんろん》は信仰《しんこう》と云《い》う心《こころ》の型《かた》を必要《ひつよう》とし、唯物論《ゆいぶつろん》は政治的《せいじてき》な強権《きょうけん》の枠《わく》を必要《ひつよう》とする。物心《ぶっしん》が交叉《こうさ》し交流《こうりゅう》して初《はじ》めて実相《じっそう》が現前《げんぜん》する。その交流《こうりゅう》の回路《かいろ》もしくは鍵《キー》とし八卦《はっけ》があり、八父韻《はちふいん》があると考《かんが》えてもよい。言霊《げんれい》イ、ヰ《ゐ》はその八父韻《はちふいん》の両端《りょうたん》であり両極《りょうきょく》である。イ、ヰ《ゐ》は生《い》、胃《い》、石《い》、五《い》、居《ゐ》、稲《ゐ》等《など》の義《ぎ》として現《あら》われる。

イ、ヰ《ゐ》はまた隠神《かくりがみ》であって、生命《せいめい》の創造的意欲《そうぞうてきいよく》すなわち意志《いし》である。伊邪那岐《いざなぎ》（神漏岐《かむろぎ》）のキは気《き》であり木《き》であり、精神《せいしん》であり、実相《じっそう》を発現《はつげん》し創造《そうぞう》を行《おこな》う生命意欲《せいめいいよく》の主体《しゅたい》である。伊邪那美《いざなみ》（神漏美《かむろみ》）のミは身《み》であり、物体《ぶったい》であり、実相《じっそう》を発現《はつげん》される客体《きゃくたい》である。神漏岐《かむろぎ》、美《み》のカムロは神室《かむろ》の義《ぎ》であって、この神室《かむろ》である宇宙自体《うちゅうじたい》の始原感覚《しげんかんかく》ウが情《じょう》としてはア、ワに、意《い》としてはイ、ヰ《ゐ》（岐美《きみ》）に剖《わか》れる。イザは誘《いざ》で、創造《そうぞう》の意気込《いきご》みの心《こころ》であって男性《だんせい》と女性《じょせい》とが誘《さそ》い合《あ》う心《こころ》でもある。またイザは十六《いざ》であって、伊邪那岐神《いざなぎのかみ》は天之御《あめのみ》中主神《なかぬしのかみ》から数《かぞ》えて第十六番目《だいじゅうろくばんめ》の神《かみ》であり、伊邪那美神《いざなみのかみ》は第十七番目《だいじゅうななばんめ》の神《かみ》である。宇宙《うちゅう》が剖判《ぼうはん》して第十六《だいじゅうろく》、十七番目《じゅうななばんめ》の段階《だんかい》に到《いた》って初《はじ》めて実相顕現《じっそうけんげん》のための始原《しげん》の創造意志《そうぞういし》が活動《かつどう》を開始《かいし》する。イザをまた去来《いざ》とも書《か》き、こころ（心《こころ》）と訓《よ》ませる。ナギは凪《なぎ》であり、ナミは波《なみ》でもある。

以上《いじょう》のところをもう一度繰返《いちどくりかえ》して説《と》こう。初《はじ》め宇宙《うちゅう》が剖判《ぼうはん》すると高御産巣日《たかみむすび》（アオウエ・イ）と神産巣日《かみむすび》（ワヲ《を》ウヱ《ゑ》・ヰ《ゐ》）に分《わか》れる。仏教《ぶっきょう》ではこれを五大《ごだい》（地水風火空《ちすいふうかくう》）と云《い》い、儒教《じゅきょう》ではこれを五行《ごぎょう》（木火土金《もくかどごん》水《すい》）と云《い》い、キリスト教《きょう》ではこれを五大天使《ごだいてんし》として示《しめ》している。この五行五大《ごぎょうごだい》を「天之御柱《あめのみはしら》」（忌柱《いみばしら》・御量《みはかり》

ア	風《ふう》	木《もく》	東《とう》
オ	水《すい》	水《すい》	北《ほく》
ウ	空《くう》	金《ごん》	西《せい》
エ	火《か》	火《か》	南《なん》
イ	地《ち》	土《ど》	中《ちゅう》

図表-3｜**五行**

柱《ばしら》）と云《い》う。「一心《いっしん》の霊台《れいだい》、諸神変通《しょしんへんつう》の本基《ほんもと》」（『神道《しんとう》五部書《ごぶしょ》』山崎闇斎記《やまざきあんさいき》）と記《しる》されてある。五柱《いつはしら》の独神《ひとりがみ》は五《ご》段階《だんかい》の次元《じげん》の重畳《ちょうじょう》として存《そん》して全宇宙《ぜんうちゅう》を形成《けいせい》している。この五段《ごだん》の重畳《ちょうじょう》を五重《いへ》すなわち家《いえ》と云《い》う。霊肉《れいにく》、生命《せいめい》の本体実体《ほんたいじったい》である。アオウエイ五母音《ごぼいん》を象徴《しょうちょう》と概念《がいねん》を以《もっ》て示《しめ》すと上《うえ》の図《ず》（図表《ずひょう》3）の如《ごと》くなる。

アとワである陰陽両儀《いんようりょうぎ》はオヲ《を》、エヱ《ゑ》を分《わ》けて、その剖《ぼう》判《はん》の最後《さいご》の段階《だんかい》であるイヰ《ゐ》の次元《じげん》に至《いた》って初《はじ》めて「独神《ひとりがみ》」「隠神《かくりがみ》」の境域《きょういき》を離《はな》れて交流《こうりゅう》して実相《じっそう》を生《う》む生命活動《せいめいかつどう》を開始《かいし》する。これを岐美二神《きみにしん》の御子生《みこう》みと云《い》う。そのイ、ヰ《ゐ》の交流《こうりゅう》の道《みち》を生命《いのち》（イの道《ち》）と云《い》う。生命《いのち》の活動《かつどう》を岐美二神《きみにしん》の嫁《とつぎ》の道《みち》と云《い》い、美斗能麻具波比《みとのまぐはひ》と云《い》い、婚《よば》ひと云《い》う。ヨバイは呼《よ》び合《あ》いである。それは母音《ぼいん》（アイウエオ）と半母音《はんぼいん》（ワヰ《ゐ》ウヱ《ゑ》ヲ《を》）が呼《よ》び合《あ》うことであり、また父韻《ふいん》（ヒチシキミリイニ）と母音《ぼいん》（アイウエオ）が呼《よ》び合《あ》うことである。

古神道《こしんとう》ではアオウエイ五母音《ごぼいん》である天之御柱《あめのみはしら》を樹《た》てることをイツキ（斎《いつ》き）と云《い》う。五作《いつき》の義《ぎ》である。トツギ（嫁《とつ》ぎ）は十作《とつぎ》であって、イ・キシチニヒミイリ・ヰ《ゐ》の十音《じゅうおん》の交流《こうりゅう》であり産霊《むすび》である。この産霊《むすび》は父母《ふぼ》音《いん》が互《たがい》に呼《よ》び合《あ》って結合《けつごう》して子音《しいん》（実相《じっそう》）を生《う》むことであるから、これをヨバイ（呼《よ》び合《あ》い、婚《よば》い）と云《い》う。

換言《かんげん》すれば父韻《ふいん》である色《しき》（識《しき》、男性《だんせい》）が母音《ぼいん》である実在《じつざい》（女性《じょせい》）を呼《よ》び出《だ》すことである。隠神《かくりがみ》であり空相《くうそう》である実在《じつざい》は識《しき》の原律《げんりつ》の誘《いざな》によって初《はじ》めてその実相《じっそう》を現《あら》わす。

人類《じんるい》の言語《げんご》の原則《げんそく》である布斗麻邇《フトマニ》の五十音《ごじゅうおん》はこの原則《げんそく》を把持《はじ》し、この原則《げんそく》によって生《う》み出《だ》される。そして同《どう》時《じ》に五十音《ごじゅうおん》そのものが生命《せいめい》の知性《ちせい》の基本《きほん》である原理原則《げんりげんそく》の自己表現《じこひょうげん》となる。真理《しんり》の把握表現方法《はあくひょうげんほうほう》としてこれ以上《いじょう》に正確《せいかく》にして簡潔《かんけつ》なものはない。概念《がいねん》を以《もっ》てする哲学《てつがく》、象形《しょうけい》を用《もち》うる文字《もじ》、特《とく》に漢字《かんじ》、比喩《ひゆ》等《など》を以《もっ》てする呪示象徴《じゅじしょうちょう》の方法《ほうほう》を遥《はる》かに超絶《ちょうぜつ》した人類文明《じんるいぶんめい》の最優秀《さいゆうしゅう》の表現操作方法《ひょうげんそうさほうほう》である。すなわち布斗麻邇《フトマニ》は文明《ぶんめい》の究極《きゅうきょく》であり、その淵源《えんげん》であり、原典《げんてん》である。オメガでありアルファである。斯《こ》うした生命《せいめい》の始原《しげん》の創造的意志活《そうぞうていいしかつ》動《どう》の原理消息《げんりしょうそく》を『古事記《こじき》』は男女《だんじょ》の結婚《けっこん》の様態《ようたい》に擬《なぞら》えて説《と》いているのである。逆《ぎゃく》に男女《だんじょ》の結婚《けっこん》の様態《ようたい》もまた此《こ》の基本《きほん》の原理原律《げんりげんりつ》の具体的顕現《ぐたいてきけんげん》の一《ひと》つであるに他《ほか》ならない。

ところで宇宙《うちゅう》の理法《りほう》である神《かみ》に対《たい》する人間《にんげん》の態度《たいど》が三《みっ》つある。いつきの道《みち》と、とつぎの道《みち》と、そしておろがむ態度《たいど》である。前述《ぜんじゅつ》の如《ごと》くいつきは五作《いつき》で、『古事記《こじき》』「序文《じょぶん》」に「二気《にき》の正《ただ》しきに乗《じょう》じ、五行《ごぎょう》の序《ついで》を斉《ととの》へたまふ。」とあるところのものである。とつぎは十音《じゅうおん》を運用《うんよう》して文明《ぶんめい》を創造《そうぞう》し経営《けいえい》して行《い》く道《みち》である。第三《だいさん》のおろがむ（拝《おろが》む）とは愚《おろ》か者《もの》が神《かみ》に対《たい》する態度《たいど》である。神道《しんとう》は元来生命《がんらいせいめい》の原理《げんり》である神《かみ》を斎《いつ》いで嫁《とつぎ》を行《おこな》う道《みち》である。神《かみ》や仏《ほとけ》を客体《きゃくたい》として対象《たいしょう》としておろがむ態度《たいど》は幼稚《ようち》な魂《たましい》を教育指導《きょういくしどう》するために仏教《ぶっきょう》やキリスト教《きょう》が用《もち》いた方便《ほうべん》であって、その後《のち》日本《にほん》でも神社神道《じんじゃしんとう》が興《おこ》って仏教《ぶっきょう》のやり方《かた》を真似《まね》て民衆《みんしゅう》に臨《のぞ》んだ。覚者《かくしゃ》の文明《ぶんめい》指導運営《しどううんえい》の道《みち》である古神道《こしんとう》には神《かみ》をおろがむ態度《たいど》は存《そん》しない。

岐美二神《きみにしん》は造物主《ぞうぶつしゅ》であり、人間《にんげん》の祖先《そせん》であると従来《じゅうらい》の一般神道家国学者《いっぱんしんとうかこくがくしゃ》は簡単《かんたん》に考《かんが》えている。祝詞《のりと》の中《なか》ではその名《な》を皇御祖《すめみおや》と称《とな》えている。『ウエツフミ』などにも「タカマトヨチ、オホチ（大父《おほち》）カムイザナギノミコト」と記《しる》されてある。然《しか》しここで改《あらた》めてよく考《かんが》えなければならぬ事《こと》はその人間《にんげん》の祖先《そせん》と云《い》うことの意味《いみ》の取《と》り方《かた》である。人間《にんげん》の祖先《そせん》は既《すで》に人間《にんげん》であり、何処《どこ》まで遡《さかのぼ》って行《い》っても依然《いぜん》として人間《にんげん》であって、決《けっ》して猿《さる》にもアメーバにも成《な》らぬ。本来《ほんらい》の神道《しんとう》で云《い》う人間《にんげん》の祖先《そせん》と云《い》う意味《いみ》は、考古学《こうこがく》や生物学的《せいぶつがくてき》な観念《かんねん》から考《かんが》えられた祖先《そせん》と云《い》う意味《いみ》ではない。生物学《せいぶつがく》が説《と》く進化論《しんかろん》は生物界《せいぶつかい》に於《お》ける空間的配列《くうかんてきはいれつ》を試《こころ》みに時間的配列《じかんてきはいれつ》に置《お》き換《か》えて見《み》たところのダーウィンの仮説《かせつ》であることを知《し》らなければならぬ。ヨーロッパ人《じん》が祖先《そせん》と考《かんが》えているキリスト教《きょう》のアダム、イヴの場合《ばあい》もまた神道《しんとう》の場合《ばあい》と同《おな》じであって、肉体《にくたい》の祖先《そせん》のことを云《い》っているのではない。

この神道的《しんとうてき》、キリスト教的人間《きょうてきにんげん》の祖先《そせん》は遠《とお》くに求《もと》める必要《ひつよう》はない。実《じつ》は今《いま》、此処《ここ》に居《い》る我々自体《われわれじたい》として存在《そんざい》している。此《こ》の人間《にんげん》である我々《われわれ》の中《なか》に存在《そんざい》する精神的実在《せいしんてきじつざい》としての始原《しげん》の創造意欲《そうぞういよく》である理体《りたい》すなわち隠神《かくりがみ》を皇御祖伊邪那岐《すめみおやいざなぎ》、美二神《みにしん》と云《い》うのである。その意欲《いよく》を実行《じっこう》する活動者《かつどうしゃ》として先天的性能《せんてんてきせいのう》と後天的可能性《こうてんてきかのうせい》の全部《ぜんぶ》を把持《はじ》し、五体《ごたい》、八識《はっしき》、三十二相《さんじゅうにそう》の揃《そろ》った男女一対《だんじょいっつい》の現実《げんじつ》の人間《にんげん》そのものを岐美二命《きみふたみこと》と云《い》う。

『古事記《こじき》』はすべて人間《にんげん》に顕《あら》われ、人間《にんげん》に自覚《じかく》され、人間《にんげん》の内容《ないよう》と仕業《しわざ》として活動《かつどう》している生命《せいめい》の知性《ちせい》の真理《しんり》を説《と》いている。その真理《しんり》の内容《ないよう》の一《ひと》つ一《ひと》つを夫々《それぞれ》の神又《かみまた》は命《みこと》と云《い》うのである。人間《にんげん》の存在《そんざい》とは無関係《むかんけい》に超絶《ちょうぜつ》して宇宙《うちゅう》に存在《そんざい》する如《ごと》く考《かんが》えられる不可解《ふかかい》な神秘的《しんぴてき》な大《おお》きな何者《なにもの》かを『古事記《こじき》』が神《かみ》と称《しょう》しているのではない。そうした不可解《ふかかい》、不可知《ふかち》なものを信仰《しんこう》したり畏敬《いけい》したりしておろがむことはその人《ひと》の自由《じゆう》であるが。然《しか》しそうした観念《かんねん》や信仰《しんこう》は真理《しんり》として取扱《とりあつか》うことが出来《でき》ない。簡潔《かんけつ》に云《い》えば『古事記《こじき》』は精神《せいしん》としての人間学《にんげんがく》である。この事《こと》を度外視《どがいし》したならば真理《しんり》として『古事記《こじき》』を学《まな》ぶ価値《かち》も必要《ひつよう》もなくなる。ところでイ・ヰ《ゐ》二音《ふたおん》は男女夫婦《だんじょふうふ》の如《ごと》くに交流《こうりゅう》して子音《しいん》を産《う》む音《おん》であるから特《とく》にこれを親音《しんいん》（武智時三郎《たけちときさぶろう》氏《し》の説《せつ》に従《したが》う）と云《い》う。

創《そう》造《ぞう》の序《じょ》曲《きょく》

ここ（是《ここ》）に天津神諸《あまつかみもろもろ》の命《みこと》を以《も》ちて

先天《せんてん》の内容《ないよう》である十七言霊《じゅうななげんれい》を「天津神諸《あまつかみもろもろ》の命《みこと》」と云《い》う。みこととは御言《みこと》である。この十七個《じゅうななこ》を天名《あな》と云《い》う。「あな（穴《あな》）かしこ」と云《い》われるアナであり、先天《せんてん》すなわち先験《せんけん》a-priori《アプリオリ》のことであり、先天《せんてん》とは人間知性《にんげんちせい》の基本的内容《きほんてきないよう》としての実在《じつざい》と識《しき》の原律《げんりつ》である。これを観念的《かんねんてき》に「天神《てんしん》の命令《めいれい》」と云《い》うだけの意味《いみ》に考《かんが》えては原理《げんり》は現《あら》われて来《こ》ない。ミコト（命《みこと》）とは生命《せいめい》のおのずからなる命令《めいれい》であると共《とも》に、その内容《ないよう》と具現《ぐげん》としての御言《みこと》であり、言霊《げんれい》である。

伊邪那岐命《いざなぎのみこと》、伊邪那美命《いざなみのみこと》（、）二柱《ふたはしら》の神《かみ》

前述《ぜんじゅつ》の如《ごと》く伊邪那岐神《いざなぎのかみ》と云《い》う場合《ばあい》は原理《げんり》であり理体《りたい》であり、伊邪那岐命《いざなぎのみこと》と云《い》う時《とき》はその原理《げんり》の表現《ひょうげん》である

言葉《ことば》であり、同時《どうじ》にその原理《げんり》の実現者《じつげんしゃ》、活動体《かつどうたい》としての人間《にんげん》である。神道《しんとう》に於《お》ける神《かみ》と命《みこと》の関係《かんけい》は仏教《ぶっきょう》に於《お》ける仏《ほとけ》と菩薩《ぼさつ》との関係《かんけい》と同《おな》じである。

人間《にんげん》が居《い》なければ、人間《にんげん》でなければ言葉《ことば》を発《はっ》することも出来《でき》なければ、原理《げんり》を自覚《じかく》することも出来《でき》ない。人間《にんげん》は自己《じこ》に契約《けいやく》された先天《せんてん》の全内容《ぜんないよう》を確保《かくほ》し運転《うんてん》して森羅万象《しんらばんしょう》を認識《にんしき》し、みずから文明《ぶんめい》を創造《そうぞう》する。これが命《みこと》である。以下《いか》の伊邪那岐《いざなぎ》、美二命《みふたみこと》の「国生《くにう》み、神生《かみう》み」の業《わざ》は超越《ちょうえつ》した神《かみ》や大自然《だいしぜん》の仕業《しわざ》ではなくして、人間自身《にんげんじしん》の業《わざ》を説《と》いたものである。その人間《にんげん》は常《つね》に今《いま》、此処《ここ》の「中今《なかいま》」を創造《そうぞう》の拠点《きょてん》、時処位《じしょい》としている我々自体《われわれじたい》であり、その業《わざ》とは実《じつ》は我々《われわれ》が二六時中行《にろくじちゅうおこな》いつつある生命《せいめい》の生活活動《せいかつかつどう》、文化活動《ぶんかかつどう》そのものに他《ほか》ならぬのである。繰返《くりかえ》して云《い》うが、今《いま》、此処《ここ》と云《い》うことと、人間自体《にんげんじたい》と云《い》うことから遊離《ゆうり》すると焦点《しょうてん》が定《さだ》まらなくなって『古事記《こじき》』を釈《と》くことが出来《でき》ない。主体《しゅたい》と客体《きゃくたい》として対立《たいりつ》する岐美二命《きみふたみこと》の霊《れい》の火花《ひばな》が飛《と》び交《か》い結《むす》び付《つ》くその瞬間《しゅんかん》を自覚《じかく》として捕《とら》えたものが「今《いま》」である。伊邪那岐《いざなぎ》のイと伊邪那美《いざなみ》のヰ《ゐ》の、イとヰ《ゐ》の間《ま》にひらめく生命《せいめい》の現《あら》われであるからイマと云《い》う。

こ（是《こ》）の漂《ただよ》（ただよ）へる国《くに》をつく（修理《つく》）り固《かた》め成《な》せ

漂《ただよ》える国《くに》とは渾沌《こんとん》である。其処《そこ》にはただ先天《せんてん》である父母十七音《ふぼじゅうななおん》の天名《あな》が存《そん》するだけで、具象具体《ぐしょうぐたい》の実相現象《じっそうげんしょう》としての何物《なにもの》もまだ生《う》まれない境涯《きょうがい》を云《い》う。『日本書紀《しょき》』はこれを「渾沌《まろか》」「滄溟《あをうなば(は)ら》」「滄海《あをうなはら》」「天霧《あまのさぎり》」と記《しる》して居《お》り、或《ある》いは「我《わ》が生《う》める国《くに》、ただ朝霧《あさぎり》のみありて、薫《かを》り満《み》てるかな」と述《の》べている。現象以前《げんしょういぜん》の世《せ》界《かい》の有様《ありさま》をまことに美《うつく》しく表現《ひょうげん》している。修理固成《つくりかためなせ》とは人間《にんげん》に与《あた》えられた先天《せんてん》を活用《かつよう》して後天《こうてん》である宇宙《うちゅう》の森羅万象《しんらばんしょう》を創造《そうぞう》し、次《つ》いでその森羅万象《しんらばんしょう》を整理《せいり》し活用《かつよう》して人間《にんげん》が住《す》むに応《ふさ》わしい文明世界《ぶんめいせかい》を建設《けんせつ》せよと云《い》うことである。

但《ただ》し、此《こ》の場合宇宙《ばあいうちゅう》を創造《そうぞう》すると云《い》うことは太陽《たいよう》や星辰《せいしん》や、河海山野動植《かかいさんやどうしょく》を作《つく》ると云《い》うことではない。そうした物件自体《ぶつけんじたい》を一体何者《いったいなにもの》が作《つく》ったかと云《い》うことは人間《にんげん》には不可知不可解《ふかちふかかい》に属《ぞく》することである。これを架空《かくう》の観念《かんねん》の神《かみ》なる者《もの》が作《つく》ったと仮定《かてい》し、そう信《しん》じることは自由《じゆう》であるが、それはそれだけに止《とど》まることで真理《しんり》にはならない。『古事記《こじき》』は不可知不可解《ふかちふかかい》の内容《ないよう》を独断《どくだん》した観念《かんねん》の遊戯《ゆうぎ》ではない。

「無名《むめい》（名無《なな》き）は天地《てんち》の始《はじ》め、有名《ゆうめい》（名有《なあ》る）は万物《ばんぶつ》の母《はは》」（『老子《ろうし》』）と云《い》うが、岐美二神《きみにしん》の創造《そうぞう》の意義《いぎ》に老子《ろうし》のこの命題《めいだい》がぴたりと当《あ》て嵌《は》まる。森羅万象《しんらばんしょう》が生《う》まれると云《い》うことはその名《な》が出来《でき》ると云《い》うことである。森羅万象《しんらばんしょう》が有《あ》ると云《い》うことは一《ひと》つ一《ひと》つその名《な》が有《あ》ると云《い》うことである。事物《じぶつ》の実体《じったい》はその名《な》すなわち言葉《ことば》に存《そん》する。名《な》がなければ物事《ものごと》はない、名状《めいじょう》し得《え》ず、認識《にんしき》し得《え》ず、把捉《はそく》し得《え》ない。すなわちそれは未剖《みぼう》の渾沌《こんとん》である。「天津神諸《あまつかみもろもろ》の命《みこと》」の修理固成《つくりかためなせ》の命令《めいれい》はその天津神《あまつかみ》そのものである先天《せんてん》、天名《あな》に基《もと》いて、宇宙間《うちゅうかん》のすべての要素《ようそ》の名《な》を定《さだ》め、その名《な》の原理《げんり》すなわち原理《げんり》の言葉《ことば》を以《もっ》て万物《ばんぶつ》を命名《めいめい》し、その原理《げんり》ある言葉《ことば》を指導原理《しどうげんり》として国家《こっか》、社会《しゃかい》、世界《せかい》を組織《そしき》し、建設《けんせつ》し、経営《けいえい》せよと云《い》う生命《せいめい》の命令《めいれい》である。

名《な》は万物《ばんぶつ》の母《はは》であり、言葉《ことば》が万物存在《ばんぶつそんざい》の根拠《こんきょ》である。人間《にんげん》が創造《そうぞう》する文明《ぶんめい》の実体《じったい》は言葉《ことば》であり、言葉《ことば》として組織《そしき》された世界《せかい》が人間《にんげん》によって生《う》み出《だ》された最初《さいしょ》の国《くに》であり、文明《ぶんめい》の発展《はってん》は言葉《ことば》の発展《はってん》である。この事《こと》の意義《いぎ》を先《ま》ず充分《じゅうぶん》に弁《わきま》えないと、これから先《さき》の岐美《きみ》二神《にしん》の創造《そうぞう》の意義《いぎ》を理解《りかい》することが出来《でき》ない。

天沼矛《あめ(ま)のぬぼこ》

現象的《げんしょうてき》に直截《ちょくさい》に説明《せつめい》すれば言語《げんご》を発《はっ》する器官《きかん》である舌《した》のことである。舌《した》は矛《ほこ》（鋒《ほこ》）の形《かたち》をしている。然《しか》し舌《した》は舌《した》だけで活動《かつどう》するわけではない。舌《した》は心《こころ》で動《うご》き、心《こころ》を言葉《ことば》にまとめ上《あ》げて宇宙《うちゅう》の事《こと》を表現《ひょうげん》する宇宙《うちゅう》の機関《きかん》の一《ひと》つである。この舌《した》を縦《たて》の次元的意味《じげんてきいみ》に使《つか》えばアイウエオの五母音五行五大《ごぼいんごぎょうごだい》が現《あら》わされ、横《よこ》の時間空間的《じかんくうかんてき》意味《いみ》に用《もち》うればキシチニヒミイリの八父韻八卦《はちふいんはっけ》が現《あら》われる。ヌボコのヌは貫《ぬ》（横《ぬ》）、ホコは霊凝《ほこ》で、八父韻《はちふいん》の発現《はつげん》には特《とく》に舌《した》の活動《かつどう》を要《よう》する。「敷島《しきしま》の　大和言葉《やまとことば》を　たてぬきに　おる賤機《しずはた》の　音《おと》のさやけさ」（昭憲《しょうけん》皇太后《こうたいごう》）。

天《あめ》の沼矛《ぬぼこ》はすなわち剣《つるぎ》、または太刀《たち》である。神剣《しんけん》であり霊剣《れいけん》である。古来宗教書《こらいしゅうきょうしょ》には剣《つるぎ》と云《い》う語《ご》が極《きわ》めて多《おお》く用《もち》いられている。「おのづから旋転《まは》る焔《ほのほ》の剣《つるぎ》」（『新約聖書《しんやくせいしょ》』「創世記《そうせいき》」）「剣《つるぎ》を投《とう》ぜん為《ため》に来《きた》れり」

(『新約聖書《しんやくせいしょ》』「マタイ伝《でん》」)「珍重《ちんちょう》す大元三尺《だいげんさんせき》の剣《けん》」(「臨刃偈《りんじんげ》」)「両頭倶《りょうとうとも》に截断《せつだん》すれば一剣天《いっけんてん》に倚《よ》って寒《すさま》じ」(『槐安国語《かいあんこくご》』)「三十年来剣《さんじゅうねんらいけん》を尋《たず》ねる客《きゃく》」(「霊雲《れいうん》の偈《げ》」)などと云《い》われ、神道《しんとう》に於《おい》てもまた「天叢雲剣《あめのむらくものつるぎ》」「草薙剣《くさなぎのつるぎ》」「高倉下《たかくらじ》の剣《つるぎ》」「韓鋤《からさび》の太刀《たち》」「十拳剣《とつかつるぎ》・九拳剣《ここのつかつるぎ》・八拳剣《やつかつるぎ》」等《など》の名《な》がある。知性《ちせい》の剣《つるぎ》の活《はた》らきを銅鉄《どうてつ》の剣《つるぎ》を以《もっ》て呪示象徴《じゅじしょうちょう》したものである。

元来宇宙《がんらいうちゅう》が剖《わか》れると云《い》うことと、その宇宙《うちゅう》が剖《わか》れることが人間《にんげん》に判《わか》ると云《い》うことは同時《どうじ》であり、表裏《ひょうり》をなすことであり、不二一体《ふじいったい》の事柄《ことがら》である。宇宙《うちゅう》がワカレルことを剖判《ぼうはん》と云《い》い、そのことが人間《にんげん》にワカルことを判断《はんだん》と云《い》う。判断《はんだん》がなければ剖判《ぼうはん》はなく、剖判《ぼうはん》がなければ判断《はんだん》もない。宇宙《うちゅう》が先《ま》ず陰陽両儀《いんようりょうぎ》に剖《わか》れると云《い》うことは同時《どうじ》に既《すで》に人間《にんげん》の最初《さいしょ》の判断《はんだん》である。

太刀《たち》は断《た》ちである。たとえば物事《ものごと》には首尾《しゅび》があるが、その首尾《しゅび》が判《わか》るのは頭《あたま》の中《なか》でそれを首《くび》と尾《お》の二《ふた》つに断《た》ち切《き》るからである。切《き》らなければ首尾《しゅび》は判《わか》らない。斯《こ》うした人間本具先天《にんげんほんぐせんてん》の判断能力《はんだんのうりょく》がすなわち剣《つるぎ》であり太刀《たち》である。「一剣天《いっけんてん》に倚《よ》る」と云《い》われる所以《ゆえん》である。天《てん》に倚《よ》るとは先天《せんてん》を意味《いみ》する。

次《つぎ》に剣《つるぎ》は連気《つるき》または釣義《つるぎ》であって、ばらばらになっている首《くび》と尾《お》とを連《つ》らね合《あわ》せて、元《もと》の、若《も》しくは新《あた》らしい第二次的《だいにじてき》な完全《かんぜん》な形《かたち》を得《う》ることを真釣《まつ》り(祭《まつ》り、政《まつ》り)と云《い》う。すなわち剣《つるぎ》、太刀《たち》は分析《ぶんせき》と総合《そうごう》、帰納《きのう》と演繹《えんえき》の両面《りょうめん》の知性活動《ちせいかつどう》である。右《みぎ》の如《ごと》くこの人間《にんげん》の判断性能《はんだんせいのう》を縦《たて》に用《もち》うれば次元《じげん》が顕《あら》われ、横《よこ》に用《もち》うれば時間《じかん》と空間《くうかん》すなわちその色相《しきそう》の変化《へんか》があらわれる。これが天沼矛《あめのぬぼこ》の活《はた》らきであり、剣《つるぎ》、太刀《たち》の作用《さよう》である。

禅《ぜん》ではこの人間本具先天《にんげんほんぐせんてん》の判断性能《はんだんせいのう》を「冷煖自知《れいだんじち》」の能力《のうりょく》と云《い》う。

人間《にんげん》は本源《ほんげん》の先天《せんてん》を保有《ほゆう》し活用《かつよう》する宇宙《うちゅう》の子《こ》であり、神《かみ》の愛子《まなご》であり、生身《なまみ》の仏陀《ぶつだ》である。冷煖自知《れいだんじち》と云《い》えば単《たん》に感覚上《かんかくじょう》の問題《もんだい》である如《ごと》くであるが、自知《じち》の意義《いぎ》を知性全般《ちせいぜんぱん》に拡大《かくだい》すれば、みずから、そしておのずから事物《じぶつ》の是非善悪正邪美醜《ぜひぜんあくせいじゃびしゅう》を識別判断《しきべつはんだん》する能力《のうりょく》であって、この判断能力《はんだんのうりょく》は元来人間本具《がんらいにんげんほんぐ》の先天性《せんてんせい》であるから、これを活用《かつよう》する上《うえ》には他《た》の何物《なにもの》の助力指導《じょりょくしどう》を借《か》りる必要《ひつよう》もなく、他《た》の如何《いか》なる哲学《てつがく》や概念等《がいねんなど》に準拠《じゅんきょ》しなければならぬ必要《ひつよう》もない。人間《にんげん》はみずから行《い》く道《みち》をこの先天《せんてん》の指導《しどう》によってみずから開《ひら》いて行《い》く。同時《どうじ》に広《ひろ》く人間《にんげん》の社会《しゃかい》の道《みち》もこれによって導《みちび》いて行《い》くことが出来《でき》る。そのためには社会《しゃかい》には何等特殊《なんらとくしゅ》の主義《しゅぎ》も思想《しそう》も、法律《ほうりつ》や道徳《どうとく》さえもが不用《ふよう》である。その人間各自《にんげんかくじ》の、しかも共通普遍《きょうつうふへん》である先天的能力自体《せんてんてきのうりょくじたい》がそのまま法律《ほうりつ》を生《う》み道徳《どうとく》を創《つく》るものであるからである。これが人間社会《にんげんしゃかい》の理想《りそう》の姿《すがた》である。元来法律《がんらいほうりつ》や道徳《どうとく》はそれ自体《じたい》が実体《じったい》として存《そん》するものではなく、この人間《にんげん》の先天能力《せんてんのうりょく》の所産《しょさん》であって、それを表現実行《ひょうげんじっこう》しようとする第二次的《だいにじてき》な便宜的《べんぎてき》なすなわち文明的《ぶんめいてき》な営《いとな》みに他《ほか》ならない。「大道廃《だいどうすた》れて仁義《じんぎ》あり」（『老子《ろうし》』）である。

禅《ぜん》ではまたこの能力《のうりょく》を「扶《たす》けては断橋《だんきょう》の水《みず》を過《す》ぎ、伴《ともな》っては無月《むげつ》の村《むら》に帰《かえ》る。」（『無門関《むもんかん》』「第四十四則《だいよんじゅうよんそく》」）などと云《い》う。すなわち芭蕉《ばしょう》の拄杖子《しゅじょうす》である。人間《にんげん》が人間《にんげん》の道《みち》を間違《まちが》いなく行《い》くことが出来《でき》るための天与《てんよ》の杖《つえ》である。此《こ》の世《よ》の中《なか》には頼《たよ》りとするに足《た》るもの、恃《たの》みとすべきものが絶無《ぜつむ》である時《とき》、実《じつ》はこの天与《てんよ》の杖《つえ》こそ唯一《ただひと》つの最《もっと》も頼《たよ》りとすべく、頼《たの》むに足《た》る所《ところ》のものであって、宗教的《しゅうきょうてき》に云《い》うならばこの杖《つえ》こそ阿弥陀仏《あみだぶつ》の本願《がん》の力《ちから》に当《あた》る。「念仏《ねんぶつ》まうすのみぞ、すえとをりたる大慈悲心《だいじひしん》」（『歎異抄《たんにしょう》』「第四条《だいよんじょう》」）と親鸞《しんらん》が云《い》うところのものである。

キリスト教《きょう》ではこれを呼《よ》んで「アロンの杖《つえ》」と云《い》う。禅《ぜん》で云《い》う拄杖子《しゅじょうす》と同《おな》じ言葉《ことば》を期《き》せずしてキリスト教《きょう》でも用《もち》いている。アロンは国王《こくおう》モーゼの祭司長《さいしちょう》として神器《しんき》であるこの杖《つえ》を用《もち》いてイスラエルの民《たみ》をシナイの曠野《こうや》から「蜜《みつ》と乳《ちち》」の地《ち》に導《みちび》いた。拄杖子《しゅじょうす》はすなわち剣《つるぎ》である。節刀《せっとう》であり指揮刀《しきとう》である。古事記《こじき》後段《こうだん》には「投《な》げ棄《う》つる御杖《みつえ》に成《な》りませる神《かみ》の名《な》は衝立船戸神《つきたつふなどのかみ》」とある。精《くわ》しくはその段《だん》で説明《せつめい》する。剣《つるぎ》には八拳剣《やつかつるぎ》、九拳剣《ここのつかつるぎ》、十拳剣《とつかつるぎ》がある。八《や》、九《こ》、十《と》の数《かず》は事物《じぶつ》の空相実相《くうそうじつそう》を截断《さいだん》する数理《すうり》である。

天浮橋《あまのうきはし》に立《た》たして

前述《ぜんじゅつ》、八父韻《はちふいん》の意義《いぎ》として説《と》いた如《ごと》く実相《じっそう》を生《しょう》じる根拠原律《こんきょげんりつ》である。吾《あ》と我《わ》（汝《な》）、主体《しゅたい》と客体《きゃくたい》、此岸《しがん》と彼岸《ひがん》を渡《わた》す橋《はし》である。言霊《げんれい》として把握《はあく》すればヒチシキミリイニの八韻《はちいん》、色相《しきそう》の原素《げんそ》に現《あら》わせば「紅《くれない》、赤《あか》、橙《だいだい》、黄《き》、緑《みどり》、青《あお》、藍《あい》、紫《むらさき》」の八色《はっしょく》、易《えき》の卦《け》としては「乾兌離震巽坎艮坤《けんだりしんそんかんごんこん》」の八律《はちりつ》、形式的《けいしきてき》な道徳律《どうとくりつ》として示《しめ》せば「格物《かくぶつ》、致知《ちち》、誠心《せいしん》、誠意《せいい》、修身《しゅうしん》、斉家《せいか》、治国《ちこく》、平天下《へいてんか》」の『大学《だいがく》』の八条目《はちじょうもく》となり、また仏教《ぶっきょう》の八正道《はっしょうどう》となる。

天浮橋《あまのうきはし》は『般若心経《はんにやしんぎょう》』に説《と》かれる色《しき》の原律《げんりつ》である。然《しか》し「空中無色《くうちゅうむしき》（識《しき》）」であって、本来《ほんらい》の空《くう》すなわち宇宙自体《うちゅうじたい》に色《しき》はなく、色《しき》を色《しき》とする原因《げんいん》はない。その原因原律《げんいんげんりつ》は宇宙《うちゅう》を認識《にんしき》する主体側《しゅたいがわ》の人間《にんげん》の知的性能《ちてきせいのう》としてのみ存在《そんざい》する。人間《にんげん》の知性《ちせい》が万有《ばんゆう》の色相《しきそう》を識別《しきべつ》するから色相《しきそう》が現《あら》われるのであって、万有《ばんゆう》それ自体《じたい》は『般若心経《はんにやしんぎょう》』の云《い》う通《とお》り「五蘊皆空《ごうんかいくう》」である。その無色《むしき》の空《くう》の中《なか》に美《うつく》しい虹《にじ》の色彩《しきさい》を描《えが》き出《だ》す知性《ちせい》の活《はた》らきが父韻《ふいん》である。この時宇宙《ときうちゅう》を実相界《じっそうかい》と観《み》れば、万有《ばんゆう》は絢爛《けんらん》として色相《しきそう》を呈示《ていじ》している。すなわち諸法《しょほう》を実相《じっそう》として見《み》る時《とき》、虹《にじ》である天浮橋《あまのうきはし》は紅《ヒ》から紫《ニ》に至《いた》る綾《あや》として現《あら》われるのである。すなわちこれがキリスト教《きょう》に於《お》けるエホバの虹《にじ》であり、仏説《ぶっせつ》の「石橋《しゃっきょう》」である。此《こ》の橋《はし》を渡《わた》れば向《むか》いの文殊《もんじゅ》の浄土《じょうど》である。吾《あ》と我《わ》を渡《わた》して行《い》き交《か》うが故《ゆえ》に「淡路島通《あわじしまかよ》ふ千鳥《ちどり》」と云《い》う。「立《た》たして」とはこの八律《はちりつ》の両端《りょうたん》に対立《たいりつ》すること。伊邪那岐《いざなぎ》美二神《みにしん》はその両極《りょうきょく》である。

沼矛《ぬぼこ》を指《さ》し下《おろ》して攪《か》（画《か》）きたまへば

舌《した》を使《つか》って音《おん》を色々《いろいろ》と出《だ》してみること。知性《ちせい》の八律《はちりつ》、八父韻《はちふいん》の作用《さよう》によって現象《げんしょう》が色々《いろいろ》と現《あら》われて来《く》ることである。

塩《しほ》

シホ（四穂《しほ》）の咒示《じゅじ》である。実在《じつざい》、隠神《かくりがみ》であるアオウエの四音《よんおん》のこと。またシホは機《しほ》であり、事物《じぶつ》の変化消長《へんかしょうちょう》のきっかけであり、即《すなわ》ち八父韻《はちふいん》のことである。「汝《なんぢ》らは地《ち》の鹽《しほ》（塩《しほ》）なり」（『新約聖書《しんやくせいしょ》』「マタイ伝《でん》」第五章《だいごしょう》）と云《い》うのはこの意味《いみ》を示《しめ》す。塩《しほ》は味《あじ》わい（色相《しきそう》）を生《う》む。

こをろこをろに攪《か》（画《か》）き成《な》（鳴《な》）して

八父韻《はちふいん》をもって四母音《よんぼいん》を掻《か》きまわしてみること。そうすると子音《しいん》が生《う》まれて来《く》る。h＋a＝ハ、t＋e＝テ、n＋u＝ヌ、r＋o＝ロの如《ごと》く四《よん》と八《はち》で三十二《さんじゆうに》個《こ》の子音《しいん》が出来《でき》る。

矛《ほこ》のさき（末《さき》）より滴《したた》（垂落《したた》）る塩《しほ》、積《かさな》（累積《つも》）りて島《しま》（嶋《しま》）と成《な》る。

舌《した》の先《さき》から音《おん》が出《で》て来《く》ること。島《しま》とは宇宙《うちゆう》の締《し》まり、心《こころ》の締《し》めくくりである。たとえばkと云《い》う父韻《ふいん》でaと云《い》う母音《ぼいん》を攪《か》きなす時《とき》、ka（カ）と云《い》う心《こころ》の締《し》まりとなる。カは宇宙《うちゆう》の中《なか》でおよそカと名付《なづ》くべきすべての事物《じぶつ》を限定《げんてい》し表現《ひょうげん》する。すなわち此《こ》の音《おん》で宇宙《うちゅう》の中《なか》のすべての力を締《し》めくくったことになる。斯《こ》うして締《し》めくくられた宇宙《うちゅう》の部分部分《ぶぶんぶぶん》を島《しま》と云《い》い、また国《くに》と云《い》う。宇宙《うちゅう》の実在実相《じつざいじっそう》を締《し》めくくって表現《ひょうげん》するために煩《はん》雑《ざつ》な哲学的《てつがくてき》な概念範疇《がいねんはんちゅう》を用《もち》いず、直接《ちょくせつ》の単音《たんおん》を以《もっ》てすることが布斗麻邇《フトマニ》の特技《とくぎ》であり特徴《とくちょう》である。

淤能碁呂島《おのこ(ご)ろしま》（嶋《しま》）

己《おの》れの心《こころ》の締《し》まりの義《ぎ》。言語《げんご》は心《こころ》の表現《ひょうげん》であり、空相実相《くうそうじっそう》の諸相《しょそう》の名《な》であるが、宇宙《うちゅう》の基礎的要素《きそてきようそ》の名《な》を表現《ひょうげん》するに単音《たんおん》を以《もっ》てして、その全局《ぜんきょく》が五十音《ごじゅうおん》である。その五十音《ごじゅうおん》は碁盤《ごばん》の目《め》の如《ごと》くに縦横《じゅうおう》に配列《はいれつ》されるから碁《ご》の字《じ》を宛《あ》ててある。「二《ふたはしら》の神《かみ》、天霧《(あまの)さぎり》の中《なか》に立《た》たして曰《のたま》はく、『吾《われ》、国《くに》を得《え》む』とのたまひて、乃《すなは》ち天瓊矛《あめのぬぼこ》を以《も》て、指《さ》し垂《くだ》して探《さぐ》りしかば、磤馭盧島《おのこ(ご)ろしま》を得《え》たまひき。則《すなは》ち矛《ほこ》を抜《ぬきあ》げて、喜《よろこ》びて曰《のたま》はく、『善《よ》きかな、国《くに》の在《あ》りけること』」（『日本書紀《にほんしょき》』）。その始《はじ》め人類《じんるい》が渾沌《こんとん》の中《なか》から初《はじ》めて言語《げんご》を以《もっ》て己《おの》れの心《こころ》を、すなわち事物《じぶつ》を表現《ひょうげん》し得《え》たことの喜《よろこ》びである。「ただ天《さ》（朝《あさ》）霧《ぎり》のみありて、薫《かを》り満《み》てるかな」と云《い》う清浄《しょうじょう》にして一塵《いちじん》も止《とど》めぬ始原《しげん》の宇宙《うちゅう》にあって、初《はじ》めて人間《にんげん》が、すなわち神《かみ》が自己《じこ》の心《こころ》を表現《ひょうげん》する言語《げんご》と云《い》う芸術《げいじゅつ》を生《う》み出《だ》した喜《よろこ》びである。

天之御柱《あめのみはしら》

アオウエイを云《い》う。これに対《たい》してワヲ《を》ウヱ《ゑ》ヰ《ゐ》を国之御柱《くにのみはしら》と云《い》う。御柱《みはしら》は絶対《ぜったい》の実在《じつざい》として中央《ちゅうおう》に一本《いっぽん》立《た》っている場合《ばあい》と、二本《にほん》を相対的《そうたいてき》に立《た》てる場合《ばあい》がある。天之御柱《あめのみはしら》はまこと「一心《いっしん》の霊台《れいだい》、諸神変通《しょしんへんつう》の本基《ほんもと》」（『神道五部書《しんとうごぶしょ》』山崎闇斎記《やまざきあんさいき》）であって、万有《ばんゆう》はこの御柱《みはしら》から出《い》でて、また此処《ここ》に還《か》える。伊勢神宮《いせじんぐう》ではこれを高《たか》さ五尺《ごしゃく》の白木《しらき》の柱《はしら》に象《かたど》って本殿《ほんでん》の中央《ちゅうおう》に祭《まつ》ってある。易《えき》の河図《かと》は此《こ》の天之御柱《あめのみはしら》、国之御柱《くにのみはしら》の意義《いぎ》を平面《へいめん》に配列《はいれつ》した姿《すがた》である。

八尋殿《やひろどの》

八《はち》を尋《たず》ねる神殿《しんでん》の義《ぎ》。神殿《しんでん》とはここでは図形《ずけい》のことである。その姿《すがた》は左記《さき》の如《ごと》く、哲学《てつがく》ではこれを框《かまち》と云《い》う。キリスト教《きょう》ではこの幾何学図形《きかがくずけい》を「アダムの肋骨《あばらぼね》」と云《い》い、キリストが生《う》み落《お》とされた「馬槽《うまぶね》」と云《い》う。万有実相《ばんゆうじっそう》の土台《どだい》であり、図《ず》の八《や》つの間《ま》の中《なか》に八父韻《はちふいん》が配列《はいれつ》される。易《えき》で云《い》えば洛書《らくしょ》の展相《てんそう》である。しかもこの図《ず》は基本《きほん》の八数《はっすう》の形式《けいしき》を把持《はじ》したまま二乗《にじょう》、三乗《さんじょう》、四乗《よんじょう》……（八《はち》・六四《ろくじゅうよん》・五一二《ごひゃくじゅうに》・四〇九六《よんせんきゅうじゅうろく》……）と次元的《じげんてき》に無限《むげん》に展開拡大《てんかいかくだい》して行《い》くから、これをまた「弥広殿《やひろどの》」とも書《か》く。

八《や》尋《ひろ》殿《どの》

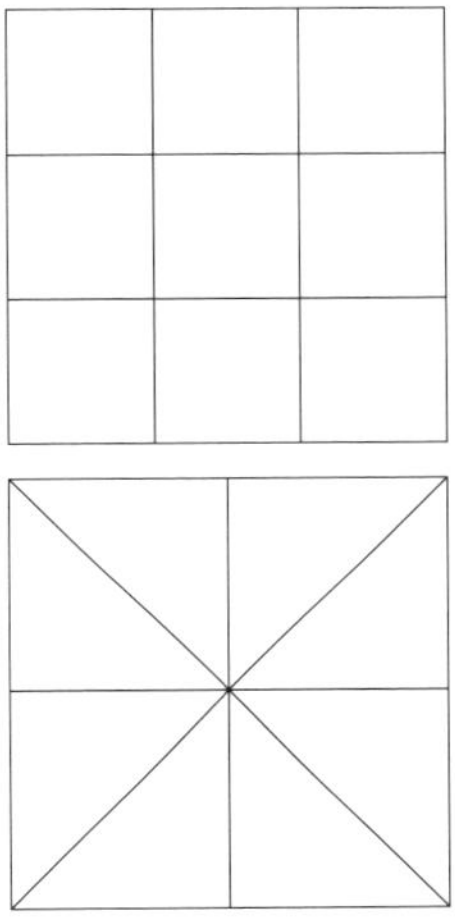

河《か》図《と》

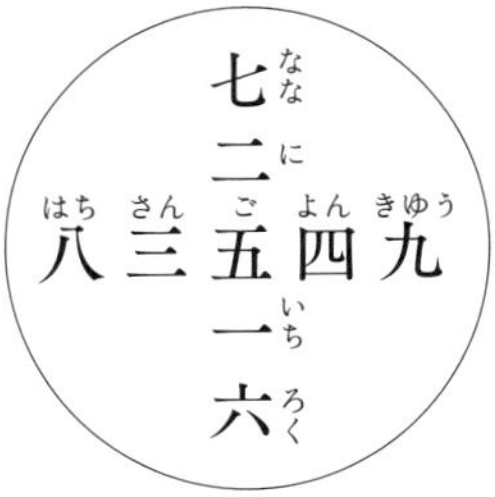

洛《らく》書《しよ》

四《よん》	九《きゆう》	二《に》
三《さん》	五《ご》	七《なな》
八《はち》	一《いち》	六《ろく》

図表-4｜**八尋殿・河図・洛書**

世《せ》界《かい》は一《ひと》つ（随《ずい》想《そう》）

世《せ》界《かい》は唯《た》だ一《ひと》つの空《くう》間《かん》の拡《ひろ》がり
世《せ》界《かい》は唯《た》だ一《ひと》つの歴《れき》史《し》の流《なが》れ
世《せ》界《かい》は唯《た》だ一《ひと》つの人《じん》類《るい》の集《あつ》まり
世《せ》界《かい》は唯《た》だ一《ひと》つの真《しん》理《り》の動《うご》き

55　世界は一つ（随想）

天《あま》津《つ》磐《いは》境《さか》（先《せん》天《てん》十《じゆう》七《なな》言《げん》霊《れい》）

先天十七神《せんてんじゆうななしん》の意義《いぎ》についても少《すこ》し述《の》べてみよう。カントは次《つぎ》の如《ごと》く説《と》いている。「知識《ちしき》が経験《けいけん》と共《とも》に始《はじ》まるのはそれが経験《けいけん》から生《しよう》ずると云《い》う意味《いみ》ではない。知識《ちしき》の材料《ざいりよう》は経験《けいけん》によって与《あた》えられるが、その本質《ほんしつ》たる客観性《きやつかんせい》は経験《けいけん》からは派生《はせい》せられない。斯《かく》の如《ごと》き先天的要素《せんてんてきようそ》を認識《にんしき》の形式《けいしき》と名《な》づくれば、先天《せんてん》とは要《よう》するに認《にん》識《しき》の形式《けいしき》を意味《いみ》するに他《ほか》ならぬ。従《したが》ってそれは第一《だいいち》にそれ自《みずか》ら絶対《ぜつたい》に確実《かくじつ》にして普遍的《ふへんてき》に妥当《だとう》なるものでなければならぬ。第二《だいに》にそれは如何《いか》なる経験《けいけん》にも基《もと》づかず、自《みずか》ら独立《どくりつ》の根源《こんげん》を有《ゆう》せねばならぬ。形式《けいしき》の根源《こんげん》は純粋主観《じゆんすいしゆかん》にあって経験《けいけん》にはない。この純粋主観《じゆんすいしゆかん》は先験的統覚《せんけんてきとうかく》である」（『岩波哲学辞典《いわなみてつがくじてん》』）

これが西洋哲学《せいようてつがく》で云《い》うアプリオリの意義《いぎ》の大凡《おおよそ》であると思《おも》われる。東洋《とうよう》の儒教《じゆきよう》、仏教及《ぶつきようおよ》びキリスト教《きよう》で説《と》かれる先天《せんてん》の意義《いぎ》とは大分隔《だいぶへだ》りがある。経験智《けいけんち》から出発《しゆつぱつ》して人間《にんげん》の中《なか》に活動《かつどう》している神《かみ》の属性《ぞくせい》である先天《せんてん》の内《ない》容《よう》を思惟《しゆい》の根本形式《こんぽんけいしき》として、範疇《はんちゆう》として探索《たんさく》しようとするのがアリストテレスよりカントに及《およ》ぶ西洋哲学《せいようてつがく》である。

これに対《たい》して高天原《たかあまはら》の神道《しんとう》の指導《しどう》の下《もと》に既《すで》に八千年《はつせんねん》の遠《とお》い昔《むかし》から人類《じんるい》の伝統《でんとう》として明《あき》らかに把握《はあく》されている

先天《せんてん》そのものの全内容《ぜんないよう》から整然《せいぜん》と出発《しゅっぱつ》して、それを如何《いか》に人間自己《にんげんじこ》の生活《せいかつ》に、そして社会《しゃかい》、国家《こっか》、世界《せかい》の文明《ぶんめい》の上《うえ》に展開実現《てんかいじつげん》すべきかと云《い》う、その様々《さまざま》な面《めん》での工夫《くふう》と営《いとな》みが東洋《とうよう》の哲学及《てつがくおよ》び古来《こらい》の各教派宗派《かくきょうはしゅうは》の宗教《しゅうきょう》である。またこの先天《せんてん》の意義《いぎ》を医学《いがく》として展開《てんかい》したものが少名彦命《すくなひこのみこと》の医術《いじゅつ》と云《い》われる東洋医学《とういがく》、漢方医学《かんぽういがく》である。

「故《かれ》、太素《たいそ》の杳冥《えうめい》なるも、本教《ほうけう》に因《よ》りて土《くに》を孕《はら》み嶋《しま》を産《う》みたまひし時《とき》を識《し》り、元始《げんし》の綿邈《めんばく》なるも、先聖《せんせい》に頼《よ》りて神《かみ》を生《う》み人《ひと》を立《た》てたまひし世《よ》を察《あきらか》にす。」と『古事記《こじき》』「序文《じょぶん》」に述《の》べられた一条《いちじょう》は、先天《せんてん》の確立《かくりつ》であり、その把持展開《はじてんかい》の道《みち》である神道《しんとう》を中心《ちゅうしん》として、儒教《じゅきょう》、仏教《ぶっきょう》そして原始《げんし》キリスト教等《きょうなど》、遍《あまね》く東洋《とうよう》の宗教《しゅうきょう》を通《つう》ずる根本《こんぽん》の信条《しんじょう》であり、同時《どうじ》にその真理《しんり》の伝統《でんとう》の継承《けいしょう》である。東洋《とうよう》には元来神《がんらいかみ》である先天《せんてん》を暗中模索《あんちゅうもさく》しようとする意味《いみ》での哲学《てつがく》は存《そん》しない。

斯《かく》の如《ごと》く東洋《とうよう》の哲学宗教《てつがくしゅうきょう》と西洋哲学《せいようてつがく》とは方向《ほうこう》が相反《あいはん》するところのものである。前者《ぜんしゃ》は演繹《えんえき》の道《みち》であり、後者《こうしゃ》は帰納《きのう》の努力《どりょく》である。カントは思惟《しゆい》の形式《けいしき》としての十二《じゅうに》の範疇《はんちゅう》を立《た》てて「認識《にんしき》の形式《けいしき》の根拠《こんきょ》は純粋主観《じゅんすいしゅかん》であって、それは先験的統覚《せんけんてきとうかく》」であるとまでは云《い》って居《お》り、その統覚《とうかく》とは判断認識《はんだんにんしき》の根拠《こんきょ》であって、禅《ぜん》ではこれを「倶胝堅指《ぐていじゅし》」の公案《こうあん》などで端的《たんてき》に示《しめ》しているところの前述《ぜんじゅつ》の「天之御柱《あめのみはしら》」あるいは「剣《つるぎ》」のことを云《い》うのであるが、その統覚《とうかく》によって識別整理《しきべつせいり》された先天《せんてん》の内容《ないよう》の様相《ようそう》が未解決《みかいけつ》のままである西洋哲学《せいようてつがく》を以《もっ》てしては、その先天自体《せんてんじたい》の創造的活動《そうぞうてきかつどう》である人類文明《じんるいぶんめい》の諸相《しょそう》を普遍的綜合的《ふへんてきそうごうてき》に処置《しょち》することは不可能《ふかのう》であり、殊《こと》に現象《げんしょう》世界《せかい》に於《お》ける先天《せんてん》の学《がく》とも云《い》うべき理論物理学《りろんぶつりがく》に指導《しどう》されている現代科学文明《げんだいかがくぶんめい》を指導操縦《しどうそうじゅう》することはなおさら不可能《ふかのう》である。「哲学《てつがく》の貧困《ひんこん》」と云《い》われ、哲学《てつがく》が科学《かがく》に先行《せんこう》される原因《げんいん》は斯《こ》うしたところに存《そん》する。根底《こんてい》である先天《せんてん》が明《あき》らかでないから本来其処《ほんらいそこ》から展開《てんかい》する学問《がくもん》の全局《ぜんきょく》が纏《まと》まらないのである。

しかし斯《か》く云《い》うからと云《い》ってもとより筆者《ひっしゃ》は西欧《せいおう》の学問《がくもん》を一概《いちがい》に貶《けな》そうと云《い》う無内容狭量《むないようきょうりょう》な日本主義者《にほんしゅぎしゃ》でもなければ、観念的独善《かんねんてきどくぜん》の孤立《こりつ》した神道家《しんとうか》などでないが、神道布斗麻邇《しんとうフトマニ》は先《ま》ず冒頭《ぼうとう》に「天津神諸《あまつかみもろもろ》の命《みこと》」として完全《かんぜん》に精煉整理《せいれんせいり》された先天《せんてん》の全内容《ぜんないよう》を奉斎把持《ほうさいはじ》し、その先天《せんてん》を操作《そうさ》して人類《じんるい》がすべての世界像《せかいぞう》を創造《そうぞう》し、社《しゃ》会《かい》を運営《うんえい》して行《い》く上《うえ》の典型的《てんけいてき》な道《みち》である。斯《かく》の如《ごと》く先天《せんてん》に基《もと》づく創造産霊《そうぞうむすび》、文明経営《ぶんめいけいえい》の道《みち》を一貫《いっかん》して「言《こと》の葉《は》の誠《まこと》の道《みち》」と云《い》う。それは人間《にんげん》の言葉《ことば》として、すなわちその言葉《ことば》の基礎《きそ》となる原音《げんおん》として先天《せんてん》の全内容《ぜんないよう》を把持《はじ》し、その言語《げんご》の活用組合《かつようくみあ》わせによって人間《にんげん》の精神活動《せいしんかつどう》を表現《ひょうげん》し、そしてその自己《じこ》みずからが先天《せんてん》に基《もと》づいて自己《じこ》を規範《きはん》する言葉《ことば》を運用《うんよう》し組織《そしき》することによって社会《しゃかい》、国家《こっか》、世界《せかい》を経営《けいえい》して行《い》くところの、万世一系《ばんせいいっけい》と云《い》われる一筋《ひとすじ》の純一無雑《じゅんいつむざつ》な言葉《ロゴス》の道《みち》である。

繰《く》り返《かえ》して云《い》えばこの道《みち》は人間《にんげん》に現《あら》われた「天《てん》」すなわち先天《せんてん》（先験《せんけん》）を先《ま》ず十七《じゅうなな》の父母音《ふぼいん》である天名《あな》として把握《はあく》し、次《つぎ》にその天名《あな》を組合《くみあ》わせて第二次的《だいにじてき》な真奈《まな》（真名《まな》）と云《い》う言語五十音《げんごごじゅうおん》に展開《てんかい》し、その第二次《だいにじ》的《てき》の言語《げんご》の道理《どうり》を更《さら》に第三次的《だいさんじてき》に国家社会《こっかしゃかい》の法《ほう》として行《い》く道《みち》である。

社会国家世界《しゃかいこっかせかい》の文明《ぶんめい》は人類《じんるい》の創造活動《そうぞうかつどう》の最終段階《さいしゅうだんかい》であって、これを最初《さいしょ》の先天《せんてん》から数《かぞ》える時《とき》、第三次的《だいさんじてき》なものであるから「孫《まご》」に当《あた》る。第一次《だいいちじ》は「名《な》もなく業《ごう》もない」宇宙大自然《うちゅうだいしぜん》の渾沌世界《こんとんせかい》である。第二次《だいにじ》はその全宇宙《ぜんうちゅう》の内容《ないよう》を淤能碁呂島《おのころしま》である言語《げんご》の原理《げんり》として把握《はあく》した精神原理《せいしんげんり》の完成態《かんせいたい》であり、そして第三次《だいさんじ》はその言《こと》葉《ば》の原理《げんり》と現実具体《げんじつぐたい》の世界《せかい》に適用《てきよう》して組織《そしき》と運営《うんえい》を行《おこ》なうところの社会国家世界《しゃかいこっかせかい》である。この先天《せんてん》から数《かぞ》えて孫《まご》に当《あた》る第三次《だいさんじ》の世界《せかい》の名《な》を天孫邇邇芸《てんそんににぎ》（仁仁杵《ににぎ》）尊《のみこと》と云《い》う。邇《に》は近《に》であり、似《に》であり、数学《すうがく》の二《に》でもある。邇邇芸《ににぎ》とは第二次的《だいにじてき》な、そして更《さら》に第二次的《だいにじてき》な、すなわち第三次的《だいさんじてき》な芸術《げいじゅつ》と云《い》う意味《いみ》である。

「吾《あれ》は（則《すなわ》ち）天津神籬《あまつひもろぎ》及《およ》び天津磐境《あまついはさか》を起《おこ》し樹《た》てて、まさに吾孫《すめみま》の為《ため》に斎《いは》ひ奉《まつ》らん」（『日本書紀《にほんしょき》』）。先天十七神《せんてんじゅうななしん》すなはち天名《あな》である十七言霊《じゅうななげんれい》すなわち「天津神諸《あまつかみもろもろ》の命《みこと》」の体系《たいけい》を天津磐境《あまついはさか》と云《い》う。磐境《いはさか》は神道《しんとう》の出発《しゅっぱつ》であり基本《きほん》であり、そして神籬《ひもろぎ》はその結論《けつろん》であり完成《かんせい》である。ヒモロギとは霊諸招《ひもろおぎ》の義《ぎ》で、宇宙《うちゅう》の実相空《じっそうくう》相《そう》の諸要素《しょようそ》の悉《ことごと》くを置《お》き足《た》らわし、招《お》ぎ祭《まつ》った仏教《ぶっきょう》の所謂《いわゆる》曼荼羅《マンダラ》であって、これを天《あめ》の斑馬《ふちこま》（あめのまだらこま・ぶちこま）と云《い》う。梵語《ぼんご》のマンダラは大和言葉《やまとことば》のマダラが訛《なま》った言葉《ことば》である。仏教《ぶっきょう》の曼荼羅《マンダラ》は示《しめ》すに仏《ほとけ》、菩薩《ぼさつ》の名号《みょうごう》あるいはその画像《がぞう》を以《もつ》てする。神道《しんとう》の斑馬《ふちこま》はアイウエオ五十音言霊《ごじゅうおんげんれい》の配列《はいれつ》を以《も》ってする。両者《りょうしゃ》の相《そう》違点《いてん》はこれだけであって、その意義《いぎ》は全《まった》く同《おな》じものである。神籬《ひもろぎ》を説《と》くことは『古事記《こじき》』を開顕《かいけん》する上《うえ》の最《さい》後《ご》の結論《けつろん》である。イハサカの義《ぎ》は五葉坂《いはさか》（境《さか》）である。生命《せいめい》の知慧《ちえ》は先天的要素《せんてんてきようそ》が五《いつ》つの段階《だんかい》（坂《さか》・境《さか》）として生成顕現《せいせいけんげん》する様相《ようそう》であって、その様相《ようそう》は母音《ぼいん》、半母音《はんぼいん》、父韻《ふいん》、親音《しんいん》の体系《たいけい》として表現《ひょうげん》される。従来《じゅうらい》の神道《しんとう》では磐境《いはさか》、神籬《ひもろぎ》の意義《いぎ》は不明瞭《ふめいりよう》であった。或《ある》いは甚《はなは》だ誤《あやま》って解釈《かいしやく》されていた。

歴史《れきし》を説《と》くことは本講《ほんこう》の目的《もくてき》ではないが、『竹内文献《たけうちぶんけん》』によると大陸《たいりく》から伏羲氏《ふくぎし》が来朝《らいちよう》して神道《しんとう》の伝授《でんじゆ》を受《う》け、これを易《えき》（天津金木《あまつかなぎ》）として彼地《かのち》に伝《つた》えたのは鵜草葺不合朝五十八代《うがやふきあえずちようごじゆうはちだい》 御中主幸玉天皇《みなかぬしさきたますめらみこと》の御宇《ぎよう》と伝《つた》えられている。その易《えき》に於《お》ける先天《せんてん》の基本形態《きほんけいたい》である周敦頤《しゆうとんい》の所謂太極図《いわゆるたいきよくず》がすなわち神道《しんとう》の天津磐境《あまついはさか》の形態《けいたい》に当《あた》る。この場合《ばあい》、易《えき》に於《おい》ては太極《たいきよく》の構造《こうぞう》を示《しめ》すに数《かず》または算木《さんぎ》の陰陽《いんよう》の組合《くみあ》わせを以《もつ》てし、神道《しんとう》の磐境《いはさか》では言《げん》霊《れい》の配列《はいれつ》を以《もつ》てする。両者《りようしや》はまた同《おな》じ意味《いみ》のものであるが、その表現形式《ひようげんけいしき》の相違《そうい》も前述《ぜんじゆつ》の曼荼羅《マンダラ》と天《あめ》の斑馬《ふちこま》のそれと同《おな》じである。

釈迦《しやか》が日本《にほん》に留学《りゆうがく》したのは伏羲来朝《ふくぎらいちよう》の暫《しばら》く後《のち》、老子《ろうし》、孔子《こうし》と略同時代《ほぼどうじだい》で、葺不合朝七十代《ふきあえずちようななじゆうだい》 神心伝物部建《かんこころつとふものべたて》天皇《すめらみこと》の御宇《ぎよう》と伝《つた》えられている。釈迦《しやか》も伏羲《ふくぎ》と同《おな》じく神道《しんとう》の原理《げんり》の教伝《きようでん》を受《う》けた。仏説《ぶつせつ》に於《おい》てこの易《えき》の太極構造《たいきよくこうぞう》に当《あた》るものは『法華経《ほけきよう》』の多宝仏塔《たほうぶつとう》である。多宝仏《たほうぶつ》は神道《しんとう》の布斗麻邇《フトマニ》の神《かみ》である伊邪那岐大神《いざなぎのおほかみ》に当《あた》る。法華会《ほつけえ》に於《お》ける釈迦牟尼仏《しやかむにぶつ》の説法《せつぽう》は多宝仏塔《たほうぶつとう》と多宝仏《たほうぶつ》の出現《しゆつげん》を待《ま》って、これと同座《どうざ》の下《もと》に初《はじ》めて成立《せいりつ》する。多宝仏《たほうぶつ》はみずからの色身《しきしん》である多宝仏塔《たほうぶつとう》の原理原律《げんりげんりつ》に鑑《かんが》みて仏陀《ぶつだ》の思惟《しゆい》の内容《ないよう》である仏所護念《ぶつしよごねん》（「一切諸仏所護念経《いつさいしよぶつしよごねんきよう》」）を解説《かいせつ》し、これに至《いた》る修業法《しゆぎようほう》を指導《しどう》する釈迦《しやか》の護法《ごほう》を批判《ひはん》し採点《さいてん》して、それが誤《あやま》りなきものである時《とき》、「善哉《よきかな》」と云《い》う讃辞《さんじ》を以《もつ》てこれを承認《しようにん》する任務《にんむ》を持《も》っている。斯《かく》の如《ごと》き批判法《ひはんほう》、検査法《けんさほう》を神道《しんとう》では一般《いつぱん》に沙庭《さには》（審神《さにわ》）と云《い》う。

図表-5｜**天津磐境（一）**

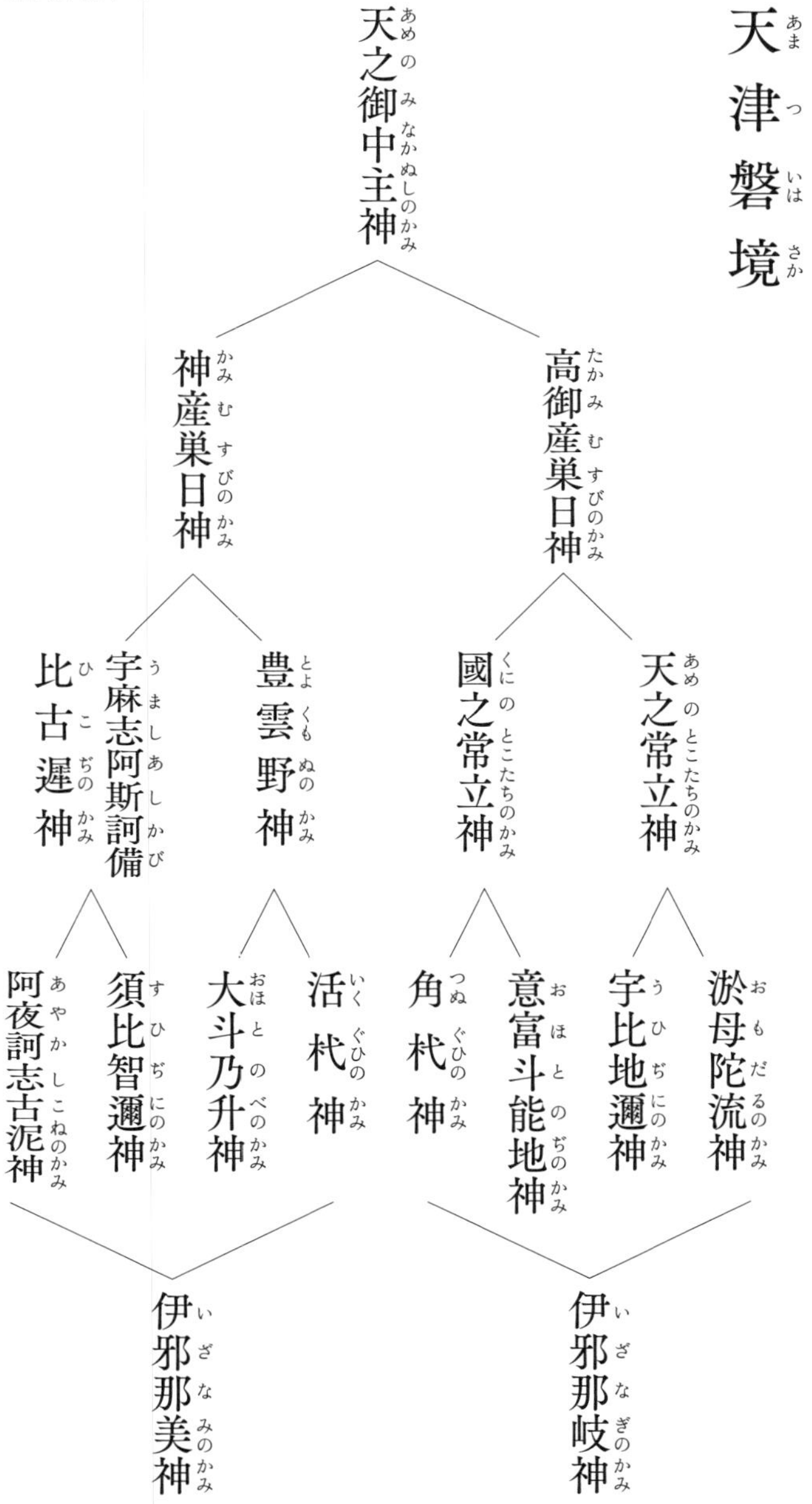
天《あま》津《つ》磐《いは》境《さか》
天之御中主神《あめのみなかぬしのかみ》
高御産巣日神《たかみむすびのかみ》
神産巣日神《かみむすびのかみ》
天之常立神《あめのとこたちのかみ》
國之常立神《くにのとこたちのかみ》
豊雲野神《とよくもぬのかみ》
宇麻志阿斯訶備《うましあしかび》
比古遅神《ひこぢのかみ》
淤母陀流神《おもだるのかみ》
宇比地邇神《うひぢにのかみ》
意富斗能地神《おほとのぢのかみ》
角杙神《つぬぐひのかみ》
活杙神《いくぐひのかみ》
大斗乃升神《おほとのべのかみ》
須比智邇神《すひぢにのかみ》
阿夜訶志古泥神《あやかしこねのかみ》
伊邪那岐神《いざなぎのかみ》
伊邪那美神《いざなみのかみ》

あらゆる宗教《しゅうきょう》の教義行道《きょうぎぎょうどう》、すべての哲学《てつがく》の理論《りろん》が正《ただ》しいか否《いな》かを批判《ひはん》する根拠《こんきょ》は、それを人間性《にんげんせい》の全局《ぜんきょく》に即《そく》して鑑《かんが》みて妥当《だとう》であるか否《いな》かを調《しら》べることにある。その人間性《にんげんせい》に対《たい》する妥当性《だとうせい》が由来《ゆらい》する所《ところ》は後天的《こうてんてき》な社会《しゃかい》契約《けいやく》や、国家権力《こっかけんりょく》の強要強制《きょうようきょうせい》でもあるところのイデオロギーや、法律道徳《ほうりつどうとく》や、或《ある》いはプラグマティズム（実《じっ》際主義《さいしゅぎ》）などに則《のっと》る価値《かち》の批判商量《ひはんしょうりょう》に存《そん》するのではなくして、生命《せいめい》が本具《ほんぐ》する先天性《せんてんせい》にまで遡源《そげん》して、その全局《ぜんきょく》の鏡《かがみ》に照《て》らして、此処《ここ》に批判《ひはん》の根拠《こんきょ》を置《お》かねばならぬ。この故《ゆえ》に多宝仏《たほうぶつ》とは人間《にんげん》の先天性自体《せんてんせいじたい》であり、多《た》宝仏塔《ほうぶつとう》とは先天性《せんてんせい》とその原理《げんり》の展開《てんかい》でなければならない。

然《しか》も此《こ》の仏《ほとけ》は「久遠滅度《くおんめつど》の多宝仏《たほうぶつ》」と云《い》われるからには、この原理《げんり》の内容《ないよう》は遠《とお》い昔《むかし》、嘗《かつ》て人類《じんるい》に識《し》られていたものであるが、その後久《のちひさ》しく記憶伝承《きおくでんしょう》が杜絶《とだ》えていたと云《い》うわけである。易《えき》ではこの原理《げんり》の数的形態《かずてきけいたい》と象徴的解説《しょうちょうてきかいせつ》として「繫辞伝《けいじでん》」を教《おし》え、仏教《ぶっきょう》ではその存在《そんざい》と意義《いぎ》の概説《がいせつ》と絵画的象徴《かいがてきしょうちょう》（曼荼羅《マンダラ》）のみを伝《つた》え、或《ある》いは天台《てんだい》や日蓮《にちれん》の如《ごと》く「一念三千《いちねんさんぜん》」として数《かず》と概念《がいねん》のみを教《おし》え、更《さら》に西洋哲学《せいようてつがく》にあっては経験《けいけん》の帰納《きのう》の上《うえ》に改《あらた》めてこれを把握《はあく》しようと努力《どりょく》している経過《けいか》を鑑《かんが》みる時《とき》、まことに多宝仏《たほうぶつ》が太古《たいこ》の或《あ》る時期以来今日《じきいらいこんにち》に及《およ》ぶまで久遠滅度《くおんめつど》の仏《ほとけ》であった所以《ゆえん》が了解《りょうかい》される。

天津磐境《あまついはさか》は斯《かく》の如《ごと》く易《えき》の太極構造《たいきょくこうぞう》や仏説《ぶっせつ》の多宝仏《たほうぶつ》と同意義《どういぎ》のものであり、人類《じんるい》の先天性《せんてんせい》の全内容《ぜんないよう》である「天津神諸《あまつかみもろもろ》の命《みこと》」の体系《たいけい》である。それは文明創造《ぶんめいそうぞう》の素材《そざい》であり物理学《ぶつりがく》で云《い》えば素粒子《そりゅうし》と電子《でんし》に当《あた》るものであると共《とも》に、その内容《ないよう》は事物《じぶつ》の正邪当否《せいじゃとうひ》の批判沙庭《ひはんさには》の根拠《こんきょ》でもある。その全体《ぜんたい》は簡単《かんたん》な十七神《じゅうななしん》、十七言霊《じゅうななげんれい》であるが、更《さら》にこの十七神《じゅうななしん》を概念的《がいねんてき》に締《し》め括《くく》って示《しめ》す時《とき》は前述《ぜんじゅつ》の如《ごと》く「天之御柱《あめのみはしら》、国之御柱《くにのみはしら》」であり「天沼矛《あめのぬぼこ》」「八拳剣《やつかつるぎ》、九拳剣《ここのつかつるぎ》、十拳剣《とつかつるぎ》」であり、或《ある》いはその展開《てんかい》は後段《こうだん》に於《お》ける伊邪那岐大神《いざなぎのおほかみ》の「御杖《みつえ》」である九十六《きゅうじゅうろく》

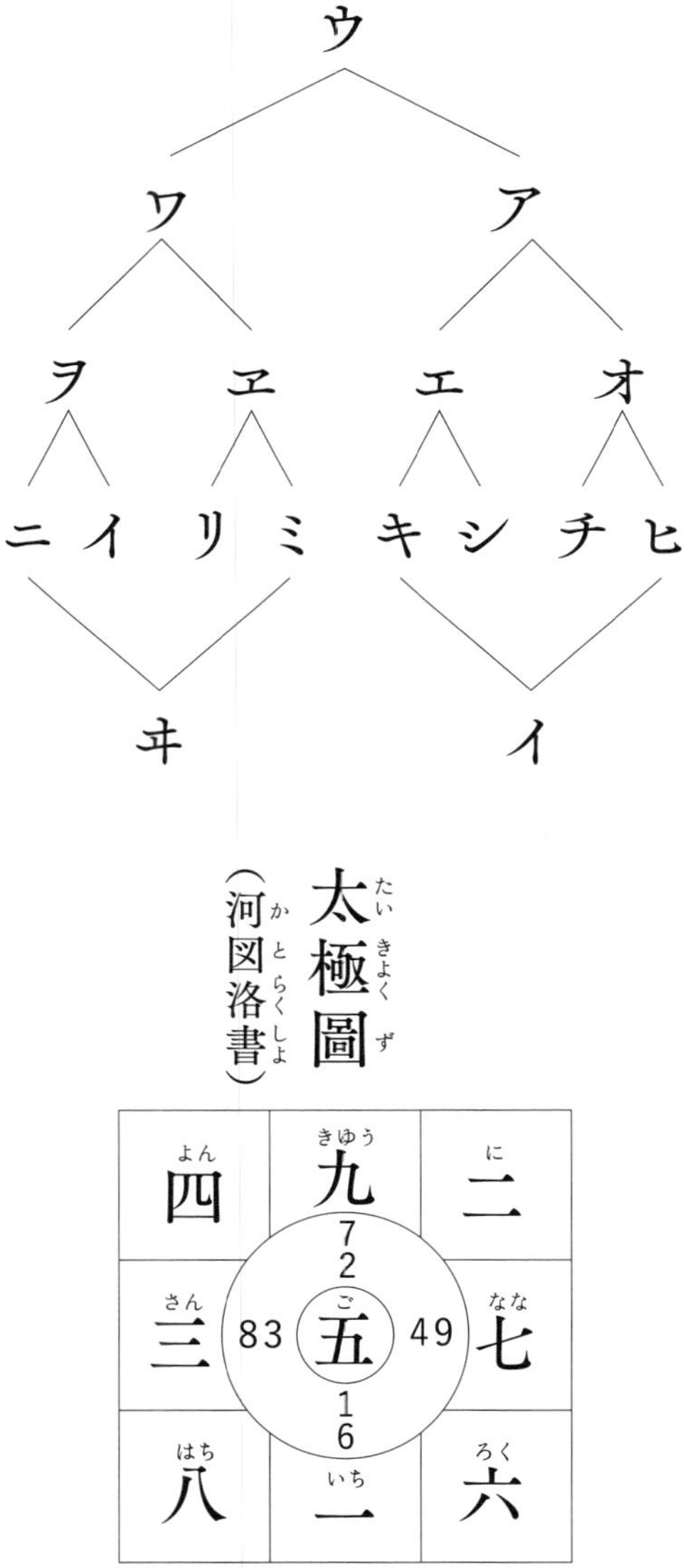

図表-6 | **天津磐境（ニ）**

の原理《げんり》の綜合《そうごう》ともなる。哲学的《てつがくてき》には判断《はんだん》の根拠《こんきょ》であり、統覚活用《とうかくかつよう》の基本《きほん》であるのである（以上《いじょう》に就《つい》ては当《とう》研究所冊子《けんきゅうしょさっし》『法華経要義《ほけきょうようぎ》』『三大神勅考《さんだいしんちょくこう》』等《など》を、また歴史《れきし》の面《めん》に就《つい》ては、『第三文明《だいさんぶんめい》への通路《つうろ》』を参照《さんしょう》せられたい）。

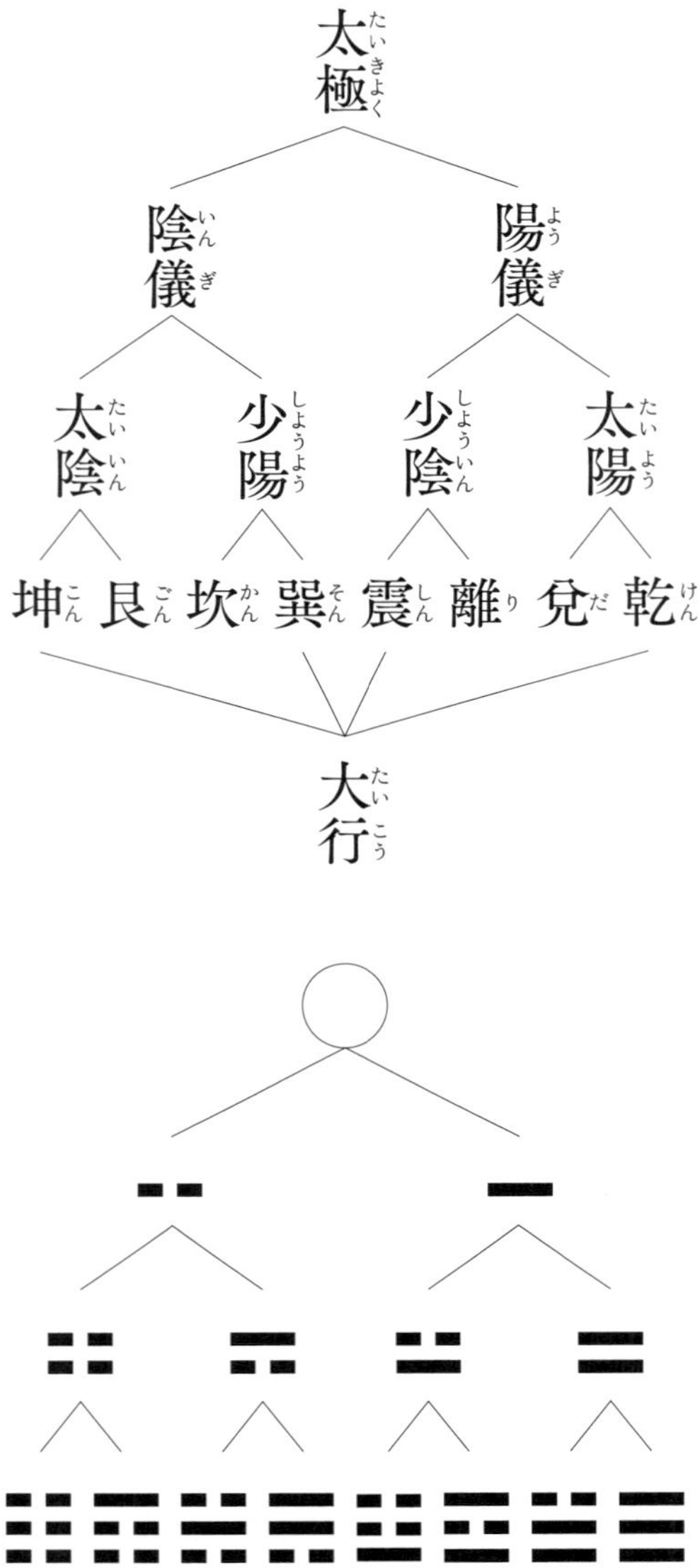

図表-7｜**天津磐境（三）**

65　天津磐境（先天十七言霊）

大《たい》行《こう》（父《ふ》母《ぼ》音《いん》の産《むす》霊《び》）

ここに伊邪那岐命《いざなぎのみこと》（イ）、伊邪那美命《いざなみのみこと》（ヰ）が先天《せんてん》の全内容《ぜんないよう》である「天津神諸《あまつかみもろもろ》の命《みこと》」を携《たずさ》えて、後天《こうてん》としての生命《せいめい》の具象的顕現《ぐしょうてきけんげん》、すなわち神話的《しんわてき》に云《い》う宇宙創造《うちゅうそうぞう》の、易《えき》の所謂《いわゆる》「大行《たいこう》」が開始《かいし》される。然《しか》し大行《たいこう》と云《い》っても此処《ここ》はまだ高天原神界《たかあまはらしんかい》、法界《ほっかい》と云《い》う精神的宇宙《せいしんてきうちゅう》に於《お》ける事態《じたい》であるから、もとより比喩《ひゆ》である神《しん》話《わ》の表面《ひょうめん》に示《しめ》されている如《ごと》き肉体的《にくたいてき》な行為《こうい》などではない。その本具《ほんぐ》の先天《せんてん》が人間《にんげん》の知性《ちせい》として如何《いか》に発現《はつげん》するか、それを如何《いか》に正《ただ》しく発現《はつげん》すべきかに就《つい》ての工夫《くふう》と仕業《しわざ》であって、その業《わざ》は既《すで》に先天《せんてん》として開闢《かいびゃく》し把握《はあく》されているところの実在《じつざい》と識《しき》とを相互《そうご》に交流作用《こうりゅうさよう》せしめて「実相《じっそう》」を修理固成《しゅりこせい》する精神的《せいしんてき》、内面的《ないめんてき》な行《おこ》ないである。

実相《じっそう》とは物事《ものごと》の有《あ》りの儘《まま》の様態《ようたい》である。事実《じじつ》そのものの事《こと》である。「渓声長口舌《けいせいちょうこうぜつ》、山色妙色身《さんしょくみょうしきしん》」と云《い》い、「柳《やなぎ》は緑《みどり》、花《はな》は紅《くれない》」と云《い》い、或《ある》いは「十目《じゅうもく》の視《み》る所《ところ》、十指《じっしゅ》の指《ゆび》さす所《ところ》、それ厳《げん》なるかな」（『礼記《らいき》』）と云《い》う。更《さら》に一層《いっそう》これを端的《たんてき》に示《しめ》すならば「庭前《ていぜん》の栢樹子《はくじゅし》」（『無門関《むもんかん》』「第三十七則《だいさんじゅうななそく》」）であり「麻三斤《まさんぎん》」（『無門関《むもんかん》』「第十八則《だいじゅうはっそく》」）である。古来実相《こらいじっそう》の正体《しょうたい》はこのようにして指摘《してき》されて来《き》た。

宇宙《うちゅう》の森羅万象《しんらばんしょう》を色相《しきそう》として云《い》うならば眼《め》に焼《や》き付《つ》くような事実《じじつ》そのものである。事実《じじつ》は実在《じつざい》と識《しき》の産霊《むすび》によって生《しょう》ずる。一《ひと》つの事実《じじつ》は誰《だれ》にとっても同一《どういつ》の事実《じじつ》でなければならないのだが、然《しか》し多趣多様《たしゅたよう》な世界《せかい》の事《じ》実《じつ》はその要素《ようそ》が錯雑《さくざつ》していて何《なん》と何《なに》とが産霊《むす》ばれ組合《くみあ》わされたものであるか識別《しきべつ》が困難《こんなん》であり、事物《じぶつ》の相互《そうご》関《かん》係《けい》の判断《はんだん》から事実《じじつ》を決定《けってい》しようとすると迷路《めいろ》に陥《おちい》り易《やす》い。また魂《たましい》の浄化《じょうか》を経《へ》ず自由《じゆう》の立場《たちば》に立《た》っていない人《ひと》は夫々自己《それぞれじこ》の識見《しきけん》、偏見《へんけん》に拘泥《こうでい》して、事実《じじつ》を事実《じじつ》として有《あ》りの儘《まま》を認識《にんしき》する事《こと》に様々《さまざま》な支障《ししょう》が起《お》こる。

故《ゆえ》に『法華経《ほけきょう》』では「唯《ただ》、仏《ほとけ》と仏《ほとけ》とのみ、乃《すなわ》ち能《よ》く諸法《しょほう》の実相《じっそう》を究《きわ》め尽《つく》せばなり。」（「方便品《ほうべんぼん》」）と説《と》いて、真実事実《しんじつじじつ》の把握《はあく》はむずかしいものだと教《おし》えている。然《しか》しそうだと云《い》って何時《いつ》までも仏陀《ぶつだ》のみが判《わか》り余人《よじん》には関係《かんけい》のないむずかしい事《こと》を書《か》いてある経文《きょうもん》そのものを勿体振《もったいぶ》って担《かつ》ぎ廻《まわ》っていたところで『法華経《ほけきょう》』の本《ほん》当《とう》の解決《かいけつ》にはならないし、もとより、人類文明《じんるいぶんめい》の解決《かいけつ》にはならない。

然《しか》らば如何《どう》したならば此《こ》の実相《じっそう》の実相性《じっそうせい》、事実《じじつ》の事実性《じじつせい》を、正確《せいかく》に、純粋無雑《じゅんすいむざつ》な状態《じょうたい》に、同時《どうじ》に十目十指《じゅうもくじっし》が斉《ひと》しく観《み》るところの精煉《せいれん》された客観普遍《きゃっかんふへん》の状態《じょうたい》に於《お》いて取《と》り出《だ》すことが出来《でき》るかと云《い》うと、此処《ここ》が右《みぎ》の『法華経《ほけきょう》』が説《と》く如《ごと》く、またたとえばハイデッガー等《ら》の実存《じつぞん》の探求《たんきゅう》に於《お》ける如《ごと》く、すべての哲学宗教《てつがくしゅうきょう》が苦心《くしん》するところである。

然《しか》らばその為《ため》には如何《どう》すればよいかと云《い》うと、先天《せんてん》が人間精神《にんげんせいしん》として、意識《いしき》として産霊《むす》ばれて行《い》く始原《しげん》の刹那《せつな》の過程《かてい》を純粋《じゅんすい》に捕《とら》えて行《い》けばよいのである。すなわち認識《にんしき》の主体《しゅたい》と客体《きゃくたい》とが結合《けつごう》されて行《い》く瞬間《しゅんかん》の経過《けいか》を、換言《かんげん》すればそのとき主体《しゅたい》と客体《きゃくたい》との間《あいだ》を飛《と》び交《か》って火花《ひばな》となるところの思念《しねん》（心《こころ》・識《しき》）の動《うご》きを瞬間的《しゅんかんてき》に内《ない》面的《めんてき》に捕捉自覚《ほそくじかく》したらよいことになる。何故《なぜ》ならば先天《せんてん》と云《い》うものはすべての人間《にんげん》に共通普遍《きょうつうふへん》のものであるから、その産霊《むすび》によって生《しょう》じた事実実相《じじつじっそう》もまた同《おな》じくすべての人間《にんげん》に共通普遍《きょうつうふへん》のものでなければならない。ここに事実実相認識《じじつじっそうにんしき》の根本原理《こんぽんげんり》が存《そん》する。先天《せんてん》の全内容《ぜんないよう》が人間《にんげん》に取《と》って既《すで》に宇宙《うちゅう》の全局《ぜんきょく》であるから、その先天《せんてん》の自《じ》己顕現《こけんげん》として事実《じじつ》を見《み》ることは宇宙《うちゅう》の全局《ぜんきょく》から個々《ここ》の事実《じじつ》を識別《しきべつ》することになるのである。

岐美二神《きみにしん》の創造《そうぞう》はこのような始原純粋《しげんじゅんすい》の状態《じょうたい》に於《お》ける先天《せんてん》の大行活動《たいこうかつどう》としての後天実相《こうてんじっそう》の発現《はつげん》である。だが然《しか》しこのときこうして発現《はつげん》した実相《じっそう》はなお依然《いぜん》として事実《じじつ》そのものであって、事実《じじつ》が事実《じじつ》であると判《わか》ってはいるが、それでいてそれを何《なん》とも表現《ひょうげん》しようのないところの、云《い》わば悟《さと》りそのものである。強《し》いてこれを表現《ひょうげん》しようとする時《とき》、庭前《ていぜん》の樹木《じゅもく》を指《ゆび》さし、或《ある》いは携《たずさ》えた三斤《さんきん》の麻《あさ》を突出《つきだ》して示《しめ》したり、或《ある》いはウォルト・ホイットマンの詩《し》に見《み》るように具体的現象《ぐたいてきげんしょう》に就《つい》てひたすらに絶叫《ぜつきょう》するより他《ほか》に方法《ほうほう》がない。この悟《さと》りの内容《ないよう》を禅《ぜん》では「涅槃妙心《ねはんみょうしん》」と云《い》う。この時実相《ときじっそう》にもあれ空相《くうそう》にもあれその涅槃妙心《ねはんみょうしん》の内容《ないよう》である認識《にんしき》の受《う》け渡《わた》しを直截《ちょくさい》に自他《じた》の間《あいだ》に行《おこ》なおうとすると釈迦《しゃか》と迦葉《かしょう》の間《あいだ》の「拈華微笑《ねんげみしょう》」の方法《ほうほう》より他《ほか》はない。

そこでこの時《とき》その実相現実《じっそうげんじつ》としての純粋意識《じゅんすいいしき》すなわち哲学語《てつがくご》で云《い》う純粋経験《じゅんすいけいけん》を如何《いか》に把握《はあく》し、如何《いか》に自覚《じかく》表現《ひょうげん》し、如何《いか》に共通普遍化《きょうつうふへんか》するかと云《い》うことが人類《じんるい》がその文明《ぶんめい》を構成《こうせい》し運営《うんえい》して行《い》く上《うえ》の基礎《きそ》であり根底《こんてい》となる問題《もんだい》でなければならない事《こと》となる。この事《こと》に関《かん》して神道《しんとう》は他《た》の哲学宗教《てつがくしゅうきょう》が持《も》ち合《あ》わせていない優秀《ゆうしゅう》な方便《ほうべん》方法《ほうほう》を持《も》っている。岐美二神《きみにしん》の創造《そうぞう》は此《こ》の独特《どくとく》の方法《ほうほう》を以《もっ》てするものであり、且《か》つその方法《ほうほう》の原理《げんり》を示《しめ》すものである。

前述《ぜんじゅつ》の如《ごと》く岐美二神《きみにしん》の創造《そうぞう》は既《すで》に先天《せんてん》としての宇宙《うちゅう》の実在《じつざい》と、その実在《じつざい》を現《あら》わす識《しき》の原律《げんりつ》を「天津神諸《あまつかみもろもろ》の命《みこと》」であるところの母音《ぼいん》、半母音《はんぼいん》、父韻《ふいん》として把持《はじ》し、その父母音《ふぼいん》すなわち天名《あな》の活用《かつよう》として開始《かいし》されたものであるから、その実在《じつざい》、識《しき》すなわち主体《しゅたい》と客体《きゃくたい》の産霊《むすび》である実相《じっそう》の顕現《けんげん》とその認識把握《にんしきはあく》は、比喩《ひゆ》や象徴《しょうちょう》や概念《がいねん》は或《ある》いは禅《ぜん》に於《お》ける如《ごと》き具体物《ぐたいぶつ》の提示《ていじ》などによって為《な》されるものではなくして、母音《ぼいん》と父韻《ふいん》の産霊《むすび》によって生《う》み出《だ》される子音《しいん》として把握《はあく》され表現《ひょうげん》される事《こと》となるのである。父母音《ふぼいん》そのものが既《すで》に確立《かくりつ》された先天《せんてん》であるから、その結合《けつごう》によって顕《あら》わされる子音《しいん》もまた客観普遍《きゃっかんふへん》の実相《じっそう》の自己表現《じこひょうげん》となることとなるのである。くどくどしく説《と》いたようだが、此処《ここ》のところの意義《いぎ》がよく呑《の》み込《こ》めないと神道《しんとう》の本質《ほんしつ》である言霊学《げんれいがく》の理解《りかい》が出来《でき》ない。

歴史《れきし》を顧《かえ》りみると中世近世《ちゅうせいきんせい》の化学者《かがくしゃ》は物質《ぶっしつ》を分析精煉《ぶんせきせいれん》することによって万有《ばんゆう》の元素《げんそ》を発見《はっけん》した。水素《すいそ》、酸素《さんそ》、鉄《てつ》、ウラニウム等《など》の元素《げんそ》は精煉《せいれん》された物質《ぶっしつ》の実相《じっそう》である。先験科学《せんけんかがく》である現代《げんだい》の理論物理学《りろんぶつりがく》では素粒子《そりゅうし》と電子《でんし》を組合《くみあ》わせることによって随意《ずいい》の元素《げんそ》を創造《そうぞう》することが可能《かのう》になった。一方《いっぽう》ハイデッガーやマルセルに及《およ》ぶまでの西洋哲学《せいようてつがく》に於《おい》ては現実《げんじつ》を分析精煉《ぶんせきせいれん》することによって彼等《かれら》の所謂《いわゆる》　実存《エグジステンス》　の正体《しょうたい》を究《きわ》めようとしている。然《しか》し一方《いっぽう》古来《こらい》の東洋哲学宗教《とうようてつがくしゅうきょう》では明白《めいはく》に与《あた》えられている先天《せんてん》を結合《けつごう》させることによって実相《じっそう》を純粋《じゅんすい》に生《う》み出《だ》す方法《ほうほう》が明《あき》らかであって、その方法《ほうほう》を弁《わきま》えた人物《じんぶつ》を仏陀《ぶつだ》と云《い》い、社会《しやかい》に於《お》けるその実相《じつそう》の完全《かんぜん》な運転経綸者《うんてんけいりんしや》の名《な》を救世主《メシヤ》（キリスト）と云《い》い転輪聖王《てんりんじようおう》と呼《よ》んでいる。以上《いじよう》の科学《かがく》と哲学《てつがく》との間《あいだ》の歴史的《れきしてき》な相互関係《そうごかんけい》に就《つい》てよくよく考《かんが》えなければならぬ時《とき》である。

科学《かがく》と宗教《しゆうきよう》とは相等《あいひと》しい。何故《なぜ》ならばそれは同一《どういつ》の、唯一《ゆいいつ》の宇宙生命《うちゆうせいめい》の表《おもて》と裏《うら》とであるからである。科学《かがく》的元素《てきげんそ》が物質《ぶつしつ》の元素《げんそ》である如《ごと》く、子音《しいん》として把握《はあく》された言葉《ことば》は実相《じつそう》の精神的要素《せいしんてきようそ》である。科学的元素《かがくてきげんそ》は認識《にんしき》の客体《きやくたい》ワヲウヱヰ《をゑゐ》の側《がわ》に於《おい》て感覚《かんかく》ウ言霊《げんれい》に即《そく》して捕《とら》えた宇宙《うちゆう》の原素《げんそ》であり、精神的原素《せいしんてきげんそ》は主体《しゆたい》アオウエイの側《がわ》に於《おい》て自覚《じかく》された宇宙《うちゆう》の原素《げんそ》である。然《しか》してこの両者《りようしや》は夫々《それぞれ》観《み》る方法《ほうほう》、観《み》る立場《たちば》は異《こと》なっても、学問《がくもん》として究明《きゆうめい》された最後《さいご》の答《こた》えは相等《あいひと》しいものでなければならない。何故《なぜ》ならば取扱《とりあつか》っている問題《もんだい》は表裏《ひようり》の相違《そうい》があるだけで共《とも》に同一《どういつ》の、唯一《ゆいいつ》の宇宙生命《うちゆうせいめい》であるからである。それは恰《あたか》も同一《どういつ》の数学《すうがく》の問題《もんだい》を算術《さんじゆつ》で釈《と》こうと代数《だいすう》で釈《と》こうとないし幾何《きか》で釈《と》こうとその答《こた》えは相等《あいひと》しいものである如《ごと》くである。仏教《ぶつきよう》では先天《せんてん》の内容《ないよう》を含《ふく》めた斯《こ》うした精神《せいしん》の素粒子《そりゆうし》、原子《げんし》、原素《げんそ》をひっくるめて「種智《しゆち》、一切種智《いつさいしゆち》、種子識《しゆししき》」と云《い》う。

創《そう》造《ぞう》の失《しっ》敗《ぱい》（女《にょ》人《にん》先《せん》言《げん》）

扨《さ》て、実相《じっそう》の創造《そうぞう》である岐美二神《きみにしん》の御子生《みこう》みの業《わざ》は最初《さいしょ》から完全《かんぜん》な御子《みこ》を生《う》むことが出来《でき》たわけではなくて、その道程《どうてい》には失敗《しっぱい》もあったことが述《の》べられている。と云《い》うのは原理《げんり》の生成《せいせい》を説《と》くために何《なに》も失敗《しっぱい》の経験《けいけん》を挿《はさ》まさなくともよいわけであるが、その失敗《しっぱい》に終《お》わった方法《ほうほう》を説《と》くことによって人類《じんるい》の思惟認識《しゆいにんしき》の上《うえ》に生《しょう》ずる錯誤欠陥《さくごけっかん》を指摘《してき》し、批評《ひひょう》し、且《か》つ訓誡《くんかい》するためのものである。且《か》つそれと同時《どうじ》に「布斗麻邇言霊《フトマニげんれい》」を用《もち》いない思惟《しゆい》の方法《ほうほう》が世界《せかい》の何処《どこ》に行《おこな》われ、且《か》つそれが如何《いか》なる意義《いぎ》を有《ゆう》するかと云《い》う事《こと》を一通《ひととお》り明《あき》らかにして置《お》くためである。

吾《あ》が身《み》は成《な》り成《な》りて、成《な》り合《あ》はざるところ（処《ところ》、）一《ひ》ト処《ところ》（一処《ひとところ》）あ（在《あ》）り

成《な》るを前述《ぜんじゅつ》の如《ご》く鳴《な》るの隠語《いんご》と知《し》る時《とき》、「言霊布斗麻邇《げんれいフトマニ》」の経典《きょうてん》として『古事記《こじき》』を解明《かいめい》し得《う》る。アオウエ（イ）の母音《ぼいん》の一《ひと》つ一《ひと》つを発音《はつおん》してみると、同《おな》じ音《おん》が何処《どこ》までも続《つづ》いて変化《へんか》する事《こと》がない。すなわちこれは仏教《ぶっきょう》で云《い》う梵音《ぼんおん》、大自然界《ブラーマ》の音《おん》であり、その音《おん》は開《あ》いたままで合《あ》うことがないから鳴《な》り合《あ》わざる音《おん》である。この音《おん》の姿《すがた》を成《な》り合《あ》わぬ女陰《にょいん》にたとえて呪示《じゅじ》してあるのである。

我《わ》が身《み》は成《な》り成《な》りて、成《な》り余《あま》れるところ（処《ところ》、）一《ひ》ト処《ところ》（一処《ひとところ》）あ（在《あ》）り

キシチニヒミイリの父音《ふいん》を発音《はつおん》してみると、音《おん》が二段《にだん》に組《く》み合《あ》わされていて、親音《しんいん》イが余音《よいん》として続《つづ》いている。これが鳴《な》り余《あま》れる音《おん》である。父韻《ふいん》は響《ひびき》であって音《おん》ではない。父韻《ふいん》を後述《こうじゅつ》する神代表音文字《かみよひょうおんもじ》の「蜂《はち》の比礼《ひれ》」で表《あらわ》せば「∧⊔⌊◬□I⌉」（k s t n h m y r）である。然《しか》しひびきだけでは発音《はつおん》することが出来《でき》ないから、末尾《まつび》に母音《ぼいん》であるイを附《ふ》して発音《はつおん》する。この時《とき》イは父母音《ふぼいん》の両性《りょうせい》を具《そな》えたものであるから親音《しんいん》として母音《ぼいん》と区別《くべつ》する。アオウエの四音《よんおん》を採《と》らずにイを親音《しんいん》とする所《ところ》に布斗麻邇《フトマニ》の特徴《とくちょう》がある。父韻《ふいん》は律《リズム》の消長変化《しょうちょうへんか》をあらわす仏教《ぶっきょう》の云《い》う海潮音《かいちょうおん》である。この鳴《な》り余《あま》れる音《おん》である父韻《ふいん》の姿《すがた》を成《な》り余《あま》っている男根《だんこん》の形《かたち》にたとえて呪示《じゅじ》してあるのである。岐美二神《きみにしん》の御子《みこ》産《う》みの条《くだ》りは男女《だんじょ》の生殖《せいしょく》の事《こと》に譬《たと》えて説《と》かれてある。言語《げんご》の発生《はっせい》も男女《だんじょ》の生殖《せいしょく》も共《とも》に唯一生命《ゆいいつせいめい》の、然《しか》も典型的《てんけいてき》な活動《かつどう》であるから、比喩《ひゆ》がぴたりと当《あ》て嵌《は》まる。

吾《あ》が身《み》の成《な》り余《あま》れる処《ところ》を、汝《な》が身《み》の成《な》り合《あ》はざる処《ところ》に刺《さ》し塞《ふた》ぎて

父韻《ふいん》を母音《ぼいん》の中《なか》に刺《さ》し塞《ふさ》ぐようにして発声《はっせい》することである。すなわち例《たと》えば前述《ぜんじゅつ》の如《ごと》くキア（k・a）＝カ。キエ（k・e）＝ケ。キオ（k・o）＝コ。キウ（k・u）＝クの如《ごと》くにしてカ行《ぎょう》の音《おん》が発現《はつげん》する。

その他《た》の七行《ななぎょう》も同《おな》じである。

国（国土《くに》）生み成《な》さむ

言語《げんご》を生《う》むことである。ここでは特《とく》に子音《しいん》の創造《そうぞう》である。クニとは前述《ぜんじゅつ》の如《ごと》く組《く》んで邇《に》（似《に》・近《に》・二《に》）をなすことである。兆《きざ》しを含《ふく》み、薫《かお》り満《み》てる先天《せんてん》（天名《あな》）の要素《ようそ》のみが漂《ただよ》っていて、なお未《いま》だ一物一相《いちもついっそう》も顕《あらわ》れぬ始原《しげん》の宇宙《うちゅう》の渾沌《こんとん》の中《なか》から初《はじ》めてその先天《せんてん》の活現《かつげん》である「諸法実相《しょほうじっそう》」の原素《げんそ》としての子音《しいん》が産《う》ぶ声《ごえ》を挙《あ》げるのである。実相《じっそう》は先天《せんてん》の国《くに》であり、真奈《まな》は天名《あな》の子《こ》であり、子音《しいん》は父母音《ふぼいん》の国《くに》であり、「善《よ》きかな国《くに》のありけること」であって、すべて言葉《ことば》は文明《ぶんめい》の始《はじ》まりであり国《くに》の肇《はじ》めであり、国《くに》を肇《はじ》めることの始《はじ》めは言葉《ことば》を創《つく》ることである。先天《せんてん》に則《のっと》って言語《げんご》の原則《げんそく》が確定《かくてい》している国《くに》にして初《はじ》めて天壌無窮《てんじょうむきゅう》、万世一系《ばんせいいっけい》で有《あ》り得《う》る。この事《こと》は人類文明《じんるいぶんめい》が生成発展《せいせいはってん》して行《い》く上《うえ》の基本原理《きほんげんり》であって、世界《せかい》にその典型《てんけい》の国《くに》がただ一《ひと》つ造《つく》られ営《いとな》まれている。その名《な》を霊《ひ》の本《もと》（日本《ひのもと》）と云《い》う。霊《ひ》の本《もと》とは言葉《ロゴス》の根源《こんげん》と云《い》う義《ぎ》である。

吾《あ》と汝《な》と（、）こ（是《こ》）の天之御柱《あめのみはしら》を行《ゆ》き廻《めぐ》りあ（逢《あ》）ひて

絶対観《ぜったいかん》からするならば実在《じつざい》アオウエ（イ）を中心《ちゅうしん》にして岐美二神《きみにしん》の間《あいだ》に飛《と》び交《か》う心《こころ》の霊波《れいは》、物体《ぶったい》の振動《しんどう》によって実在《じつざい》を現象《げんしょう》せしめる事《こと》であり、また相対観《そうたいかん》よりするならばアオウエイ（天之御柱《あめのみはしら》）とワヲ《を》ウヱ《ゑ》ヰ《ゐ》（国《くに》之御柱《のみはしら》）が識《しき》の原律《げんりつ》（キシチニヒミイリ）の媒介《ばいかい》によって交流《こうりゅう》することである（図表《ずひょう》8参照《さんしょう》）。

美斗能麻具波比《みとのまぐはひ》（みとのまぐはひ）

この語義《ごぎ》はなお不明《ふめい》だが、『日本書紀《にほんしょき》』には「溝合為夫婦《みとのまぐはひ》」「為夫婦《ためふうふ》」「交の道《とつぎみち》」とある。またこれを「婚《よば》ひ」とも云《い》う。交《とつぎ》は十作《とつぎ》（十次《とつぎ》）で、父母音十個《ふぼいんじゅっこ》イ・キシチニヒミイリ・ヰ《ゐ》の交流《こうりゅう》である。『竹内文献《たけうちぶんけん》』には「ミトルツナマグハヒ」とある。ツナ（綱《つな》）をマグハヒ（真組波霊《まぐはひ》）させると云《い》うことは後述《こうじゅつ》する〆縄《しめなわ》の作《つく》り方《かた》である。ミトルツナマグハヒがミトノマグハヒのより古代的表現《こだいてきひょうげん》である時《とき》この語《ご》の意義《いぎ》が漸《よう》く明《あき》らかになって来《く》る。

汝《な》は右《みぎり》より廻《めぐ》り逢《あ》へ

ミギリは身切《みぎ》りの義《ぎ》で、女陰《にょいん》の形《かたち》、母音《ぼいん》のことである。伊邪那美命《いざなみのみこと》は母音《ぼいん》として創造《そうぞう》に参与《さんよ》せよと云《い》う意味《いみ》。

我《あれ》は左《ひたり》より廻《めぐ》り逢《あ》はむ

ヒタリは肥垂《ひた》りの義《ぎ》で、男根《だんこん》の形《かたち》、父韻《ふいん》のことである。伊邪那岐命《いざなぎのみこと》は父韻《ふいん》として創造《そうぞう》に従事《じゅうじ》すると云《い》う意味《いみ》。

絶対観《ぜったいかん》からするならば実在《じつざい》アオウエ（イ）は万有存在《ばんゆうそんざい》の基本《きほん》である物《もの》それ自体《じたい》であり、その姿《すがた》は空相《くうそう》であって、現象以前《げんしょういぜん》のものである。識《しき》は霊性《れいせい》の発現《はつげん》であって、実相《じっそう》は生《い》きている人間《にんげん》の霊性知性《れいせいちせい》の活《はた》らきによってのみ顕現《けんげん》する。精神《せいしん》の働《はたら》きがあるから現象《げんしょう》が現《あら》われるのであって、死《し》んだ人間《にんげん》の前《まえ》に現象《げんしょう》はない。死《し》んだらその人《ひと》の面前《めんぜん》から実相《じっそう》は消《き》える。森羅万象《しんらばんしょう》は生《い》きた人類《じんるい》が居《い》てその意識知性《いしきちせい》が活《はた》らいている限《かぎ》りに於《おい》て顕現《けんげん》するのである。その識《しき》と実在《じつざい》、父韻《ふいん》と母音《ぼいん》の結合《けつごう》によって現象《げんしょう》が生《う》まれるのである。

相対的《そうたいてき》に観《み》れば伊邪那岐命《いざなぎのみこと》（アオウエイ）は主体《しゅたい》であり心《こころ》である。伊邪那美命《いざなみのみこと》（ワヲ《を》ウヱヰ《ゐ》）は客体《きゃくたい》であり物《もの》である。物《もの》に成《な》り合《あ》わざる所《ところ》がなければ創造《そうぞう》の対象《たいしょう》にはならない。また心《こころ》に成《な》り余《あま》れるところがなければ創造《そうぞう》の意欲《いよく》は発現《はつげん》しない。三十二相円満具足《さんじゅうにそうえんまんぐそく》の美人《びじん》には言《い》い寄《よ》る隙《すき》がない。四十八願成就《しじゅうはちがんじょうじゅ》の阿弥陀如来《あみだにょらい》に対《たい》してはただ讃嘆随喜《さんたんずいき》あるのみで、批判《ひはん》の余地《よち》はない。

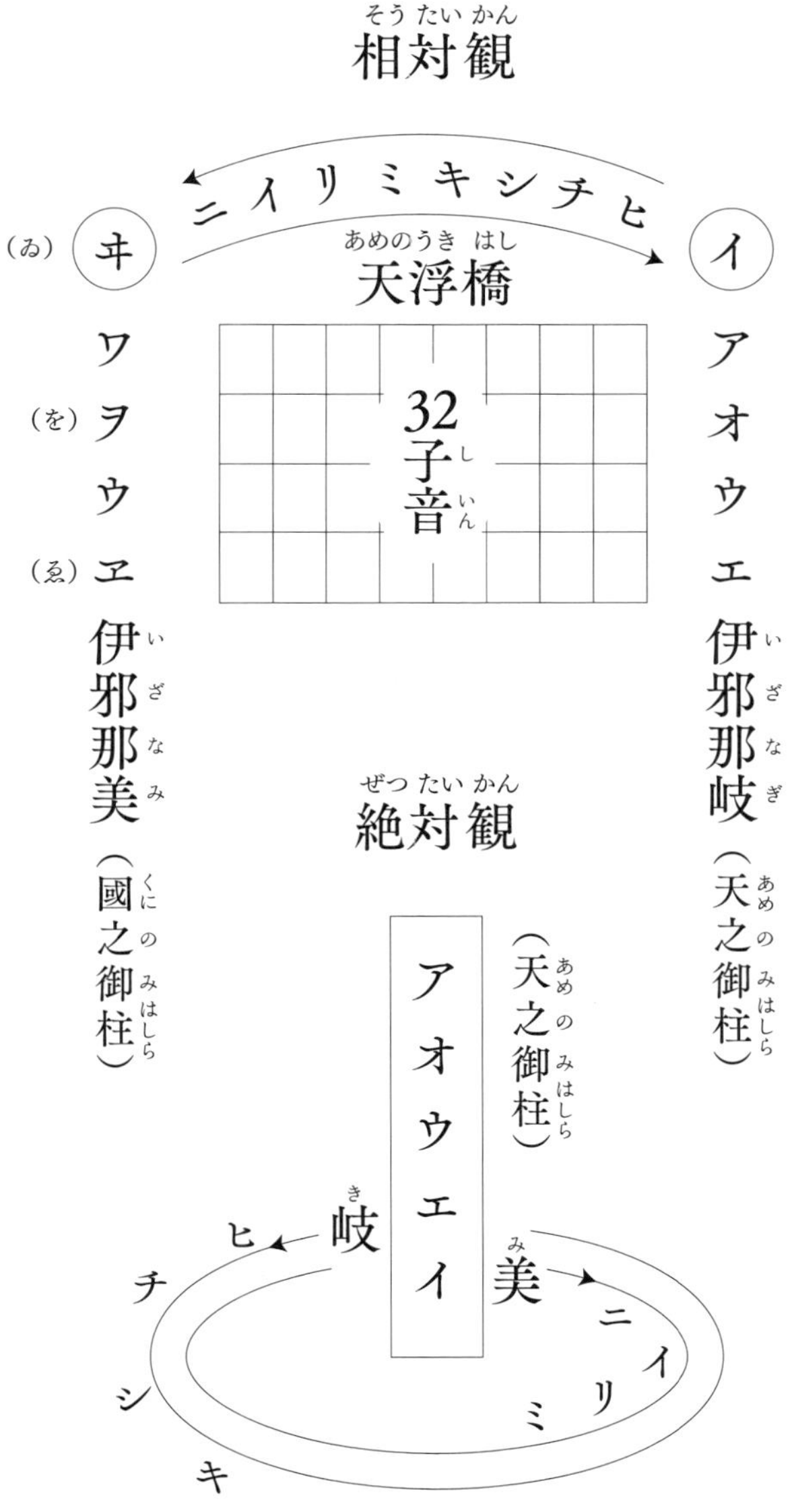

図表-8｜**相対観と絶対観**

主客双方《しゆきやくそうほう》が正覚成就《しようかくじようじゆ》の仏陀《ぶつだ》である時《とき》も円満調和《えんまんちようわ》の運行《うんこう》が恒常《こうじよう》に行《おこ》なわれるのみで、新《あら》たな創造《そうぞう》は行《おこ》なわれない。欠《か》くる所《ところ》があり余《あま》る所《ところ》があって動《うご》きが起《お》こる。右《みぎり》（身切《みぎり》）は神漏美《かむろみ》であり、消極《しようきよく》、受動《じゆどう》である。左《ひだり》（肥垂《ひたり》）は神漏岐《かむろぎ》であり、積極《せつきよく》、能動《のうどう》である。相対的《そうたいてき》に観《み》れば主客《しゆきやく》すなわち母音《ぼいん》と半母音《はんぼいん》の交流《こうりゆう》によって現象《げんしよう》が生《う》まれるのである。

女人《お(を)みな》を言先立《ことさきだ》（だ）ちてふさ（良《ふさ》）はず

子音《しいん》を生《う》もうとして母音《ぼいん》を先《さき》に発音《はつおん》し父韻《ふいん》を後《あと》にすると、a・kではカと云《い》う子音《しいん》にはならない。k・a（キア）で初《はじ》めてカとなる。この事《こと》を哲学《てつがく》や宗教上《しゆうきようじよう》の問題《もんだい》として云《い》うならば母音《ぼいん》である隠神即《かくりがみすなわ》ち実在《じつざい》（実《じつ》体《たい》）即《すなわ》ち空相《くうそう》の探索究明《たんさくきゆうめい》のみに拘泥《こうでい》して、父韻《ふいん》である実相発現《じつそうはつげん》の原律《げんりつ》の把握運用《はあくうんよう》をないがしろにすると、その実相《じつそう》の正《ただ》しい創造《そうぞう》と取扱《とりあつか》いが出来《でき》ないと云《い》うことである。

然《しか》れども隠処《くみど》（くみど）におこ（興《おこ》）して

クミドは組所《くみど》、五十音《ごじゆうおん》を組《く》む所《ところ》、曼荼羅《マンダラ》を配列《はいれつ》する所《ところ》の義《ぎ》。ここでは思想《しそう》の研究場所《けんきゆうばしよ》と云《い》うほどの義《ぎ》に解《かい》すればよい。母音《ぼいん》、実在《じつざい》を主眼《しゅがん》として生《う》まれた子《こ》は正《ただ》しい知性《ちせい》を具備《ぐび》した子《こ》ではないけれども、一応研究材料《いちおうけんきゅうざいりょう》として取《と》り上《あ》げると云《い》うことである。

子《みこ》（、）水蛭子《ひるこ》を生《う》みたまひき

ヒルコは霊流子《ひるこ》の義《ぎ》。蛭《ひる》のように骨《ほね》（霊音《ほね》）がないこと。霊《ひ》が流《なが》れて実相《じっそう》が現《あら》われないことである。或《ある》いはまた蛭《ひる》に血《ち》を吸《す》い取《と》られて道《ち》がなくなってしまうことでもある。それは母音《ぼいん》を先《さき》に言挙《ことあ》げして、母音《ぼいん》ばかりに拘泥《こうでい》するから、父韻《ふいん》のリズムが現《あら》われず、子音《しいん》にならぬと云《い》う事《こと》である。

一般《いっぱん》に仏教《ぶっきょう》と云《い》わず、キリスト教《きょう》と云《い》わず、或《ある》いは儒教《じゅきょう》と云《い》わず、すべての小乗的《しょうじょうてき》な従来《じゅうらい》の宗教《しゅうきょう》が実在《じつざい》の体認《たいにん》であるところの魂《たましい》の救《すく》われとか、宿業《しゅくごう》よりの解脱《げだつ》とか、空《くう》の悟《さと》りとか云《い》うことだけを求《もと》めて、それに拘《こう》泥《でい》し、それ丈《だ》けが人生《じんせい》や宗教《しゅうきょう》の終局《しゅうきょく》であるとして満足《まんぞく》して、それ以上《いじょう》の道《みち》を極《きわ》めようとしない事《こと》が水蛭子《ひるこ》の心《こころ》である。『日本書紀《にほんしょき》』ではこの水蛭子《ひるこ》を「已《すで》に三歳《みとせ》になるまで、脚猶《あしなほ》し立《た》たず。」と説明《せつめい》している。三歳《みとせ》は「天地人《てんちじん》（アイウ）」の三才《さんさい》をもじったものである。所謂三才思想《いわゆるさんさいしそう》である儒教《じゅきょう》を『日本書紀《にほんしょき》』の編者《へんしゃ》が批評《ひひょう》し揶揄《やゆ》した言葉《ことば》である。

この様《よう》に実在《じつざい》、隠神《かくりがみ》を天地人《てんちじん》の三数《さんすう》に取《と》っても、更《さら》には「木火土金水《もくかどごんすい》」（五行《ごぎょう》）や「地水風火空《ちすいふうかくう》」（五《ご》大《だい》）と云《い》うように五数《ごすう》に取《と》っても、或《ある》いはまた「南無阿弥陀仏《なむあみだぶつ》」と念《ねん》じ「南無妙法蓮華経《なむみょうほうれんげきょう》」と唱《とな》えたとて、そうした実在《じつざい》のみを追求《ついきゅう》する修業《しゅぎょう》や、その実在《じつざい》を捕《とら》えた悟《さと》りだけに拘泥終始《こうでいしゅうし》している限《かぎ》り、結局主観的《けつきょくしゅかんてき》な個《こ》人《じん》の魂《たましい》の安堵《あんど》が一応《いちおう》得《え》られるだけで、実相《じっそう》を把握経営運転《はあくけいえいうんてん》する智慧《ちえ》が活動《かつどう》しないから、客観的《きやつかんてき》な文明《ぶんめい》の創造《そうぞう》者《しゃ》としては適当《てきとう》でない。精々《せいぜい》、詩《し》や歌《うた》や偈《げ》を作《つく》ってみずから快《かい》とし、世《よ》に嘯《うそぶ》き、顧《かえり》みて煩悩《ぼんのう》に迷《まよ》う一人一人《ひとりひとり》の衆生《しゅじょう》を憐《あわ》れみ導《みちび》いて行《ゆ》くことが末法小乗《まつぽうしようじよう》の宗教家《しゅうきようか》の為《な》し得《う》るすべてである。斯《かく》の如《ごと》き精神《せいしん》の境涯《きようがい》が水蛭子《ひるこ》である。日蓮《にちれん》はこの境涯《きようがい》を呼《よ》んで「念仏無間《ねんぶつむげん》、禅天魔《ぜんてんま》」と称《しよう》した。教菩薩法《きようぼさつぽう》である『法華経《ほけきよう》』の「第七《だいなな》化城諭品《けじようゆほん》」は夢幻《むげん》の城《しろ》の如《ごと》き小乗《しようじよう》の境涯《きようがい》に腰《こし》をおろして、それ以上《いじよう》の精進《しようじん》を肯《が》えんじない求道心《ぐどうしん》の怠惰停頓《たいだていとん》を厳《きび》しく戒《いまし》めている。

けれどもこの様《よう》な心境《しんきよう》も人間《にんげん》には有《あ》り得《う》ることであり、また世界歴史《せかいれきし》の過程《かてい》に於《おい》て、像法末法時代《ぞうほうまつぽうじだい》の宗教《しゆうきよう》の樹《た》て方《かた》として実際《じつさい》に用《もち》いられて来《き》た所《ところ》であるから、隠処《くみど》におこして一応思想検討《いちおうしそうけんとう》の材料《ざいりよう》として取《と》り上《あ》げられたわけである。「故《か》れ、これ（蛭児《ひるこ》）を天磐櫲樟船《あめのいはくすふね》に載《の》せて、順風《かぜのまにまに》（順流《みづのまにまに》）放《はな》ち棄《す》てたまひき」（『日本《にほん》書紀《しよき》』）とあるから、この三才《さんさい》あるいは五行《ごぎよう》、五大《ごだい》の原理《げんり》はその昔《むかし》、その当時風《とうじかぜ》のまにまに全世界《ぜんせかい》に教伝《きようでん》されたわけである。今日《こんにち》、仏教《ぶつきよう》、儒教《じゆきよう》、キリスト教《きよう》、或《ある》いはギリシア神話等《しんわなど》の根底《こんてい》に五行《ごぎよう》、五大《ごだい》、五大天使《ごだいてんし》の教義《きようぎ》が存《そん》するのはこの故《ゆえ》である。

この水蛭子《ひるこ》の状態《じようたい》が天之岩戸閉鎖《あまのいわとへいさ》、仏陀入涅槃以後今日《ぶつだにゆうねはんいごこんにち》に及《およ》ぶ全東洋三千年間《ぜんとうようさんぜんねんかん》の思想的経過《しそうてきけいか》の姿《すがた》であった。

老子《ろうし》はこの事《こと》を「大道廃《だいどうすた》れて仁義《じんぎ》あり」と云《い》った。すなわち像法末法《ぞうほうまっぽう》の時代《じだい》である。入涅槃《にゅうねはん》は魂《たましい》の眠《ねむ》りである。「哀《あわ》れなるかな、長眠《じょうめん》の子《し》。……酷睡《こくすい》は覚者《かくしゃ》を嘲《あざけ》る。」（『般若心経秘鍵《はんにゃしんぎょうひけん》』）と弘法《こうぼう》は説《と》いたが、入涅槃《にゅうねはん》の時代《じだい》は眠《ねむ》って極楽《ごくらく》の夢《ゆめ》を見《み》ていればよい時期《じき》であった。この意味《いみ》に於《おい》て像末二千年間《ぞうまつにせんねんかん》に於《お》ける仏教《ぶっきょう》の本意《ほんい》は『法華経《ほけきょう》』にはなくして、むしろ『阿弥陀経《あみだきょう》』以下《いか》の「浄土三部経《じょうどさんぶきょう》」にあったと云《い》うことが出来《でき》る。すなわち自力聖道《じりきしょうどう》の道《みち》よりも念仏欣求《ねんぶつごんぐ》の浄土門《じょうどもん》にあったと云《い》ってもよい。親鸞《しんらん》は末法仏教《まっぽうぶっきょう》の第一人者《だいいちにんしゃ》である。

『涅槃経《ねはんきょう》』に訳《やく》されて仏教《ぶっきょう》の奥義《おうぎ》とされている「いろは歌《うた》」は母《はは》すなわち「妣《はは》・いろは」である。四十八《よんじゅうはち》の麻邇言霊《まにげんれい》を連《つら》ねて出来《でき》ているこの歌《うた》は三世諸仏《さんぜしょぶつ》の母《はは》である摩耶夫人《まやぶにん》であり、キリスト教《きょう》で云《い》えば聖処女聖母《せいしょじょせいぼ》マリアである。本講《ほんこう》はこれから次第《しだい》にその内容《ないよう》に分《わ》け行《ゆ》くのであるが、四十八言霊《よんじゅうはちげんれい》を摩尼宝珠《まにほうじゅ》と云《い》い一切種《いっさいしゅ》智《ち》と云《い》う。諸仏救世主《しょぶつキリスト》はすべて此《こ》の四十八言霊《よんじゅうはちげんれい》から生《う》まれて来《く》る。すなわちそれは諸仏救世主《しょぶつキリスト》の母胎《ぼたい》である。

いろはにほへとちりぬるを　諸行無常《しょぎょうむじょう》
わかよたれそつねならむ　是生滅法《ぜしょうめっぽう》
うゐのおくやまけふこえて　生滅滅已《しょうめつめつい》
あさきゆめみしゑひもせす　寂滅為楽《じゃくめついらく》

この歌《うた》の意義《いぎ》がすなわち水蛭子《ひるこ》の心《こころ》である。

だが東洋全体《とうようぜんたい》が斯《かく》の如《ごと》く三千年間《さんぜんねんかん》の水蛭子《ひるこ》の眠《ねむ》りに耽《ふけ》って人類文明《じんるいぶんめい》に何《なん》の貢献《こうけん》もしなかった間《あいだ》に、西欧《せいおう》ではその天職《てんしょく》である客観世界《きゃっかんせかい》、現象世界《げんしょうせかい》に於《お》ける独自《どくじ》の営《いとな》みに孜々《しし》として従事《じゅうじ》し、やがて万有《ばんゆう》の元素《げんそ》を発見《はっけん》し、遂《つい》に電子《でんし》と原子核《げんしかく》を把握《はあく》して理論物理学《りろんぶつりがく》を樹立《じゅりつ》した。

然《しか》し一方《いっぽう》この科学《かがく》の原子構造開明《げんしこうぞうかいめい》の時《とき》が同時《どうじ》に三千年《さんぜんねん》の眠《ねむ》りから全東洋《ぜんとうよう》が覚醒《かくせい》する時《とき》である。この時生命活動《ときせいめいかつどう》の内面的精神的原律《ないめんてきせいしんてきげんりつ》の存在《そんざい》に気付《きづ》いた全東洋《ぜんとうよう》が魂《たましい》の祖国《そこく》である日本人《にほんじん》の指導《しどう》の下《もと》に旧《ふる》き歴史的天職《れきしてきてんしょく》であるその人類精神文明《じんるいせいしんぶんめい》の原理《げんり》の復古再現《ふっこさいげん》のために起《た》ち上《あが》る。すなわちこの事《こと》を仏陀《ぶつだ》の下生出涅槃《げしょうしゅつねはん》、キリストの再臨《さいりん》、天之岩戸開《あまのいわとびら》きと云《い》う。この時全東洋《ときぜんとうよう》の覚醒《かくせい》のための警鐘《けいしょう》としてあらかじめ用意《ようい》して置《お》かれたのが易《えき》の八卦《はっけ》（特《とく》に洛書《らくしょ》）であり、『法華経《ほけきょう》』の諸法実相《しょほうじっそう》の教《おし》えであり、或《ある》いは『新約聖書《しんやくせいしょ》』「ヨハネの黙示録《もくしろく》」第二十一章《だいにじゅういっしょう》、二十二章《にじゅうにしょう》に示《しめ》された「生命《いのち》の城《まち》」の出現《しゅつげん》の予言《よげん》である。そして『古事記《こじき》』は是等《これら》すべての予言書《よげんしょ》の予言《よげん》の内容《ないよう》を実現《じつげん》するための奥義書《おうぎしょ》であり指導書《しどうしょ》である。

淡島《あわ(は)しま》（嶋《しま》）を生《う》みたまひき

アとワの島《しま》（締《し》めくくり）と云《い》うことである。すなわち吾《あ》と我《わ》（汝《な》）の対立思想《たいりつしそう》である。弁証法的《べんしょうほうてき》な正《テーゼ》と反《アンチテーゼ》の対立《たいりつ》である。現在《げんざい》の哲学《てつがく》で此《こ》の対立《たいりつ》は合《ジンテーゼ》として綜合揚棄《そうごうようき》されるとして理論的《りろんてき》には説《と》かれているが、その合《ジンテーゼ》が成立《せいりつ》する為《ため》には自然《しぜん》の成行《なりゆ》きと云《い》う名《な》に於《お》ける歴史《れきし》の経過《けいか》に任《まか》せなければならない。それは正反《せいはん》の両者《りょうしゃ》を直接結《ちょくせつむす》び付《つ》けることが出来《でき》る知性《ちせい》の「天浮橋《あまのうきはし》」の自覚運用《じかくうんよう》の活《はた》らきが人類《じんるい》に未《いま》だ復元《ふくげん》しないからである。

現在《げんざい》の宗教《しゅうきょう》と科学《かがく》の間《あいだ》にはそれを結《むす》ぶための必要《ひつよう》な理論《りろん》がなお欠乏《けつぼう》して居《お》り、資本《しほん》と労働《ろうどう》の間《あいだ》には双方共《そうほうとも》に人間性《にんげんせい》の自覚《じかく》が不足《ふそく》している。斯《こ》うした対立《たいりつ》する正反《せいはん》の両者《りょうしゃ》の間《あいだ》を渡《わた》すものは希望《きぼう》や妥協《だきょう》ではない。本当《ほんとう》は歴史《れきし》の自然的経過《しぜんてきけいか》でさえもないのである。それを渡《わた》すものはエホバが雲《くも》の上《うえ》に描《か》き示《しめ》すところの虹《にじ》の浮橋《うきはし》である生命《せいめい》のリズムすなわち人間《にんげん》の人間性《にんげんせい》の自覚《じかく》である。

布斗麻邇《フトマニ》（ふとまに）にト《うら》（ト相《うら》）への（詔《の》）りたまひつらく

フトは二十《ふと》であり、マニは宇宙《うちゅう》の道理《ロゴス》、真実《しんじつ》すなわち「マ」を第二《だいに》（邇《に》、近《に》、似《に》）次的《じてき》に言葉《ことば》を以《もっ》て把握表現《はあくひょうげん》したものと云《い》うことである。二十《ふと》はその道理《ロゴス》すなわち言語《げんご》の原素《げんそ》である麻邇《まに》の基礎数《きそすう》の一《ひと》つであって、それは五十音図《ごじゅうおんず》のタ行《ぎょう》、カ行《ぎょう》、サ行《ぎょう》、ハ行《ぎょう》またはヤ行《ぎょう》、マ行《ぎょう》、ラ行《ぎょう》、ナ行《ぎょう》の合計二十音《ごうけいにじゅうおん》のことである。五十音《ごじゅうおん》言霊《げんれい》を要約《ようやく》する時《とき》その半分《はんぶん》の二十音《にじゅうおん》（母音半母音《ぼいんはんぼいん》を除《のぞ》く）で代表《だいひょう》される。これを「真男鹿《まをしか》の肩骨《かたほね》」と云《い》う。

肩骨《かたほね》は片霊音《かたほね》である。麻《あさ》と云《い》う字《じ》が用《もち》いられてあるのは後述《こうじゅつ》する「天津太祝詞五十音図《あまつふとのりとごじゅうおんず》」がアタカマハラナヤサの順序《じゅんじょ》のアからサまでに配列《はいれつ》されているからであって、これを朝庭《あさにわ》とも云《い》う。布斗麻邇《フトマニ》とは言語《げんご》の法則《ほうそく》として表現把握《ひょうげんはあく》された生命《せいめい》の知慧《ちえ》の原理《げんり》である。

マニは梵語《ぼんご》の摩尼《まに》であり、これをマナ（摩那《まな》）とも云《い》う。真奈《まな》（真名《まな》）は先天《せんてん》である天名《あな》から発現《はつげん》し、この真奈《まな》（真言《しんごん》）を湧出《ゆうしゅつ》するところの頭脳《ずのう》の思索判断《しさくはんだん》の軸枢《じくすう》を「天之真奈井《あめのまない》」と云《い》う。真奈《まな》の知性《ちせい》が摩那識《まなしき》であり、キリスト教《きょう》にあってはManna《マンナ》である。モーゼがこれを以《もっ》てイスラエルの民《たみ》を養《やしな》ったと云《い》われるマンナは肉体《にくたい》の食物《しょくもつ》ではない、「エホバ（神《かみ》）の口《くち》より出《いづ》る言《ことば》によりて生《いく》る」（『旧約聖書《きゅうやくせいしょ》』「申命記《しんめいき》」第八章《だいはっしょう》）と明記《めいき》されている。すなわちそれは剣《つるぎ》の統覚作用《とうかくさよう》によって顕《あら》われる純粋《じゅんすい》の判断《はんだん》の所産《しょさん》であり知性《ちせい》の要素《ようそ》である。

後述《こうじゅつ》するが伊邪那岐美《いざなぎみ》二神《にしん》を一柱《ひとはしら》として見《み》た時《とき》、これを伊邪那岐大神《いざなぎのおほかみ》と云《い》う。「日《ひ》の少宮《わくみや》（霊《ひ》の湧《わ》く宮《みや》）に留《とど》まり棲《す》みたまふ」（『日本書紀《にほんしょき》』）布斗麻邇《フトマニ》の神《かみ》である。布斗麻邇《フトマニ》は初《はじ》め天津神《あまつかみ》の許《もと》に在《あ》ったが、三貴子《さんきし》を生《う》んだ後《あと》は伊邪那岐大神《いざなぎのおほかみ》が布斗麻邇《フトマニ》の神《かみ》となる、すなわち久遠滅度《くおんめつど》の多宝仏《たほうぶつ》である。

布《フ》斗《ト》麻《マ》邇《ニ》の所《しよ》在《ざい》

以上《いじよう》は布斗麻邇《フトマニ》に関《かん》する一応《いちおう》の概念的《がいねんてき》な説明《せつめい》であるが、然《しか》らばこの布斗麻邇《フトマニ》は宇宙《うちゆう》の何処《どこ》に存在《そんざい》し、何処《どこ》から発現《はつげん》し、何処《どこ》で活動《かつどう》しているものであるか、これに就《つい》て哲学的宗教的《てつがくてきしゆうきようてき》な実践行道《じつせんぎようどう》の上《うえ》からその存在箇所《そんざいかしよ》を明《あき》らかにしたならば、今《いま》まで説《と》いた先天《せんてん》の発現《はつげん》と活動《かつどう》の意義《いぎ》が一層《いつそう》はっきりと浮《う》き上《あが》って来《く》るだろう。

「大祓祝詞《おほはらひのりと》」に「下津磐根《したついわね》に宮柱太敷《みやはしらふとし》く立《た》て」とある。この下津磐根《したついわね》が布斗麻邇《フトマニ》の存在《そんざい》と活動《かつどう》の場所《ばしよ》である。この形而上《けいじじよう》の場所《ばしよ》は宗教的実践《しゆうきようてきじつせん》の上《うえ》からは「下座《げざ》」と云《い》う名《な》で呼《よ》ばれている。下座《げざ》とは形而下的《けいじかてき》にはこの社会《しやかい》のどん底《ぞこ》の下部構造《かぶこうぞう》と云《い》う意味《いみ》にもなる。『法華経《ほけきよう》』「従地涌出品《じゆうじゆじゆつほん》第十五《だいじゆうご》」にその涌出《ゆじゆつ》の菩薩達《ぼさつたち》の住所《じゆうしよ》を「娑婆世界《しやばせかい》の下《した》、此《こ》の界《かい》の虚空《こくう》の中《なか》に存《あ》って住《じゆう》せしなり。」と説《と》かれているが、此《こ》の世界《せかい》の下《もと》の虚空《こくう》と云《い》うことを社会《しやかい》の下部構造《かぶこうぞう》の意味《いみ》と考《かんが》えてもよかろう。それは既成社会《きせいしやかい》の上部構造《じようぶこうぞう》を形成《けいせい》する地位《ちい》や財産《ざいさん》や学識《がくしき》や名誉《めいよ》などとは関係《かんけい》のない、それ等《ら》から懸絶離脱《けんぜつりだつ》した地位《ちい》が行道上《ぎようどうじよう》の下座《げざ》である。

更《さら》にこの下座《げざ》を形而下《けいじか》の社会的位置《しやかいてきいち》の事《こと》としてのみ考《かんが》えず、形而上《けいじじよう》の事《こと》と受取《うけと》る時《とき》、人間《にんげん》の魂《たましい》が拠《よ》るべき最《もつと》も低《ひく》（卑《ひ》）い根底《こんてい》の位置《いち》と云《い》うことである。仏教《ぶつきよう》で「地獄《じごく》」と云《い》われるのは此《こ》の最《もつと》も低《ひく》い地位境涯《ちいきようがい》のことである。無自覚《むじかく》に此《こ》の境《きよう》に住《じゆう》すれば限《かぎ》りなき苦界《くがい》であり、自覚《じかく》を以《もつ》て此処《ここ》に居《い》れば大磐石《だいばんじやく》（磐根《いわね》）である。古《こ》来《らい》すべての宗教者《しゆうきようしや》はこの下座《げざ》を求《もと》めて、下座《げざ》に住《じゆう》した。下座《げざ》すなわち地獄《じごく》を最《もつと》もよく知《し》っていた仏教者《ぶつきようしや》は親鸞《しんらん》であったと云《い》えよう。「いづれの行《ぎよう》もお（を）よびがたき身《み》なれば、とても地獄《じごく》は一定《いちぢやう》すみかぞかし。」（『歎異抄《たんにしよう》』「第二条《だいにじよう》」）と述懐《じゆつかい》している如《ごと》く、彼《かれ》は形而上下《けいじじようか》のこの地獄《じごく》の底《そこ》に安住《あんじゆう》した人《ひと》である。

国之常立神《くにのとこたちのかみ》の形《かたち》である⊠は仏教《ぶつきよう》では地獄《じごく》の象形《しようけい》である。この象形《しようけい》がすなわち下津磐根《したついわね》の最《もつと》も簡単《かんたん》な形《かたち》である。然《しか》らば実践《じつせん》の上《うえ》からこの地《ち》（獄《ごく》）を一体何処《いつたいどこ》に発見《はつけん》するかと云《い》うと、禅《ぜん》では「脚下照顧《きやつかしようこ》」と云《い》うが、それは空間的《くうかんてき》には脚下眼前《きやつかがんぜん》にある。そして時間的《じかんてき》には今《いま》にある。すなわち『日本書紀《にほんしよき》』の所謂《いわゆる》「中今《なかいま》」に存《そん》するのであって、深海《しんかい》の底《そこ》のように「ヂン」と澄《す》んで落付《おちつ》いたその中今《なかいま》の根底《こんてい》に、その中今《なかいま》の中枢《ちゆうすう》として布斗麻邇《フトマニ》が存《そん》する。

此《こ》の脚下《きやつか》の消息《しようそく》を更《さら》に芸術的象徴的《げいじゆつてきしようちようてき》に説明《せつめい》すると、それは此《こ》の世《よ》の一番低《いちばんひく》い所《ところ》、すなわち地上《ちじよう》である。その地上《ちじよう》には岩石《がんせき》が肌《はだ》を露《あら》わしている。砂礫《されき》が転《ころ》がって蟻《あり》が這《は》いずっている。そして其処《そこ》から草木《くさき》の種《たね》が根《ね》を張《は》り芽《め》を伸《の》ばす。すべての現象《げんしよう》は此《こ》の地《ち》から涌出《ゆうしゆつ》し、地《ち》の上《うえ》に顕現《けんげん》する。岐美二神《きみにしん》の宇宙創造《うちゆうそうぞう》の神業《かむわざ》はすなわち此《こ》の地《ち》に於《おい》て行《おこ》なわれ、その創造《そうぞう》の所産《しよさん》である万物《ばんぶつ》の実相《じつそう》は此《こ》の地上《ちじよう》に顕《あら》われ出《で》るのである。此《こ》の地上《ちじよう》（地《じ》獄《ごく》、下津磐根《したついわね》）を僅《わず》かに離《はな》れる時《とき》、も早《は》や其処《そこ》は空中《くうちゆう》であって、その空中《くうちゆう》は『般若心経《はんにやしんぎよう》』の云《い》う五蘊皆空《ごうんかいくう》の無色《むしよく》の世界《せかい》であり、既《すで》に其処《そこ》に現象《げんしよう》はない。

布斗麻邇《フトマニ》は斯《こ》うした意味《いみ》での最《もつと》も低《ひく》い地《ち》、地上《ちじょう》、地獄《じごく》の境涯境域《きょうがいきょういき》に存在《そんざい》し発現《はつげん》するのである。光明《こうみょう》のエネルギー（放射線《ほうしゃせん》）は天《てん》（太陽《たいよう》）から来《く》るが、その光明《こうみょう》の光彩《こうさい》が現《あら》わされる所《ところ》は必《かなら》ず地上《ちじょう》に於《おい》てである。その地上《ちじょう》には今此処《いまここ》（中今《なかいま》）の中枢《ちゅうすう》として生《い》きた人間《にんげん》の知性《ちせい》が活動《かつどう》している。極楽天国《ごくらくてんごく》は遙《はる》かな天《てん》に在《あ》るのではない。それは地《ち》の荘厳《そうごん》が天《てん》（ア）に写《うつ》った姿《すがた》に他《ほか》ならない。高天原《たかあまはら》は地《ち》に起《お》こり、地上《ちじょう》に展開《てんかい》する。これを超絶《ちょうぜつ》した天空《てんくう》に存《そん》する如《ごと》くに説《と》くのは仏教以後《ぶっきょういご》に起《お》こって仏教《ぶっきょう》に擬《なぞら》えた神社神道《じんじゃしんとう》であって、本来《ほんらい》の古神道《こしんとう》ではない。仏教自体《ぶっきょうじたい》でも本当《ほんとう》は「阿弥陀仏《あみだぶつ》の、此処《ここ》を去《さ》ること遠《とお》からざるを。」（『観無量寿経《かんむりょうじゅきょう》』）と説《と》く。

布斗麻邇《フトマニ》の根源《こんげん》は先天《せんてん》「天津神諸《あまつかみもろもろ》の命《みこと》」であるイ言霊《げんれい》であり、イヒチシキミリイニヰである。それは色相《しきそう》現象《げんしょう》が未《いま》だ生《う》まれて来《こ》ない玄《げん》の世界《せかい》であり、「我《わ》が生《う》める国《くに》、ただ狭《さ》（朝《あさ》）霧《ぎり》のみありて、香《かお》（薫《かを》）り満《み》てるかも（な）」（『日本書紀《にほんしょき》』）と云《い》われる未発《みはつ》の世界《せかい》である。この世界《せかい》を儒教《じゅきょう》では「中《なか》」（『中庸《ちゅうよう》』）と云《い》う。また色相現象《しきそうげんしょう》が発現《はつげん》してからでも、未《いま》だなおアオウエの四智《しち》すなわち情的《じょうてき》、或《ある》いは知的《ちてき》な観照《かんしょう》、判断《はんだん》、整理《せいり》、処置《しょち》の操作《そうさ》が加《くわ》わらず、善悪《ぜんあく》、美醜《びしゅう》、得失《とくしつ》が現《あら》われないところの、味《あじ》も塩気《そつけ》もない、有《あ》りのまま、生《き》地《じ》のままの「没慈味《もつじみ》」な境界《きょうかい》が布斗麻邇《フトマニ》の世界《せかい》である。

例《れい》を以《もつ》て説《と》こう、芭蕉《ばしょう》はこの世界《せかい》を把《とら》えて「古池《ふるいけ》や蛙《かわず》飛《と》び込《こ》む」と云《い》った。俳諧以前《はいかいいぜん》の世界《せかい》である。それはまた「青葉若葉《あおばわかば》の日《ひ》の光《ひか》り」であって、そのものそのままである。この時《とき》この実相現象《じつそうげんしょう》が感情《かんじょう》を捕《とら》え、若《も》しくは感情《かんじょう》がこれに応《おう》じて活動《かつどう》して、上《うえ》に五字《ごじ》が加《くわ》わると、「あらたふと青葉若葉《あおばわかば》の日《ひ》の光《ひか》り」となり、ここで初《はじ》めて芸術《げいじゅつ》としての俳句《はいく》となる。こうした始原《しげん》の色気抜《いろけぬ》きの世界《せかい》を禅《ぜん》ではまた「庭前《ていぜん》の栢樹子《はくじゅし》」「麻三斤《まさんぎん》」と云《い》い「柳《やなぎ》は緑《みどり》、花《はな》は紅《くれない》」と云《い》う。禅《ぜん》の公案《こうあん》の中《なか》には仏《ほとけ》の色身《しきしん》としての有《あ》りのままの斯《こ》うした没慈味《もつじみ》の境《さかい》を指示《しじ》したものが多《おお》い。

岐美二神《きみにしん》の嫁《とつ》ぎの道《みち》すなわちイヒチシキミリイニヰ。。（言霊《げんれい》イとヰ《ゐ》）の交流《こうりゅう》の道《みち》をイの道《ち》（生命《いのち》）と云《い》うが、このイの道《ち》の活《はた》らきは地《ち》の上《うえ》に低《ひく》く展開《てんかい》する。この展開《てんかい》した没慈味《もつじみ》の地《ち》の様相《ようそう》が、次《つい》で天之御柱《あめのみはしら》であるアオウエ（イ）を自由《じゆう》に上下《じょうげ》して、人間《にんげん》の他《た》の四《よっ》つの情的知的先天性《じょうてきちてきせんてんせい》である感情《かんじょう》（ア）、悟性《ごせい》（オ）、感覚《かんかく》（ウ）、理性《りせい》（エ）に作用《さよう》して、これと結《むす》び付《つ》く時《とき》、夫々《それぞれ》、芸術《げいじゅつ》、科学《かがく》、産業《さんぎょう》、道徳《どうとく》と云《い》う第二次的《だいにじてき》な文明文化《ぶんめいぶんか》の内容《ないよう》が創造《そうぞう》される。イに展開《てんかい》する実相《じっそう》が天之御柱《あめのみはしら》の頂上《ちょうじょう》（ア）に登《のぼ》った時《とき》が天国《てんごく》（極楽《ごくらく》）である。この天《あめ》と地《つち》を自由《じゆう》に往来《おうらい》する道《みち》を「天《あま》の橋立《はしだて》」と云《い》う。この橋立《はしだて》は現在地《げんざいち》に倒《たお》れて横《よこ》たわっている。土台《どだい》であるイが判《わか》らなくなったからである。

アオウエの四智《しち》はやがて人《ひと》それぞれによって独特《どくとく》の現《あら》われ方《かた》の型《かた》を示《しめ》す個性的個別的《こせいてきこべってき》なものとなって行《い》くが、その根源《こんげん》であり根底《こんてい》である先天性《せんてんせい》の本源的発現活動《ほんげんてきはつげんかつどう》の中枢《ちゅうすう》であるイ（布斗麻邇《フトマニ》）は没慈味《もつじみ》のものであり、個《こ》人《じん》の個性以前《こせいいぜん》のものであって、それよりも一《ひと》つ先《さき》の人類《じんるい》そのもの、人間全体《にんげんぜんたい》の個性《こせい》であり、この人類全体《じんるいぜんたい》の個《こ》性《せい》は歴史《れきし》と民族《みんぞく》と国家《こっか》と時間《じかん》と空間《くうかん》を通《つう》じ、ないし慣習《かんしゅう》や思想《しそう》やイデオロギーの如何《いかん》に拘《かか》わらず普遍《ふへん》であり共通《きょうつう》のものである。

斯《か》くして布斗麻邇《フトマニ》は宗教的《しゅうきょうてき》には下座《げざ》の行《ぎょう》、地獄行《じごくぎょう》、すなわち下津磐根《したついわね》の実践把握《じっせんはあく》である脚下照顧《きゃっかしょうこ》によって初《はじ》めて体得《たいとく》される創造《そうぞう》の原因《げんいん》、原理《げんり》、原律《げんりつ》であって、芸術《げいじゅつ》、科学《かがく》、哲学等《てつがくなど》の文明現象《ぶんめいげんしょう》が発現《はつげん》する以前《いぜん》の、先《せん》天《てん》そのものの純粋活動《じゅんすいかつどう》の世界《せかい》、すなわち人間《にんげん》の方《ほう》から云《い》うなら、所謂《いわゆる》、純粋経験《じゅんすいけいけん》の世界《せかい》が布斗麻邇《フトマニ》の世界《せかい》である。此《こ》の先天《せんてん》の活動《かつどう》を言語《げんご》の活動《かつどう》として正確《せいかく》に把握表現《はあくひょうげん》したものが五十音言霊《ごじゅうおんげんれい》である。

いろは歌《うた》（随想《ずいそう》）

いろは歌《うた》に就《つい》て蛇足《だそく》を添《そ》えよう。仏教《ぶつきよう》は釈迦《しやか》の創始《そうし》に係《かか》わる印度《いんど》の宗教《しゆうきよう》、儒教《じゆきよう》は孔子《こうし》の創始《そうし》に係《かか》わる中華《ちゆうか》の哲理《てつり》、キリスト教《きよう》はイエスの創始《そうし》に係《かか》わるユダヤの宗教《しゆうきよう》であると考《かんが》えて、其処《そこ》を出発点《しゆつぱつてん》とする歴史《れきし》の途中《とちゆう》からの思想《しそう》に拘泥《こうでい》していると、本講《ほんこう》の背景《はいけい》である人類《じんるい》の真実《しんじつ》の文明史《ぶんめいし》の意義《いぎ》が却《かえ》って逆説《パラドックス》に見《み》えて、仏陀入涅槃《ぶつだにゆうねはん》、正像末三千年等《しようぞうまつさんぜんねんなど》の意義《いぎ》を正当《せいとう》に理解《りかい》することが出来《でき》ない。

元来釈迦《がんらいしやか》は人間性《にんげんせい》の全局《ぜんきよく》である阿耨多羅三藐三菩提《あのくたらさんみやくさんぼだい》を世界《せかい》に開示教伝《かいじきようでん》するために出現《しゆつげん》したのではない。釈迦《しや》は鵜草葺不合朝末葉《うがやふきあえずちようまつよう》の神心伝物部建天皇《かんこころつとふものべたてすめらみこと》の御宇《ぎよう》、来朝留学《らいちようりゆうがく》して神道《しんとう》の教伝《きようでん》を受《う》け、天皇《すめらみこと》の勅《みことのり》を蒙《こうむ》って故国《ここく》に帰《かえ》り、その説《と》いた仏教《ぶつきよう》の三菩提《さんぼだい》すなわち神道《しんとう》の「三貴子《さんきし》」、三種《さんしゆ》の神器《じんぎ》の原理《げんり》が爾後《じご》三千年間《さんぜんねんかん》世界《せかい》から隠《おん》没《もつ》することを説《と》くために、すなわち仏教《ぶつきよう》の所謂《いわゆる》「白法《びやくほう》」であり「言辞《ごんじ》の相《そう》」である言《こと》の葉《は》の誠《まこと》の道《みち》、麻邇《まに》の道《みち》が隠没《おんもつ》することを宣言《せんげん》するために、換言《かんげん》すればその原理《げんり》に通《つう》じた仏陀神人《ぶつだしんじん》が入涅槃《にゆうねはん》の眠《ねむ》りに入《はい》ることを説《と》くために活動《かつどう》した人《ひと》である。すなわち彼《かれ》の説教《せつきよう》の骨子《こつし》とする所《ところ》は

（一《いち》）世界《せかい》に三菩提《さんぼだい》の原理《げんり》が存在《そんざい》することの紹介《しようかい》

（二《に》）その原理《げんり》が彼《か》の後三千年間入涅槃《のちさんぜんねんかんにゅうねはん》することの宣言《せんげん》

（三《さん》）爾後《じご》の入涅槃《にゅうねはん》の時代《じだい》に於《お》ける人類《じんるい》の魂《たましい》の修練《しゅうれん》に就《つい》ての心得《こころえ》

（四《よん》）入涅槃《にゅうねはん》の時代《じだい》が終《おわ》って仏陀《ぶつだ》の正覚《しょうかく》が再《ふたた》び人類《じんるい》に蘇《よみがえ》って来《く》る今日《こんにち》の時期《じき》に於《お》ける処置法《しょちほう》に就《つい》ての予《あらかじ》めの指導《しどう》の一端《いったん》

等《など》であって、以上《いじょう》が『法華経《ほけきょう》』以下《いか》の法門《ほうもん》の内容《ないよう》である。釈迦《しゃか》は仏教《ぶっきょう》の本体《ほんたい》すなわち神道布斗麻邇《しんとうフトマニ》（摩尼《まに》宝珠《ほうじゅ》、一切種智《いっさいしゅち》）そのものを説《と》いたのではなく、神道《しんとう》の天之岩戸《あまのいわと》閉《し》めである仏教《ぶっきょう》の隠没《おんもつ》を説《と》いたのである。

いろはにほへと。
ちりぬるをわか。
よたれそつねな。
らむうゐのおく。
やまけふこえて。
あさきゆめみし。
ゑひもせす。

「いろは歌《うた》」は仏教《ぶっきょう》の奥義《おうぎ》と云《い》われるが、この歌《うた》の如《ごと》く唯《ただ》「空《くう》」を説《と》くだけでは仏教即神道《ぶっきょうそくしんとう》の本質《ほんしつ》に触《ふ》れたものでないことは「水蛭子《ひるこ》」の意義《いぎ》の説明《せつめい》で了解《りょうかい》されよう。「いろは歌《うた》」を右《みぎ》の如《ごと》く並《なら》べてみると最下段《さいかだん》に「とかなくてしす」と云《い》う言葉《ことば》があらわれる。すなわち「説《と》かなくて死《し》す」である。「四十九年一字不説《しじゅうくねんいちじふせつ》」と云《い》われ、或《ある》いは「ただ半字《はんじ》のみを説《と》き、卍字《まんじ》を説《と》かず」と云《い》われるが、釈迦《しゃか》が仏教《ぶっきょう》の解説紹介者《かいせつしょうかいしゃ》、仏陀《ぶっだ》下生《げしょう》の予言者《よげんしゃ》たるに止《とど》まって仏教《ぶっきょう》の実体《じったい》を説《と》かなかったことの謎《なぞ》が「いろは歌《うた》」に秘《ひ》されている。斯《こ》うした純歴史上《じゅんれきしじょう》の釈迦《しゃか》と、宗教的《しゅうきょうてき》に理想化《りそうか》されて信仰《しんこう》の対象《たいしょう》となっている釈迦《しゃか》とを冷静《れいせい》に識別《しきべつ》しなければならない。この事《こと》は歴史上《れきしじょう》のイエスと宗教信仰上《しゅうきょうしんこうじょう》のイエスの場合《ばあい》に於《お》ても同様《どうよう》である。因《ちな》みにこのとかなくてしすを「科《とが》なくて死《し》す」と釈《と》けばキリスト教的意義《きょうてきいぎ》があらわれる。また右図《うず》（いろはにほへと）の上段《じょうだん》を読《よ》むときいちよらやあゑと云《い》う言葉《ことば》があらわれる。これはエホバ（ヤハウェ）の意義《いぎ》を示《しめ》したヘブライ語《ご》であると云《い》われる。

子《し》音《いん》の意《い》義《ぎ》（諸《しょ》法《ほう》の実《じつ》相《そう》）

伊邪那岐美二神《いざなぎみにしん》が母音《ぼいん》を先《さき》にして、隠《かく》れた実在《じつざい》のみに拘泥《こうでい》して生《う》んだ水蛭子《ひるこ》の態度《たいど》では文明《ぶんめい》の創造《そうぞう》は出来《でき》ない。それは永劫《えいごう》の末法者《まっぽうしゃ》の態度《たいど》であって、創造《そうぞう》の主体《しゅたい》としての自主性《じしゅせい》を発揮《はっき》しないのであるから、「南無阿弥陀仏《なむあみだぶつ》」と念《ねん》じながら常《つね》に「因果《いんが》の中《なか》に没在《ぼつざい》して出離《しゅつり》の機《き》なく」、「あなたまかせ」で、「風《かぜ》のまにまに、流《なが》れのまにまに」漂《ただよ》うているだけである。『阿弥陀経《あみだきょう》』は釈尊《しゃくそん》が韋提希夫人《いだいけぶにん》と云《い》う女人《にょにん》のために説《と》いた教《おし》えである。女人《にょにん》の世界《せかい》は母音《ぼいん》のみの世界《せかい》であり、母音《ぼいん》の世界《せかい》は末法《まっぽう》の世界《せかい》である。

そこでその「女人先言《にょにんせんげん》」を宣《の》り直《なお》して、改《あらた》めて父韻《ふいん》を先《さき》にし、母音《ぼいん》を後《あと》に宣《の》ることによって正《ただ》しい子音《しいん》を産《う》む業《わざ》を改《あらた》めて天津神《あまつかみ》から指示《しじ》された。先天《せんてん》を活用発揮《かつようはっき》する上《うえ》に於《お》ける天律《てんりつ》を悟《さと》ったと云《い》うことである。然《しか》らば子音《しいん》を産《う》むと云《い》う事《こと》は如何《いか》なることを云《い》うのか、子音《しいん》は実相《じっそう》であるからもう少《すこ》し実相《じっそう》の意義《いぎ》に就《つい》て筆《ふで》を進《すす》めよう。

繰《く》り返《かえ》すようだが吾《あ》すなわちアオウエイ、主体《しゅたい》があるから、我《わ》すなわちワヲ《を》ウヱ《ゑ》ヰ《ゐ》、客体《きゃくたい》があり、逆《ぎゃく》にまた我《わ》（汝《な》）があるから吾《あ》がある。更《さら》に吾《あ》がなければ汝《な》はなく、汝《な》がなければ吾《あ》もない。このアオウエイ

(岐《き》)とワヲ《を》ウヱ《ゑ》ヰ《ゐ》(美《み》)はその初《はじ》めは会《あ》っても呼《よ》び交《か》わすことのない知《し》らぬ他人同志《たにんどうし》であるが、いずれも共《とも》に宇宙《うちゅう》の実在《じつざい》であって、これを両儀《りょうぎ》と云《い》う。

前者《ぜんしゃ》を生命《いのち》の樹《き》、後者《こうしゃ》を知慧《ちえ》の樹《き》と号《なづ》ける。古代《こだい》エジプトやギリシャではこれを相対《あいたい》する二本《にほん》のオベリスクに象《かたど》っている(高坂正顕《こうさかまさあき》「神々《かみがみ》の誕生《たんじょう》」/『神話《しんわ》 解釈学的考察《かいしゃくがくてきこうさつ》』に所収《しょしゅう》 編集部注《へんしゅうぶちゅう》)。儒教説話《じゅきょうせつわ》ではこの両樹《りょうじゅ》を扶桑樹《ふそうじゅ》と若木《わかぎ》(屈原《くつげん》『離騒《りそう》』)と云《い》い、印度《いんど》では沙羅双樹《さらそうじゅ》と云《い》う。神道《しんとう》ではまた高御産巣日神《たかみむすびのかみ》(高木《たかぎの》神《かみ》)神産巣日神《かみむすびのかみ》と云《い》う。各々名前《おのおのなまえ》は異《こと》なるが同《おな》じ事柄《ことがら》を指《さ》しているのである。両樹《りょうじゅ》は実在《じつざい》する万有《ばんゆう》の母体《ぼたい》であり、まだ現象《げんしょう》せざる内面的存在《ないめんてきそんざい》であり隠《かく》り神《かみ》である(以上《いじょう》の詳細《しょうさい》に就《つい》ては冊子《さっし》『阿波岐原《あはぎはら》』参照《さんしょう》)。

宇宙間《うちゅうかん》の万有《ばんゆう》はこの主体《しゅたい》と客体《きゃくたい》すなわち岐美二神《きみにしん》の産霊《むすび》によって生《う》まれる。この時《とき》この結《むす》びの媒介《ばいかい》をなすものは精神的《せいしんてき》すなわち主体的《しゅたいてき》に現象《げんしょう》を自覚《じかく》する内面的《ないめんてき》な知性発現《ちせいはつげん》の契機《モーメント》(きっかけ)である脳神経《のうしんけい》の波動《はどう》としての識《しき》、念波《ねんぱ》、霊波《れいは》であり、また物質的《ぶっしつてき》すなわち客体的《きゃくたいてき》には現象発現《げんしょうはつげん》の律《リズム》である音波《おんぱ》、光波《こうは》、電波《でんぱ》、電磁《でんじ》波《は》、放射線《ほうしゃせん》である。斯《こ》うした心《こころ》にもあれ物《もの》にもあれ宇宙《うちゅう》のあらゆる生命的波動《せいめいてきはどう》を宗教上《しゅうきょうじょう》では無礙光《むげこう》、無量《むりょう》寿光《じゅこう》、瑠璃光《るりこう》などと云《い》い、或《ある》いは甘露法雨《かんろほうう》と云《い》い、その中《なか》で特殊《とくしゅ》にして顕著《けんちょ》な精神的《せいしんてき》なものを聖霊《せいれい》とか天使《てんし》などと云《い》う場合《ばあい》もある。またその波動《はどう》のリズムの面《めん》を称《しょう》して「天浮橋《あまのうきはし》」と云《い》い「虹《にじ》」と云《い》い、或《ある》いは「千《ち》鳥《どり》」と云《い》い「時鳥《ほととぎす》」とも云《い》うのである。

精神《せいしん》の波《なみ》と物質《ぶっしつ》の波《なみ》とは、それが生物体《せいぶったい》から発《はっ》せられるか物体《ぶったい》から放射《ほうしゃ》されるかの相違《そうい》があるだけで、その波《なみ》の実質《じつしつ》は全《まった》く同《おな》じものであると考《かんが》えられる。赤《あか》と云《い》う色《いろ》のリズムを赤《あか》として認識出来《にんしきでき》るのはその光波《こうは》に対《たい》して脳波《のうは》が感応同交《かんのうどうこう》するからであって、感応同交《シンクロナイズ》とは精神波《せいしんは》と物質波《ぶっしつは》のリズムの同調《どうちょう》である。そのリズムの原《げん》律《りつ》が天浮橋《あまのうきはし》である。

但《ただ》しそのリズムを把捉《はそく》して現象《げんしょう》として自覚《じかく》するところの機能《きのう》は人間《にんげん》の頭脳《ずのう》の中《なか》に存《そん》していて、自然界《しぜんかい》、物体《ぶったい》、客体《きゃくたい》の側《がわ》には存在《そんざい》しない。人間《にんげん》の聴覚《ちょうかく》に把《と》えられない間《あいだ》の音《おん》は無音《むおん》であり、視覚《しかく》に把《と》えられない空中《くうちゅう》の光波《こうは》は暗黒《あんこく》である。その律《リズム》を産《う》み、顕《あら》わし、識《し》る内面的実体《ないめんてきじつたい》が言霊《げんれい》イであり、その律《リズム》を生《しょう》ずる機能《きのう》の基盤《きばん》がヒチシキミリイニの父韻《ふいん》である。

神道《しんとう》では物心両般《ぶつしんりょうはん》の波動《はどう》をひっくるめて霊《ひ》と云《い》う。この霊《ひ》が空間《くうかん》を往来《おうらい》する様《さま》を光《ひか》りと云《い》う。霊馳《ひか》りである。宇宙《うちゅう》に光《ひか》りがなければ実体《じったい》ばかりの暗《あん》であり、また霊馳《ひか》りの律《リズム》、色相《しきそう》を顕《あら》わす精神的感覚的機能《せいしんてきかんかくてききのう》がなければ無音《むおん》の音《おん》、暗黒《あんこく》の放射線《ほうしゃせん》だけで同《おな》じく暗闇《くらやみ》であり、すなわち「暗《く》らげなす漂《ただよ》える」渾沌《こんとん》であり、水蛭《ひる》子《こ》であり淡島《あわしま》である。この時《とき》すべての霊馳《ひか》りを認識《にんしき》しみずから霊馳《ひか》る者《もの》、すなわち光《ひか》りの律《リズム》をみずから顕現《けんげん》し、発信《はっしん》し、受信《じゅしん》し、自覚《じかく》する者《もの》が生命《せいめい》である。まこと「生命《いのち》は人《ひと》の光《ひかり》なりき。」（『新約聖書《しんやくせいしょ》』「ヨハネ福音書《ふくいんしょ》」第一章《だいいっしょう》）であって、生命《せいめい》が人間《にんげん》の霊性《れいせい》すなわち精神《せいしん》の認識自覚作用《にんしきじかくさよう》として活動《かつどう》して暗黒《あんこく》の深淵《プロフンディズ》を開闢《かいびゃく》する時《とき》初《はじ》めて実相《じっそう》が生《う》まれる。

阿波岐原《あはぎはら》

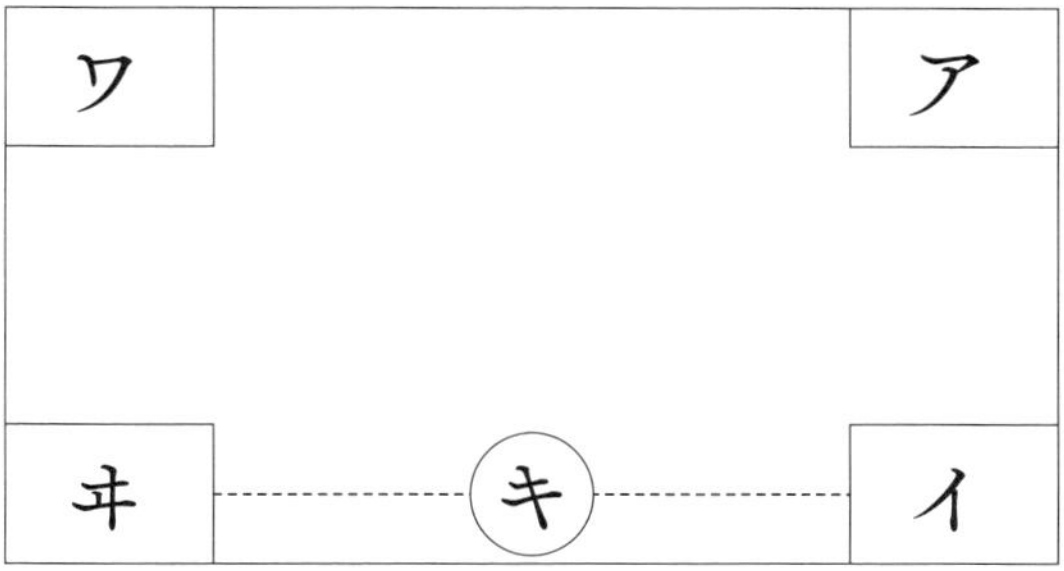

図表-9｜**阿波岐原（一）**

宇宙万有《うちゆうばんゆう》の先天《せんてん》としての内容《ないよう》は以上《いじよう》の主体《しゆたい》（母音《ぼいん》）、客体《きやくたい》（半母《はんぼ》音《いん》）、そして波動《はどう》の色相《しきそう》を顕現《けんげん》する認識《にんしき》の原律《げんりつ》（父韻《ふいん》）と云《い》う極《きわ》めて簡単《かんたん》な三者《さんしや》であって、宇宙《うちゆう》には是以上何《これいじようなに》ものも存《そん》することがない。万象《ばんしよう》はこの三者《さんしや》の交流産霊《こうりゆうむすび》によって発現《はつげん》し、現象《げんしよう》の変化《へんか》は三者《さんしや》の結《むす》び付《つ》き方《かた》の変化《へんか》と、波動《はどう》の律《リズム》の変化《へんか》に他《ほか》ならない。この三者《さんしや》は後述《こうじゆつ》する「阿波岐原《あはぎはら》」と云《い》う名《な》で呼《よ》ばれている。その語原《ごげん》はアワイヰ《ゐ》（粟飯《あわいい》）の四音《よんおん》である。父韻《ふいん》であるイヰ《ゐ》をキ（気《き》）と云《い》う一音《いちおん》に詰《つ》めてアワキ原《はら》と云《い》う。

すべての現象《げんしよう》はアワの対立交流《たいりつこうりゆう》から生《う》まれるが、神道《しんとう》、仏教《ぶつきよう》、キリスト教《きよう》、儒教等《じゆきようなど》すべての古代宗教《こだいしゆうきよう》はこの主客対立《しゆきやくたいりつ》の両極《りようきよく》の主体側《しゆたいがわ》であるア（オウエイ）の上《うえ》に立《た》って言挙《ことあ》げされている。この主体側《しゆたいがわ》に立《た》つ立場態度《たちばたいど》を神道《しんとう》で「天照大御神《あまてらすおほみかみ》、高《たか》御産巣日神《みむすびのかみ》の命《みこと》もちて」と云《い》う。その反対《はんたい》に客体側《きやくたいがわ》ワ（ヲ《を》ウヱヰ《ゑゐ》）の立場態度《たちばたいど》は「須佐之男命《すさのをのみこと》、神産巣日《かみむすび》神《かみ》の命《みこと》もちて」であるわけである。前者《ぜんしや》は人類《じんるい》の精神学《せいしんがく》としての神道布斗麻邇《しんとうフトマニ》であり、後者《こうしや》は神代以後《かみよいご》に於《お》ける今日《こんにち》までの人類三千年《じんるいさんぜんねん》の努力《どりよく》によって今日興隆《こんにちこうりゆう》し完成《かんせい》に近《ちか》づきつつある科学《かがく》である。

そこで此《こ》のア（オウエイ）の側《がわ》から人間《にんげん》を観《み》るならば、人間《にんげん》とは自己《じこ》に授《さず》かった宇宙《うちゆう》の内容《ないよう》を自己《じこ》の先天《せんてん》として継承《けいしょう》し、それを実在《じつざい》として内《うち》に保有《ほゆう》し、その実在《じつざい》の波動《はどう》を識《しき》の波動《はどう》によって現象《げんしょう》として顕出認識《けんしゅつにんしき》し、更《さら》にその現象《げんしょう》を組《く》み合《あ》わせて、みずから新《あら》たな人間独特《にんげんどくとく》の文化現象《ぶんかげんしょう》を創造《そうぞう》して行《い》くところの宇宙生命意志《うちゅうせいめいいし》の精巧《せいこう》な機関《きかん》であって、しかもこの機関《きかん》は同時《どうじ》に宇宙意志《うちゅういし》の作用《さよう》を自覚《じかく》し自律《じりつ》し自己運転《じこうんてん》する自主体《じしゅたい》である。宇宙《うちゅう》には人間以外《にんげんいがい》に宇宙《うちゅう》の意志《いし》を自覚《じかく》し得《う》る者《もの》は存在《そんざい》しない。

この奇霊《くしび》である人間《にんげん》の自律自主自覚作用《じりつじしゅじかくさよう》を称《しょう》して「妙《みょう》」と云《い》う。また「如来秘密神通之力《にょらいひみつじんづうしりき》」とも云《い》う。この妙《みょう》の自覚《じかく》を発揮《はっき》する道《みち》を指導《しどう》する経典《きょうてん》が「妙法連華経《みょうほうれんげきょう》」である。人間《にんげん》はこの宇宙生命意志《うちゅうせいめいいし》である妙《みょう》の活用者《かつようしゃ》なるが故《ゆえ》にキリスト教《きょう》ではこれを「神《かみ》の子《こ》」と云《い》う。この事《こと》を神道的《しんとうてき》に云《い》えばすべての人間《にんげん》は先天《せんてん》の道理《ロゴス》の継承活用者《けいしょうかつようしゃ》と云《い》う意味《いみ》に於《お》ける「天津日嗣《あまつひつぎ》」であって、この天津日嗣《あまつひつぎ》の原理《げんり》である布斗麻邇《フトマニ》、三種《さんしゅ》の神器《じんぎ》の伝統《でんとう》の継承保持運営《けいしょうほじうんえい》の責任者《せきにんしゃ》を「天津日嗣天皇《あまつひつぎすめらみこと》」と云《い》う。すなわち天孫邇邇芸尊《てんそんににぎのみこと》である。「我《わ》れ、仏《ほとけ》を得《え》てよりこのかた　経《へ》たる所《ところ》の劫数《こっしゅ》は　無量百千万《むりょうひゃくせんまん》　億載阿僧祇《おくさいあそうぎ》なり。」（「寿量品《じゅりょうほん》」）この言葉《ことば》は人間《にんげん》の人間性《にんげんせい》すなわち天津日嗣《あまつひつぎ》が天壌無窮《てんじょうむきゅう》であることの意義《いぎ》をよく言《い》い表《あら》わしている。

斯《か》くて此《こ》の自覚《じかく》、自主《じしゅ》、自律《じりつ》、自己運営《じこうんえい》の上《うえ》に立《た》って識《しき》を活用《かつよう》し、その生命《せいめい》の光《ひか》りを以《もっ》て照《てら》し出《だ》して隠《かく》れて存在《そんざい》する宇宙《うちゅう》の実在《じつざい》を現象《げんしょう》として顕《あら》わに創造現出《そうぞうげんしゅつ》し、更《さら》にそれを組合《くみあ》わせて行《い》くことが人類文明《じんるいぶんめい》の営《いとな》みである。そしてその自主《じしゅ》の主体《しゅたい》が吾《あ》の自覚《じかく》であるアオウエイすなわち高御産巣日《たかみむすび》であり、その自覚認識《じかくにんしき》と運営《うんえい》の律《りつ》であるイ、キシチニヒミイリ、ヰ《ゐ》が「イの道《ち》」すなわちイからヰ《ゐ》に到《いた》る道《みち》としての生命《いのち》であり、その父韻《ふいん》が母音《ぼいん》に婚《よば》いしてその隠《かく》れた姿《すがた》を顕《あら》わしたものが諸法実相《しょほうじっそう》であって、子音《しいん》は先天《せんてん》の交流《こうりゅう》によって初《はじ》めて世界《せかい》に顕《あら》われた実相《じっそう》の始原純粋《しげんじゅんすい》な様態《ようたい》である。

子音《しいん》である実相《じっそう》とは前述《ぜんじゅつ》の如《ごと》く事実《じじつ》そのもののことである。事実《じじつ》そのものと云《い》うことは一旦《いったん》これが先天《せんてん》である、主客《しゅきゃく》、父母音《ふぼいん》の交流《こうりゅう》によって生《う》まれ出《で》た以上《いじょう》はそれは既《すで》に認識《にんしき》する主体《しゅたい》すなわち主観《しゅかん》でもなく、また認《にん》識《しき》される客体《きゃくたい》すなわち客観《きゃっかん》でもなく、また換言《かんげん》すれば心《こころ》でも物《もの》でもないと云《い》う事《こと》で、それ自体《じたい》で厳《げん》として他《た》から犯《おか》されることなく独立《どくりつ》し、また他《た》を犯《おか》すことなくして存在《そんざい》している第三《だいさん》の個《こ》別的《べってき》な様態《ようたい》である。この個《こ》別的《べってき》な様態《ようたい》を称《しょう》して「後天《こうてん》」と云《い》う。

禅《ぜん》では前述《ぜんじゅつ》の如《ごと》く斯《かく》の如《ごと》き厳然《げんぜん》たる実相《じっそう》を挙示《きょじ》して「麻三斤《まさんぎん》」と云《い》い、これを指《さ》して「庭前《ていぜん》の栢樹子《はくじゅし》」と云《い》う。先天《せんてん》から生《う》まれた神《かみ》の子《こ》はそのまま神《かみ》であり、仏《ほとけ》の子《こ》すなわち仏《ほとけ》である。神道《しんとう》ではこの神《かみ》の子《こ》、仏《ほとけ》の子《こ》を命《みこと》（尊《みこと》）と云《い》う。禅《ぜん》は行的《ぎょうてき》に最《もっと》も神道《しんとう》に近《ちか》いものと云《い》える。神道《しんとう》の命題《めいだい》は禅《ぜん》の公案《こうあん》を釈《と》くと同《おな》じ方法《ほうほう》を以《もっ》て釈《と》いて行《い》く。「神代《かみよ》のこと幽微《ゆうび》、理《ことわり》に非《あら》ざれば通《つう》せず。」（『日本書紀《にほんしょき》』「跋文《ばつぶん》」清原国賢《きよはらのくにかた》）と云《い》う。

斯《か》くて生《う》み出《だ》された実相自体《じっそうじたい》から逆《ぎゃく》に改《あらた》めてその本源《ほんげん》を省《かえり》みる時《とき》、それを構成《こうせい》する隠《かく》れた要素《ようそ》として、それが構成《こうせい》された経過《けいか》の中《なか》に、先天《せんてん》としての主体《しゅたい》、客体《きゃくたい》と生命《せいめい》の知慧《ちえ》の光《ひかり》の律《リズム》が存在《そんざい》するのである。

この所《ところ》をもう一度《いちど》「行《ぎょう》」の上《うえ》から説明《せつめい》しよう。自己反省《じこはんせい》を推《お》し進《すす》めることによって、今《いま》まで自分《じぶん》が考《かんが》え、自分《じぶん》が経験《けいけん》して来《き》たこの世《よ》の一切《いっさい》の事象《じしょう》は初《はじ》めも終《おわ》りもない夢《ゆめ》であり、迷《まよ》いであったことが心底《しんそこ》から反省《はんせい》された時《とき》、その夢《ゆめ》が朝霧《あさぎり》のように消《き》えて行《い》くと、忽然《こつぜん》として本来《ほんらい》の「空《くう》」の世界《せかい》が開《ひら》ける。此《こ》の空《くう》に住《じゅう》することが禅定《ぜんじょう》であり、止観《しかん》であり、或《ある》いは念仏三昧《ねんぶつざんまい》であり、鎮魂帰神《ちんこんきしん》である。空《くう》は現象発現以前《げんしょうはつげんいぜん》の宇宙自身《うちゅうじしん》、実在自体《じつざいじたい》である。これを「父母未生以前《ぶもみしょういぜん》の本来《ほんらい》の面目《めんぼく》」などとも云《い》う。其処《そこ》からやがてすべてが現《あら》われて来《く》る兆《きざし》である可能性《かのうせい》を包蔵《ほうぞう》し、しかも未《いま》だ一物《いちぶつ》も現《あら》われない境域《きょういき》である。渾然《こんぜん》たる一者《いっしゃ》であり全宇宙《ぜんうちゅう》であるこの境域《きょういき》が確立《かくりつ》することが宗教上《しゅうきょうじょう》の「信心《しんじん》の決定《けつじょう》」であり、魂《たましい》の救《すく》われであり、真実《しんじつ》の人生《じんせい》への正規《せいき》の出発《しゅっぱつ》としての悟《さと》りであり、すなわち魂《たましい》の復活《リバイバル》である。

この「空《くう》」の中《なか》から空自体《くうじたい》の内容《ないよう》である先天《せんてん》（岐美二神《きみにしん》）の活動《かつどう》によって、疑《うたが》う余地《よち》のない清新《せいしん》にして厳然《げんぜん》たる実相事実《じっそうじじつ》が現前《げんぜん》する。然《しか》しこの時《とき》よくよく考《かんが》えれば、その時改《ときあらた》めて当面《とうめん》した新《あたら》しい、潑剌《はつらつ》とした事実《じじつ》は、実《じつ》は嘗《かつ》て迷《まよ》いとして捨《す》て去《さ》った夢《ゆめ》そのものであることが顧《かえり》みられる。嘗《かつ》ては薄《うす》ぼけた夢《ゆめ》であり、無意味《むいみ》な迷《まよ》いであると思《おも》っていた事象《じしょう》が、そのままに諸法《しょほう》の実相《じっそう》であるのである。何故《なぜ》そうなるかと云《い》うと、その迷《まよ》いや夢《ゆめ》と思《おも》われた物事《ものごと》が何処《どこ》から由来《ゆらい》するか、その原因《げんいん》と契機《けいき》が明《あき》らかになるからであって、この事《こと》を仏教《ぶっきょう》で「煩悩即菩提《ぼんのうそくぼだい》」と云《い》い、キリスト教《きょう》で「罪《つみ》の子《こ》即神《そくかみ》の子《こ》」と云《い》う。

イエス・キリストとイスカリオテのユダとは実《じつ》は人間性《にんげんせい》の表裏《ひょうり》、迷悟《めいご》の両面《りょうめん》である。チルチルが仙女《せんにょ》のベリリューヌから貰《もら》った帽子《ぼうし》のダイヤモンドをまわすと物事《ものごと》の真実《しんじつ》の姿《すがた》があらわれる。「蘆山《ろざん》は烟雨《えんう》、淅江《せっこう》は潮《うしお》」と云《い》う蘇東坡《そとうば》の偈《げ》は此《こ》の間《かん》の迷悟《めいご》の認識《にんしき》の次元的変化《じげんてきへんか》を直截《ちょくさい》に物語《ものがた》っている。

子音《しいん》は主客《しゅきゃく》である母音《ぼいん》、半母音《はんぼいん》の結《むす》び、すなわち霊《れい》と体《たい》である父母音《ふぼいん》の婚《よば》いによって生《しょう》じるが、然《しか》し斯《か》く一旦《いったん》生《う》み出《だ》されたところの子音《しいん》はも早《は》や母音《ぼいん》でも半母音《はんぼいん》でも父韻《ふいん》でもない、新《あら》たに創造《そうぞう》された所謂正《いわゆるせい》、反《はん》の合《ジンテーゼ》である第三《だいさん》の存在《エグジステンス》である。この関係《かんけい》は肉体《にくたい》の父母《ふぼ》から生《う》まれた人間《にんげん》の子《こ》が既《すで》に父《ちち》でもなく母《はは》でもなく、然《しか》も父《ちち》と母《はは》の双方《そうほう》の内容《ないよう》を潜在的《せんざいてき》に具備《ぐび》している第三《だいさん》の厳然《げんぜん》たる個体《こたい》である如《ごと》きものであって、父母音《ふぼいん》の所産《しょさん》である第三《だいさん》の音《おん》を子音《しいん》と云《い》い、岐美二神《きみにしん》の創造《そうぞう》を御子生《みこう》みと云《い》う意味《いみ》が肯《うなず》かれる。

実相《じっそう》である子音《しいん》は隠神《かくりがみ》ではない。それが隠《かく》れたものでなくて顕《あら》わな現実《げんじつ》であると云《い》うことは、これに実体《じったい》と色相《しきそう》の変化《へんか》である「時《じ》・処《しょ》・位《い》」という不可欠《ふかけつ》の三《みっ》つの属性《ぞくせい》が具備《ぐび》されると云《い》うことである。すなわちそれは時間《じかん》の推移《すいい》と空間《くうかん》の場所《ばしょ》と次元《じげん》の位置《いち》の変化《へんか》の三《みっ》つである。すべて現実《げんじつ》とはこの三《みっ》つを具備《ぐび》し、この三《みっ》つに規定《きてい》されている物事《ものごと》を云《い》い、この三《みっ》つの要素《ようそ》の何《いず》れかを欠除《けつじょ》したならば現実《げんじつ》ではない。そして此《こ》の三《みっ》つの変《へん》化《か》の様相《ようそう》を認識《にんしき》し操作《そうさ》することを神道《しんとう》で「時置師《ときおかし》・処置師《ところおかし》・位置師《くらいおかし》」と云《い》う。三《みっ》つの置師《おかし》を三置《みち》と云《い》う。道《みち》の語源《ごげん》の一《ひと》つである。隠神《かくりがみ》である先天《せんてん》の事《こと》もまた道《みち》と云《い》うが、これには玄《みち》と云《い》う字《じ》が宛《あ》てられる。三置《みち》は実際具体《じっさいぐたい》の道《みち》である。凡《およ》そ人間《にんげん》の一感一思《いっかんいっし》、一挙手一投足《いっきょしゅいっとうそく》が現実《げんじつ》のものである限《かぎ》り、すべて此《こ》の三置《みち》から離《はな》れることがない。三置《みち》は須臾刹那《しゅゆせつな》の間《あいだ》に存《そん》し、聖人賢者《せいじんけんじゃ》に非《あら》ずと雖《いえど》も造次顚沛《ぞうじてんぱい》も是《これ》から離《はな》れることがない。実相《じっそう》である子音《しいん》とは知的直観《ちてきちょっかん》による純粋経験《じゅんすいけいけん》pure-experience《ピュア エクスペリエンス》としてこの三置《みち》の具体的《ぐたいてき》な顕現《けんげん》であると云《い》うことが出来《でき》る。神道《しんとう》とは子音《しいん》の操作《そうさ》による三置《みち》の運用《うんよう》である。そして更《さら》に此《こ》の三置《みち》の運用《うんよう》に於《お》ける三《みっ》つの典型的《てんけいてき》な体系《たいけい》を称《しょう》してまた道《みち》と云《い》う。すなわち後述《こうじゅつ》する天照大御神《あまてらすおほみかみ》、月読命《つくよみのみこと》、

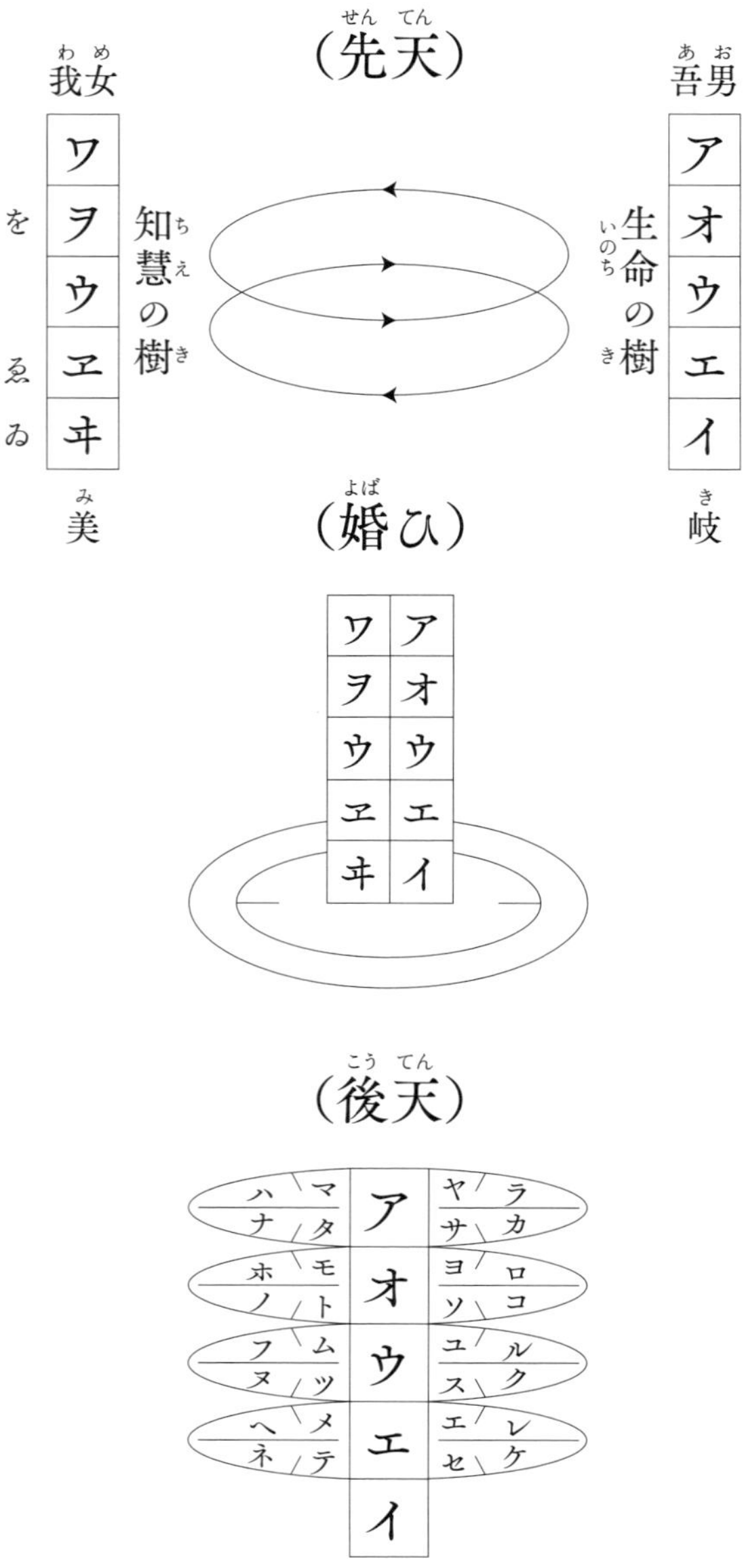

図表-10｜**先天と後天**

須佐之男命《すさのをのみこと》と云《い》う三命《みち》である。仏教《ぶつきょう》ではこの三命《みち》を称《しょう》して阿耨多羅三藐三菩提《あのくたらさんみゃくさんぼだい》と云《い》う。

扨《さ》て、以上《いじょう》で人間《にんげん》に顕《あら》われ、人間《にんげん》が顕《あら》わすところの先天《せんてん》と後天《こうてん》である母音《ぼいん》、半母音《はんぼいん》、父韻《ふいん》、親音《しんいん》、子音《しいん》の概念《がいねん》に就《つい》ての解説《かいせつ》を一通《ひととお》り終《お》えたこととするが、然《しか》してこのような概念的《がいねんてき》な言挙《ことあ》げはなお未《いま》だ神道布斗麻邇《しんとうフトマニ》そのものではない。然《しか》し斯《こ》うした理論《りろん》の推進《すいしん》と修練行道《しゅうれんぎょうどう》を以《もっ》て自己《じこ》の魂《たましい》のもつれをほどいて行《い》くのでなければ神道《しんとう》の堂奥《どうおう》には入《はい》り難《がた》い。故《ゆえ》に斯《か》くの如《ごと》き行道《ぎょうどう》を釈《ほとけ》と云《い》う。釈氏《しゃくし》の仏教《ぶつきょう》の使命《しめい》である。敢《あえ》て仏教《ぶつきょう》だけが然《しか》るわけではなく、云《い》わばすべての哲学《てつがく》が斯《こ》うした思索修練《しさくしゅうれん》の過程《かてい》を経《へ》て真実《しんじつ》を刻銘《こくめい》に究明《きゅうめい》して行《い》って、その精煉《せいれん》されたところの最後《さいご》の最高《さいこう》の結論《けつろん》に達《たつ》した時《とき》、清浄無垢《せいじょうむく》、端麗《たんれい》、絢爛珠玉《けんらんしゅぎょく》の如《ごと》き言霊《げんれい》となるのである。斯《こ》うした意味《いみ》の正規《せいき》の過程《かてい》を充分《じゅうぶん》に辿《たど》ることなく、なお何《なに》かの浄化《じょうか》されない観念執着《かんねんしゅうちゃく》が残《のこ》っているならば未《いま》だ本当《ほんとう》の神道《しんとう》とは称《しょう》し得《え》ない。本居宣長《もとおりのりなが》は国体信仰《こくたいしんこう》、民族信仰《みんぞくしんこう》と云《い》う観念《かんねん》の壁《かべ》を破《やぶ》ることを得《え》なかった。平田篤胤《ひらたあったね》は心霊《しんれい》を弄《もてあそ》んで神秘《しんぴ》に流《なが》れ、川面凡児《かわづらぼんじ》は自然力《しぜんりょく》を誇示《こじ》する天狗道《てんぐどう》を彷徨《ほうこう》した。今日《こんにち》に到《いた》るまでの過渡期《かとき》の人《ひと》達《たち》であった。

島《しま》生《う》み（宇《う》宙《ちゅう》の区《く》劃《かく》）

淤能碁呂島《おのころしま》とは己《おの》れの心《こころ》の締《し》まり、締《し》めくくり、すなわち心《こころ》の自己表現《じこひょうげん》のことであって、島《しま》の正体《しょうたい》は心《こころ》である事《こと》を説《と》いた。ここで岐美二神《きみにしん》は先天《せんてん》を父母音《ふぼいん》として分《わ》け持《も》って後天《こうてん》である子音《しいん》を創造《そうぞう》するのだが、その子音《しいん》を産《う》む前《まえ》に、生《う》まれ出《で》る音《おん》を整理《せいり》して収容《しゅうよう》するため宇宙《うちゅう》の中《なか》に於《お》ける言霊《げんれい》の位置《いち》する境域《きょういき》を定《さだ》めた。この時《とき》併《あわ》せて先天《せんてん》である天津神諸《あまつかみもろもろ》の命《みこと》の諸音《しょおん》、諸要素《しょようそ》の座《ざ》も同時《どうじ》に明《あき》らかにした。

すなわち此処《ここ》で云《い》う島《しま》とは神《かみ》であり命《みこと》である言霊《げんれい》が位置《いち》する宝座《ほうざ》であって、仏教的《ぶつきょうてき》に云《い》うならば諸仏諸菩薩《しょぶつしょぼさつ》が位《くらい》する宇宙《うちゅう》の曼荼羅《マンダラ》の上《うえ》の位置《いち》である。但《ただ》しこの言霊《げんれい》の宝座《ほうざ》は曼荼羅《マンダラ》のような絵画《かいが》としての平面的《へいめんてき》なものではなくて、その言霊《げんれい》の位置《いち》と云《い》っても、その中《なか》には時間《じかん》と空間《くうかん》と次元《じげん》と云《い》う三《みっ》つの意義《いぎ》が含《ふく》まれている立体的《りったいてき》なもの、階段的《かいだんてき》なものであって、その階段《かいだん》は宇宙《うちゅう》から幽顕両般《ゆうけんりょうはん》の人間《にんげん》の霊性《れいせい》が次々《つぎつぎ》に顕現《けんげん》し完成《かんせい》される順序《じゅんじょ》を示《しめ》すものである。但《ただ》しこの島生《しまう》みの島《しま》は言霊《げんれい》を生《う》んで納《おさ》める産屋《うぶや》であり、例《たと》えばキリストが生《う》み落《お》とされる「馬《うま》槽《ぶね》」に当《あた》るものであるから、島《しま》は御子《みこ》である百神《ひゃくしん》の中《なか》には数《かぞ》えられない。島《しま》の意義《いぎ》はその上《うえ》に納《おさ》められ生《う》み付《つ》けられる後述《こうじゅつ》の言霊子音《げんれいしいん》とそれを整理《せいり》する原理《げんり》の意義《いぎ》が明《あき》らかになれば、おのずから理解出来《りかいでき》ることであるから、ここでは先《ま》ず一通《ひととお》りあらましの説明《せつめい》に止《とど》めて置《お》く。本講《ほんこう》を最後《さいご》まで読《よ》み終《お》わったら、もう一度《いちど》この「島生《しまう》み」のところを読《よ》み返《かえ》して頂《いただ》きたい。

淡道之穂之狭別島《あわ(は)ぢのほのさわけのしま》（嶋《しま》）

言霊《げんれい》ウの世界《せかい》、すなわち天之御中主神《あめのみなかぬしのかみ》の宝座《ほうざ》。このウの中《なか》からアとワの言霊《げんれい》（穂《ほ》）が別《わか》れて出《で》て来《く》る狭《せま》い締《し》まりの区分《くぶん》（別《わけ》）と云《い》うことである。易《えき》の太極《たいきょく》に当《あた》る。

伊予之二名島《いよのふたなのしま》（嶋《しま》）

言霊《げんれい》ア、ワの世界《せかい》、すなわち高御産巣日神《たかみむすびのかみ》、神産巣日神《かみむすびのかみ》の宝座《ほうざ》。二名《ふたな》とはア、ワの二音《ふたおん》である。易《えき》の両儀《りょうぎ》に当《あた》る。伊予《いよ》は「イのあらかじめ」であって、神漏岐《かむろぎ》、神漏美《かむろみ》であるこのア、ワの二音《ふたおん》はやがて後《あと》に出《で》て来《く》るイ、ヰ《ゐ》の二音《ふたおん》となるのであるから、そのイ（ヰ《ゐ》）の前身《ぜんしん》であると云《い》う意味《いみ》である。

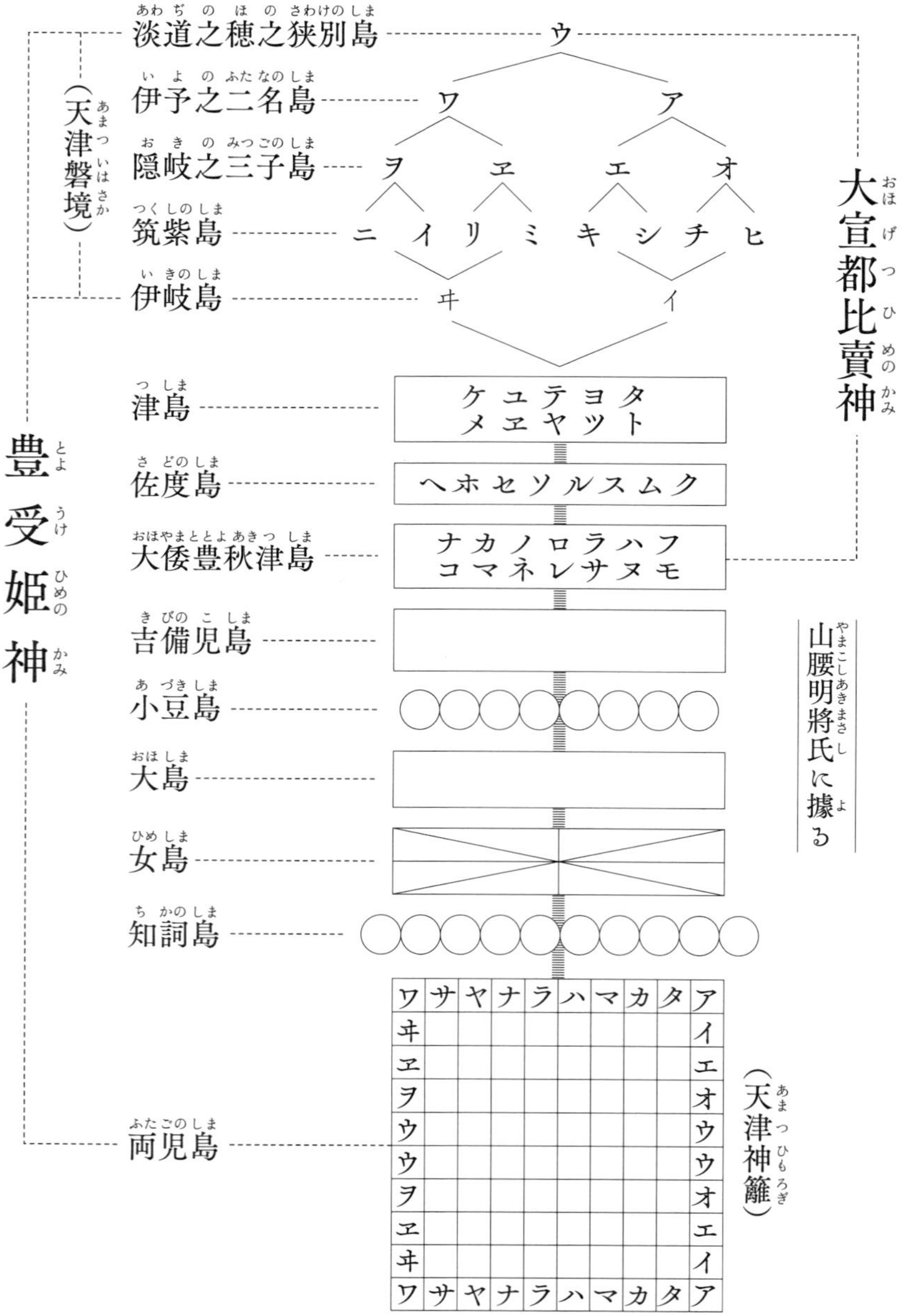

図表-11｜**豊受姫神と大宣都比賣神**

こ（此《こ》）の島《しま》（嶋《しま》）は身一《みひと》つにして面四《おもよ》つあ（有《あ》）り

身一《みひと》つとはウの一音《いちおん》、面四《おもよ》つとはこのア、ワから分《わか》れるオエヲヱ《をゑ》の四音《よんおん》を云《い》う。

伊予国《いよのくに》を愛比売《えひめ》と謂《い》ひ、
讃岐国《さぬきのくに》を飯依比古《いひよりひこ》と謂《い》ひ、
粟国《あはのくに》を大宜都比売《おほげつひめ》と謂《い》ひ、
土左国《とさのくに》を建依別《たけよりわけ》と謂《い》ふ。

愛比売《えひめ》はその中《なか》に言霊《げんれい》エ（慧《え》）を秘《ひ》め（比売《ひめ》）ている音《おん》であるからオである。智慧《ちえ》エ（般若《はんにゃ》）は経験智《けいけんち》オの中《なか》から発現《はつげん》する。飯依比古《いひよりひこ》はイヒ（飯《いい》・イの霊《ひ》）すなわち言霊《げんれい》を選《よ》（依《よ》）る音《おん》（比古《ひこ》・霊子《ひこ》）であるから言霊《げんれい》エである。大宜都比売《おほげつひめ》の名《な》は是《これ》から時々《ときどき》出《で》て来《く》るが言霊ヲ《げんれいを》である。大《おお》いに宜《よ》ろしき都《みやこ》と云《い》う意味《いみ》で、「六合《くにのうち》を兼《か》ねて都《みやこ》を開《ひら》き」（『日本書紀《にほんしょき》』）などと云《い》う時《とき》の都《みやこ》である。ミヤコは宮子《みやこ》、言霊《げんれい》の組織体《そしきたい》のことであって、その組織《そしき》は言霊ヲ《げんれいを》の活用《かつよう》で作《つく》られる。建依別《たけよりわけ》は飯依比古《いひよりひこ》と略同《ほぼおな》じ意味《いみ》で言霊ヱ《げんれいゑ》の区別区分《くべつくぶん》と云《い》う意味《いみ》になろう。是等《これら》の意義《いぎ》は言霊《げんれい》オとエの相関関係《そうかんかんけい》がはっきりするとよく判《わか》る。オとエとは哲学的《てつがくてき》にはカントの云《い》う純粋理性《じゅんすいりせい》と実践理性《じっせんりせい》に当《あた》る。

讃岐《さぬき》、粟《あわ》、土左《とさ》の意味《いみ》はまだはっきりしない。以上《いじょう》の国名《こくめい》はすべて他《ほか》の神名《しんめい》と同《おな》じく咒文《じゅもん》であって、言霊《げんれい》の意義《いぎ》を指示《しじ》するために後《あと》から組立《くみた》てられた概念《がいねん》であるのだから、言霊《げんれい》が先《さき》に存《そん》して島名《とうめい》は後《あと》から出来《でき》たものである。この名《な》が地理上《ちりじょう》の国名《こくめい》として用《もち》いられたのは更《さら》にこれより後世《こうせい》のことである。他《ほか》にもっと適当《てきとう》な釈《と》き方《かた》もあることだろうが、その実体《じったい》は易《えき》に於《お》いて「太陽《たいよう》（老陽《ろうよう》）・少陰《しょういん》・少陽《しょうよう》・太陰《たいいん》（老陰《ろういん》）」の四象《ししょう》として示《しめ》されている所《ところ》のものである。

隠岐《おき》（伎《き》）之三子島《のみつごのしま》（嶋《しま》）、また（亦《また》）の名《な》は天之忍許呂別《あめのおしころわけ》

言霊《げんれい》オ、エ、ヲ《を》、ヱ《ゑ》の世界《せかい》。すなわち天之常立神《あめのとこたちのかみ》、国之常立神《くにのとこたちのかみ》、宇麻志阿斯訶備比古遅神《うましあしかびひこぢのかみ》、豊雲野神《とよくもぬのかみ》が納《おさ》まる宇宙《うちゅう》の宝座《ほうざ》。隠岐《おき》とは隠神《かくりがみ》の岐《わか》（分《わか》）れのこと。岐《わか》を伎《わざ》と書《か》いても意味《いみ》が取《と》れる。天之御中主《あめのみなかぬし》から数《かぞ》えて三段目《さんだんめ》に当《あた》るから三《み》つ子《こ》である。忍許呂別《おしころわけ》は大《おお》いなる心《こころ》を分《わ》けた区分《くぶん》と云《い》う事《こと》である。言霊《げんれい》オ（ヲ《を》）すなわち悟性《ごせい》、経験智《けいけんち》、純粋理性《じゅんすいりせい》と言霊《げんれい》エ（ヱ《ゑ》）すなわち理性《りせい》、叡智《えいち》、実践理性《じっせんりせい》とは人間知性《にんげんちせい》の大《おお》きな代表的《だいひょうてき》な心《こころ》である。このオ、エにウすなわち現識《げんしき》、五官感覚《ごかんかんかく》を加《くわ》えた三《みっ》つを三智《みち》（道《みち》）と云《い》う。この三《みっ》つを

罔象女《みつはのめ》（三《み》つ葉《は》の目《め》）と云《い》い、やがて天照大御神《あまてらすおほみかみ》、月読命《つくよみのみこと》、須佐之男命《すさのをのみこと》の三貴子《さんきし》である。

筑紫島《つくしのしま》（嶋《しま》）

言霊《げんれい》ヒチシキミリイニの世界《せかい》、すなわち宇比地邇神《うひぢにのかみ》、妹須比智邇神《いもすひぢにのかみ》。角杙神《つぬぐひのかみ》、妹活杙神《いもいくぐひのかみ》。意富斗能地神《おほとのぢのかみ》、妹大斗乃弁神《いもおほとのべのかみ》。淤母陀琉神《おもだるのかみ》、妹阿夜訶志古泥神《いもあやかしこねのかみ》の宝座《ほうざ》である。筑紫《つくし》は尽《つく》しである。八父韻《はちふいん》（八力神《はちりきしん》）は生《せい》命《めい》の実相発現《じっそうはつげん》の原律《げんりつ》を尽《つく》したものであるからツクシと云《い》う。易《えき》の八卦《はっけ》に当《あた》る。卦《け》と云《い》う文字《もじ》は圭《あらたま》を卜《うらなふ》と書《か》く。八父韻《はちふいん》はやがて言霊子音《げんれいしいん》を生《う》む原律《げんりつ》であるからあらたま（粗玉《あらたま》、顕玉《あらたま》、現玉《あらたま》）である。

こ（此《こ》）の島《しま》（嶋《しま》）も身《み》一《ひと》つにして面《おも》四《よ》つあ（有《あ》）り

身《み》一《ひと》つとは太極《たいきょく》ウであり、面《おも》四《よ》つとは「耦生《ぐうせい》の八神《はっしん》」である八父韻《はちふいん》のことであり、これは男女《だんじょ》の一対宛《いっついずつ》になって居《お》り、一対《いっつい》を一柱《ひとはしら》と数《かぞ》える時《とき》は四個《よんこ》である。

筑紫国《つくしのくに》を白日別《しらびわけ》と謂《い》ひ、
豊国《とよのくに》を豊日別《とよびわけ》と謂《い》ひ、
肥国《ひのくに》を建日向日豊久士比泥別《たけひむかひとよくじひねわけ》と謂《い》ひ、
熊曾国《くまそのくに》を建日別《たけひ(び)わけ》と謂《い》ふ

この呪文《じゅもん》はまだ正確《せいかく》には釈《と》けていない。筑紫《つくし》の白日別《しらひわけ》はシ、リ。豊《とよ》の豊日別《とよひわけ》はチ、イ。肥《ひ》の建日向日豊久《たけひむかひとよく》士比泥別《じひねべつ》はヒ、ニ。熊曾《くまそ》の建日別《たけひわけ》はキ、ミに当《あた》る（山腰明将氏《やまこしあきまさし》による）。

ヒチシキミリイニの音《おん》は生命顕現《せいめいけんげん》の原律《げんりつ》を音《おん》に現《あら》わし、耳《みみ》で聞《き》き分《わ》ける言語《げんご》の原律《げんりつ》であるが、これを同《おな》じ原《げん》律《りつ》である眼《め》で見分《みわ》ける光線《こうせん》（色彩《しきさい》）のスペクトルの律《リズム》に合《あ》わせてみると意義《いぎ》が一層《いっそう》はっきり了解出来《りょうかいでき》よう。同《どう》時《じ》に『旧約聖書《きゅうやくせいしょ》』でエホバが生命《いのち》の契約《けいやく》すなわち誓約《せいやく》の徴《しるし》として雲《くも》に立《た》つ虹《にじ》の色《いろ》を示《しめ》した教《おし》えの意義《いぎ》が了解《りょうかい》される。

ヒ　チ　シ　キ　ミ　リ　イ　ニ
赤《あか》　紅《くれない》　橙《だいだい》　黄《き》　緑《みどり》　青《あお》　藍《あい》　紫《むらさき》

伊岐《いきの》（伎《きの》）島《しま》（嶋《しま》）、また（亦《また》）の名《な》は天比登都柱《あめ(の)ひとつばしら》

言霊《げんれい》イ、ヰ《ゐ》の世界《せかい》、すなわち伊邪那岐神《いざなぎのかみ》、伊邪那美神《いざなみのかみ》の宝座《ほうざ》である。伊岐《いき》はイのとも、、、づれである。イもヰ《ゐ》も同《おな》じ音《おん》であって、比登都柱《ひとつはしら》は一《ひと》つ柱《はしら》。アオウエイとワヲ《を》ウヱ《ゑ》ヰ《ゐ》が重《かさ》なって一《ひと》つの天之御柱《あめのみはしら》となる。夫婦《ふうふ》一体《いったい》となって子《こ》を産《う》む時《とき》は一《ひと》つの理体《りたい》としての親《おや》である。その故《ゆえ》に交流《こうりゅう》するイ、ヰ《ゐ》を親音《しんいん》と云《い》う。

天比登都柱《あめひとつばしら》すなわち天之御柱《あめのみはしら》すなわち生命《せいめい》の内包《ないほう》であるアオウエイの五母音《ごぼいん》はいずれも独神《ひとりがみ》であるから、そのうちいずれの一音《いちおん》によっても代表《だいひょう》されて、その次元《じげん》に於《お》ける独自《どくじ》の世界観《せかいかん》を構成《こうせい》する。すなわちア（感情《かんじょう》、芸術《げいじゅつ》）、オ（経験智《けいけんち》、科学《かがく》）、ウ（感覚《かんかく》、産業《さんぎょう》）、エ（叡智《えいち》、道徳《どうとく》）の何《いず》れに基《もと》づいても夫々《それぞれ》の世界観《せかいかん》が成立《せいりつ》する。人《ひと》と人《ひと》との間《あいだ》に意見《いけん》の相違《そうい》を来《き》たす原因《げんいん》が各々《おのおの》の世界観《せかいかん》の次元的立場《じげんてきたちば》の相違《そうい》に存《そん》し、各々《おのおの》がその次元《じげん》を固執《こしつ》する為《ため》である場合《ばあい》が多《おお》い。この五《いつ》つの中《なか》でイ（意志《いし》）は麻邇《まに》であり、『法華経《ほけきょう》』の仏所護念《ぶっしょごねん》であって、これに則《のっと》った世界観《せかいかん》はアオウエの四智《しち》を帰納綜合《きのうそうごう》する一切智《いっさいち》、一切種智《いっさいしゅち》であり、且《か》つ四智《しち》が現象《げんしょう》として発現《はつげん》する根拠《こんきょ》であり原動力《げんどうりょく》であり生命意志《せいめいいし》である。此《こ》の四智《しち》を仏教《ぶっきょう》では四護世《しごせい》と云《い》い四天王《してんのう》と云《い》う。衆生《しゅじょう》（ウ）、声聞《しょうもん》（オ）、縁覚《えんがく》（ア）、菩薩《ぼさつ》（エ）の四乗《しじょう》に当《あた》る。そしてイは第五番目《だいごばんめ》の仏陀《ぶつだ》であり、四乗《しじょう》の中心《ちゅうしん》に位《くらい》する。イはすなわち五《イ》である。易《えき》の河図洛書《かとらくしょ》はいずれも五《イ》を中心《ちゅうしん》とする。知性顕現《ちせいけんげん》の原律《げんりつ》である八《はち》父韻《ふいん》はこの第五《だいご》のイ（ヰ《ゐ》）の内容《ないよう》として発現《はつげん》する。

天比登都柱《あめひとつばしら》はイを根柢《こんてい》として天頂《てんちょう》から地底《ちてい》を貫《つらぬ》いて、今此処《いまここ》の法界《ほっかい》の「中今《なかいま》」に立《た》っている。これを同《おな》じく柱《はしら》に象徴《しょうちょう》したものがオベリスクであり、これを塔《とう》に造《つく》ったものがピラミッドであり、須弥山《しゅみせん》でもある。高千《たかち》穂峰《ほのみね》を形造《かたちづく》る中心《ちゅうしん》の心棒《しんぼう》である。すなわちイ言霊《げんれい》は縦《たて》に宇宙《うちゅう》の次元《じげん》を貫《つらぬ》くものであると共《とも》に、その一番低《いちばんひく》い底辺《ていへん》（下津磐根《したついわね》）の所《ところ》から横《よこ》に実相《じっそう》の変化《へんか》である時間《じかん》、空間《くうかん》の相《そう》の変化《へんか》を産《う》み出《だ》す淵源《えんげん》であって、換言《かんげん》すれ

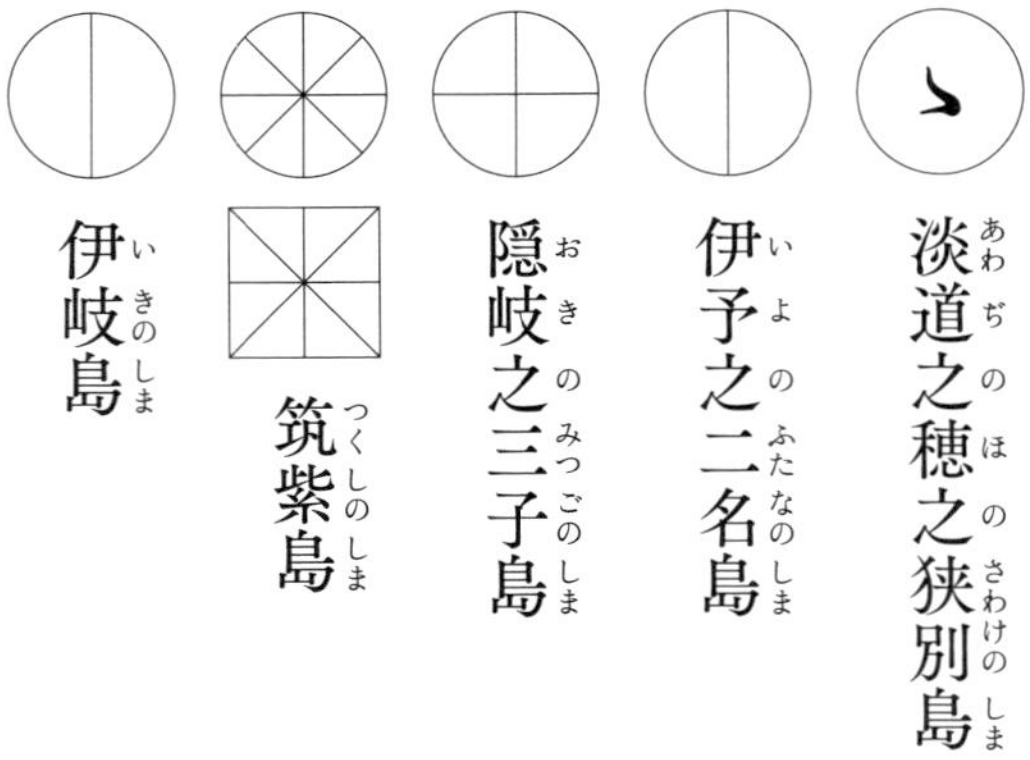

図表-12｜**五島の観念図**

ば天比登都柱《あめひとつばしら》は天之御柱《あめのみはしら》の意義《いぎ》を貫《つらぬ》くものであると共《とも》に、天《あめ》沼矛《ぬぼこ》の意義《いぎ》を発現《はつげん》する根拠《こんきょ》である。すなわちイ言霊《げんれい》はイの道《ち》である生命《せいめい》の実体《じったい》であり根拠《こんきょ》であり、母音《ぼいん》と父韻《ふいん》の両性《りょうせい》を具《ぐ》備《び》するところの親音《しんいん》であり、布斗麻邇《フトマニ》の実体《じったい》であって、易《えき》ではイ言霊《げんれい》の活動《かつどう》を「大行《たいこう》」と云《い》う。

以上《いじょう》、天之御中主神《あめのみなかぬしのかみ》以下《いか》の五段階《ごだんかい》の宝座《ほうざ》である五《いつ》つの島《しま》は先天《せんてん》（天名《あな》）である天津磐境《あまついはさか》の内容《ないよう》である父韻《ふいん》、母音《ぼいん》、半《はん》母音《ぼいん》、親音《しんいん》を整理《せいり》して、併《あわ》せてその発現段階《はつげんだんかい》を明《あき》らかにしたところの法界《ほっかい》の締《し》めくくりであって、易《えき》の太極図《たいきょくず》（河図洛書《かとらくしょ》）はこの五島《ごとう》の数的解釈《かずてきかいしゃく》に他《ほか》ならぬ。この五島《ごとう》を更《さら》に幾何学的《きかがくてき》

な図形《ずけい》に現《あら》わす時理解《ときりかい》のよすがとなるだろう。

次《つぎ》の津島《つしま》以下《いか》の三島《さんとう》は大事忍男神《おほごとおしをのかみ》以下《いか》三十二神《さんじゅうにしん》、すなわち岐美二神《きみにしん》の交流《こうりゅう》によって生《う》まれた三十二子音《さんじゅうにしいん》に関《かん》してはその神名《しんめい》の条《じょう》で改《あらた》めて述《の》べるが、概説《がいせつ》すれば、

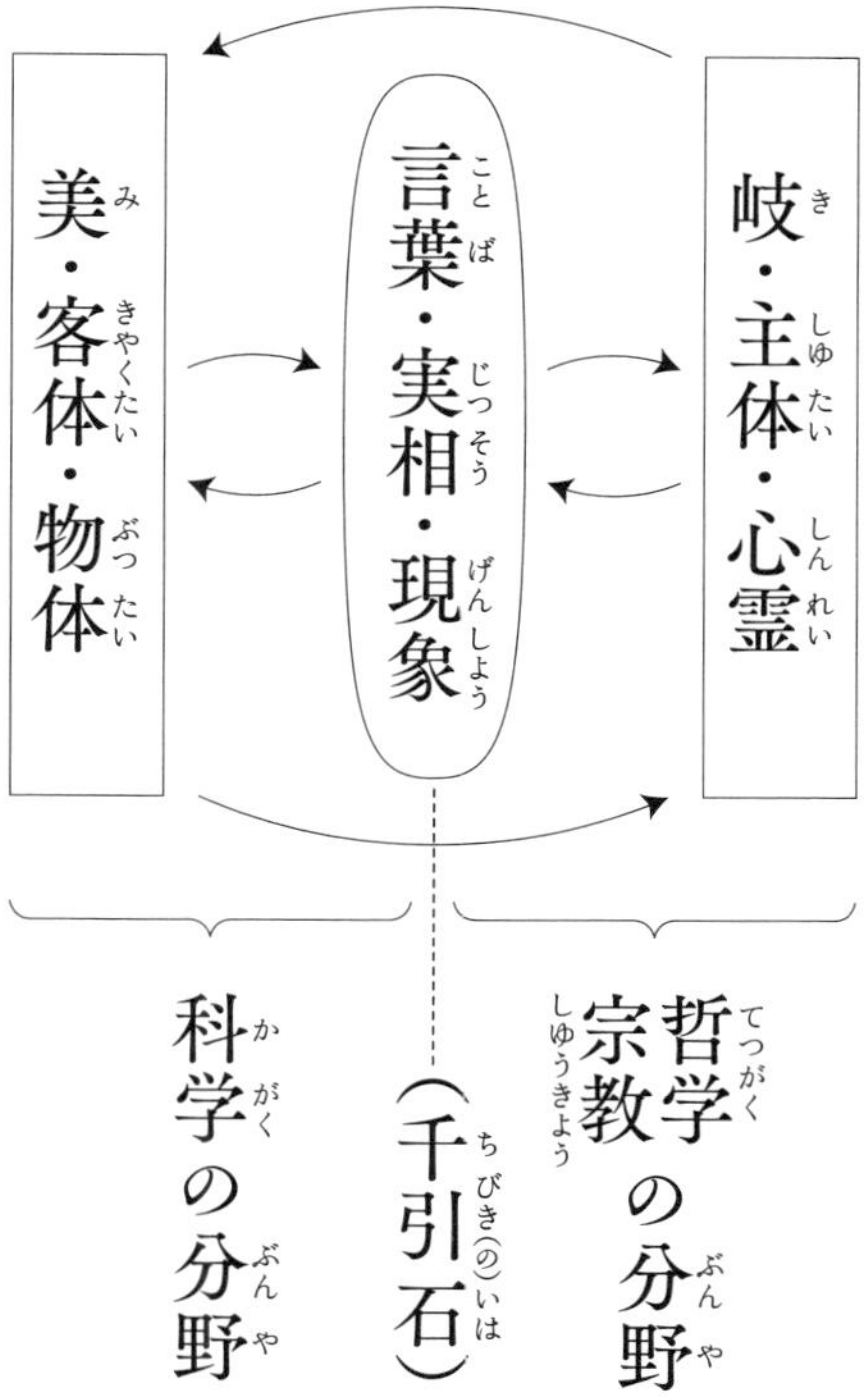

図表-13｜**哲学宗教と科学の分野**

（一《いち》）天名《あな》である先天《せんてん》（アオウエイ・ワヲ《を》ウヱ《ゑ》ヰ《ゐ》）が知性《ちせい》（ヒチシキミリイニ）の活《はた》らきによって頭脳中《ずのうちゅう》の脳波《のうは》の振動《しんどう》である真名《まな》（未鳴《まな》、理念《りねん》）として発現《はつげん》し
（二《に》）その未鳴《まな》が言語《げんご》すなわち神名《かな》（仮名《かな》）として発声《はっせい》され
（三《さん》）次《つぎ》にその言語《げんご》である万事万物《ばんじばんぶつ》の名《な》が耳《みみ》に聞《き》かれ
（四《よん》）その名《な》が再《ふたた》び頭脳中《ずのうちゅう》の真奈《まな》すなわち理念《りねん》に還元自覚《かんげんじかく》されるに至《いた》る
すなわち（天名《あな》）↓真奈《まな》↓神名《かな》↓真名《まな》（理念《りねん》）↓言語《げんご》↓理念《りねん》）と云《い》う一連《いちれん》の「まかなひ」の往還循環《おうかんじゅんかん》の過程《かてい》である。この往還《おうかん》はすべての人間《にんげん》が日常《にちじょう》の刹那《せつな》の間《あいだ》に行《おこな》いつつある実際《じっさい》の岐美二神《きみにしん》の交流産霊《こうりゅうむすび》の内容《ないよう》であって、この道程《どうてい》の中《なか》に主体《しゅたい》としての人間知性顕現活動《にんげんちせいけんげんかつどう》の全貌《ぜんぼう》が存《そん》するのである。

津島《つしま》（嶋《しま》）、
また（亦《また》）の名《な》は天之狭手依比売《あめのさでよりひめ》

言霊《げんれい》タトヨツテヤユヱ《ゑ》ケメの十音《じゅうおん》、すなわち大事忍男神《おほごとおしをのかみ》以下《いか》、十神《じゅっしん》の宝座《ほうざ》。津《つ》は港《みなと》の義《ぎ》。頭脳中《ずのうちゅう》の真奈《まな》（未鳴《まな》）が言語《げんご》の発声軸枢《はっせいじくすう》に集《あつ》まって其処《そこ》から出《で》て行《い》く道程《どうてい》である。狭手依《さでより》はその渡《わた》って来《く》る様子《ようす》を示《しめ》している。真奈井《まない》の狭《せま》い中《なか》から出《で》て来《き》て選《よ》り分《わ》けられると云《い》う程《ほど》の意味《いみ》である。比売《ひめ》は秘《ひ》めで、未《いま》だ言語現象《げんごげんしょう》にな

らぬ脳神経内部《のうしんけいないぶ》の未鳴《まな》の活《はた》らきであることを示《しめ》す。

佐度島《さどのしま》（佐渡嶋《さどのしま》）

言霊《げんれい》クムスルソセホへの八音《はちおん》。沫那岐神《あわなぎのかみ》以下《いか》、十神《じゅっしん》の宝座《ほうざ》である。佐度《さど》は助《たす》け渡《わた》す義《ぎ》。頭脳中《ずのうちゅう》の真奈《まな》が口腔中《こうくうちゅう》の発声器官《はっせいきかん》の助《たす》けによって空中《くうちゅう》の有音《ゆうおん》の言語《げんご》になる過程《かてい》である。

大倭豊秋津島《おほやまととよあきつ(づ)しま》（嶋《しま》）、
また（亦《また》）の名《な》は天御虚空豊秋津根別《あま(つ)みそらとよあきつ(づ)ねわけ》

言霊《げんれい》フモハヌラサロレノネカマナコの十四音《じゅうよんおん》、すなわち志那都比古神《しなつひこのかみ》より大宜都比売神《おほげつひめのかみ》までの十四神《じゅうよんしん》の宝座《ほうざ》。空中《くうちゅう》を飛翔《ひしょう》した言葉《ことば》が耳《みみ》からはいって頭脳《ずのう》に入《はい》り、再《ふたた》び元《もと》の真奈《まな》に還元《かんげん》する過程《かてい》である。此処《ここ》までの所《ところ》で天之御中主神《あめのみなかぬしのかみ》（ウ）以下《いか》の五十音言霊《ごじゅうおんげんれい》の全部《ぜんぶ》が言語《げんご》（神名《かな》・仮名《かな》）として出揃《でそろ》ったことになる。この出揃《でそろ》った姿《すがた》を大宜都比売《おほげつひめ》と云《い》う。大《おお》いによろしき都《みやこ》であり、ミヤコは五十音言霊図《ごじゅうおんげんれいず》である神《かみ》の宮《みや》の子《こ》、すなわち言語《げんご》のことである。そしてそれは山十《やまと》（大倭《やまと》）であるアカサタナハマヤラワの十音《じゅうおん》の山波《やまなみ》、起伏《きふく》である。別名《べつめい》の豊《とよ》秋津《あきつ》根別《ねわけ》の豊《とよ》は十四《とよ》で、アオウエイ、ワ、ヒチシキミリイニの十四《とよ》の先天《あな》であって、此《こ》の空相《くうそう》（虚空《そら》）である先天《せんてん》が実相《じっそう》を顕《あら》わして明《あき》らか（秋津《あきつ》、開津《あきつ》）になった音《ね》（根《ね》）の区分《くぶん》であるから秋津根別《あきつねわけ》と云《い》う。

かれ（故《かれ》、）こ（此《こ》）の八島《やしま》（嶋《しま》）ぞ先《ま》づ生《う》みませる国《くに》（くに）なるに因《よ》りて、
大八島《おほやしまの》（嶋《しま》）国《くに》と謂《い》ふ

大八島国《おほやしまのくに》は八尋殿《やひろどの》と同《おな》じ意味《いみ》であるが、ここでは淡道之穂之狭別島《あわぢのほのさわけしま》以下《いか》の八《やっ》つの宝座《ほうざ》の総称《そうしょう》である。以上《いじょう》の三十二子音《さんじゅうにしいん》の詳細《しょうさい》は大事忍男神《おほごとおしをのかみ》以下《いか》の条《じょう》で改《あらた》めて研究《けんきゅう》する。

以上《いじょう》、大倭豊秋津島《おほやまととよあきつしま》までの八島《やしま》で父母半母音子音《ふぼはんぼいんしいん》である言霊五十音《げんれいごじゅうおん》（四十九音《よんじゅうきゅうおん》）の区劃《くかく》は終《おわ》り、次《つぎ》はこれからその言霊《げんれい》の整理《せいり》と、その言葉《ことば》すなわち道理《ロゴス》の活用発揮《かつようはっき》の段階《だんかい》に入《はい》る。その段階《だんかい》に於《お》ける区劃《くかく》が次《つぎ》の六島《むしま》である。その精《くわ》しい解釈《かいしゃく》は内容《ないよう》であるその神名《しんめい》の条《じょう》で説《と》くことにして、ここでは同《おな》じく概説《がいせつ》に止《とど》める。

さて（然《さて》）後（、）還《かえ》りま（坐《ま》）しし時《とき》に、

五十音《ごじゅうおん》の発生《はっせい》の段階《だんかい》が終《おわ》って、言霊《げんれい》の整理発揚《せいりはつよう》の段階《だんかい》に入《はい》ることを示《しめ》す。

吉備児島《きびのこじま》（嶋《じま》）、
また（亦《また》）の名《な》は建日方別《たけひか(だ)たわけ》

金山毘古神《かなやまびこのかみ》より和久産巣日神《わくむすびのかみ》までの八神《はっしん》の区劃宝座《くかくほうざ》。吉《よ》く備《そな》わった言霊《げんれい》（児《こ》）の締《し》めくくりの義《ぎ》。建《たけ》は田《た》毛《け》の意味《いみ》で五十音図《ごじゅうおんず》（田《た》）に生《は》えた言霊《げんれい》のこと、その言霊《げんれい》（日《ひ》）の形式《けいしき》（方《かた》）を別《わ》ける整理方法《せいりほうほう》である。

小豆島《あづきしま》、
また（亦《また》）の名《な》は大野手比売《おほぬでひめ》

泣沢女神《なきさはめのかみ》の宝座《ほうざ》、父韻《ふいん》ヒチシキミリイニを小豆《あづき》と云《い》う。現《あ》らわれ続《つ》（つづ）く気《き》と云《い》う義《ぎ》。哲学上《てつがくじょう》の連続《れんぞく》と云《い》うことは父韻《ふいん》の所為《しょい》である。また父韻《ふいん》は音《おん》の性状《せいじょう》をあらわす泣《な》き騒《さ》わぐ神《かみ》である。またこれを時間空間《じかんくうかん》の展相《てんそう》をあらわして横《よこ》に伸《の》びた手《て》の如《ごと》くであるから野手《ぬで》と云《い》う。野《ぬ》は貫《ぬ》（横《よこ》）である。天沼矛《あめのぬぼこ》のヌである。

大島《おほしま》（嶋《しま》）、
また（亦《また》）の名《な》は大多麻流別《おほたまるわけ》

石柝神《いはさくのかみ》より闇御津羽神《くらみつはのかみ》までの八神《はっしん》の区劃宝座《くかくほうざ》。大島《おほしま》は大《おお》いなる締《し》めくくり、大多麻流別《おほたまるわけ》は大《おお》いなる言霊《たま》（多麻《たま》）の道理《ロゴス》が流《なが》れ出《で》る段階《だんかい》の義《ぎ》。

女島《ひめじま》（嶋《じま》）、
また（亦《また》）の名《な》は天一根《あめ(の)ひとつね》

正鹿山津見神《まさかやまつみのかみ》より戸山津見神《とやまつみのかみ》までの八神《はっしん》の区分宝座《くぶんほうざ》。山津見《やまつみ》とは生命《せいめい》の言葉《ことば》の八相《はっそう》である山《やま》を見《み》ることである。ヤマは八間《やま》であり、その形《かたち》は⊠・⊞であり、八尋殿《やひろどの》のことである。この八間《やま》の図形《ずけい》は大八島文字《おほやしまもじ》（あひる文字《もじ》）の原形《げんけい》であって、すなわち山津見《やまつみ》とは一般《いっぱん》に神代表音文字《かみよひょうおんもじ》のことである。

女島《ひめ》のヒメは霊目《ひめ》である。言葉《ことば》を眼《め》に見《み》えるようにしたもの、すなわち文字《もじ》のことである。およそ女《ひめ》あるいは姫《ひめ》（媛《ひめ》、比売《ひめ》、毘売《びめ》）と云《い》う時《とき》は文字《もじ》を意味《いみ》する。そもじ（其文字《そもじ》）とは女性《じょせい》の第二人称《だいににんしょう》の代名詞《だいめいし》である。

キリスト教《きょう》で云《い》うなら創世記《そうせいき》のアダムは言葉《ことば》を意味《いみ》し、イヴは文字《もじ》である。そのイヴはアダムの肋骨《ろっこつ》⊠から作成《さくせい》される。この大八島《おほやしま》の図《ず》を町形《まちかた》（真智形《まちかた》）と云《い》う。アダム、イヴの神話《しんわ》は人間《にんげん》の生物学的先祖《せいぶつがくてきせんぞ》を説《と》いたものではない。人類《じんるい》の文明《ぶんめい》の淵源《えんげん》を説《と》いたものである。アダムは言葉《ことば》であり、イヴは文字《もじ》である。言葉《ことば》は文明《ぶんめい》の父《ちち》であり、文字《もじ》は文明《ぶんめい》の母《はは》である。『旧約聖書《きゅうやくせいしょ》』のモーゼの「五書《ごしょ》（ペンタ、トーチ）」は日本《にほん》に留学《りゅうがく》して神道《しんとう》の教伝《きょうでん》を受《う》けたモーゼが神道《しんとう》の立場《たちば》に立《た》って神《かみ》の原理《げんり》と民族《みんぞく》の歴史《れきし》を説《と》いた記録《きろく》である事《こと》を知《し》らなければならない。キリスト教《きょう》のドグマは神道《しんとう》でなければ釈《と》けない。

山津見八神《やまつみはっしん》は八種類《はちしゅるい》の神代文字《かみよもじ》である。すべて文字《もじ》と云《い》うものは元来《がんらい》「全地《ぜんち》は一《ひとつ》の言語《ことば》、一《ひとつ》の音《おん》のみなりき」（『旧約聖書《きゅうやくせいしょ》』「創世記《そうせいき》」第十一章《だいじゅういっしょう》）と云《い》われる如《ごと》く、五十《ごじゅう》にして一《いち》なる言霊《げんれい》ウの展開表現《てんかいひょうげん》であるから一《ひと》つ根《ね》（音《ね》）と云《い》う。

知訶島《ちかのしま》（嶋《しま》）、またの名《な》は天之忍男《あめのおしを》

衝立船戸神《つきたつふなどのかみ》より辺津甲斐弁羅神《へつかひべらのかみ》までの十二神《じゅうにしん》の区劃宝座《くかくほうざ》。知訶《ちか》は知識《ちしき》、智慧《ちえ》を訶《せ》（責《せ》）むること、すなわち知性《ちせい》を精煉《せいれん》すること、これは筑紫《つくし》の日向《ひむか》の橘《たちばな》の小門《をど》の阿波岐原《あはぎはら》に於《お》ける「禊祓《みそぎはらひ》」の本筋《ほんすじ》の操作《そうさ》の段階《だんかい》で

ある。故《ゆえ》に大《おお》いなる（忍《おほ》し）思想《しそう》（男《お》）と云《い》う。

両児島《ふたごのしま》（嶋《しま》）、

またの名《な》は天両屋《あめ(の)ふたや》

八十禍津日神《やそまがつひのかみ》より建速須佐之男命《たけはやすさのをのみこと》までの十四神《じゅうよんしん》の区分宝座《くぶんほうざ》。禊祓《みそぎはらひ》の結果《けっか》として究極《きゅうきょく》の天地陰陽思想《あめつちいんようしそう》の建《た》て別《わ》けとも云《い》うべき高天原《たかあまはら》の生命思想《せいめいしそう》の体系《たいけい》と予母都国《よもつくに》の自由思想《じゆうしそう》の体系《たいけい》が区分《くぶん》されるから両児《ふたご》と云《い》い両屋《ふたや》と云《い》う。

以上《いじょう》、六島《むしま》の内容《ないよう》に就《つい》てはまたその神名《しんめい》の項《こう》に就《つい》て述《の》べる。また「島生《しまう》み」の全体十四島《ぜんたいじゅうよんとう》（八島《やしま》と六島《むしま》）の意義《いぎ》は前述《ぜんじゅつ》の如《ごと》く「言霊百神《げんれいひゃくしん》」の講義《こうぎ》が完了《かんりょう》した時《とき》、改《あらた》めて読《よ》み返《か》えす時《とき》、明瞭《めいりょう》になる。

我《われ》と人《じん》類《るい》（随《ずい》想《そう》）

我《われ》とは人類《じんるい》である。我《わ》が本具《ほんぐ》の性能《せいのう》は人類本具《じんるいほんぐ》の性能《せいのう》であり、人類本具《じんるいほんぐ》の性能《せいのう》は我《わ》が性能《せいのう》である。人類本具《じんるいほんぐ》の性能《せいのう》を開顕《かいけん》する道《みち》は、我《わ》れ本具《ほんぐ》の性能《せいのう》をみずから開顕《かいけん》する以外《いがい》にはない。

子《し》音《いん》の創《そう》生《せい》（三《さん》十《じゅう》二《に》子《し》音《いん》）

既《すで》に国《くに》を生《う》み竟《を》へて、更《さら》に神《かみ》を生《う》みます

宇宙《うちゅう》に於《お》ける神々《かみがみ》の宝座《ほうざ》すなわち言霊《げんれい》の隠処《くみど》（組所《くみど》）が定《さだ》まったから、いよいよその座《ざ》に当《あ》てはまる後天《こうてん》子音三十二個《しいんさんじゅうにこ》の創成《そうせい》の段階《だんかい》に入る。これまでの所《ところ》は天名《あな》と云《い》われる生命知性《せいめいちせい》の先天《せんてん》である父母音《ふぼいん》と、その先《せん》天相互《てんそうご》の交流産霊《こうりゅうむすび》の原理《げんり》と方法《ほうほう》を説《と》いた所《ところ》であったが、子音《しいん》の創成《そうせい》はその産霊《むすび》の実地《じっち》であり、人間《にんげん》の知性活動《ちせいかつどう》の現実具体《げんじつぐたい》の内容《ないよう》であり、諸法実相《しょほうじっそう》が生《う》まれる経過《けいか》を精神面《せいしんめん》から見《み》たところの原理《げんり》である。

すなわち此処《ここ》で子音《しいん》の創成《そうせい》として説《と》かれてあることは生《う》まれ出《で》る三十二子音《さんじゅうにしいん》の実相《じっそう》の様態《ようたい》と共《とも》に、それ等《ら》が如何《いか》にして生《う》まれて来《く》るかと云《い》う創成《そうせい》の順序過程《じゅんじょかてい》の解明《かいめい》である。『古事記《こじき》』はこの二《ふた》つの事柄《ことがら》を一《ひと》つの記述《きじゅつ》を以《もっ》て同時《どうじ》に説《と》いている。言霊活用《げんれいかつよう》の微妙《びみょう》にして便利《べんり》な点《てん》である。タトヨツテヤユヱ《ゑ》ケメ。クムスルソセホヘ。フモハヌラサロレノネカマナコはその生《う》まれ出《で》る順序《じゅんじょ》を呪文的《じゅもんてき》に示《しめ》したものであると同時《どうじ》に、生《う》まれ出《で》た音《おん》そのものを表《あら》わしているのである。いずれ重《かさ》ねて後述《こうじゅつ》するが、この手法《しゅほう》は「いろは歌《うた》」の四十八音《よんじゅうはちおん》や「日文《ひふみ》の布《ふ》

留《る》の言本《ことともと》」の四十七音《よんじゆうななおん》の配列《はいれつ》と同《おな》じやり方《かた》である。

子音《しいん》の創成《そうせい》は人間《にんげん》の一思一感《いつしいつかん》の自覚《じかく》と表現《ひようげん》の道程《どうてい》である。一思一感《いつしいつかん》を仏教《ぶつきよう》の言葉《ことば》で「一念《いちねん》」と云《い》う。一念《いちねん》は直《ただ》ちに行動《こうどう》としての一挙手一投足《いつきよしゆいつとうそく》を促《うなが》すところのものである。一念《いちねん》はあたかもピアノの鍵盤《けんばん》の一《ひと》つ一《ひと》つの如《ごと》きものであって、その一《ひと》つ一《ひと》つが鳴《な》りながら、相互《そうご》に鳴《な》り合《あ》いながらリズムとメロディを創造《そうぞう》する如《ごと》く、言霊《げんれい》子音《しいん》は母音《ぼいん》も含《ふく》めて寄《よ》り合《あ》い組合《くみあ》わされて複雑《ふくざつ》な思想《しそう》すなわちあらゆる人類文明《じんるいぶんめい》の諸相《しよそう》を現出《げんしゆつ》して行《い》く。

ところで扨《さ》て筆者《ひつしや》は大事忍男神《おほごとおしをのかみ》以下《いか》の三十二子音《さんじゆうにしいん》の意義《いぎ》を開示《かいじ》しようと意気込《いきご》みながら、この一ケ月《いつかげつ》の間毎《あいだまい》日筆《にちふで》を持《も》って原稿用紙《げんこうようし》を前《まえ》に置《お》いたまま一字《いちじ》も記《しる》すことなく過《すご》してしまった。此処《ここ》までの所《ところ》はどうやら滞《とどこお》りなく筆《ふで》が進《すす》んで来《き》たのだが、此処《ここ》へ来《く》ると、啓示《けいじ》がひらめかず、筆《ふで》が動《うご》こうとしない。元来言霊四十八音《がんらいげんれいよんじゆうはちおん》は仏教的《ぶつきようてき》に云《い》うならば阿弥陀如来四十八《あみだによらいしじゆうはち》の本願《ほんがん》の正体《しようたい》であり、そのうちの三十二子音《さんじゆうにしいん》は観世音菩薩《かんぜおんぼさつ》の三十二応《さんじゆうにおう》身《しん》（変化《へんか》）として象徴《しようちよう》されてあることの根源《こんげん》である。四十八願《しじゆうはちがん》を説《と》くことは阿弥陀如来《あみだによらい》自身《じしん》の責任《せきにん》であり、三十二子音《さんじゆうにしいん》は観世音菩薩《かんぜおんぼさつ》すなわち正法妙如来《しようほうみようによらい》みずからが説《と》かなければならない。仏陀《ぶつだ》にあらざる衆生《しゆじよう》、声聞《しようもん》、縁覚《えんがく》、菩薩《ぼさつ》の四乗《しじよう》の境涯《きようがい》の人間《にんげん》が「わがはからい」を以《もつ》て説《と》いてはならぬ事《こと》であり、また説《と》こうとしても説《と》くことの出来《でき》ない事《こと》である。

神道《しんとう》の上《うえ》から云《い》うならば言霊《げんれい》は本来布斗麻邇《ほんらいフトマニ》の創始者《そうししや》、把持者《はじしや》である天津日嗣《あまつひつぎ》の皇祖皇宗《こうそこうそう》の神霊《しんれい》がみずから説《と》くべき事《こと》であり、啓示《けいじ》によるその許可《きょか》と指導《しどう》の下《もと》にこれと一枚《いちまい》となり、一体《いったい》となった時初《ときはじ》めて今日《こんにち》の我々《われわれ》の言葉《ことば》となり文字《もじ》となるべきものである。斯《こ》うして筆《ふで》が進《すす》まないのは崇神天皇《すじんてんのう》以来《いらい》二千年《にせんねん》の国秘《こくひ》であり神秘《しんぴ》に附《ふ》せられて来《き》たところの言霊子音《げんれいしいん》は、今《いま》これを説《と》くにはなお時期尚早《じきしょうそう》であると云《い》う神霊《しんれい》の意志《いし》であるかも知《し》れない。キリストは「豚《ぶた》に真珠《しんじゅ》」と云《い》ったが、真珠《しんじゅ》とは言霊《げんれい》のことであって、説《と》いてもその意義《いぎ》と価値《かち》が理《り》解《かい》されず、嘲笑《ちょうしょう》に非《あら》ざれば無関心《むかんしん》を招《まね》くだけで、歓喜信受《かんきしんじゅ》しようとする人間《にんげん》が現《あら》われぬ間《あいだ》は、しばらく説《と》いても無駄《むだ》であるかも知《し》れない。

今《いま》まで本講《ほんこう》で説《と》いて来《き》た先天《せんてん》の内容《ないよう》である天津神諸《あまつかみもろもろ》の命《みこと》、すなわち父母音《ふぼいん》に関《かん》しては、これは必《かなら》ずしも仏《ぶつ》陀自身《だじしん》の説法《せっぽう》に拠《よ》らずとも、辟支仏《びゃくしぶつ》或《あ》るいは菩薩位《ぼさつい》の境涯者《きょうがいしゃ》の仕事《しごと》として可能《かのう》の事《こと》であって、従来易《じゅうらいえき》や印度哲学《いんどてつがく》や仏教教理《ぶっきょうきょうり》として、或《ある》いは古代《こだい》ギリシャ哲学《てつがく》やギリシャ神話《しんわ》、北欧神話又《ほくおうしんわまた》はキリスト教教義《きょうきょうぎ》として、一応《いちおう》は観念的《かんねんてき》に或《ある》いは象徴的《しょうちょうてき》に説《と》かれ取扱《とりあつか》われて来《き》たところの世界的《せかいてき》に普《あまね》き真理《しんり》であり、『古事記《こじき》』の上《うえ》でこれを云《い》うならば前述《ぜんじゅつ》した水蛭子《ひるこ》、淡島《あわしま》や「常世《とこよ》に在《まし》ます少名彦神《すくなひこのかみ》」に所属《しょぞく》する原理《げんり》であるから、そうした神話《しんわ》や理《り》論《ろん》や教義《きょうぎ》を一歩進《いっぽすす》めて、その真相奥義《しんそうおうぎ》を五十音言霊《ごじゅうおんげんれい》を以《もっ》て開示《かいじ》しても差支《さしつか》えない事《こと》であるわけである。

だが父韻《ふいん》、母音《ぼいん》のことはそれでよいとしても、天津日嗣《あまつひつぎ》の秘密《ひみつ》であり、人間精神《にんげんせいしん》の後天的原素《こうてんてきげんそ》である子音《しいん》に関《かん》して或《ある》いは永久《えいきゅう》に文字文章《もじぶんしょう》を以《もっ》て顕《あら》わに開示教伝《かいじきょうでん》すべきものでない事《こと》であるかも知《し》れぬ。『法華経《ほけきょう》』にも「唯《た》だ仏《ほとけ》と仏《ほとけ》とのみ、乃《すなわ》ち能《よ》く諸法《しょほう》の実相《じっそう》を究《きわ》め尽《つく》せばなり」（「方便品《ほうべんぼん》」）とあるからには、それはただ覚者《かくしゃ》と覚者《かくしゃ》との間《あいだ》の「以心伝心《いしんでんしん》」の口伝《くでん》として授受継承《じゅじゅけいしょう》すべきものであって、高天原《たかあまはら》の秘密《ひみつ》は永久《えいきゅう》に高天原《たかあまはら》に留《とど》めて置《お》かれて、世界《せかい》にはただその応用《おうよう》と展開《てんかい》の面《めん》だけを教示《きょうじ》すべきものであるのかも知《し》れない。古来《こらい》「古事記《こじき》を釈《と》く者《もの》は死《し》す」と戒《いまし》められて来《き》た事《こと》は斯《こ》うした理由《りゆう》による所《ところ》とも思《おも》われる。

と云《い》っても然《しか》し世界《せかい》には既《すで》に時《とき》が来《き》ているのであるから、『古事記《こじき》』の開顕《かいけん》は此処《ここ》までで終《おわ》ってよいわけではなく、これで全部《ぜんぶ》であるわけではない。プロメテウスを拘束《こうそく》する呪縛《じゅばく》の鎖《くさり》を悉《ことごと》く釈《と》き放《はな》さなければならない時《とき》である。そこで此《こ》の三十二子音《さんじゅうにしいん》の意義《いぎ》のあげつらいに関《かん》しては、なかなか判《わか》りにくい飛躍《ひやく》した説《と》き方《かた》であるが先師山腰明將氏《せんしやまこしあきまさし》の解説《かいせつ》が既《すで》に発表《はっぴょう》されてある事《こと》であるから、暫《しばら》くはそれに則《のっと》り、その意義《いぎ》を敷衍《ふえん》し詳解《しょうかい》して行《い》くことによって筆《ふで》を進《すす》めることにしようと思《おも》う。そしてこの筆者《ひっしゃ》の詳解《しょうかい》と敷衍《ふえん》に基《もと》づいて読者《どくしゃ》が改《あらた》めてみずから思索《しさく》を積《つ》むようにお願《ねが》いして、それから皆《みな》で協力《きょうりょく》して更《さら》にその先《さき》の部面《ぶめん》を開拓《かいたく》して行《い》くことにしたい。斯《こ》うした方針《ほうしん》で筆《ふで》を執《と》って行《い》く間《あいだ》にその筆先《ふでさき》にまた神霊《しんれい》が現《あら》われて来《く》る。

大事忍男神《おほごとおしをのかみ》より大宜都比売神《おほげつひめのかみ》までの三十二神《さんじゅうにしん》の系列《けいれつ》は先天《あな》である母音半母音《ぼいんはんぼいん》が交流《こうりゅう》する道《みち》として父母音《ふぼいん》の結《むす》びによって未鳴《まな》の状態《じょうたい》の真名《まな》が頭脳中《ずのうちゅう》に発生《はっせい》し、それが身体《しんたい》の諸器官《しょきかん》、諸機能《しょきのう》を動員《どういん》して、口唇《こうしん》を衝《つ》いて発《はっ》せられて有音《ゆうおん》の神名《かな》となり、その言語《げんご》としての空中《くうちゅう》の音波《おんぱ》と思念波《しねんは》が耳《みみ》に聞《き》かれ、再《ふたた》び身体《しんたい》の器官機能《きかんきのう》の作《さ》用《よう》で元《もと》の真名《まな》として頭脳《ずのう》に聞《き》し召《め》される経過《けいか》である。

一音《いちおん》が発《はつ》せられるため、一音《いちおん》が聞《き》かれるためには自覚《じかく》と無自覚《むじかく》、意識《いしき》と無意識《むいしき》に拘《かか》わらず精神《せいしん》と肉体《にくたい》の全《ぜん》器官《きかん》と全機能《ぜんきのう》が総動員《そうどういん》されて活動《かつどう》する。この事《こと》は由々《ゆゆ》しい「一大事《いちだいじ》」である。刹那《せつな》の間《あいだ》に循環《じゅんかん》するこの一連《いちれん》の過程《かてい》をすなわち仏教《ぶっきょう》では「一念《いちねん》」と云《い》う。天台《てんだい》はこの一念《いちねん》の内容《ないよう》を細分《さいぶん》して「一念三千《いちねんさんぜん》」と説《と》いた。『法華経《ほけきょう》』の十界十如是《じっかいじゅうにょぜ》に易《えき》の数理《すうり》を合《あ》わせたものと思《おも》われる。『無量寿経《むりょうじゅきょう》』に「設《た》とひ、我《わ》れ仏《ほとけ》を得《え》んとき、国中《こくじゅう》の人天《にんでん》、神足《じんそく》を得《え》ず、一念《いちねん》の頃《あひだ》に於《おい》て、下百千億那由他《しもひやくせんおくなゆた》の諸仏《しょぶつ》の国《くに》を超過《ちょうか》すること能《あた》はざるに至《いた》らば、正覚《しょうがく》を取《と》らじ。」（第九願《だいきゅうがん》）と述《の》べられている。よく一念発生《いちねんはっせい》の真相《しんそう》を説《と》き得《え》ている。逆《ぎゃく》に百千万億諸《ひやくせんまんおくしょ》仏《ぶつ》の国《くに》を悉《ことごと》く経過《けいか》し得《え》て、初《はじ》めて人間《にんげん》の一念《いちねん》が生《しょう》ずるのである。「言《ことば》は神《かみ》と偕《とも》にあり、言《ことば》は神《かみ》なりき。」（『新約聖書《しんやくせいしょ》』「ヨハネ福音書《ふくいんしょ》」第一章《だいいっしょう》）と云《い》われる所以《ゆえん》も肯《うなず》かれる。

一念《いちねん》が発現《はつげん》するためには全宇宙法界《ぜんうちゅうほっかい》の活動《かつどう》を必要《ひつよう》とする。諸法《しょほう》の実相《じっそう》はそれ自体《じたい》で孤立《こりつ》して生成存在《せいせいそんざい》するものではなく、全宇宙《ぜんうちゅう》の活動《かつどう》と云《い》う根拠《こんきょ》と機構《きこう》と背景《はいけい》の上《うえ》に初《はじ》めて現前《げんぜん》するものである。すなわち人間《にんげん》の一《いち》音一声《おんいっせい》が発《はっ》せられ聞《き》かれるためには精神全体《せいしんぜんたい》とそして肉体全体《にくたいぜんたい》の機能《きのう》が一刹那《いちせつな》の間《あいだ》に総動員《そうどういん》される。斯《か》くの如《ごと》く法界《ほっかい》としての全宇宙《ぜんうちゅう》を基盤《きばん》としてそこから編《あ》み出《だ》され選《えら》び出《だ》される一音一声《いちおんいっせい》あり一念《いちねん》であるから、その一《いち》念《ねん》が宇宙《うちゅう》の如何《いか》なる時処位《じしょい》に在《あ》るものであるかが明瞭《めいりょう》であるのである。時処位《じしょい》の確立《かくりつ》した事物《じぶつ》が実相《じっそう》である。

だが普通《ふつう》には日常《にちじょう》はこの事《こと》が自覚《じかく》されず、言語《げんご》すなわち一念《いちねん》と宇宙全体《うちゅうぜんたい》の関係《かんけい》は、その自覚《じかく》が途中《とちゅう》の何処《どこ》かで朦朧模糊《もうろうもこ》として断絶《だんぜつ》しているから、言葉《ことば》は精神《せいしん》や肉体《にくたい》の或《あ》る部位《ぶい》から発《はっ》して来《く》るものの様《よう》に考《かんが》えられるが、覚者《かくしゃ》は自己《じこ》並《なら》びに相手《あいて》の言葉《ことば》が出《で》て来《く》る状況《じょうきょう》を全宇宙《ぜんうちゅう》の立場《たちば》に立《た》って洞察《どうさつ》する。たとえ相手《あいて》が嘘《うそ》を吐《は》いても、それが嘘《うそ》であることをそのままの実相《じっそう》として観察《かんさつ》する。仏《ほとけ》の前《まえ》には嘘《うそ》は成立《せいりつ》しない。

この様《よう》に三千大千世界《さんぜんだいせんせかい》の活動《かつどう》の下《もと》に、全先天《ぜんせんてん》を基礎《きそ》とし素材《そざい》として産霊《むす》ばれ、ひらめいて来《く》る理念《りねん》が真奈《まな》であり、更《さら》にその真奈《まな》がさながら音《おん》として声《こえ》として結《むす》ばれ写《うつ》し出《だ》される時《とき》、それが真言《しんごん》であり陀羅尼《だらに》である。神名《かな》は神《かみ》の言葉《ことば》であり「諸仏《しょぶつ》の語《ご》には異《こと》なりあることなし」（「方便品第二《ほうべんぼんだいに》」）と云《い》われる本来《ほんらい》の人間《にんげん》すなわち仏陀《ぶつだ》の自覚《じかく》せられたる言語《げんご》である。仏陀《ぶつだ》の言語《げんご》はキリスト教《きょう》の天国《てんごく》、エデンの園《その》を形成《けいせい》する言語《げんご》であり、神道《しんとう》の高天原《たかあまはら》の言語《げんご》である。その一切《いっさい》が唯一《ゆいいつ》で同一《どういつ》で異《こと》なることがない。

「化仏《けぶつ》の眉間《みけん》より亦金色《またこんじき》の光《ひかり》を出《いだ》して象《ぞう》の鼻《はな》の中《うち》に入《い》る。紅蓮華《ぐれんげ》の色《いろ》にして象《ぞう》の鼻《はな》の中《うち》より出《い》でて象《ぞう》の眼《まなこ》の中《うち》に入《はい》り、象《ぞう》の眼《まなこ》の中《うち》より出《い》でて象《ぞう》の耳《みみ》の中《うち》に入《はい》り、象《ぞう》の耳《みみ》より出《い》でて象《ぞう》の頂上《ちょうじょう》を照《て》らして化《け》して金臺《こんだい》と作《な》る。象《ぞう》の頭《かしら》の上《うえ》に當《あた》って三化人《さんけにん》あり、一《ひと》りは金輪《こんりん》を捉《と》り、一《ひと》りに摩尼珠《まにしゅ》を持《も》ち、一《ひと》りは金剛杵《こんごうしょ》を把《にぎ》れり。」（『仏説観普賢菩薩行法経《ぶっせつかんふげんぼさつぎょうほうきょう》』）とあるのは刹那《せつな》に運行《うんこう》する真奈《まな》の活動《かつどう》を述《の》べたものである。但《ただ》しこれは仏教《ぶっきょう》であるから直接言霊《ちょくせつげんれい》は説《と》かない。従《したが》って象《ぞう》の口《くち》より発《はっ》する言葉《ことば》がない。言霊《げんれい》の言《げん》がなくて霊《れい》（金光《こんこう》）の運行《うんこう》だけを説《と》いている黙示《もくし》である。言霊《げんれい》の運行《うんこう》は最後《さいご》に三人《さんにん》の化人《けにん》が持《も》つ器物《うつわもの》となる。金輪《かなわ》は八咫鏡《やたのかがみ》であり、摩尼珠《まにしゅ》は麻邇《まに》すなわち勾玉《まがたま》であり、金剛杵《こんごうしょ》は剣《つるぎ》であり、この三《みっ》つは即《すなわ》ち三種《さんしゅ》の神器《じんぎ》である。

色々《いろいろ》と述《の》べたが凡《およ》そ以上《いじょう》を前置《まえお》きとして三十二神《さんじゅうにしん》の開顕《かいけん》を始《はじ》めよう。但《ただ》し度々《たびたび》云《い》うように『古事記《こじき》』神名《しんめい》はすべて比喩象徴《ひゆしょうちょう》であり、謎《なぞ》としての呪文《じゅもん》であり、およその実体《じったい》を指《さ》せばよいところの「指月《しげつ》の指《ゆび》」であるから、判《はん》で押《お》したような的確《てきかく》な解釈《かいしゃく》を望《のぞ》み得《え》ぬ場合《ばあい》が多《おお》い。呪文《じゅもん》は言霊《げんれい》を証明《しょうめい》するものであるが、その呪《じゅ》文《もん》に指導《しどう》されて言霊《げんれい》に到達《とうたつ》することはなかなか困難《こんなん》である。

以下《いか》、子音《しいん》と神名《しんめい》の対照《たいしょう》は山腰明将《やまこしあきまさ》氏《し》の研究発表《けんきゅうはっぴょう》に拠《よ》る。然《しか》し山腰明将《やまこしあきまさ》氏《し》が如何《いか》にして、或《ある》いは何人《なんびと》から教《おし》えられて此《こ》の対照符合《たいしょうふごう》を得《え》たか、筆者《ひっしゃ》は聞《き》かなかった。然《しか》し言霊学《げんれいがく》の先駆者《せんくしゃ》だった大石凝真素美《おおいしごりますみ》氏《し》もこの事《こと》を知《し》らなかったから、この対照《たいしょう》の根拠《こんきょ》は民間《みんかん》のものではなく、宮中賢所《きゅうちゅうかしこどころ》にその原典《げんてん》が有《あ》った筈《はず》のものである。山腰明将《やまこしあきまさ》氏《し》の厳父弘道《げんぶひろみち》氏《し》は明治天皇《めいじてんのう》の『古事記《こじき》』研究《けんきゅう》のお相手《あいて》をした書道家《しょどうか》で、神代仮名文字《かみよかなもじ》の研究家《けんきゅうか》であった。

大事忍男神《おほことおしをのかみ》　【言霊《げんれい》タ】

先天《せんてん》からいよいよ後天《こうてん》の真奈《まな》が出発《しゅっぱつ》する状況《じょうきょう》である。この名《な》から仏教《ぶっきょう》の「一大事因縁《いちだいじいんねん》」と云《い》う言葉《ことば》が連想《れんそう》されよう。

当時既《とうじすで》にこの語《ご》が伝《つた》わっていたかどうかは判《わか》らぬが、大事忍男《おほことおしを》とは大《おお》いなる言霊《こと》を押《お》し出《だ》し押《お》し進《すす》めると云《い》う意味《いみ》である。

石土毘古神《いはつちびこのかみ》【言霊《げんれい》ト】

石巣比売神《いはすひ(び)めのかみ》【言霊《げんれい》ヨ】

石《いは》は五十葉《いは》すなわち五十音《ごじゆうおん》のこと、その五十音《ごじゆうおん》の土《つち》とは脳髄《のうずい》のことと考《かんが》えたら、其処《そこ》に五十音《ごじゆうおん》の振動《しんどう》（毘《び》古《こ》）が発生《はつせい》することが石土毘古《いはつちびこ》である。また肉体《にくたい》である脳髄《のうずい》は五十音《ごじゆうおん》の巣《す》であり、そこに言霊《げんれい》が秘《ひ》められているから石巣比売《いはすひめ》である。そして斯《こ》うした石土《いはつち》、石巣《いはす》が活動《かつどう》を開始《かいし》する根源《こんげん》の天名《あな》である実体《じったい》はイキシチニヒミイリヰ《ゐ》、アオウエ（キシチニヒミイリ、アイウエオ、ワ）の十四《とよ》（ト、ヨ）である。

種《しゅ》智《ち》

扨《さ》て、五十音《ごじゅうおん》は仏説《ぶっせつ》の摩尼宝珠《まにほうじゅ》であり、一切種智《いっさいしゅち》である。五十葉土《いはつち》、五十葉巣《いはす》を形而上《けいじじょう》のもの或《ある》いは精神《せいしん》的《てき》なものと考《かんが》えると　哲学上《てつがくじょう》　宗教上《しゅうきょうじょう》　の問題《もんだい》となるが、これを生物学的《せいぶつがくてき》なものとして取扱《とりあつか》うことも一《ひと》つの態度《たいど》である。肉体《にくたい》の上《うえ》でこの精神《せいしん》の種《しゅ》である一切種智《いっさいしゅち》に相応《そうおう》するものは生物《せいぶつ》の「種《しゅ》」の淵源《えんげん》である細胞核《さいぼうかく》の染色体《せんしょくたい》であることが了解《りょうかい》される。人間《にんげん》に於《お》けるその染色体数《せんしょくたいすう》は全世界《ぜんせかい》の人種《じんしゅ》を通《つう》じて男性四十七個《だんせいよんじゅうななこ》、女性四十八個《じょせいよんじゅうはちこ》であって、この染色体数《せんしょくたいすう》は言霊数《げんれいすう》の日《ひ》文《ふみ》四十七音《よんじゅうななおん》といろは四十八音《よんじゅうはちおん》に一致《いっち》する。

一切種智《いっさいしゅち》は精神機能《せいしんきのう》の基本要素《きほんようそ》であるが、これが発現《はつげん》する肉体的根拠《にくたいてきこんきょ》は細胞《さいぼう》の染色体《せんしょくたい》でなければなるまい。前者《ぜんしゃ》は活動状態《かつどうじょうたい》に於《お》ける精神《せいしん》を帰納《きのう》した極限《きょくげん》であり、後者《こうしゃ》は生活状態《せいかつじょうたい》に於《お》ける肉体《にくたい》を解析《かいせき》した極限《きょくげん》であって、仏説《ぶっせつ》の一切種智《いっさいしゅち》と生物学上《せいぶつがくじょう》の「種《しゅ》」の淵源《えんげん》の染色体《せんしょくたい》とは本来唯一《ほんらいゆいいつ》の綜合態《そうごうたい》である生命現象《せいめいげんしょう》を、夫々自己《それぞれじこ》の精《せい》神的内観《しんてきないかん》と、顕微鏡的客観《けんびきょうてききゃっかん》と云《い》う二《ふた》つの異《こと》なった方法《ほうほう》を以《もっ》て別個《べっこ》に検《しら》べ上《あ》げた結果《けっか》として発見《はっけん》し得《え》た一致《いっち》した回答《かいとう》であると云《い》うことが出来《でき》る。

五十音言霊《ごじゅうおんげんれい》が何故《なにゆえ》に五十《ごじゅう》であるかと云《い》うと、唯物論的《ゆいぶつろんてき》に見《み》るならば細胞《さいぼう》の染色体《せんしょくたい》がその数《かず》であるからである。その染色体《せんしょくたい》は本来《ほんらい》は顕微鏡下《けんびきょうか》の物体《ぶったい》Sache《ザッヘ》ではなくして、生《い》きた人間《にんげん》として活動《かつどう》している人格《じんかく》Person《パーソン》である。未《いま》だそうした実験《じっけん》は試《こころ》みられていないが、極《きわ》めて微妙《びみょう》な電気的操作《でんきてきそうさ》によって、生活状態《せいかつじょうたい》の染色体《せんしょくたい》の一《ひと》つ一《ひと》つを検《しら》べて行《い》くとき、その一《ひと》つ一《ひと》つに夫々特有《それぞれとくゆう》の性能《せいのう》が存《そん》し、独特《どくとく》の振動《しんどう》すなわち叫《さけ》び声《ごえ》を発《はっ》していることが証明《しょうめい》される筈《はず》である。此《こ》の染色体《せんしょくたい》の無音《むおん》の叫《さけ》び声《ごえ》がすなわち五十音《ごじゅうおん》の麻邇《まに》であると云《い》えるのである。

この五十数《ごじゅうすう》（四十七《よんじゅうなな》、四十八《よんじゅうはち》）が細胞《さいぼう》を構成《こうせい》し、その細胞《さいぼう》が数兆個集合《すうちょうこしゅうごう》して人間《にんげん》の五体《ごたい》となって活動《かつどう》するのであるが、何兆個細胞《なんちょうこさいぼう》があろうと、またその細胞《さいぼう》が骨《ほね》であろうと、筋肉《きんにく》であろうと、神経繊維《しんけいせんい》であろうと、すべてその活動《かつどう》と組織《そしき》は元《もと》の五十《ごじゅう》の原律《げんりつ》を失《うしな》う事《こと》なく、混乱《こんらん》することがない。若《も》しこの五十《ごじゅう》と云《い》う原律《げんりつ》に変化《へんか》が起《お》こったならば、それは「種《しゅ》」の変化《へんか》であって、その時《とき》は人間《にんげん》が人間《にんげん》でなくなって、人間以上又《にんげんいじょうまた》は人間以《にんげんい》下《か》の生物《せいぶつ》になる。斯《か》くの如《ごと》きが生物学上《せいぶつがくじょう》の「種《しゅ》」の意義《いぎ》である。

男女《だんじょ》の恋愛《れんあい》をプロトプラズミック・ハンガーと呼《よ》んだ人《ひと》があったが、この事《こと》は精《くわ》しくは原形質《げんけいしつ》の中実《なかみ》である核《かく》の染色体《せんしょくたい》、特《とく》に性染色体同士《せいせんしょくたいどうし》の意欲《いよく》であって、その染色体《せんしょくたい》の心《こころ》が慕情《ぼじょう》である。恋愛《れんあい》ばかりがそうであるのではない。すべての人間《にんげん》の生命活動《せいめいかつどう》の一面《いちめん》は種智《しゅち》の活動《かつどう》であると共《とも》に一面《いちめん》は細胞核《さいぼうかく》の染色体《せんしょくたい》の活動《かつどう》である。肉体《にくたい》のない心《こころ》はなく、心《こころ》のない肉体《にくたい》はない。死者《ししゃ》には早《は》や心《こころ》の活動《かつどう》はない。また心《こころ》だけが肉体《にくたい》と没交渉《ぼつこうしょう》に生滅《しょうめつ》し得《う》るものではない。肉体《にくたい》のない霊魂思念《れいこんしねん》だけがフラフラと浮遊《ふゆう》している如《ごと》く考《かんが》えるのは視霊者《しれいしゃ》の妄想《もうそう》に過《す》ぎない。

霊魂《れいこん》が不滅《ふめつ》であると云《い》うことは肉体《にくたい》が不滅《ふめつ》であると云《い》うことである。祖先《そせん》から子孫《しそん》への連鎖《れんさ》を通《つう》じて肉体《にくたい》が不死不滅《ふしふめつ》であるからである。霊肉《れいにく》は生命《せいめい》の表裏《ひょうり》であって、不可分《ふかぶん》の一者《いっしゃ》であるが、これを知性《ちせい》を以《もっ》て判断理解《はんだんりかい》して行《い》く場合《ばあい》は、何処《どこ》までも霊《れい》は霊《れい》、肉《にく》は肉《にく》、表《おもて》は表《おもて》、裏《うら》は裏《うら》であって混同《こんどう》することがない。精神《せいしん》と肉体《にくたい》の夫々《それぞれ》の活動《かつどう》を石土《いはつち》と石巣《いはす》として持《も》ち分《わ》けて、区別《くべつ》して釈《と》いて行《い》くことが究極《きゅうきょく》に於《おい》て科学《かがく》と宗教《しゅうきょう》とを一致《いっち》せしめる上《うえ》の正《ただ》しい道《みち》である。これを神道《しんとう》の上《うえ》から云《い》うならば石土《いはつち》の系統《けいとう》は精神《せいしん》すなわち伊邪那岐《いざなぎ》の系統《けいとう》、石巣《いはす》の系統《けいとう》は肉体《にくたい》すなわち伊邪那美《いざなみ》の系統《けいとう》である。

大戸日別神《おほとひ(び)わけのかみ》【言霊《げんれい》ツ】

真奈《まな》（日《ひ》、言霊《げんれい》）が石土《いはつち》、石巣《いはす》の頭脳《ずのう》の扉《とびら》（大戸《おほと》）を押《お》し分《わ》けてツと出《で》て行《い》く姿《すがた》である。

天之吹男神《あめのふきをのかみ》【言霊《げんれい》テ】

真奈《まな》が風《かぜ》が吹《ふ》くように出《で》て来《く》る姿《すがた》である。

大屋毘古神《おほやびこのかみ》【言霊《げんれい》ヤ】

吹《ふ》き出《だ》した真奈《まな》が矢《や》のように飛《と》んで行《い》く状況《じょうきょう》。

風木津別之忍男神《かさ(ざ)げ(け)つわけのおしをのかみ》【言霊《げんれい》ユ】

風《かぜ》は息《いき》であり、木《き》（気《き》）は霊《れい》である。言葉《ことば》の素《もと》である息《いき》と霊《れい》とがなお別々《べつべつ》の状態《じょうたい》のままに湯《ゆ》のように湧《わ》き出《だ》し押《お》し出《だ》される状態《じょうたい》。ユは湯《ゆ》であり、五百箇《いほつ》（湯津《ゆつ》）の意味《いみ》である。

海神《わたのかみ》、大綿津見神《おほわたつみのかみ》【言霊《げんれい》ヰ】

海《うみ》は言葉《ことば》を生《う》み出《だ》す場所《ばしょ》で口腔《こうくう》に譬《たと》えてある。風木津別之忍男神《かさげつわけのおしをのかみ》の活《はた》らきで息《いき》と霊《れい》とが一緒《いっしょ》になって湯《ゆ》の如《ごと》く湧《わ》き出《だ》した真奈《まな》が有音《ゆうおん》の言語《げんご》に渡《わた》され造《つく》られる作用《さよう》が口腔《こうくう》の中《なか》で行《おこ》なわれる。

水戸神《みなとのかみ》、

速秋津日子神《はやあきつ(づ)ひこのかみ》　【言霊《げんれい》ケ】

次《つぎ》に妹速秋津比売神《いもはやあきつ(づ)ひめのかみ》　【言霊《げんれい》メ】

水戸《みなと》は港《みなと》で、ここへ音《おん》が集《あつ》まって来《き》て（言霊《げんれい》ケの心《こころ》）、選《え》り分《わ》けられて（言霊《げんれい》メの心《こころ》）、真奈《まな》の表現《ひょうげん》として神名《かな》（言語《げんご》）の身《み》が成《な》る所《と》（水戸《みなと》）である。速秋津《はやあきつ》はすみやかに明《あき》らかにする義《ぎ》で、真奈《まな》が言語《げんご》として明瞭《めいりょう》に表現《ひょうげん》されるのは瞬間《しゅんかん》に於《お》ける操作《そうさ》である。故《ゆえ》に速《はや》と云《い》う、速秋津比売《はやあきつひめ》の名《な》は大祓祝詞《おおはらひのりと》の中《なか》にも用《もち》いられている。「荒潮《あらしほ》の潮《しほ》の八百道《やほじ》の八汐道《やしほじ》の潮《しほ》の八百會《やほへ》に座《ま》す速開都《はやあきつ》（津《つ》）比咩《ひめ》（売《め》）」とある。実在《じつざい》である先天《せんてん》エ（慧《え》）の活《はた》らきを具体化《ぐたいか》したものがメ（眼《め》）である。これを大霊女《おほひるめ》（昼目《ひるめ》）と云《い》う。

（津島《つしま》）

扨《さ》て以上《いじょう》タトヨツテヤユヱ《ゑ》ケメの十神《じゅっしん》、十音《じゅうおん》の生成順序《せいせいじゅんじょ》を考《かんが》えると、頭脳《ずのう》の思索軸枢《しさくじくすう》である石土《いはつち》、石巣《いはす》の天《あめ》之真奈井《のまない》から、風《かぜ》は風《かぜ》、木《き》は木《き》、すなわち岐《き》と美《み》、霊《れい》の作用《さよう》と肉体《にくたい》の作用《さよう》が夫々《それぞれ》の分担《ぶんたん》を保《たも》ちながら、神《か》名《な》（言語《げんご》）となるために段々《だんだん》に現象界《げんしょうかい》に降《ふ》って来《き》て、口腔《こうくう》にまで来《き》た状態《じょうたい》を示《しめ》すもので、この十神《じゅっしん》をひとまとめにして締《し》めくくった宝座《ほうざ》が前述《ぜんじゅつ》した「津島《つしま》、またの名《な》は天之狭手依比売《あめのさでよりひめ》」である。津《つ》は港《みなと》であって、真《ま》奈《な》が神名《かな》として出《で》て行《い》く段階《だんかい》である。

天之狭手依《あめのさでより》とは狭《せま》い所《ところ》から出《で》（手《て》）て来《き》て寄《よ》（依《よ》）り合《あ》うことである。初《はじ》め全法界《ぜんほっかい》、全宇宙《ぜんうちゅう》に瀰《ただよ》っていた空漠渾沌《くうばくこんとん》、杳冥綿邈《ようめいめんばく》たる先天天名《せんてんあな》が後天真奈《こうてんまな》となって、真奈井《まない》から出《で》て来《き》て、それが言語神名《げんごかな》として寄《よ》り集《あつま》って具象有音化《ぐしょうゆうおんか》される状態《じょうたい》を咒示象徴《じゅじしょうちょう》してある。

速秋津日子《はやあきつ(づ)ひこ》、速秋津比売《はやあきつ(づ)ひめ》（、）二柱《ふたはしら》の神《かみ》（二柱神《ふたはしらのかみ》）、
河海《かはうみ》によ（因《よ》）りて持《もち》（ち）別《わ》けて生《う》みませる神《かみ》

子音《しいん》の発生《はっせい》は岐美二神《きみにしん》の創造《そうぞう》であって、それは気《き》（キ）と身《み》（ミ）の交流活動《こうりゅうかつどう》であるが、この二《ふた》つが如何《どう》したならば具合《ぐあい》よくまとまるかと云《い》うことが二神《にしん》の努力《どりょく》である。この努力《どりょく》は我々自身《われわれじしん》が日常無意識《にちじょうむいしき》の間《あいだ》に行《おこ》なっている事《こと》である。この無意識《むいしき》に看過《かんか》している内容《ないよう》を意識《いしき》し自覚《じかく》する者《もの》が覚者《かくしゃ》である。

真奈井《まない》から生命《せいめい》の真清水《ましみず》である真奈《まな》が流《なが》れて来《く》る筋道《すじみち》が河《かわ》であり、その真奈《まな》が言葉《ことば》に結《むす》ばれる場《ば》である口《こう》腔《くう》に集《あつ》まるところが海《うみ》である。言霊《げんれい》を言《こと》と霊《たま》に分《わ》ける時《とき》、速秋津日子《はやあきつひこ》はケ（気《け》、木《き》）であって霊《たま》を司《つかさど》って伊《い》邪那岐《ざなぎ》の系統《けいとう》である。速秋津比売《はやあきつひめ》はメ（女《め》、目《め》、身《み》）であって、身体《しんたい》から出《で》る音《おん》（言《こと》）を司《つかさど》って伊邪那美《いざなみ》の系統《けいとう》である。斯《こ》うして霊《たま》と言《こと》の双《ふた》つの要素《ようそ》が持《も》ち分《わ》けられて、それが次第《しだい》に言霊《げんれい》としての言葉《ことば》（子音《しいん》）に結《むす》ばれて行《い》く。

沫那芸神《あは(わ)なぎのかみ》【言霊《げんれい》ク】
沫那美神《あは(わ)なみのかみ》【言霊《げんれい》ム】

沫那芸《あはなぎ》、美《み》は伊邪那岐《いざなぎ》、美《み》と云《い》う意味《いみ》と略同《ほぼおな》じである。沫《あは(わ)》はアワ（アオウエイ、ワヲ《を》ウヱ《ゑ》ヰ《ゐ》）であって、芸美《ぎみ》（岐美《きみ》）はこの両《ふた》つを河海《かかい》に持《も》ち分《わ》けた形《かたち》である。沫那芸《あはなぎ》はアワの名《な》の気《き》の方《ほう》で、霊《たま》の部分《ぶぶん》。沫那美《あはなみ》はアワの名《な》の身《み》の方《ほう》で言《こと》の部《ぶ》の分担《ぶんたん》である。沫那岐美《あはなぎみ》の言霊《げんれい》はクム（組《く》む）であって、繰《く》り結《むす》ぶである。この二神《にしん》は速秋津日子《はやあきつひこ》、速秋津比売《はやあきつひめ》（ケ、メ）の実際活動《じっさいかつどう》である。

頬那芸神《つらなぎのかみ》【言霊《げんれい》ス】
頬那美神《つらなみのかみ》【言霊《げんれい》ル】

頬《つら》を連《つら》と釈《と》けば那岐《なぎ》の霊《たま》の活《はた》らきも、那美《なみ》の言《こと》の活《はた》らきもいずれも停滞《ていたい》せずに連《つら》なって行《い》く状態《じょうたい》。スルはスルスルと流《なが》れる心《こころ》である。芸《ぎ》の方《ほう》は澄《す》み、美《み》の方《ほう》は流《なが》（ル）れて行《い》く。

天之水分神《あめのみくまりのかみ》【言霊《げんれい》ソ】

国之水分神《くにのみくまりのかみ》【言霊《げんれい》セ】

ミクマリは水配《みくまり》である。言葉《ことば》を発《はっ》するには水《みず》がなければならない。天《あめ》の水《み》とは霊《み》の持続《じぞく》と云《い》うほどの事《こと》であり、国《くに》の水《み》とは実際《じっさい》の唾液《だえき》と云《い》うわけである。ここにも岐美《きみ》の分《わ》け持《も》ちが行《おこな》われている。水《みず》が加《くわ》わらないと生命《せいめい》が発現《はつげん》しない。言霊《げんれい》ソセはその水《みず》を注《そ》そいだり、堰《せ》いたりする心《こころ》である。水《みず》は多《おお》くても少《すく》なくてもいけない。適当《てきとう》に調節配分《ちょうせつはいぶん》されなければならない。

天之久比奢母智神《あめのくひざもちのかみ》【言霊《げんれい》ホ】

国之久比奢母智神《くにのくひざもちのかみ》【言霊《げんれい》ヘ】

以上《いじょう》のようにして言《こと》と霊《たま》とが段々《だんだん》に結《むす》ばれて行《い》くのであるが、その結合《けつごう》が一時的《いちじてき》なものに止《と》まってしまわずに、久《ひさ》しく豊《ゆた》（奢《しゃ》）かに持《も》ち（母智《もち》）続《つづ》けられなければならない。言霊《げんれい》ホもヘも開《ひら》く姿《すがた》、火《ひ》が燃《も》え、穂《ほ》が。

伸《の》びる姿《すがた》。それは口《くち》を開《ひら》いて言葉《ことば》が発《はっ》せられる心《こころ》と動作《どうさ》である。天之久比奢母智《あめのくひざもち》は伊邪那岐《いざなぎ》、国之久比奢母智《くにのくひざもち》は伊邪那美《いざなみ》の系統《けいとう》である。

（佐度島《さどのしま》）

以上八神《いじょうはっしん》クムスルソセホへの宝座《ほうざ》が前述《ぜんじゅつ》した佐度島《さどのしま》である。速秋津比古《はやあきつひこ》と速秋津比売《はやあきつひめ》の霊《たま》と言《こと》、すなわち精神内容《せいしんないよう》と発声器官機能《はっせいきかんきのう》との結《むす》び付《つ》きの実際《じっさい》の操作《そうさ》であって、佐度《さど》とは佐《たす》（助《たす》）け度《わた》（渡《わた》）すで、言《こと》と霊《たま》とを実際《じっさい》の言葉《ことば》に渡《わた》す活《はた》らきである。

言《こと》と霊《たま》とを言葉《ことば》にすることを度《ど》と云《い》うことは宗教的《しゅうきょうてき》に見《み》ると面白《おもしろ》い言《い》い方《かた》である。霊魂《れいこん》を彼岸《ひがん》に渡《わた》し救《すく》うことを仏教《ぶっきょう》で度《ど》（済度《さいど》）と云《い》うが、その時《とき》その救《すく》われた事実《じじつ》を言葉《ことば》で言《い》い表《あら》わせなければ救《すく》われた事《こと》の証拠《しょうこ》にならない。この故《ゆえ》に禅《ぜん》などでは言葉《ことば》を重《おも》んじる。偈《げ》はその救《すく》われの証拠《しょうこ》である。人間《にんげん》は初《はじ》めから救《すく》われているのだが、言《い》い得《え》て初《はじ》めて救《すく》われが自覚《じかく》される。度《ど》を計《はか》ると読《よ》めば霊肉両面《れいにくりょうめん》の活動《かつどう》の調節《ちょうせつ》を図《はか》ると云《い》う様《よう》な意味《いみ》である。斯《か》くの如《ごと》くにして脳中《のうちゅう》の真奈《まな》が発声器官《はっせいきかん》の活動《かつどう》を待《ま》って愈々有声《いよいよゆうせい》の声《こえ》となり、口腔《こうくう》を離《はな》れて大気中《たいきちゅう》に飛《と》び出《だ》して行《い》く。

風神《かぜのかみ》、

志那都比古神《しなつひこのかみ》　【言霊《げんれい》フ】

フは風《かぜ》の心《こころ》。音声《おんせい》を発《はっ》する息《いき》である志那都《しなつ》とは頭《あたま》の中《なか》の志《こころざし》（思《し》）である真奈《まな》を悉《ことごと》（那《ことごと》）く言葉《ことば》（都《みやこ》、霊《み》家子《やこ》）にすること。大祓祝詞《おほはらひのりと》には「科戸《しなと》の風《かぜ》の 天《あめ》の八重雲《やへぐも》を吹放《ふりはろ》ふ如《ごと》く」とある。科戸《しなと》の風《かぜ》とは天名《あな》、真《ま》奈《な》、神名《かな》の順序《じゅんじょ》を経《へ》て出来《でき》た正系《せいけい》の言語《げんご》のことで、この言語《げんご》（風《かぜ》、伊吹《いぶき》）が天《あめ》の八重雲《やへぐも》である思想《しそう》の混乱《こんらん》を解決《かいけつ》すると云《い》うことである。

木神《きのかみ》、

久久能智神《くくのちのかみ》　【言霊《げんれい》モ】

久久能智《くくのち》は久《ひさ》しく久《ひさ》しく能《よ》く智《ち》にすると云《い》う意味《いみ》。この時《とき》はもう既《すで》に真奈《まな》が言語《げんご》になっているから、その言葉《ことば》が久《ひさ》しく能《よ》く精神内容《せいしんないよう》（木《き》、気《き》）を持続《じぞく》して呉《く》れる。モは百《も》の意味《いみ》でもあり、樹《き》が伸《の》びる（茂《も》）の心《こころ》でもある。

山神《やまのかみ》、大山津見神《おほやまつみのかみ》【言霊《げんれい》八】

山津見《やまつみ》は山《やま》の積《つ》み重《かさ》なり。山波《やまなみ》の起伏《きふく》する姿《すがた》である。それは音波《おんぱ》が変化《へんか》する様《さま》に似《に》ている。山《やま》の頂《いただ》きの露《あら》わな部分《ぶぶん》は父韻《ふいん》であり、谷底《たにそこ》の隠《かく》れた部分《ぶぶん》は母音《ぼいん》である。「谷神《こくしん》は死《し》せず」（『老子《ろうし》』）とあるが、谷神《こくしん》とは母音《ぼいん》（木火土金水《もくかどごんすい》）のことである。

ヤマ（山《やま》）の原義《げんぎ》は八間《やま》であって、⊠八尋殿《やひろどの》のことである。父韻《ふいん》の八律《はちりつ》がこの図《ず》に納《おさ》まる。言語《げんご》はこの山《やま》の原理原律《げんりげんりつ》が現《あら》（見《あら》）われた姿《すがた》である。言霊《げんれい》八は言葉《ことば》である。山津見《やまつみ》はここでは言葉《ことば》のことであるが、後段《こうだん》の山津見八神《やまつみはっしん》の所《ところ》では文字《もじ》（神代表音文字《かみよひょうおんもじ》）のこととして説《と》かれている。八尋殿《やひろどの》の原律《げんりつ》は言語《げんご》と文字《もじ》の双方《そうほう》に現《あら》わされる。大八島国《おほやしまのくに》の図《ず》より直接《ちょくせつ》に作《つく》られる文字《もじ》が大八島文字《おほやしまもじ》である。

野神《ののかみ》、

鹿屋野比売神《かやの(ぬ)ひめのかみ》、

また（亦《また》）の名《な》は 野椎神《ぬつ(づ)ちのかみ》 【言霊《げんれい》ヌ】

野《の》は音波《おんぱ》の高低強弱《こうていきょうじゃく》の変化《へんか》の山波《やまなみ》が終《お》わった所《ところ》。鹿屋野《かやぬ》の鹿《か》と云《い》うことは五十音図《ごじゅうおんず》に似《に》た形《かたち》の真男鹿《まをしか》の斑紋《はんもん》を暗示《あんじ》している。積《つ》み重《かさ》なった音波《おんぱ》の山《やま》が平《たいら》になって、それが何処《どこ》で終《お》わるかと云《い》うと耳許《みみもと》であって、その空中《くうちゅう》の音波《おんぱ》が耳《みみ》をたたくから槌《つち》（野椎《ぬっち》）である。またその敲《たた》く力《ちから》は天沼矛《あめのぬぼこ》の八父韻《はちふいん》の横《よこ》の変化《へんか》であるからヌ（野《ぬ》、貫《ぬ》、横《ぬ》）である。

以上《いじょう》のフモハヌの四言霊《よんげんれい》は人体《じんたい》を離《はな》れた大気中《たいきちゅう》の音波《おんぱ》の状態《じょうたい》であり、外界《がいかい》に関《かん》することであるから風木山野《ふうぼくさんや》などと云《い》う自然現象《しぜんげんしょう》が象徴《しょうちょう》に用《もち》いられている。言霊《げんれい》は身体《しんたい》を離《はな》れて大気中《たいきちゅう》を行《い》く間《あいだ》も生命《せいめい》が失《うしな》われるわけではない。アンテナを放《はな》れた電波《でんぱ》の中《なか》に放送者《ほうそうしゃ》の生命《せいめい》が流《なが》れて行《い》く。それを受《う》ける受信器《じゅしんき》である生《い》きた人間《にんげん》の五体《ごたい》、五感《ごかん》、五智《ごち》によって受信《じゅしん》されると生命《せいめい》が再《ふたた》び蘇《よみが》える。人間《にんげん》の個体《こたい》の存在場所《そんざいばしょ》は肉体《にくたい》が占《し》める空間《くうかん》によって限局《げんきょく》されているわけではない。肉体《にくたい》の範囲《はんい》に限局《げんきょく》されている性能《せいのう》は感覚《かんかく》（ウ）だけであって、その他《た》の四《よっ》つの知性《ちせい》（アオエイ）はその表現《ひょうげん》である言霊《げんれい》が到達《とうたつ》し得《う》る範囲《はんい》がその生命《せいめい》の活動舞台《かつどうぶたい》、生活範囲《せいかつはんい》であって、そして自我《じが》全体《ぜんたい》が存在《そんざい》している究極《きゅうきょく》の領域《りょういき》は全宇宙《ぜんうちゅう》である。

大山津見神《おほやまつみのかみ》、野椎神《ぬつ(づ)ちのかみ》（、）二神《ふたはしら》、
山野《やまぬ》によ(因《よ》)りて持《も》ち別《わ》けて生《う》みませる神《かみ》

大山津見《おほやまつみ》は顕著《けんちょ》な起伏《きふく》である音波《おんぱ》であって、野椎《ぬつち》はそれよりも低《ひく》いなだらかな微妙《びみょう》な変化《へんか》である霊波《れいは》のことと考《かんが》えてもよかろう。この時《とき》、音《おん》が霊《れい》の容《い》れ物《もの》として霊《れい》を運《はこ》びながら、両者《りょうしゃ》の分担《ぶんたん》、持《も》ち分《わ》けは依然《いぜん》として混同《こんどう》されることがない。

天之狭土神《あめのさつ(づ)ちのかみ》【言霊《げんれい》ラ】
国之狭土神《くにのさつ(づ)ちのかみ》【言霊《げんれい》サ】

ラは螺《ら》で螺旋運動《らせんうんどう》、サは裂《さ》（刺《さ》）で浸透《しんとう》する姿《すがた》。また狭《さ》はせまいで耳《みみ》の孔《あな》の形《かたち》を示《しめ》し、土《つち》は野槌《のづち》の槌《つち》である。言霊波《げんれいは》が耳孔《みみあな》の中《なか》を通《とお》って鼓膜《こまく》をたたく状《さま》である。

天《あめ》之《の》狭《さ》霧《ぎり》神《のかみ》　【言霊《げんれい》ロ】
国《くに》之《の》狭《さ》霧《ぎり》神《のかみ》　【言霊《げんれい》レ】

狭霧《さぎり》は言霊《げんれい》が細《こま》かい霧《きり》の様《よう》な状態《じょうたい》でいよいよ鼓膜《こまく》の内部《ないぶ》に入《はい》って行《い》って、内耳《ないじ》の器官《きかん》の中《なか》をぐるぐる廻《まわ》って行《い》く状態《じょうたい》。ロもレも旋転螺動《せんてんらどう》の形《かたち》。

天《あめ》之《の》闇戸《くらど(と)》神《のかみ》　【言霊《げんれい》ノ《の》】
国《くに》之《の》闇戸《くらど(と)》神《のかみ》　【言霊《げんれい》ネ】

闇《くら》は暗《くら》でもあり、また繰《くり》でもある。鼓膜《こまく》の中《なか》は真暗《まっくら》であり、そこで言霊《げんれい》が改《あらた》めて繰返《くりかえ》され調《しら》べられる。ノは宣《の》、ネは音《ね》である。言語《げんご》（神名《かな》）としての言霊《げんれい》が再《ふたた》び精神的《せいしんてき》な真奈《まな》として初《はじ》めの霊《れい》の状態《じょうたい》に蘇生還元《そせいかんげん》されるために、頭《あたま》の中《なか》でその音《ね》が宣《の》られ、復唱《ふくしょう》されるわけである。

大戸惑子神《おほとまど(と)ひこのかみ》【言霊《げんれい》カ】
大戸惑女神《おほとまど(と)ひめのかみ》【言霊《げんれい》マ】

耳《みみ》が聞《き》いた言霊《げんれい》を再《ふた》び真奈《まな》に還《かえ》すために、その真相真実《しんそうしんじつ》を判断把握《はんだんはあく》しようとして、何《なに》を言《い》っているのだろうか、斯《こ》う言《い》っているのか、ああ言《い》っているのか、本当《ほんとう》だろうか、嘘《うそ》だろうかなどと、あれやこれやと掻《か》いたり混《ま》ぜたりして考《かんが》え戸惑《とまど》う状態《じょうたい》である。カマ（釜《かま》）は食物《しょくもつ》を煮《に》る道具《どうぐ》で、聞《き》いた言葉《ことば》をよく考《かんが》えて煮詰《につ》め煎《せん》じ詰《つ》めて、第二《だいに》（煮《に》、似《に》、邇《に》）次的《じてき》に真奈《まな》に還元《かんげん》する操作《そうさ》である。

鳥之石楠船神《とりのいはくすぶねのかみ》、
また（亦《また》）の名《みな》は天鳥船《あめのとりふ(ぶ)ね》【言霊《げんれい》ナ】

鳥《とり》は言葉《ことば》が飛《と》び交《か》う姿《すがた》である。神道《しんとう》に用《もち》いられる言葉《ことば》で時鳥《ほととぎす》、鶏《にわとり》、白鳥《はくちょう》、千鳥《ちどり》、雉《きじ》、雀《すずめ》、鳶等《とびなど》はすべて言霊《げんれい》の象徴《しょうちょう》である。石楠《いはくす》は五十葉《いはく》を組《く》んで澄《す》ますこと。船《ふね》は神《かみ》を祭《まつ》る御船代《みふなしろ》である五十音言霊図《ごじゅうおんげんれいず》のことである。

この五十音図《ごじゅうおんず》はアカサタナハマヤラワの十音《じゅうおん》の配列《はいれつ》で出来《でき》ているから十理《とり》（鳥《とり》）と云《い》う。五十音《ごじゅうおん》は霊魂《れいこん》を載《の》せて運《はこ》ぶ道具《どうぐ》であって、それは船《ふね》の如《ごと》く走《はし》り、鳥《とり》の如《ごと》く空中《くうちゅう》を飛《と》んで行《い》くから鳥船《とりふね》と云《い》う。また五十音図《ごじゅうおんず》は方形《はこがた》の図《ず》であるからキリスト教《きょう》では「ノアの方舟《はこぶね》」などとも云《い》う。仏教《ぶっきょう》の奥義《おうぎ》は言霊摩尼《げんれいまに》であって、彼岸《ひがん》の涅槃《ねはん》に渡《わた》す弘誓《ぐせい》の船《ふね》であるからこれを大乗《だいじょう》（大船《たいせん》）と云《い》う。「淡路島通《あわじしまかよ》ふ千鳥《ちどり》の」と云《い》うそのア（吾《あ》）とワ（我《わ》・汝《な》）の間《あいだ》を往復循環《おうふくじゅんかん》する便《たよ》りである。

言霊《げんれい》ナはすなわち名《な》である。大《おお》いに戸惑《とまど》った揚句《あげく》、霊《れい》を運《はこ》んで来《き》た言葉《ことば》の鳥船《とりふね》がいよいよ彼岸《ひがん》に到着《とうちゃく》して、初《はじ》めの言霊《げんれい》を発《はっ》し言《い》う操作《そうさ》から、それを聞《き》き了解《りょうかい》する操作《そうさ》に渡《わた》って行《い》く往還《おうかん》としての一循環《いちじゅんかん》すなわち一念《いちねん》が成就《じょうじゅ》する。

そして此処《ここ》で初《はじ》めて言《こと》と霊《たま》とが正《ただ》しく完全《かんぜん》に結《むす》び付《つ》いて、霊《たま》であり音《おん》であり、父《ちち》であり母《はは》であり、その両《りょう》方《ほう》の内容《ないよう》を兼《か》ね具《そな》えた第三《だいさん》の子《こ》としての言霊《げんれい》（子音《しいん》）となるのである。これがすなわち老子《ろうし》の云《い》う「道《みち》の道《みち》とすべき」万象《ばんしょう》の正《ただ》しい名《な》であり、真奈《まな》（真言《しんごん》）であり、『聖書《せいしょ》』の所謂《いわゆる》「神《かみ》の口《くち》より出《い》づる言葉《ことば》」としてのManna《マンナ》である。耳《みみ》から入《はい》った言霊《げんれい》を頭脳《ずのう》が聞召《きこしめ》して「成程《なるほど》」と納得《なっとく》する。程《ほど》（陰《ほと》、女陰《ほと》）が熟《な》るとき子《こ》が生《う》まれる。肉体《にくたい》であり言葉《ことば》（音《おん》）である伊邪那美神《いざなみのかみ》が、霊《れい》であり気《き》である伊邪那岐神《いざなぎのかみ》と正《ただ》しく結《むす》び付《つ》いて御子神《みこがみ》が生《う》まれるのである。

大宜都比売神《おほげつひめのかみ》【言霊《げんれい》コ】

大《おお》いに宜《よ》ろしき宮《みや》の子《こ》（都《みやこ》）すなわち子音《しいん》のことである。その数《かず》は合計三十二個《ごうけいさんじゅうにこ》である。親音《しんいん》イを除《のぞ》いたアオウエの四母音《よんぼいん》とキシチニヒミイリの八父韻《はちふいん》から三十二《さんじゅうに》の子音《しいん》が出来《でき》る。子音《しいん》は同時《どうじ》に父《ちち》であり母《はは》であり、然《しか》も父《ちち》でもない母《はは》でもない新《あら》たに独立《どくりつ》した第三《だいさん》のものであり、岐美双方《きみそうほう》の性能《せいのう》を受《う》け続《つ》いで、然《しか》もその何《いず》れでもない、主体《しゅたい》と客体《きゃくたい》、心《こころ》と身《み》、霊《れい》と体《たい》の双方《そうほう》であり、そのいずれでもないところの第三《だいさん》の独立《どくりつ》した存在《そんざい》が諸法実相《しょほうじつそう》（実存《エグジステンス》）である。

（大倭豊秋津島《おほやまととよあきつしま》）

以上《いじょう》の大宜都比売神《おほげつひめのかみ》までのフモハヌラサロレノネカマナコの十四言霊《じゅうよんげんれい》、十四神《じゅうよんしん》の宝座《ほうざ》を大倭豊秋津島《おほやまととよあきつしま》又《また》の名《な》は天御虚空豊秋津根別《あまつみそらとよあきづねわけ》と云《い》う。ここまでで言霊五十音《げんれいごじゅうおん》が完成《かんせい》するから大倭《おほやまと》すなわち大和《やまと》であり、虚空《こくう》の先天《せんてん》である十四《とよ》から豊《ゆた》かな明《あき》（秋《あき》）らかな音《ね》（根《ね》）が出《で》て来《く》る言霊《げんれい》の区分《くぶん》である。

火之夜芸速男神《ひのやぎはやをのかみ》、
また（亦《また》）の名《みな》は火之炫毘古神《ひのかがびこのかみ》、
また（亦《また》）の名《みな》は火之迦具土神《ひのかぐつちのかみ》　【言霊《げんれい》ン】

先天《せんてん》父母音《ふぼいん》の十七音《じゅうななおん》と後天《こうてん》子音《しいん》の三十二音《さんじゅうにおん》で合計四十九音《ごうけいよんじゅうきゅうおん》であり、これにンを加《くわ》えて五十音《ごじゅうおん》となる。易《えき》はこれを「大衍《だいえん》の数五十《すうごじゅう》、其《そ》の用四十有九《ようしじゅうゆうきゅう》」（『易経《えききょう》』「繋辞上伝《けいじじょうでん》　第九章《だいきゅうしょう》」）と云《い》う。大衍《だいえん》を訓《くん》でフトシクと読《よ》めば「下津磐根《したついわね》に宮柱太敷立《みやはしらふとしくたて》」（「大祓祝詞《おほはらひのりと》」）と云《い》う数《かず》である。斯《こ》うして音《おん》の全部《ぜんぶ》が出揃《でそろ》った時《とき》、これを神代《かみよ》表音文字《ひょうおんもじ》にあらわして、太古《たいこ》はそれを粘土盤《ねんどばん》の上《うえ》に記《しる》した。

火之夜芸速男《ひのやぎはやを》の火《ほ》は言霊《げんれい》、夜芸《やぎ》は夜見《よみ》（読《よ》み）の国《くに》の芸術《げいじゅつ》で、すなわち文字《もじ》のことである。その神代文字《かみよもじ》は一字一字《いちじいちじ》言霊《げんれい》が炫《かがや》（輝《かがや》）いているからカガビコと云《い》う。例《たと》えばカと云《い》う表音文字《ひょうおんもじ》は神《か》、頭《か》、柿《か》、金《か》、笠《か》、糧《か》、軽《か》等《など》の様々《さまざま》な意味《いみ》に輝《かがや》いている。

太古《たいこ》の神代文字《かみよもじ》は粘土盤《ねんどばん》の上《うえ》に書《か》き記《しる》されたものであって、すなわち所謂《いわゆる》clay-tablet《クレイタブレット》である。迦具土《かぐつち》は書《か》く土《つち》の隠語《かくしことば》で、また輝《かがや》く土《つち》の意味《いみ》でもある。「天《あめ》の香具山《かぐやま》」「常世《とこよ》の国《くに》の香久《かぐ》の果《このみ》」等《など》すべて香具《かぐ》、香久《かく》、隠《かく》は書《か》くことで、文字《もじ》のことである。「常世《とこよ》の国《くに》の香久《かぐ》の果《このみ》」とは漢字《かんじ》のことである。粘土盤《ねんどばん》は初《はじ》めは乾《かわ》いた土《つち》のままだったが、後《あと》にはこれを窯《や》いて素焼《すやき》にした。この素焼《すやき》の文字盤《もじばん》を甕《みか》と云《い》う。武甕槌《たけみかつち》である。甕《みか》に書《か》き現《あら》わして神《かみ》の原理《げんり》を示《しめ》した文字《もじ》を甕神《みかがみ》（御鏡《みかがみ》）と云《い》う。「八咫鏡《やたのかがみ》は神書《しんしょ》なり」（『徒然草諸抄大成《つれずれぐさしょしょうたいせい》』）とある。

さて、三十二子音《さんじゅうにしいん》の創生《そうせい》に就《つい》て説《と》いたところはまことに他愛《たあい》のない語呂合《ごろあ》わせの様《よう》な解釈《かいしゃく》のように見《み》えようが、『古事記《こじき》』の記事《きじ》は咒文《じゅもん》であるから明確《めいかく》には解《かい》し得《え》ない。『古事記《こじき》』をコジツケと読《よ》むことも出来《でき》る。道理《どうり》が貫《つらぬ》かれるならばその解釈《かいしゃく》はコジツケでも差支《さしつか》えないわけである。釈《と》き方《かた》は大凡《おおよそ》この程度《ていど》でも事足《ことた》りるだろう。大切《たいせつ》な事《こと》は釈《と》き方《かた》の巧拙《こうせつ》の如何《いかん》にあるのではなくして、その内容《ないよう》である言霊《げんれい》を各自《かくじ》が自覚《じかく》して頂《いただ》くことである。この意味《いみ》で原文《げんぶん》の咒文《じゅもん》と同《おな》じくその解釈《かいしゃく》もまた指月《しげつ》の指《ゆび》であるに過《す》ぎない。

しめ縄《なわ》（言《こと》と霊《たま》との結《けつ》合《ごう》）

神社神道《じんじゃしんとう》に呪物《じゅぶつ》としてしめなわ（注連縄《しめなわ》・七五三縄《しめなわ》・尻久米縄《しりくめなわ》・〆縄《しめなわ》）がある。しめは神《かみ》を示す標《しめ》であり、また締《しめ》でもあると云《い》われるが、なわは名和《なわ》、七五三《しちごさん》はその数《かず》が並《なら》ぶ魔方陣洛書《まほうじんらくしょ》のことである（図表《ずひょう》4参照《さんしょう》）。それには九《ここの》つの目《め》があるから久米《くめ》（九目《くめ》）と云《い》う。言霊運用《げんれいうんよう》の土台《どだい》である大八島国《おおやしまのくに》（八尋殿《やひろどの》）のことである。その久米《くめ》の原理《げんり》を知《し》（尻《し》）る呪物《じゅぶつ》が尻久米縄《しりくめなわ》である。

皇祖伊邪那岐美二神《こうそいざなぎみにしん》は老子《ろうし》が云《い》う「有名《ゆうめい》は万物《ばんぶつ》の母《はは》」と云《い》う意味《いみ》に於《お》ける万物万象《ばんぶつばんしょう》の生《う》みの親《おや》である。二《に》神《しん》が「天津神諸《あまつかみもろもろ》の命《みこと》」である先天《せんてん》の内容《ないよう》を別《わ》け持《も》って後天《こうてん》である実相《じっそう》を生《う》んで行《い》く操作《そうさ》が前節《ぜんせつ》までに説《と》いた御《み》子産《こう》みの状況《じょうきょう》である。岐《き》は気《き》であり霊《ひ》であり心《こころ》である。美《み》は身《み》で肉体《にくたい》の活動《かつどう》である音声《おんせい》である。御子産《みこう》みはこの霊体双《れいたいふた》つを如何《いか》に綜合《そうごう》して以《もっ》て諸法実相《しょほうじっそう》である真言真奈《しんごんまな》とするかの工夫《くふう》であって、この二神《にしん》の活動《かつどう》は宇宙《うちゅう》本具《ほんぐ》の先天《せんてん》の顕《あら》われとしての人間知性《にんげんちせい》の純粋活動《じゅんすいかつどう》である。故《ゆえ》にそれは天意《てんい》にして人為《じんい》、人為《じんい》にして天為《てんい》であるところの本然《ほんぜん》の人為《じんい》である。

『大毘盧遮那経《だいびるしゃなきょう》』に「真言《しんごん》の相《そう》は諸仏《しょぶつ》の所作《しょさ》に非《あら》ずして、如来《にょらい》の出不出《しゅつふしゅつ》に拘《かかわ》らず法爾《ほうに》として住《じゅう》す。これを真言《しんごん》といふ」とある。真言真奈《しんごんまな》は如来出生以前《にょらいしゅつしょういぜん》の如来本具《にょらいほんぐ》のものであって、仏陀《ぶっだ》が創《つく》ったものではなく、仏《ぶつ》陀自体《だじたい》の属性《ぞくせい》であると説《と》く。

更《さら》に空海《くうかい》はこの如来本具《にょらいほんぐ》の真言《しんごん》が人類《じんるい》の経営《けいえい》する文明《ぶんめい》の淵源《えんげん》であり、種子《しゅし》である所以《ゆえん》に就《つい》て「名教《みょうきょう》の興《おこ》りは、声字《しょうじ》に非《あら》ざれば成《じょう》ぜす。声字分明《しょうじふんみょう》にして実相顕《じっそうあら》はる。……内外《ないげ》の風気《ふうき》纔《わずか》に発《はっ》すれば、必《かなら》ず響《ひび》くを名《な》づけて声《しょう》と曰《い》うなり。響《ひびき》は、必《かなら》ず声《しょう》に由《よ》る。声《しょう》は、即《すなわ》ち響《ひびき》の本《もと》なり。声発《しょうおこ》って虚《むな》しからず、必《かなら》ず物《もの》の名《な》を表《ひょう》するを号《ごう》して字《じ》と曰《い》うなり。名《な》は必《かなら》ず体《たい》を招《まね》く、之《これ》を実相《じっそう》と名《な》づく。」（『声字実相義《しょうじじっそうぎ》』）と説《と》いている。空《くう》海《かい》の云《い》う響《ひび》きとは韻《ひびき》であり、父韻《ふいん》である。老子《ろうし》の云《い》う「有名《ゆうめい》は万物《ばんぶつ》の母《はは》」、「声字即実相《しょうじそくじっそう》」の意義《いぎ》、言霊《げんれい》の意義《いぎ》を説《と》いて余蘊《ようん》がない。

先天《せんてん》である実在《じつざい》が識《しき》の力《ちから》によって後天《こうてん》である実相《じっそう》を産《う》み出《だ》す営《いとな》みが岐美二神《きみにしん》の婚《よば》いである。それは霊《れい》と体《たい》の呼《よ》び合《あ》いであると共《とも》に、実在《じつざい》と識《しき》との呼《よ》び合《あ》いであって、この産霊《むすび》である婚《よば》いの姿《すがた》を象《かたど》った咒物《じゅぶつ》が「しめなわ」である。産霊《むすび》は縄《なわ》が糾《あざな》われる如《ごと》くに結《むす》ばれて行《い》く。アザナフとは首《はじ》めのアから終《おわ》りのサまでの言《こと》と霊《たま》とが名《な》（天鳥船《あめのとりふね》）となって合《あは》され生《う》み出《だ》される事《こと》である。

婚《よば》いによって最後《さいご》に言《こと》と霊《たま》とが正《ただ》しい姿《すがた》に合《あ》わされて第三《だいさん》の子音《しいん》（実相《じっそう》）が生《う》まれるが、その子音《しいん》が生《う》まれるまでの途中《とちゅう》に於《おい》ては最後《さいご》まで岐《き》は岐《き》であり、美《み》は美《み》である。速秋津比古《はやあきつひこ》、速秋津比売《はやあきつひめ》。沫那芸《あはなぎ》、沫那美《あはなみ》。天之狭土《あめのさっち》、国之狭土《くにのさっち》。大戸惑子《おほとまどひこ》、大戸惑女《おほとまどひめ》等その道程《どうてい》が進《すす》んで行《い》っても、その間依然《かんいぜん》として岐《き》の系統《けいとう》は岐《き》の系統《けいとう》、美《み》の系統《けいとう》は美《み》の系統《けいとう》であるのである。そして最後《さいご》にナ（名《な》）となりコ（子《こ》）となる時《とき》が言《こと》と霊《たま》、物《もの》と心《こころ》、律《りつ》と実在《じつざい》が注《そそ》がれ連《つら》なって一《ひと》つになる時《とき》である。天名《あな》が和《わ》して縄《なわ》（名和《なわ》）が完成《かんせい》する。アナは吾《あ》と汝《な》であり、岐《き》と美《み》である。岐美《きみ》が和《わ》して真奈《まな》となる。

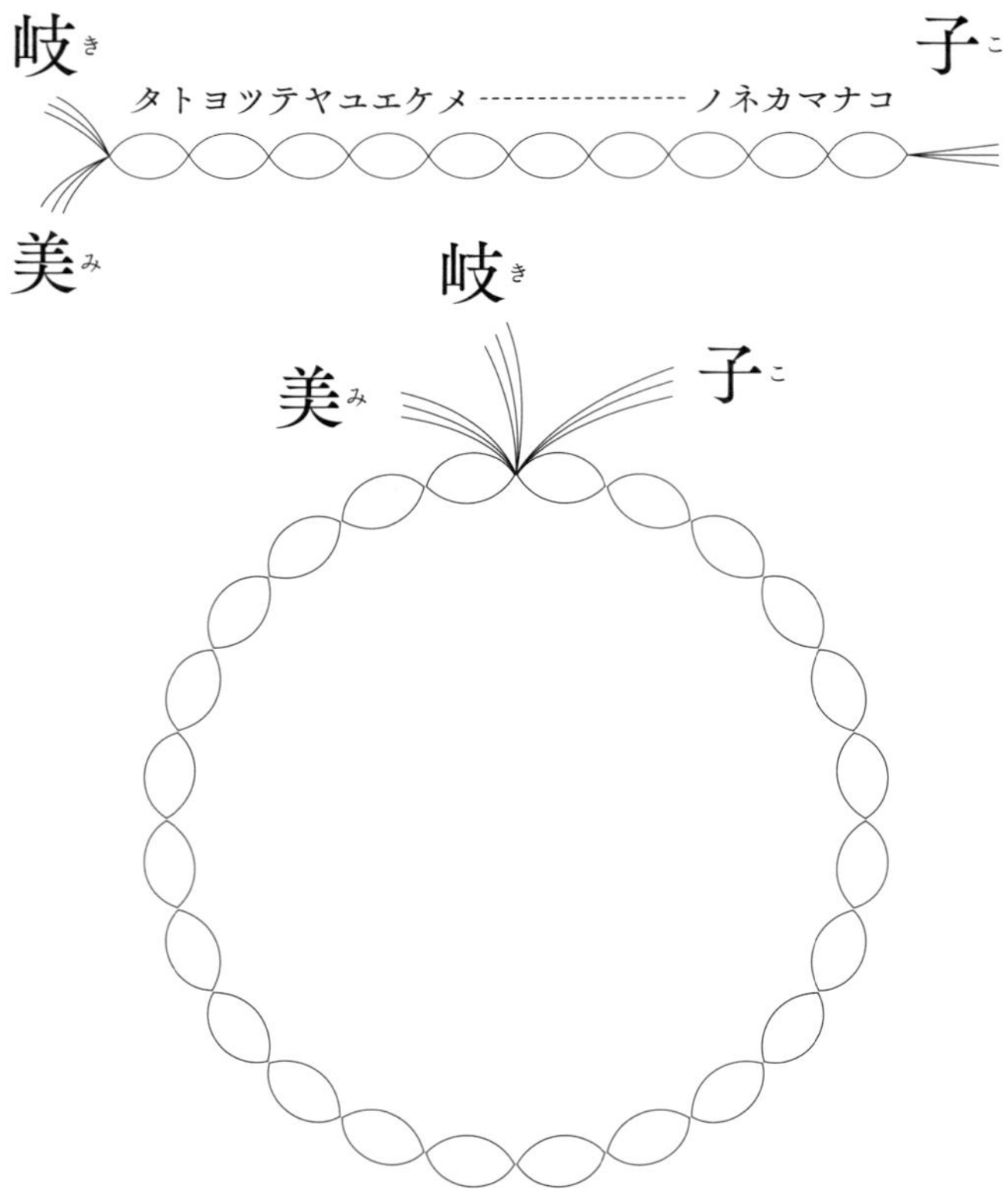

図表-14｜**しめ縄**

ナワはまた名輪《なわ》である。輪《わ》とは初《はじ》めのアから出《で》て、再《ふたた》び元《もと》の初《はじ》めに帰《かえ》って来る循環《じゅんかん》の姿《すがた》である。その帰《かえ》って来《き》た終《おわ》りをワと云《い》う。先天《せんてん》である生命意志《せいめいいし》の顕現《けんげん》として頭脳《ずのう》に発生《はっせい》した理念《りねん》が、その間肉体《かんにくたい》の諸機能諸機関《しょきのうしょきかん》と相呼応《あいこおう》し呼《よ》び合《あ》って結《むす》び付《つ》いて客観的《きゃっかんてき》な実相《じっそう》としての音声《おんせい》が生《う》まれ出《で》る。そしてその生《う》まれた音声《おんせい》が更《さら》に再《ふたた》び逆《ぎゃく》に耳《みみ》を通《とお》って頭脳《ずのう》に還《かえ》って、元《もと》の理念《りねん》（未鳴《みめい》）に還元《かんげん》する。その時《とき》聞《き》く耳《みみ》すなわち言霊《げんれい》が還元《かんげん》される頭《ず》脳《のう》は自分自身《じぶんじしん》の場合《ばあい》もあるし、相手《あいて》の頭脳《ずのう》である場合《ばあい》もあるが、どちらでも同《おな》じことである。「オーイ」と呼《よ》び、「バカヤロー」と叫《さけ》ぶ声《こえ》を自分自身《じぶんじしん》が聞《き》いて確《たし》かめ、または相手《あいて》に聞《き》かせてこちらの意志《いし》を知《し》って貰《もら》うのである。声《こえ》を再《ふたた》び真奈《まな》に還元《かんげん》して頭脳《ずのう》が聞召《きこしめ》したことが自覚《じかく》である。縄《なわ》は瞬間《しゅんかん》に行《おこな》われるこの一連《いちれん》の霊肉《れいにく》の呼《よ》び合《あ》い結《むす》びの循環《じゅんかん》である。

すなわちそれは頭脳《ずのう》の真奈井《まない》から出《で》た未鳴《みめい》が音声《おんせい》と云《い》う現象《げんしょう》となり、更《さら》に再《ふたた》び真奈《まな》に戻《もど》る往還《おうかん》の過程《かてい》であって、この過程《かてい》が「一念《いちねん》」である。それは人間《にんげん》の霊魂《れいこん》、精神《せいしん》として存在《そんざい》し活動《かつどう》する神《かみ》が意志《いし》して事象《じしょう》を生《う》み、その事象《じしょう》の名《な》を改《あらた》めて神《かみ》が聞召《きこしめ》し知食《しろしめ》す過程《かてい》である。「神光《かみひかり》あれと言《い》ひたまひければ光《ひかり》ありき。神光《かみひかり》を善《よ》しと観《み》たまへり……神蒼穹《かみおほぞら》を天《てん》と名《な》づけたまへり……神乾《かみかわ》ける土《つち》を地《ち》と名《な》づけ、水《みづ》の集《あつ》まれるを海《うみ》と名《な》づけたまへり、神《かみ》これを善《よ》しと観《み》たまへり」（『旧約聖書《きゅうやくせいしょ》』「創世記《そうせいき》」第一章《だいいっしょう》）とある。まこと神《かみ》言《い》ひたまひければ、光《ひかり》が生《う》まれた。神《かみ》は天《てん》を天《てん》、地《ち》を地《ち》、海《うみ》を海《うみ》と名《な》づけ、それを善《よ》しと観給《みたま》うた。宇宙《うちゅう》の創始《そうし》はすなわち言《げん》霊《れい》の創始《そうし》である。モーゼが説《と》いた所《ところ》は神道《しんとう》そのものである。

その善《よ》しと見給《みたま》うことを自覚《じかく》と云《い》い自証《じしょう》と云《い》う。自覚《じかく》と自証《じしょう》を経《へ》なければその事象《じしょう》は真実事実《しんじつじじつ》ではない。「成《な》る程《ほど》」と云《い》う自覚自証《じかくじしょう》を経《へ》た真実《しんじつ》が諸法実相《しょほうじっそう》であって、その実相《じっそう》の正体《しょうたい》は名《な》であり言葉《ことば》である。辟支仏《びゃくしぶつ》と云《い》うのは真奈井《まない》から真奈《まな》が自由自在《じゆうじざい》に出《で》て来《く》るだけの往路《おうろ》の片道《かたみち》だけの仏《ほとけ》である。その出《で》て来《き》たものの悉《ことごと》くを判断《はんだん》、整理《せいり》、綜合《そうごう》し得《え》て「善《よ》し」と見《み》た時《とき》が初《はじ》めて無上正覚《むじょうしょうかく》であり、真仏陀《しんぶつだ》であるのである。『古事記《こじき》』はその結論《けつろん》であり終局《しゅうきょく》である無上正覚《むじょうしょうかく》への道程《どうてい》を更《さら》に詳細《しょうさい》に奥深《おくぶか》く説《と》き進《すす》んで行《い》く。『古事記《こじき》』こそ「教菩《きょうぼ》薩法《さっぽう》、仏所護念《ぶっしょごねん》」の正体《しょうたい》である。

一念《いちねん》の循環《じゅんかん》すなわち言霊《げんれい》の循環《じゅんかん》を次頁《じページ》に図示《ずし》（図表《ずひょう》15）して理解《りかい》の一助《いちじょ》とする。

今まで天之御中主神《あめのみなかぬしのかみ》から大宜都比売神《おほげつひめのかみ》までの四十九神《よんじゅうきゅうしん》の存在《そんざい》と生成《せいせい》を説《と》いたのだが、この生成《せいせい》はほんの一《いっ》瞬間《しゅんかん》に於《お》ける自己内部《じこないぶ》の出来事《できごと》であって、それは進化論的《しんかろんてき》な長《なが》い年代《ねんだい》に亘《わた》る如《ごと》き事柄《ことがら》でもなければ、また天《てん》文学的《もんがくてき》な広大《こうだい》な宇宙《うちゅう》に於《お》ける事態《じたい》などでもない。瞬間《しゅんかん》に生滅《しょうめつ》する「一念《いちねん》」に三千《さんぜん》の内容《ないよう》があると説《と》いたのは天台《てんだい》であるが、神道《しんとう》ではその内容《ないよう》を五十《ごじゅう》と決定《けってい》する。それは天名《あな》（先天《せんてん》）→真奈《まな》（理念《りねん》）→神名《かな》（言語《げんご》）→真名《まな》→天名《あな》の順序《じゅんじょ》で刹那《せつな》に回転循環《かいてんじゅんかん》する精神的《せいしんてき》サイクルである。

この循環《じゅんかん》は云《い》わば映写室《えいしゃしつ》のフィルムの回転《かいてん》のようなもので、これが宇宙《うちゅう》と云《い》う広々《ひろびろ》としたスクリーンに写《うつ》った映像《えいぞう》が森羅万象《しんらばんしょう》である。我々《われわれ》はその映像《えいぞう》を見《み》て喜怒哀楽《きどあいらく》、栄枯盛衰《えいこせいすい》、利害得失《りがいとくしつ》に迷《まよ》ったり、神仏《しんぶつ》とか霊魂《れいこん》と

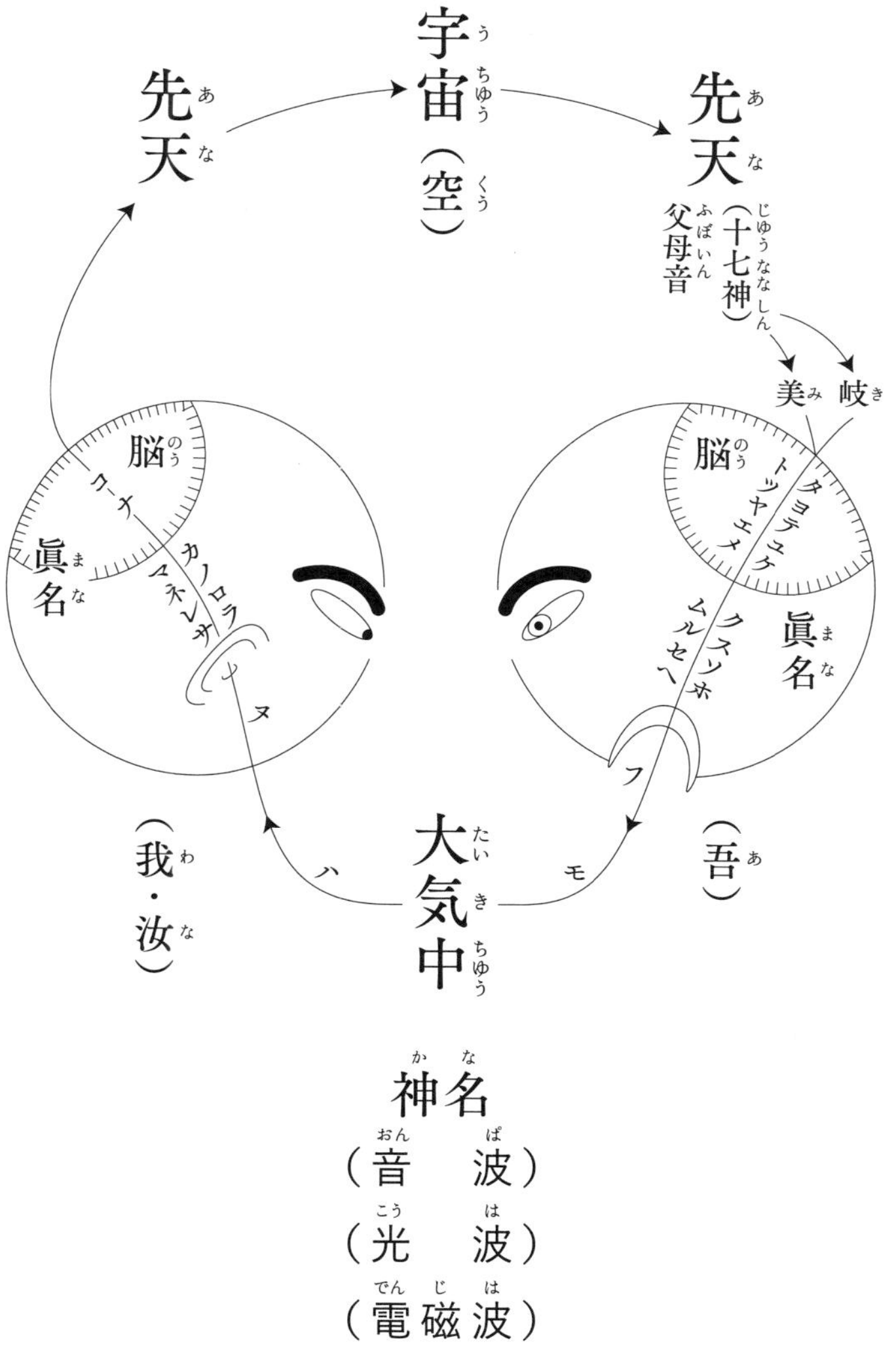
宇宙《うちゅう》（空《くう》）
先天《あな》
先天《あな》（十七神《じゅうななしん》）
父母音《ふぼいん》
美《み》
岐《き》
脳《のう》
眞名《まな》
コーナ
カノロラ
マネレサ
ヌ
脳《のう》
トツヤエメ
タヨテユケ
眞名《まな》
ムルセヘ
クスツホ
フ
ハ
モ
大気中《たいきちゅう》
（我《わ》・汝《な》）
（吾《あ》）
神名《かな》
（音《おん》　波《ぱ》）
（光《こう》　波《は》）
（電《でん》磁《じ》波《は》）

図表-15｜**言霊の運行**

か云《い》われるものの実体《じったい》をその映像《えいぞう》の中《なか》に掴《つか》まえようとして見当外《けんとうはず》れの無駄骨折《むだぼねお》りをするが、その映像《えいぞう》が現《あら》われる根源《こんげん》と経路《けいろ》は宇宙《うちゅう》（天名《あな》）↓脳髄《のうずい》（真奈《まな》）↓発声器官《はっせいきかん》（言語《げんご》）↓脳髄《のうずい》↓宇宙《うちゅう》と瞬間《しゅんかん》に回転《かいてん》する生命《せいめい》の知性《ちせい》の活動《かつどう》である。神道《しんとう》は生命《せいめい》の主体《しゅたい》、能動体《のうどうたい》であるその映写室《えいしゃしつ》の活動《かつどう》を捕《とら》えたものである。これを「天照大御神《あまてらすおほみかみ》、高御産巣日神《たかみむすびのかみ》」の道《みち》と云《い》う。これと反対《はんたい》に向《むこ》うに見《み》える映像《えいぞう》である森羅万象《しんらばんしょう》と取組《とりく》んで、その原理《げんり》を感覚《かんかく》（ウ）と云《い》う基盤《きばん》の上《うえ》に捕《とら》えて抽象《ちゅうしょう》するのが「須佐之男命《すさのをのみこと》、神産巣日神《かみむすびのかみ》」の正系《せいけい》の道《みち》である科《か》学《がく》であって、その科学《かがく》はまだ神道《しんとう》のように正確《せいかく》な答《こた》えを出《だ》していない。

「タトヨツテヤユヱ《ゑ》ケメ、クムスルソセホヘ、フモハヌラサロレノネカマナコ」と云《い》う一連《いちれん》の真言陀羅尼《しんごんだらに》は岐《き》美二神《みにしん》の子《こ》（子音《しいん》）である実相《じっそう》が生《う》まれる順序《じゅんじょ》である。然《しか》もその順序《じゅんじょ》を示《しめ》す此《こ》の三十二音《さんじゅうにおん》は同時《どうじ》にその順序《じゅんじょ》を以《もっ》て生《う》まれ出《で》るそれぞれの真言《しんごん》そのものである。すなわち生《う》まれ出《で》たものによって生《う》まれ出《で》て来《く》る順序《じゅんじょ》を示《しめ》しているのである。この二重《にじゅう》の表現《ひょうげん》は一見《いっけん》まことに奇異《きい》に感《かん》じられるが、布斗麻邇《フトマニ》とはこの様《よう》に自在《じざい》で便利《べんり》なものである。

これと同《おな》じようなものに「いろは歌《うた》」がある。これは諸法実相《しょほうじっそう》の仏教《ぶっきょう》の原理《げんり》に到達《とうたつ》する魂《たましい》の修業《しゅぎょう》の過程《かてい》、神《しん》道《とう》の所謂鎮魂帰神《いわゆるちんこんきしん》の道程《どうてい》を示《しめ》すものであるが、それと同時《どうじ》にこの歌《うた》を構成《こうせい》している四十八音《よんじゅうはちおん》は、その空相《くうそう》の中《なか》から現《あら》われて来《く》るその空相《くうそう》と実相《じっそう》の自覚《じかく》である知慧《ちえ》（麻邇《まに》）そのものである。すなわち「いろは歌《うた》」は麻邇《まに》以前《いぜん》に帰《かえ》る道《みち》を麻邇《まに》自体《じたい》を以《もっ》て現《あら》わしたものであって、これを母《はは》（妣《いろは》）と云《い》うのは知恵《ちえ》の母体《ぼたい》である麻邇《まに》であるからである。仏教《ぶっきょう》ではこのいろは四十八文字《よんじゅうはちもじ》が三世諸仏《さんせいしょぶつ》の共通《きょうつう》の母《はは》である摩耶夫人《まやぶにん》であり、キリスト教《きょう》では聖母《せいぼ》マリヤである。聖母《せいぼ》（聖処女《せいしょじょ》）とは救世主《きゅうせいしゅ》キリストの愛《あい》と知恵《ちえ》を産《う》む清浄無垢《せいじょうむく》な四十八《よんじゅうはち》の文字《もじ》（女《おんな》）と云《い》うことである。神道《しんとう》に帰《かえ》った時初《ときはじ》めて仏教《ぶっきょう》、キリストの教義《ドグマ》の謎《なぞ》が釈《と》ける。

またこれと同《おな》じく石上神宮《いそのかみじんぐう》の日文四十七音《ひふみよんじゅうななおん》は布留《ふる》の御魂《みたま》（高千穂《たかちほ》の奇振嶽《くしふるたけ》）が組立《くみた》てられる順序《じゅんじょ》を示《しめ》すものであると云《い》われるが、然《しか》もその順序《じゅんじょ》を示《しめ》す四十七音《よんじゅうななおん》が布留《ふる》の社《やしろ》（八咫鏡《やたのかがみ》）を構成《こうせい》する内容《ないよう》そのものである。まことに麻邇運用《まにうんよう》の底知《そこし》れぬほどの自在性《じざいせい》に驚嘆《きょうたん》せざるを得《え》ない。斯《かく》の如《ご》きを大和言葉《やまとことば》の言霊《ことたま》の幸倍《さきは》いと云《い》い、また斯《かく》の如《ご》き言霊《げんれい》の用法《ようほう》を早振《はやぶ》り（千早振《ちはやぶ》り）と云《い》う。

麻邇《まに》の運用把握《うんようはあく》こそ人智《じんち》の最高境域《さいこうきょういき》に位《くらい》する人間性能《にんげんせいのう》であり、神道言霊学《しんとうげんれいがく》こそ『法華経《ほけきょう》』の「仏所護念《ぶつしょごねん》」であり、『阿弥陀経《あみだきょう》』の「一切諸仏所護念経《いっさいしょぶつしょごねんきょう》」である。然《しか》もこの麻邇《まに》は人間《にんげん》に本具《ほんぐ》するものであるから、すべての人間《にんげん》が自己開発《じこかいはつ》によってその無上正覚《むじょうしょうかく》の境域《きょういき》に到達可能《とうたつかのう》のものである。

縄《なわ》とは右《みぎ》の様《よう》に言葉《ことば》が生《う》まれ出《で》る様相《ようそう》を象《かたど》ったもので、或《ある》いはまた言葉《ことば》そのものを意味《いみ》し、その言葉《ことば》の原理《げんり》を直《ただ》ちに社会《しゃかい》に適用《てきよう》して行《い》く道《みち》を「結縄《けつじょう》の政《まつりごと》」と古代《こだい》の儒教《じゅきょう》では呼《よ》んでいた。此《こ》の縄《なわ》に関連《かんれん》してくちなわ（口縄《くちなわ》）と云《い》う言葉《ことば》がある。蛇《へび》にたとえられている。同《おな》じく人間《にんげん》の言葉《ことば》であっても先天《せんてん》を根底《こんてい》としてその正《せい》系《けい》の順序《じゅんじょ》を経《へ》て生《う》まれて来《く》る真言麻邇《しんごんまに》ではなく、天之真奈井《あめのまない》の源《みなもと》から発《はっ》せられる真奈《まな》ではなくして、その中途《ちゅうと》の口辺《こうへん》から発《はっ》せられる如《ごと》き、すなわちその淵源《えんげん》との連絡関連《れんらくかんれん》の経路《けいろ》と自覚《じかく》が断絶《だんぜつ》している言葉《ことば》を口縄《くちなわ》と云《い》う。すなわち口辺《こうへん》で糾《あざな》われる言葉《ことば》のことである。先天《せんてん》から発《はっ》する正系《せいけい》の言語《げんご》は全世界《ぜんせかい》の全人類《ぜんじんるい》を通《つう》じて唯《た》だ一種《いっしゅ》類《るい》であるが、中途《ちゅうと》から生《う》まれた言語《げんご》は各民族《かくみんぞく》、各国家《かくこっか》で多種多様《たしゅたよう》である。口縄《くちなわ》の言葉《ことば》は云《い》わば神界《しんかい》から発《はっ》せられず、霊界《れいかい》から出《で》て来《く》る言葉《ことば》と云《い》ってよい。

キリスト教《きょう》ではこの仮初《かりそ》め言葉《ことば》である蛇《くちなわ》にイヴが誘惑《ゆうわく》され、そのイヴがアダムを誘《さそ》って知慧《ちえ》（知識《ちしき》）の樹《き》の実《み》を食《く》ったために、エデンから放逐《ほうちく》されて、生命《いのち》の樹《き》の葉《は》の道《みち》すなわち神《かみ》の言葉《ことば》の道《みち》を断《た》たれたと説《と》かれる。それは人類《じんるい》が素直《すなお》な幼児《ようじ》の心《こころ》のままで天与《てんよ》の麻邇《まに》すなわち神《かみ》の口《くち》より出《い》ずる言葉《ことば》であるマナによって生《い》きる生《せい》活《かつ》から離《はな》れたことであり、宇宙《うちゅう》の全局先天《ぜんきょくせんてん》に立脚《りっきゃく》する言葉《ことば》を忘《わす》れたことであり、途中《とちゅう》から部分的《ぶぶんてき》な所《ところ》から出《で》て来《き》て、言葉自体《ことばじたい》に根拠《こんきょ》と原理《げんり》のない断片的《だんぺんてき》な言葉《ことば》を用《もち》いることである。知慧《ちえ》の樹《き》の実体《じつたい》は経験《けいけん》であり、知《ち》慧《え》の樹《き》の実《み》とは各自《かくじ》の経験《けいけん》を夫々《それぞれ》勝手《かって》な方法《ほうほう》で表現《ひょうげん》した原理《げんり》のない言語《げんご》のことである。

神道大祓《しんとうおほはらひ》では先天《せんてん》に則《のっと》った言葉《ことば》の道理《どうり》を破壊《はかい》する「畔放《あはな》ち、溝埋《みぞう》め」等《など》の須佐之男命《すさのをのみこと》の暴挙《ぼうきょ》を称《しょう》して天津《あまつ》罪《つみ》と云《い》う。アダム、イヴが知慧《ちえ》の樹《き》の実《み》を食《く》って生命《いのち》の樹《き》の葉《は》の道《みち》から遠《とお》ざけられた事《こと》はすなわち此《こ》の神道《しんとう》の天津罪《あまつつみ》に当《あた》る。これがキリスト教《きょう》の云《い》う人類《じんるい》の原罪《げんざい》であって、此《こ》の原罪《げんざい》を人類《じんるい》の上《うえ》に仕組《しく》んだのは人類《じんるい》の言葉《ことば》を乱《みだ》した事《こと》を方便手段《ほうべんしゅだん》として科学文明《かがくぶんめい》を創造《そうぞう》することを計画《けいかく》したユダヤの神《かみ》エホバの経綸《けいりん》である。

音《おん》の整《せい》理《り》

以上《いじょう》述《の》べた過程《かてい》と操作《そうさ》とによって後天実相音《こうてんじつそうおん》の三十二子音《さんじゅうにしいん》を含《ふく》めて、先天空相音《せんてんくうそうおん》と共《とも》に五十音《ごじゅうおん》の麻邇《まに》の全部《ぜんぶ》が出揃《でそろ》った。それから更《さら》にその五十音《ごじゅうおん》を火之迦具土神《ひのかぐつちのかみ》として表音文字《ひょうおんもじ》を以《もっ》て粘土盤《ねんどばん》の上《うえ》に書《か》き現《あら》わす仕事《しごと》までが終了《しゅうりょう》した。「名教《みょうきょう》の興《おこ》りは、声字《しょうじ》に非《あら》ざれば成《じょう》ぜず。」（『声字実相義《しょうじじっそうぎ》』）であって、ここに人類文明《じんるいぶんめい》の父《ちち》と母《はは》（アダムとイヴ）である始原《しげん》にして至淳《しじゅん》である言葉《ことば》と文字《もじ》、換言《かんげん》すればエデンの園《その》を構成《こうせい》する材料《ざいりょう》が整《ととの》った。斯《か》くしてこれから愈々《いよいよ》この言葉《ことば》と文字《もじ》を用《もち》いて、時間的歴史的《じかんてきれきしてき》に観《み》るならば太古神代《たいこかみよ》の、自覚《じかく》の上《うえ》に立《た》つならば現在《げんざい》「中今《なかいま》」の高天原《たかあまはら》に於《お》ける精神文明《せいしんぶんめい》の内容《ないよう》の組立《くみた》てが開始《かいし》される。

こ（此《こ》）の子《みこ》（迦具土《かぐつち》）を生《う》みますによ（因《よ》）りて（、）
美蕃登《みほと》（みほと）や（炙《や》）かえて病《や》み臥《こや》せり

大宜都比売神《おほげつひめのかみ》として五十音《ごじゅうおん》の麻邇名《まにな》が生《う》まれ、迦具土《かぐつち》として麻邇字《まにじ》が出来上《できあが》ったから、伊邪那美神《いざなみのかみ》はもう是以上子《これいじょうこ》として生《う》むべき種《たね》がなくなった。生物学的《せいぶつがくてき》に云《い》えば卵巣《らんそう》に卵子《らんし》が絶《た》えた。蕃登《ほと》は霊所《ほと》または霊止《ほと》で子《こ》が出来《でき》るところ、その蕃登《ほと》が焼《や》けてしまった。

岐美二神《きみにしん》が直接生《ちょくせつう》んだ御子《みこ》の数《かず》は三十二柱《さんじゅうにはしら》である。一般《いっぱん》に人間《にんげん》の一対《いっつい》の夫婦《ふうふ》は、一年《いちねん》に一人《ひとり》ずつ生《う》むとして、一生《いっしょう》の間《あいだ》に三十二人《さんじゅうににん》の子《こ》を生《う》むことが出来《でき》る。三十二人《さんじゅうににん》の子《こ》を生《う》むのでなければ完全《かんぜん》に健康《けんこう》な夫婦《ふうふ》でないと云《い》うことも出来《でき》る。実際《じっさい》には色々《いろいろ》な制約《せいやく》があるからそうは生《う》めないけれども、この数《かず》は本来《ほんらい》の原則《げんそく》としての数《かず》である。また例《たと》えば中《ちゅう》、小学校《しょうがっこう》に於《おい》て一人《ひとり》の教師《きょうし》が子弟《してい》を教育《きょういく》する場合《ばあい》、一担任一教室《いちたんにんいちきょうしつ》に三十二人《さんじゅうににん》までの生徒《せいと》を収容《しゅうよう》することが出来《でき》る。そしてこれが最大限度《さいだいげんど》である。これを超《こ》えると充分《じゅうぶん》な教育《きょういく》が出来《でき》ない。これもまた人間性《にんげんせい》の原則《げんそく》である。

肉体《にくたい》の上《うえ》でも人間《にんげん》の歯《は》は三十二枚《さんじゅうにまい》、脊椎《せきつい》もまた三十二個《さんじゅうにこ》ある。また例《たと》えば電気《でんき》の電圧《でんあつ》を分《わ》ける時《とき》にこれを三十二《さんじゅうに》（三十三《さんじゅうさん》）分《ぶん》の一《いち》に落《お》とす時《とき》に最《もっと》も能率《のうりつ》がよく、ロスが少《すく》ない。百《ひやく》ボルトに用《もち》いる高圧電流《こうあつでんりゅう》は三千三《さんぜんさん》百《びやく》ボルトにしてある。三十二《さんじゅうに》は子音《しいん》の数《かず》であり、観世音菩薩《かんぜおんぼさつ》の変化《へんか》の数《かず》であり、実相《じっそう》の基本数《きほんすう》である。万有《ばんゆう》の元素数《げんそすう》が三十二《さんじゅうに》の三倍《さんばい》の九十六《きゅうじゅうろく》にならなければならぬことは、これからの物理学《ぶつりがく》の問題《もんだい》である。以上《いじょう》の諸《しょ》例《れい》を岐美二神《きみにしん》の創造《そうぞう》の三十二神《さんじゅうにしん》を考《かんが》える傍証《ぼうしょう》にして頂《いただ》こう。

扨《さ》て、文明《ぶんめい》の建設《けんせつ》、道《みち》の樹立《じゆりつ》の最初《さいしよ》の操作《そうさ》は出来上《できあ》った五十音《ごじゆうおん》の整理《せいり》である。

たぐりに生《な》りませる神《かみ》の名《みな》は、金山毘古神《かなやまびこのかみ》、
次《つぎ》に金山毘売神《かなやまびめのかみ》

たぐりは嘔吐《おうと》であるが、これは手操《たぐり》の呪文《じゆもん》である。金《かな》は神名《かな》または仮名文字《かなもじ》の呪示《じゆじ》である。迦具土《かぐつち》（書《か》く土《つち》）である粘土盤文字《ねんどばんもじ》を手操《てあやつ》り集《あつ》めると神名文字《かなもじ》の山《やま》となる。毘古《びこ》はその音《おん》の集積《しゆうせき》であり、毘売《びめ》は文字《もじ》の集積《しゆうせき》である。仏教《ぶつきよう》やキリスト教《きよう》で用《もち》うる鐘《かね》や鉦《かね》もすべて神名《かな》を示《しめ》そうとする呪物《じゆぶつ》であり、あるいは神音《かね》の意《い》義《ぎ》でもある。

屎《くそ》に成《な》りませる神《かみ》の名《みな》は、波邇夜須毘古神《はにやすびこのかみ》、
次《つぎ》に波邇夜須毘売神《はにやすびめのかみ》

くそを組素《くそ》と解《と》く、神名山《かなやま》の構成要素《こうせいようそ》である五十音《ごじゆうおん》のことであって、「大祓祝詞《おほはらひのりと》」に云《い》われる「くそへ」「糞《くそ》まり」もこれと同《おな》じ意味《いみ》であって、五十音《ごじゆうおん》を撒《ま》きちらしてその組織《そしき》を破壊《はかい》することが須佐之男命《すさのをのみこと》の罪《つみ》である。その五十音《ごじゅうおん》が波邇《はに》（埴土《はに》）すなわち粘土盤《ねんどばん》の上《うえ》に記《しる》されて安定《やす》（夜須《やす》）した姿《すがた》を埴土安彦《はにやすひこ》、埴土安姫《はにやすひめ》と云《い》うわけで、毘古《びこ》、毘売《びめ》は同《おな》じく言葉《ことば》と文字《もじ》の区別《くべつ》である。

尿《ゆまり》に成《な》りませる神《かみ》の名《な》は弥都波能売神《みつはのめのかみ》

ゆまりはイウマリ（五埋《いう》まり）である。埴土盤《はにばん》の上《うえ》にアオウエイの五母音《ごぼいん》を並《なら》べる。これがイウマリである。この時《とき》アを天《てん》に、イを地《ち》に取《と》ると真中《まなか》にオウエの三音《さんおん》が並《なら》ぶ。みつはのめは三《み》つ葉《は》の目《め》であり、オウエの三音《さんおん》のことである。『日本書紀《にほんしょき》』には罔象女《みつはのめ》と書《か》かれてある。中《なか》の三音《さんおん》がはいるとアイと共《とも》に音図盤《おんずばん》の網《あみ》（罔《あみ》）の目《め》の象《かたち》が出来《でき》る。

和久産巣日神《わくむすびのかみ》

わくむすびは枠結《わくむすび》である。斯《こ》うして段々《だんだん》に金山《かなやま》、波邇夜須《はにやす》、弥都波能売《みつはのめ》の順序《じゅんじょ》で音字《おんじ》を整理《せいり》して行《い》くと、五十音《ごじゅうおん》が一《ひと》つの枠《わく》の中《なか》に結《むす》ばれてまとまって来《く》る。和久産巣日《わくむすび》は高御産巣日《たかみむすび》や神産巣日《かみむすび》と同《おな》じく物事《ものごと》の生《う》み結《むす》び方《かた》の一《ひと》つであるが、但《ただ》し和久結《わくむす》びで結《むす》ばれ綜合《そうごう》された五十音《ごじゅうおん》はまだ整理《せいり》のほんの初歩《しょほ》であって、その中身《なかみ》がまだよくまとまっていない雑然《ざつぜん》たる集合《しゅうごう》に過《す》ぎない。わくは蛆《うじ》が湧《わ》く、湯《ゆ》が湧《わ》くと云《い》う時《とき》のわくで、結《むす》びの猶《ゆう》は渾沌《こんとん》たる状態《じょうたい》である。

こ（此《こ》）の神《かみ》の子《みこ》を豊宇気毘売神《とようけびめのかみ》といふ（謂《まを》す）

然《しか》し混沌《こんとん》たる結《むす》びではあるが、その内容《ないよう》は既《すで》にアオウエ、イ・キシチニヒミイリ・ヰ《ゐ》の十四音《じゅうよんおん》が整《ととの》っているから十四受《とようけ》と云《い》う。受《うけ》は盃《うけ》（槽《うけ》）でもあって、十四音《じゅうよんおん》で構成《こうせい》された言霊《げんれい》を受《う》ける枠《わく》（和久《わく》）と云《い》う意味《いみ》である。

かれ（故《かれ》、）伊邪那美神《いざなみのかみ》は、火神《ひのかみ》を生《う》みませるに因《よ》りて、遂《つい》に神避《かむさ》りま（坐《ま》）しぬ

五十音《ごじゅうおん》の麻邇《まに》が出来上《できあが》って、その麻邇字《まにな》である迦具土《かぐつち》が生《う》まれ、その麻邇《まに》の整理《せいり》も一通《ひととお》りは済《す》んだから、美《み》蕃登《ほと》を焼《や》かれた伊邪那美神《いざなみのかみ》は高天原《たかあまはら》の精神界《せいしんかい》から去《さ》って行《い》った。岐美二神《きみにしん》は主体《しゅたい》と客体《きゃくたい》であって、二神共同《にしんきょうどう》の創造《そうぞう》の所産《しょさん》である麻邇《まに》は精神《せいしん》としての主体側《しゅたいがわ》に於《お》ける知性《ちせい》の自覚内容《じかくないよう》として確保《かくほ》される。麻邇《まに》は言語《げんご》と云《い》う現実実相《げんじつじっそう》ではあるが、然《しか》し何処《どこ》までも主体《しゅたい》の主観内部《しゅかんないぶ》のものとして把持《はじ》される。ヘーゲルはその主観認識《しゅかんにんしき》の上《うえ》

に於《お》ける無限大《むげんだい》の宇宙《うちゅう》に拡大《かくだい》された状態《じょうたい》を「主観態《しゅかんたい》の無限的真態《むげんてきしんたい》」と呼《よ》んだが、然《しか》しこの無限《むげん》の主観《しゅかん》も、矢《や》張《は》り主観《しゅかん》は主観《しゅかん》であって客観《きゃっかん》ではない。

斯《こ》うして宇宙《うちゅう》をその自覚内容《じかくないよう》（法界《ほっかい》）として一通《ひととお》り把握《はあく》し得《え》た時《とき》、主体《しゅたい》と客体《きゃくたい》との共同《きょうどう》の行動《こうどう》は一応終了《いちおうしゅうりょう》する。すなわち伊邪那美神《いざなみのかみ》は高天原精神界《たかあまはらせいしんかい》の純霊《じゅんれい》の世界《せかい》から神避《かむさ》るのである。爾後《じご》に於《お》ける高天原《たかあまはら》の内容《ないよう》の整理完成《せいりかんせい》は専《もっぱ》ら主体者《しゅたいしゃ》である伊邪那岐神一柱《いざなぎのかみひとはしら》のみの神業《かむわざ》として展開《てんかい》して行く。この意味《いみ》での伊邪那岐神《いざなぎのかみ》を伊《い》邪那岐大神《ざなぎのおほかみ》と云《い》う。そして他方《たほう》の伊邪那美神《いざなみのかみ》はその後自己所属《ごじこしょぞく》の客観世界《きゃっかんせかい》である予母都国《よもつくに》に於《お》ける黄泉津大《よもつおほ》神《かみ》となって独自《どくじ》の活動《かつどう》を開始《かいし》することになるのである。

（吉備児島《きびのこじま》）

以上《いじょう》、金山毘古神《かなやまびこのかみ》より和久産巣日神《わくむすびのかみ》までを一《ひと》まとめに締《し》めくくった神《かみ》の宝座《ほうざ》、すなわち此《こ》の場合《ばあい》は原理《げんり》の一区劃《ひとくかく》を吉備児島《きびのこじま》と云《い》う。よ（吉《よ》）く備《そな》わった児《こ》の島《しま》であり、児島《こじま》の児《こ》とは初《はじ》めの簡単《かんたん》な整理《せいり》しめくくりと云《い》うことである。

既《すで》にして迦具土《かぐつち》の文字《もじ》が生《う》まれ、和久産巣日《わくむすび》として一応《いちおう》の整理《せいり》がなされたのであるから、これからは一音《いちおん》一音《いちおん》の検討《けんとう》ではなく五十音字《ごじゅうおんじ》の図表全体《ずひょうぜんたい》の上《うえ》での宇宙《うちゅう》の道理《どうり》としての言霊《げんれい》の意義《いぎ》の哲学的《てつがくてき》な開明《かいめい》と建設《けんせつ》が行《おこ》なわれることになる。この時《とき》この建設《けんせつ》の材料《ざいりょう》となる和久産巣日《わくむすび》、豊受《とようけ》と云《い》う出来上《できあが》ったばかりの素朴《そぼく》な五十音《ごじゅうおん》図《ず》を「天津菅曾《あまつすがそ》（麻《そ》）」と云《い》う。麻《あさ》はアからサまでの音《おん》を配列《はいれつ》した五十音図《ごじゅうおんず》を意味《いみ》し、ソを衣《そ》と書《か》けば言《こと》葉《ば》は心《こころ》が着《き》るころも、、、であることを示《しめ》す。衣《ころも》をモと読《よ》めば五十音《ごじゅうおん》の倍数《ばいすう》の百音《ひやくおん》のことである。

かれ（故《かれ》、）ここ（爾《ここ》）に伊邪那岐命《いざなぎのみこと》（の）詔《の》りたまはく、
愛《うつく》しき我《あ》が汝妹《なにも》の命《みこと》（那邇妹命《なにものみこと》）や、
子《こ》の一木《ひとつけ》に易《か》へつるかも（乎《かも》）との（謂《の》）りたまひて

迦具土神《かぐつちのかみ》が生《う》まれて伊邪那美神《いざなみのかみ》が神去《かむさ》ったことであり、母《はは》の身代《みがわ》りとして子《こ》が生《う》まれたことであり、母音《ぼいん》の身代《みがわ》りに子音《しいん》が生《う》まれたことである。一木《ひとつけ》は言霊《げんれい》ン（ウム）である。

御枕方《みまくらべ》に匍匐《はらば》ひ、御足方《みあとべ》に匍匐《はらば》ひて

御枕方《みまくらべ》はア行《ぎょう》、御足方《みあとべ》はワ行《ぎょう》である。両方《りようほう》の間《あいだ》を行《い》ったり来《き》たりすること。

哭《な》きたまふ時《とき》に、御《み》涙《なみだ》に成《な》りませる神《かみ》は

哭《な》くは声《こえ》を出《だ》すこと、涙《なみだ》は泣《な》いて水《み》を垂《た》らすこと。垂《た》れた涙《なみだ》は五十音図《ごじゅうおんず》の最下段《さいかだん》のイ・キシチニヒミイリ・ヰ《ゐ》の所《ところ》に集《あつ》まって、其処《そこ》で父韻《ふいん》の原理《げんり》を現《あら》わす。

香山《かく(ぐ)やま》の畝尾《うねを》の木《こ》のもと（本《もと》）にま（坐《ま》）す、名《みな》は泣沢女神《なきさわ(は)めのかみ》

香山《かくやま》は書《か》く山《やま》をもじったもの、迦具土《かぐつち》のカクと同《おな》じである。五十音図《ごじゅうおんず》の五段《ごだん》は五《いつ》つの畝《うね》（ウの音《ね》）の尾《を》をなしている。アイウエはウ音《おん》の発展《はってん》である。その枕方《まくらべ》には高木神《たかぎのかみ》（扶桑樹《ふそうじゅ》）アオウエイがあり、足方《あとべ》には神《かみ》産巣日神《むすびのかみ》（若木《わかぎ》）がある。その樹《き》の根方《ねかた》にある音《おん》はイ・チキミヒリニイシ・ヰ《ゐ》であって、八《やっ》つの父韻《ふいん》は泣《な》き騒《さは》（沢《さは》）ぐ神《かみ》である。

父《ふ》韻《いん》の所《しょ》在《ざい》

ここで父韻《ふいん》についてもう少《すこ》し説《と》こう。『法華経《ほけきょう》』「普門品《ふもんぼん》」の観世音菩薩《かんぜおんぼさつ》が聞召《きこしめ》す音《おん》を「梵音《ぼんおん》、海汐音《かいちょうおん》」と云《い》う。梵音《ぼんおん》は大自然《だいしぜん》ブラーマの音《おん》であって、それはアイウエオの五母音《ごぼいん》である。自然音《しぜんおん》にはこの五《いつ》つだけしかない。それなのに雨《あめ》の音《おと》は「ザー」と聞《き》こえ、風《かぜ》の音《おと》は「ゴー」と響《ひび》き、鐘《かね》は「カーン」と鳴《な》り、そして電燈《でんとう》は「パッ」と点《とも》り、車《くるま》は「クルクル」と廻《まわ》る。この大自然《だいしぜん》の音《おん》の中《なか》には存在《そんざい》しないz、g、k、p、r等《など》と云《い》う韻《ひびき》は一体何処《いったいどこ》から来《く》るのだろう。

このひびきがすなわち父韻《ふいん》であって、それは人間《にんげん》の仕業《しわざ》である。人間《にんげん》の知性活動《ちせいかつどう》の作用《さよう》である。母《はは》なる自《し》然音《ぜんおん》に父《ちち》なる知性《ちせい》のリズムが乗《じょう》じるから物事《ものごと》の音色《ねいろ》があらわれる。人間《にんげん》の知性《ちせい》を加《くわ》えて聞《き》くのでなければ「ザー」「ゴー」「カーン」と云《い》うような音色《ねいろ》は自然《しぜん》には存《そん》しない。電燈《でんとう》は「パッ」と点《とも》るわけでなく、車《くるま》は「クルクル」廻《まわ》るわけではない、その音《おん》のように人間《にんげん》の知性《ちせい》が現象発現《げんしょうはつげん》のリズムを捕《とら》えるのである。物事《ものごと》の現象《げんしょう》、実相《じっそう》を現出《げんしゅつ》する知性《ちせい》のリズムは認識《にんしき》の主体側《しゅたいがわ》に於《おい》てのみ活動《かつどう》する。客体側《きゃくたいがわ》には存在《そんざい》しない。

ピアノは鳴《な》っていないし、虹《にじ》には色《いろ》が無《な》い。ピアノ自体《じたい》はただ無音《むおん》に振動《しんどう》しているだけで、ピンともポンとも鳴《な》ってはいない。その振動《しんどう》が聴覚《ちょうかく》と云《い》う知性《ちせい》の振動《しんどう》とシンクロナイズする時《とき》、初《はじ》めてピアノの音色《ねいろ》が現《あら》われるのである。虹《にじ》はただ無色《むしょく》の光波《こうは》を発散《はっさん》しているだけである。その振動《しんどう》が視覚《しかく》とシンクロナイズする時《とき》、初《はじ》めて七色《なないろ》（八色《はっしょく》）の綾《あや》が現《あら》われる。禅問答《ぜんもんどう》の様《よう》な話《はなし》をしたが、斯《かく》の如《ごと》きが真実《しんじつ》である。故《ゆえ》にこの実相発現《じっそうはつげん》の原《げん》理《り》を主体側《しゅたいがわ》からのみ見《み》るならば「三界唯心《さんがいゆいしん》、万法唯識《ばんぽうゆいしき》」であるわけである、森羅万象《しんらばんしょう》は自覚《じかく》と無自覚《むじかく》に拘《かか》わらず、実《じつ》は人間《にんげん》が刹那刹那《せつなせつな》に創造《そうぞう》しつつあるものである。そしてそのリズム（韻《いん》、響《ひびき》、律《りつ》）に陽音《ようおん》と陰音《いんおん》があるからこれを海汐音《かいちょうおん》と云《い》う。すなわち汐満《しおみつ》る珠《たま》と汐干《しおひ》る珠《たま》である。

（小豆島《あづきしま》）

この泣沢女神《なきさはめのかみ》の宝座《ほうざ》を小豆島《あづきしま》と云《い》う。顕《あ》らわれ続《つづ》く気《き》、明《あか》るい対《つい》（陰陽《いんよう》）の気《き》の島《しま》と云《い》う意味《いみ》であり、またその名《な》を大野手比売《おほぬでひめ》と云《い》うのは大《おお》きな沼矛《ぬぼこ》の出《で》る島《しま》と云《い》うことで、菅曾《すがそ》（麻《そ》）の下段《げだん》のイ段《だん》の十音《じゅうおん》（八音《はちおん》）のことを云《い》う。沼矛《ぬぼこ》は前述《ぜんじゅつ》の如《ごと》く天浮橋《あまのうきはし》すなわち虹《にじ》である。

かれ（故《かれ》、）そ（其《そ》）の神避《かむさ》りましし伊邪那美神《いざなみのかみ》は、出雲国《いづものくに》と伯岐《ははきの》（伎《きの》）国《くに》との堺《さかひ》、比婆之山《ひばのやま》に葬《かく》しまつりき

出雲《いづも》（イヅクモ）は頭脳《ずのう》から真奈《まな》として雲《くも》のように湧《わ》き出《で》て来《く》る理念《りねん》であり、知慧《ちえ》であり、その元《もと》は父韻《ふいん》である。ギリシヤ語《ご》のイデアIDEA《イデア》, IDEE《イデー》が出《いで》と音《おん》が通《つう》じていることは面白《おもしろ》く思《おも》われる。伯岐《ははき》は母《はは》の木《き》すなわちアイウエオ五母音《ごぼいん》。比婆《ひば》は光《ひかり》の言葉《ことば》であって子音《しいん》のことである。神避《かむさ》り給《たま》うて行方《ゆくえ》不明《ふめい》になった伊邪那《いざな》美《み》の神《かみ》は何処《どこ》へ行《い》ったかと云《い》うと、父韻《ふいん》と母音《ぼいん》が境《さかい》を接《せっ》してくっ付《つ》いている子音《しいん》の山《やま》に隠《かく》れている。カ＝ka、セ＝se、ト＝toと云《い》うように、夫々《それぞれ》の子音《しいん》の尻《しり》に母音《ぼいん》がくっ付《つ》いている。

この様《よう》にして以上《いじょう》の神名《しんめい》に就《つい》て様々《さまざま》に述《の》べて来《き》たが、『古事記《こじき》』神名《しんめい》の解釈《かいしゃく》はその内容《ないよう》さへ承知《しょうち》して居《い》れば、大和言葉《やまとことば》の言霊《ことたま》の幸倍《さきは》へによって如何様《いかよう》にも述《の》べることが出来《でき》るのであるから、必《かなら》ずしも以上《いじょう》の解釈《かいしゃく》のみにこだわることは要《い》らない。また筆者《ひっしゃ》も此《こ》の神名《しんめい》の解釈《かいしゃく》が絶対《ぜったい》のものだとは思《おも》っていない。と云《い》ってもすべて『古事《こじ》記《き》』の記事《きじ》は全人類《ぜんじんるい》に共通《きょうつう》にして普遍《ふへん》である宇宙《うちゅう》の実相《じっそう》と空想《くうそう》の理《ことわり》を説《と》いたものであるから、中身《なかみ》を承知《しょうち》の上《うえ》で説《と》くならば、説《と》き方《かた》の深浅精疎《しんせんせいそ》の差《さ》があるだけで、誰《だれ》が説《と》いても大同小異《だいどうしょうい》のものである。

この時《とき》、浅《せん》は深《しん》に、疎《そ》は精《せい》に就《つい》て学《まな》ぶべきであって、『古事記《こじき》』を中《なか》に置《お》いて議論《ぎろん》の対立《たいりつ》を見《み》る如《ごと》き事《こと》は凡《およ》そ無意味《むいみ》な業《ぎょう》でなければならない。また『古事記《こじき》』の正当《せいとう》な釈《と》き方《かた》は「言《こと》の葉《は》の誠《まこと》の道《みち》」である神道《しんとう》の奥義《おうぎ》であり、伝統《でんとう》であるから個人《こじん》の勝手《かって》な解釈《かいしゃく》はまたすべて無意味《むいみ》な業《ぎょう》に終《おわ》る。そのためには何処《どこ》までも正《ただ》しい先蹤《せんしょう》を重《おも》んじ、師《し》を師《し》とすることが大事《だいじ》である。無師独覚者《むしどっかくしゃ》を辟支仏《びゃくしぶつ》と云《い》う。自己一個《じこいっこ》の見解《けんかい》を出《で》ない人《ひと》である。辟支仏《びゃくしぶつ》には『古事記《こじき》』を釈《と》く資格《しかく》がない。摩尼《まに》を説《と》く資格《しかく》がないから真仏《しんぶつ》ではないのである。

言《こと》の葉《は》の誠《まこと》の道《みち》の樹《じゅ》立《りつ》（神《しん》道《とう》原《げん》理《り》の成《せい》立《りつ》）

五十音《ごじゅうおん》の音《おん》としての整理《せいり》が終《おわ》ったから、次《つぎ》に愈々《いよいよ》その音《おん》を組織《そしき》し操作《そうさ》することによって宇宙《うちゅう》の道理《ロゴス》を表現《ひょうげん》し運営《うんえい》して行《い》く方法《ほうほう》が明《あき》らかにされる。今迄《いままで》述《の》べた所《ところ》は言霊《げんれい》の発現《はつげん》と、その整理《せいり》に就《つい》てであったが、これからの操作《そうさ》によって初《はじ》めて言霊《げんれい》が宇宙《うちゅう》と人間《にんげん》の道理《どうり》としての意義《いぎ》を発揮《はっき》するのである。

ここ（是《ここ》）に伊邪那岐命《いざなぎのみこと》（、）御佩《みはか》せる十拳剣《とつかつるぎ》を抜《ぬ》きて

初《はじ》めてここで剣《つるぎ》と云《い》う言葉《ことば》が出《で》て来《く》る。「天之沼矛《あめのぬぼこ》」のところで説《と》いた通《とお》り剣《つるぎ》は太刀《たち》であって、たちは断《たち》である。物事《ものごと》を知性《ちせい》を以《もっ》て断《た》ち断《き》ることによってその性《たち》（質《たち》）が顕《あら》われて来《く》る。その断《た》ち断《き》られた片々《へんぺん》を再《ふた》び真釣《まっ》り合《あ》わせることによって元《もと》の全体《ぜんたい》が内容《ないよう》ある知識《ちしき》として改《あらた》めて如実《にょじつ》に自覚《じかく》される。たちは分析《ぶんせき》、つるぎ（釣《つ》る気《き》）は綜合《そうごう》であり、この分析《ぶんせき》、判断《はんだん》、綜合《そうごう》を行《おこな》う主体《しゅたい》が統覚《とうかく》である。「両頭倶《りょうとうとも》に截断《せつだん》すれば一剣天《いっけんてん》に倚《よ》って寒《すさま》じ」（『槐安国語《かいあんこくご》』）と云《い》う禅語《ぜんご》は判断《はんだん》を収《おさ》めて統覚《とうかく》に帰《かえ》った姿《すがた》である。十拳剣《とつかつるぎ》は十数《じゅうすう》を以《もっ》て物事《ものごと》を

裁断《さいだん》、判断《はんだん》することである。

剣《つるぎ》には十拳剣《とつかつるぎ》、九拳剣《ここのつかつるぎ》、八拳剣《やつかつるぎ》の三《みっ》つの使《つか》い方《かた》がある。世界《せかい》を夫々《それぞれ》十《と》、九《こ》、八《や》に斬《き》って行《い》く道《みち》である。天照大御神《あまてらすおほみかみ》、伊邪那岐大神《いざなぎのおほかみ》は十拳剣《とつかつるぎ》（アタカマハラナヤサワ）を用《もち》いる、十拳《とつか》は神道布斗麻邇《しんとうフトマニ》であって、それにはア（アルファ）とワ（オメガ）がある。アルファは序論《じょろん》であり、オメガは結論《けつろん》である。九拳剣《ここのつかつるぎ》にはアルファはあるがオメガの結論《けつろん》がない。一《いち》から九《きゅう》までの九数《きゅうすう》の理《ことわり》である。月読命《つくよみのみこと》が九拳剣《ここのつかつるぎ》を用《もち》いる。中華《ちゅうか》の易《えき》や印度哲学《いんどてつがく》に代表《だいひょう》される東洋《とうよう》の哲理《てつり》である。八拳剣《やつかつるぎ》はアルファとオメガを除《のぞ》いた途中《とちゅう》の八数《はっすう》の運用《うんよう》であって、これを須佐之男命《すさのをのみこと》の韓鋤《からさび》の太刀《たち》（カサタナハマヤラ）と云《い》う。カからラまでの実相《じっそう》の科学《かがく》の数理《すうり》である。八《はち》を十倍《じゅうばい》した八十《やそ》（耶蘇《ヤソ》）は大国主命《おほくにぬしのみこと》すなわちエホバ神《しん》が用《もち》うる数理《すうり》である、天照大御神《あまてらすおほみかみ》と大国主命《おほくにぬしのみこと》の道《みち》を調整《ちょうせい》する法《ほう》を「百八十結び《ももやそむすび》」と云《い》う。

そ（其《そ》）の子《みこ》（、）迦具土神《かぐつちのかみ》の頸《(み)くび》を斬《き》りたまふ

剣《たち》は分析《ぶんせき》であって、これから五十音言霊図《ごじゅうおんげんれいず》である迦具土神《かぐつちのかみ》の哲学的《てつがくてき》な分析《ぶんせき》がはじまる。頸《くび》は組霊《くび》の義《ぎ》であり、言霊図《げんれいず》と言《い》うことである。首《くび》を斬《き》ると云《い》うことは迦具土《かぐつち》の構成要素《こうせいようそ》を分解検討《ぶんかいけんとう》することである。

犠《ぎ》牲《せい》

話《はなし》が少《すこ》し傍道《わきみち》に入《はい》るかも知《し》れないが古代宗教《こだいしゅうきょう》の祭典《さいてん》に犠牲《いけにえ》（生贄《いけにえ》）と云《い》う行事《ぎょうじ》がある。犠牲《ぎせい》と云《い》う文字《もじ》が示《しめ》す通《とお》り古代支那《こだいしな》やギリシャの祭典《さいてん》では牛《うし》を殺《ころ》し、そしてユダヤ教《きょう》のエホバの祭典《さいてん》では羊《ひつじ》を殺《ころ》して、祭壇《さいだん》の上《うえ》でその肉《にく》を割《さ》き腸《ちょう》を露出《ろしゅつ》して血《ち》を流《なが》す。特《とく》にエホバに対《たい》しては羊《ひつじ》の燔祭《はんさい》を行《おこな》うのである。是等《これら》の行事《ぎょうじ》はもとより呪事《じゅじ》であって、ウシ（牛《うし》）はウ言霊《げんれい》（有《う》、相《う》）すなわち人間《にんげん》の五官感覚《ごかんかんかく》の対象《たいしょう》となるすべてのものの象徴《しょうちょう》である。その牛《うし》を犠牲《ぎせい》として解剖《かいぼう》すると云《い》うことは万有《ばんゆう》を分解分析《ぶんかいぶんせき》する意味《いみ》であって、すなわち感覚《かんかく》が捕《とら》えた対象《たいしょう》を所謂《いわゆる》科学的《かがくてき》に研究《けんきゅう》することである。牛《うし》や羊《ひつじ》を殺《ころ》して解剖《かいぼう》すると血《ち》が流《なが》れ出《で》る。その血《ち》は道《ち》であって、すなわち解剖《かいぼう》によって牛《うし》を構成《こうせい》する万有《ばんゆう》の道理《どうり》が発見《はっけん》されるのである。

エホバの祭典《さいてん》の場合《ばあい》は少《すこ》しく趣《おもむ》きを異《こと》にして、牛《うし》の代《か》わりに羊《ひつじ》を殺《ころ》す。羊《ひつじ》は神《かみ》の子羊《こひつじ》、羊《ひつじ》は神《かみ》に従順忠実《じゅうじゅんちゅうじつ》な宗教者《しゅうきょうしゃ》に喩《たと》えられている。その神《かみ》の子羊《こひつじ》に死《し》を要求《ようきゅう》することがエホバの特異《とくい》な神格《しんかく》であり、同時《どうじ》にユダヤ教《きょう》の特徴《とくちょう》でもある。それは羊飼《ひつじか》いの弟《おとうと》アベルを殺《ころ》した兄《あに》のカインの子孫《しそん》が却《かえ》ってエホバの祝福《しゅくふく》を受《う》ける理由《りゆう》であり、やがてイエス・キリストが十字架《じゅうじか》に血《ち》を流《なが》さねばならぬ理由《りゆう》でもあるのである。この犠牲《ぎせい》と云《い》うことの意義《いぎ》が理解《りかい》されると世界《せかい》を経綸《けいりん》しつつある者《もの》の意図《いと》の表裏《ひょうり》、すなわち歴史《れきし》の両面《りょうめん》が判《わか》って来《く》る。以上《いじょう》を前提《ぜんてい》として迦具土神《かぐつちのかみ》が斬《き》られて流《なが》れ出《で》る血《ち》（道《ち》）の解釈《かいしゃく》に進《すす》む。

湯津石村《ゆついはむら》（迦具土《かぐつち》）

ア	タ	カ	サ	ハ	ヤ	マ	ラ	ナ	ワ	
イ									ヰ	（ゐ）
エ									ヱ	（ゑ）
オ									ヲ	（を）
ウ	ツ	ク	ス	フ	ユ	ム	ル	ヌ	ウ	
ウ	ツ	ク	ス	フ	ユ	ム	ル	ヌ	ウ	
オ									ヲ	（を）
エ									ヱ	（ゑ）
イ									ヰ	（ゐ）
ア	タ	カ	サ	ハ	ヤ	マ	ラ	ナ	ワ	

図表-16｜**湯津石村**

そ（其《そ》）の御刀《みはかし》の前《さき》に著《つ》ける血《ち》、湯津石村《ゆついはむら》に走《たばし》りつ（就《つ》）きて

迦具土《かぐつち》を斬《き》る主体《しゅたい》は十拳剣《とつかつるぎ》であり、斬《き》られる客体《きゃくたい》は迦具土《かぐつち》である。御刀《みはかし》の先《さき》、元《もと》、手上《たがみ》、手俣《たなまた》と云《い》うことはその道理《どうり》開明《かいめい》の進行《しんこう》を示《しめ》す呪示《じゅじ》である。湯津石村《ゆついはむら》の湯津《ゆつ》は五百箇《いほつ》の詰《つ》まり、五母音《ごぼいん》を基調《きちょう》とした五十音《ごじゅうおん》の二倍《にばい》の百箇《ひやつこ》の言霊《げんれい》のこと。石村《いはむら》は五十葉叢《いはむら》であって、湯津石村《ゆついはむら》は言霊図《げんれいず》と云《い》うことである。剣《つるぎ》の作用《さよう》である判断《はんだん》は主体側《しゅたいがわ》に於《お》ける自覚《じかく》であり、その判断《はんだん》される対象《たいしょう》は湯津石村《ゆついはむら》であり迦具土《かぐつち》である五十音図《ごじゅうおんず》である。御刀《みはかし》の血《ち》が石村《いはむら》に走《はし》り付《つ》くとは剣《つるぎ》の判断《はんだん》の結果《けっか》がその通《とお》り言霊図《げんれいず》の内容《ないよう》に結《むす》び付《つ》いて五十音《ごじゅうおん》の道理《みち》（血《ち》）が判明《はんめい》する

五《ご》	四《よん》	三《さん》	二《に》	一《いち》	（次元《じげん》）
イ	エ	ア	オ	ウ	（母音《ぼいん》）
仏陀《ぶつだ》	菩薩《ぼさつ》	縁覚《えんがく》	声聞《しょうもん》	衆生《しゅじょう》	（五乗《ごじょう》）
生命意志《せいめいいし》	理性《りせい》（実践智《じっせんち》）	感情《かんじょう》	悟性《ごせい》（経験智《けいけんち》）	五官感覚《ごかんかんかく》	（精神内容《せいしんないよう》）
総持《そうじ》	道徳的実践《どうとくてきじっせん》	芸術《げいじゅつ》	自然社会科学《しぜんしゃかいかがく》	産業《さんぎょう》	（職業《しょくぎょう》）
布斗麻邇《フトマニ》	至上命令《しじょうめいれい》	詩歌《しいか》	抽象的概念《ちゅうしょうてきがいねん》	感覚《かんかく》の直接的表現《ちょくせつてきひょうげん》	（使用言語《しようげんご》）
伊邪那岐神《いざなぎのかみ》	国之常立神《くにのとこたちのかみ》	高御産巣日神《たかみむすびのかみ》	天之常立神《あめのとこたちのかみ》	天之御中主神《あめのみなかぬしのかみ》	（神名《しんめい》）
天菩卑命《あめのほひのみこと》	天津日子根命《あまつひこねのみこと》	熊野奇霊命《くまのくしのみこと》	天之忍穂耳命《あめのおしほみみのみこと》	活津彦根命《いくつひこねのみこと》	（命名《みことな》）
脾《ひ》（胃《い》）	心《こころ》（小腸《しょうちょう》）	肝《きも》（胆《たん》）	腎《じん》（膀胱《ぼうこう》）	肺《はい》（大腸《だいちょう》）	（東洋医学《とうよういがく》）
土《ど》	火《か》	木《もく》	水《すい》	金《ごん》	（五行《ごぎょう》）
地《ち》	火《か》	風《ふう》	水《すい》	空《くう》	（五大《ごだい》）
中《ちゅう》	南《なん》	東《とう》	北《ほく》	西《さい》	（方位《ほうい》）
黄《き》	赤《あか》	青《あお》	黒《くろ》	白《しろ》	（色相《しきそう》）

図表-17｜**五段階の次元の構造**

ことである。

石柝神《いはさくのかみ》

五葉柝《いはさく》である五十音言霊《ごじゅうおんげんれい》は先《ま》ずアイウエオの五母音《ごぼいん》の五段《ごだん》に分析《ぶんせき》される。この五母音《ごぼいん》が宇宙《うちゅう》の基本《きほん》の道理《どうり》であることが確立《かくりつ》したことである。『古事記《こじき》』序文《じょぶん》には「五行《ごぎょう》の序《ついで》を齊《ととの》へたまふ」とあるが、仏教《ぶっきょう》、儒教《じゅきょう》、キリスト教《きょう》と云《い》わず、すべて東洋《とうよう》の古代哲学《こだいてつがく》の根幹《こんかん》をなす五数《ごすう》の原理《げんり》は心《こころ》と云《い》わず物《もの》と云《い》わず、万理万法構成《ばんりばんぽうこうせい》の基本《きほん》である宇宙《うちゅう》の五段階《ごだんかい》の次元《じげん》の構造《こうぞう》を示《しめ》すものである。右掲《うけい》（図表《ずひょう》17）の先天五母音《せんてんごぼいん》の意義《いぎ》は平面《へいめん》や立体《りったい》として隣《とな》り合《あ》わせた並立《へいりつ》、対立《たいりつ》して存《そん》するものではなくして、一《ひと》つの段階《だんかい》の系列《けいれつ》の顕現《けんげん》が全部終了《ぜんぶしゅうりょう》する時《とき》、その顕現《けんげん》の全部《ぜんぶ》を挙《あ》げて次《つぎ》の段階《だんかい》の系列《けいれつ》の部分《ぶぶん》に飛躍《ひやく》して行《い》くところの次元的重畳《じげんてきちょうじょう》を示《しめ》すものである。

人間《にんげん》の境涯《きょうがい》と言語《げんご》の段階《だんかい》

此《こ》の図表《ずひょう》（図表《ずひょう》17）を読《よ》んだ時《とき》、特《とく》に注意《ちゅうい》して頂《いただ》きたいことは、人間《にんげん》が日常《にちじょう》に使用《しよう》する言語《げんご》の様態《ようたい》に五《いつ》つの次元的段階《じげんてきだんかい》があると云《い》うことである。その人《ひと》が到達《とうたつ》した境涯《きょうがい》の如何《いかん》によって使用《しよう》する言語《げんご》、理解《りかい》し得《う》る言語《げんご》に制約《せいやく》がある。この事《こと》は一般《いっぱん》に余《あま》り注意《ちゅうい》されていない事《こと》であるが、相手《あいて》の霊《れい》を審神《さにわ》し、人物《じんぶつ》を商量認識《しょうりょうにんしき》する上《うえ》に於《お》て正確《せいかく》な標準《ひょうじゅん》となる明瞭《めいりょう》な区別《くべつ》である。

第一《だいいち》の衆生《しゅじょう》（民衆《みんしゅう》）位《い》の人《ひと》は所謂食気《いわゆるくいけ》と色気《いろけ》と慾気《よくけ》である感覚《かんかく》の世界《せかい》に住《じゅう》するから、その発《はつ》する言語《げんご》は五官認識《ごかんにんしき》の直接的表現《ちょくせつてきひょうげん》であることを出《で》ることがない。

第二《だいに》の声聞位《しょうもんい》の人《ひと》は所謂《いわゆる》インテリゲンチャであって、民衆《みんしゅう》のものである感覚的言語《かんかくてきげんご》を用《もち》うると共《とも》に、その上《うえ》に学術語《がくじゅつご》である抽象的概念《ちゅうしょうてきがいねん》を使用《しよう》する。然《しか》しこれ以上《いじょう》の言語《げんご》を持《も》たない。

第三《だいさん》の縁覚位《えんがくい》の人《ひと》は所謂宗教家《いわゆるしゅうきょうか》、芸術家《げいじゅつか》であって、この級《きゅう》の人《ひと》は右《みぎ》の感覚的言語《かんかくてきげんご》と抽象的概念《ちゅうしょうてきがいねん》の他《ほか》に自分自身《じぶんじしん》の純粋感情《じゅんすいかんじょう》の表現《ひょうげん》として詩《し》や歌《うた》を用《もち》いることを知《し》っている。

第四《だいよん》の菩薩位《ぼさつい》の人《ひと》は感覚語《かんかくご》、抽象語《ちゅうしょうご》、詩《し》の三《みっ》つを自由《じゆう》に使用《しよう》すると共《とも》に、言語《げんご》を行為実践《こういじっせん》の自己軌範《じこきはん》とする。カントはこの境涯《きょうがい》の言語《げんご》を「道徳《どうとく》の至上命令《しじょうめいれい》」と称《しょう》した。

第五《だいご》の仏陀《ぶつだ》（正覚《しょうかく》）者《しゃ》は右《みぎ》の四段階《よんだんかい》の言語《げんご》と共《とも》に此《こ》の境涯独特《きょうがいどくとく》の言語《げんご》を用《もち》いる。すなわちそれが人間《にんげん》の言《げん》語《ご》の精髄《せいずい》である布斗麻邇《フトマニ》であり、仏所護念《ぶつしょごねん》と云《い》われる世界人類共通普遍《せかいじんるいきょうつうふへん》の言語《げんご》である。

以上《いじょう》の五段階《ごだんかい》の言語《げんご》のうち低次元《ていじげん》のものはそのままより高次元《こうじげん》の境涯《きょうがい》に通用《つうよう》するが、高次元《こうじげん》の言語《げんご》は低次元《ていじげん》の世界《せかい》には通用《つうよう》しない。石析神《いはさくのかみ》は斯《かく》の如《ごと》くに五段階《ごだんかい》に裂《さ》けている。

根析神《ねさくのかみ》

音裂《ねさく》である。五十音《ごじゅうおん》を分析《ぶんせき》すると音《ね》の様相《ようそう》があることが判断《はんだん》される。音《ね》とは韻《ひびき》であり、実相顕現《じっそうけんげん》の契機《きっかけ》である父韻《ふいん》である。父韻《ふいん》はアオウエイの根《ね》（根底《こんてい》）であるイ段《だん》に位《くらい》し、そのイ、ヰ《ゐ》言霊《げんれい》を八《や》つに裂《さ》く知性発現《ちせいはつげん》、実相発生《じっそうはっせい》の原律《げんりつ》である。八卦《はっけ》であり、八正道《はっしょうどう》、八条目《はちじょうもく》であり、音楽《おんがく》ではオクターヴであり、科学的《かがくてき》には八《はち》で括《くく》られる元素《げんそ》の周期律《しゅうきりつ》でもある。

石筒之男神《いはつつのをのかみ》

石筒《いはつつ》は五十葉筒《いはつつ》であって、石析《いはさく》の原理《げんり》でも根析《ねさく》の原理《げんり》でも何《いず》れも一貫《いっかん》した筒《つつ》か管《かん》の様《よう》な通路《チャンネル》の形《かたち》で言霊《げんれい》の変《へん》化《か》発展連続《はってんれんぞく》の姿《すがた》を示《しめ》している。アオウエイもカサタナハマヤラもそれぞれに筒《つつ》と見《み》ることが出来《でき》る。後段《こうだん》、禊祓《みそぎはらひ》の条《くだり》で上筒之男命《うはづつのをのみこと》、中筒之男命《なかづつのをのみこと》、底筒之男命《そこづつのをのみこと》の三神《さんしん》が出《で》て来《く》るがこれと同《おな》じ意味《いみ》のものである。石筒《いはつつ》は五十音言霊《ごじゅうおんげんれい》が縦横《じゅうおう》の連絡《れんらく》または段階《だんかい》として組立《くみた》てられてあることが確定《かくてい》されたことである。すなわち宇宙《うちゅう》に、人間《にんげん》の知性《ちせい》に此《こ》の連続《れんぞく》と次元《じげん》の段階《だんかい》が存《そん》することが確認《かくにん》されたことである。

以上《いじょう》で石析《いはさく》、根析《ねさく》、石筒《いはつつ》の三《みっ》つの原理原律《げんりげんりつ》が御刀《みはかし》の前《まえ》に顕《あら》われる道理《どうり》（血《ち》）として五十音《ごじゅうおん》の上《うえ》に結《むす》び付《つ》けられた事《こと》となる。母音父韻《ぼいんふいん》の配列《はいれつ》の様相《ようそう》は宇宙人生《うちゅうじんせい》を観《み》る観方立場《みかたたちば》の相違《そうい》によって夫々変化《それぞれへんか》する。この変化《へんか》を把握操作《はあくそうさ》する道《みち》を後述《こうじゅつ》する時置師《ときおかし》、処置師《ところおかし》、位置師《くらいおかし》の三置《みち》（道《みち》）と云《い》う。

天津菅麻《あまつすがそ》	アオウエイ	タカサハヤマラナ
天津金木《あまつかなぎ》	アイウエオ	カサタナハマヤラ
天津太祝詞《あまつふとのりと》	アイエオウ	タカマハラナヤサ

甕速日神《みかはやびのかみ》

甕《みか》は素焼《すやき》の土器《どき》である五十音図《ごじゅうおんず》のこと、速日《はやひ》とは其処《そこ》に書《か》かれてある言霊《げんれい》（日《ひ》）の性状組織《せいじょうそしき》の全貌《ぜんぼう》が一眼《ひとめ》で判《わか》るように綜合整理《そうごうせいり》されることで、音性早見表《おんせいはやみひょう》と云《い》うようなものが作成《さくせい》されたと云《い》うことである。その早見表《はやみひょう》とはたとえば「天津菅麻《あまつすがそ》」、「天津金木《あまつかなぎ》」等《など》の音図《おんず》の如《ごと》きものである。甕速日《みかはやび》は静的状態《せいてきじょうたい》に於《お》ける言《げん》霊《れい》の展開《てんかい》である。

樋速日神《ひはやびのかみ》

樋《ひ》は水《みず》が流《なが》れる通路《つうろ》であるから、宇宙生命《うちゅうせいめい》の流動変化循環《りゅうどうへんかじゅんかん》の道理《どうり》が一眼《ひとめ》で速《すみ》やかに判《わか》るように言霊《げんれい》が組織《そしき》されることで、ここでは言霊変化《げんれいへんか》の一覧表《いちらんひょう》と云《い》ったものが作成《さくせい》されたことである。その例《れい》は「ヒフミヨイムナヤコトモチロラネシキルユヰ《ゐ》ツワヌソヲ《を》タハクメカウオエニサリヘテノマスアセヱ《ゑ》ホレケ」と云《い》う石上神宮《いそのかみじんぐう》の四十七音《よんじゅうななおん》の布留《ふる》の言本《ことのもと》（日文《ひふみ》）の如《ごと》きものである。前述《ぜんじゅつ》の「いろは歌《うた》」も此《こ》の例《れい》と考《かんが》えてよかろう。速日《はやひ》とは早振《はやふ》り（千早振《ちはやぶ》り）のことである。樋速日《ひはやび》は動的状態《どうてきじょうたい》に於《お》ける言霊《げんれい》の活用《かつよう》である。

高《たか》千《ち》穂《ほ》奇《くし》振《ふる》嶽《たけ》（百敷《ももしき》の大宮《おおみや》）

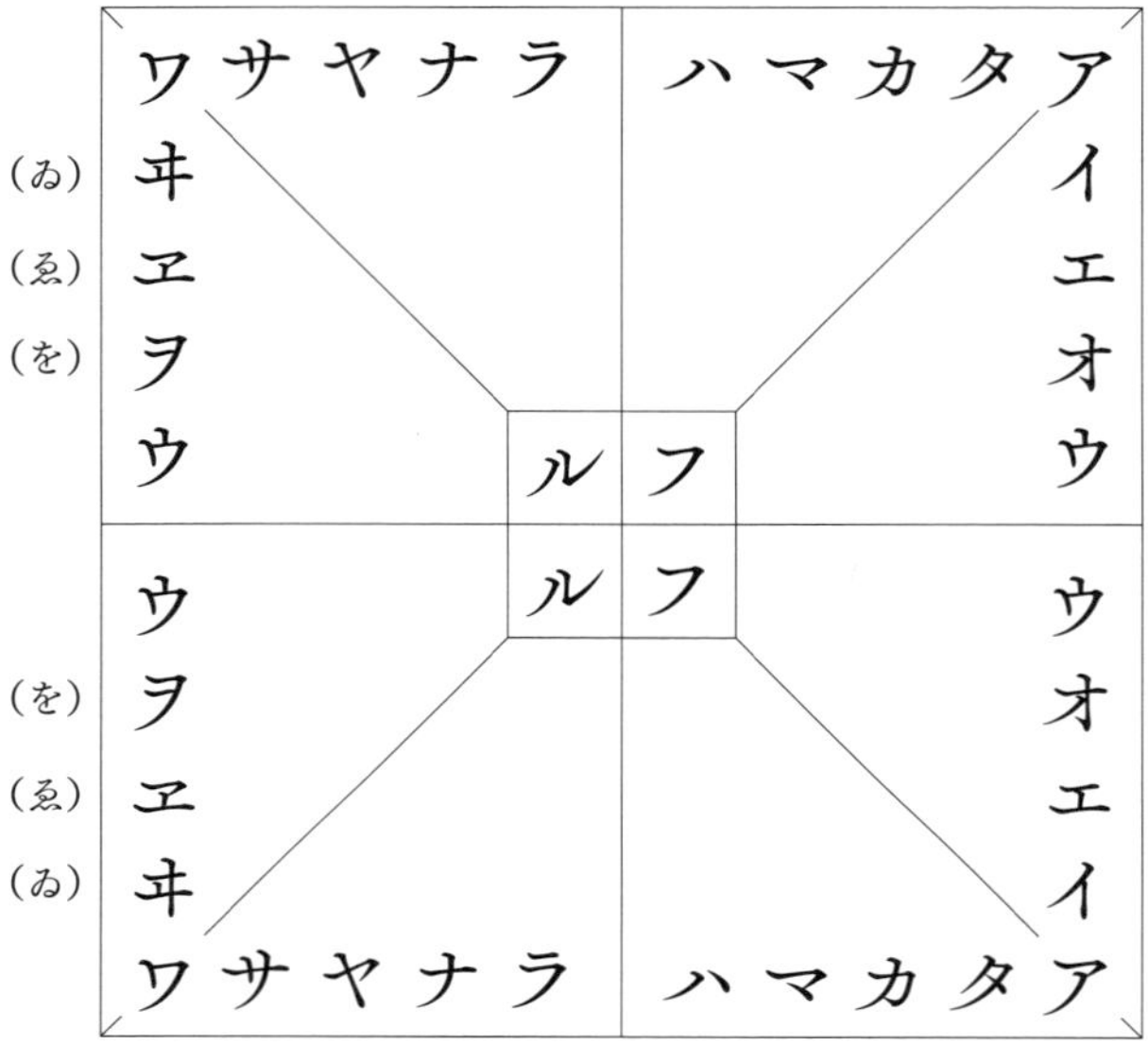

図表-18｜**高千穂奇振嶽**

建御雷之男神《たけみいかづちのをのかみ》、
また（亦《また》）の名《みな》は建布都神《たけふつのかみ》、
また（亦《また》）の名《みな》は豊布都神《とよふつのかみ》

建《たけ》は田毛《たけ》である。天照大御神《あまてらすおほみかみ》の御営田《みつくだ》（神田《みとしろ》）である言霊図《げんれいず》を田《た》と云《い》い、その田《た》に生《しょう》じた気《け》である言霊《げんれい》をタケと云《い》う。雷《いかづち》は五十《い》神《か》土《つち》であって五十音言霊《ごじゅうおんげんれい》を埴土《つち》に書《か》いたもの、前述《ぜんじゅつ》の迦具土《かぐつち》はその未整理《みせいり》の原始的《げんしてき》な形《かたち》である。雷《かみなり》（神鳴《かみな》り）は自然現象《しぜんげんしょう》であるが、それと同《おな》じく人間《にんげん》が発《はつ》する音声《おんせい》もまた神鳴《かみな》りの一種《いっしゅ》であって、これには五十神《いかみ》の要素《ようそ》と変化《へんか》がある。その五十音《ごじゅうおん》の静態《せいたい》（甕速日《みかはやび》）、動態《どうたい》（樋速日《ひはやび》）の両方《りょうほう》から綜合的《そうごうてき》に組織《そしき》して行《い》くことによって、ここに生命最高《せいめいさいこう》の調和《ちょうわ》の姿《すがた》を顕《あら》わす理想《りそう》の組立《くみた》てが出来上《できあが》ったのである。すなわち剣《つるぎ》の活動《かつどう》によって宇宙《うちゅう》の道《みち》の全内容《ぜんないよう》を五十音麻邇《ごじゅうおんまに》として現《あら》わす方法《ほうほう》が完成《かんせい》して、人類文明《じんるいぶんめい》の理想《りそう》の典範《てんぱん》である建御雷《たけみかづち》と云《い》う立派《りっぱ》な言霊図《げんれいず》（曼荼羅《マンダラ》）の意義《いぎ》が明《あき》らかにされたことで、その図《ず》は五十音《ごじゅうおん》を陰陽《いんよう》に取《と》った百音図《ひゃくおんず》である。
建御雷神《たけみかづちのかみ》の原理《げんり》は後段《こうだん》、大国主神《おほくにぬしのかみ》、建御名方神《たけみなかたのかみ》を言向《ことむ》け和《や》わした原理《げんり》である。建布都神《たけふつのかみ》の布都《ふつ》に都《みやこ》を布《し》くと云《い》うことで、「六合《くにのうち》を兼《か》ねて都《みやこ》を開《ひら》く」（『日本書紀《にほんしょき》』）とあるが、その全宇宙《ぜんうちゅう》（六合《くにのうち》）を包摂《ほうせつ》して国家《こっか》を建設《けんせつ》する原理《げんり》が建御雷《たけみかづち》である。それは「百敷《ももしき》の大宮《おほみや》」と云《い》い「高千穂《たかちほ》の奇振嶽《くしふるたけ》」と云《い》う「言霊布斗麻邇《げんれいフトマニ》」の最高《さいこう》の範疇《はんちゅう》である。神武天皇《じんむてんのう》は東征《とうせい》の砌《みぎ》り、高倉下《たかくらじ》で此《こ》の神剣《しんけん》の用法《ようほう》すなわちその言霊図《げんれいず》に祭《まつ》り（真《ま》釣《つ》り）合《あ》わせて政治《せいじ》を行《おこ》なう方法《ほうほう》を授《さず》けられた。建布都《たけふつ》、豊布都《とよふつ》は石上神宮《いそのかみじんぐう》に祭《まつ》られてある神剣《しんけん》である。

御刀《みはかし》の手上《たかみ》に集《あつま》る血《ち》、手俣《たなまた》より漏《く》（き）出《で》て、
成《な》りませる神《かみ》の名《みな》は、闇於加美神《くらおかみのかみ》、
次《つぎ》に闇御津羽神《くらみつはのかみ》

血《ち》すなわち道理《どうり》が手《て》の俣《また》、指《ゆび》の間《あいだ》から洩《も》れて出《で》て来《く》ると云《い》うのは巧妙《こうみょう》な表現《ひょうげん》である。人間《にんげん》は宇宙《うちゅう》の諸法空《しょほうくう》想《そう》、諸法《しょほう》に就《つい》て時間《じかん》、空間《くうかん》、次元《じげん》、或《ある》いは数量《すうりょう》、質量《しつりょう》、価値《かち》、順序等《じゅんじょとう》々のあらゆる関係《かんけい》を取扱《とりあつか》って行《い》く方法《ほうほう》として十拳剣《とつかつるぎ》の十数《じゅうすう》を使用《しよう》する。十数《じゅうすう》の実体《じったい》は十言霊《じゅうげんれい》であるが、その操作《そうさ》は十本《じゅっぽん》の指《ゆび》の屈伸開閉《くっしんかいへい》によってなされる。これを御手繰《みてぐり》と云《い》う。すなわち道理《どうり》は手指《しゅし》によって数《かぞ》えられるから指《ゆび》の俣《また》から現《あら》われて来《く》る形《かたち》となるわけである。

御手繰《みてぐり》の一方《いっぽう》は闇淤加美《くらおかみ》である。十指《じっし》を繰り噛《か》み合《あ》わせて神《かみ》すなわち真理《しんり》を掌握《しょうあく》して行《い》くことである。一二三四五六七八九十《ひふみよいむなやこと》と指《ゆび》を次々《つぎつぎ》に握《にぎ》って行《い》って、最後《さいご》に握《にぎ》り終《お》えた時《とき》、それが宇宙《うちゅう》の全内容《ぜんないよう》を十数《じゅうすう》に於《お》て掌握《しょうあく》した形《かたち》である。この形《かたち》を幣《にぎて》（握手《にぎて》）と云《い》う。それは宇宙全体《うちゅうぜんたい》を綜合《そうごう》した和《わ》の形《かたち》であるから和幣《にぎて》とも書《か》く、い、い、い、みてぐら（御手繰《みてぐり》）とも云《い》う。

だが然《しか》し精神宇宙《せいしんうちゅう》の全面的自覚《ぜんめんてきじかく》としての和幣《にぎて》は数《かず》だけでは出来《でき》ない。数《かず》だけでやると易《えき》のようなものになって「魔女《まじょ》の九九《くく》」（ゲーテ『ファウスト』魔女《まじょ》の厨《くりや》）として詩人《しじん》から笑《わら》われる。

「汝《なんじ》すべからく会《え》すべし。一《いち》より十《じゅう》を作《な》せ。二《に》は去《さ》るに任《まか》せよ。而《しこう》して径《ただ》ちに三《さん》に之《ゆ》け。然《しか》らば則《すなわ》ち汝《なんじ》は富《と》まむ。四《よん》は喪失《そうしつ》せよ。五《ご》と六《ろく》とより七《なな》と八《はち》を生《しょう》ぜしめよ。是《こ》の如《ごと》く魔女《まじょ》は説《と》く。是《これ》に於《おい》てや成就《じょうじゅ》すべし。九《きゅう》は則《すなわ》ち一《いち》なり。十《じゅう》は則《すなわ》ち無《む》なり。之《これ》を魔女《まじょ》の九九《くく》と謂《い》ふ。」この九九《くく》はこれでよいのであるが、然《しか》しこれではどうにもならない。元来数《がんらいかず》は事物《じぶつ》の数量《すうりょう》と順序《じゅんじょ》を示《しめ》す抽象的《ちゅうしょうてき》なものであって、その数《かず》に事物《じぶつ》の実体実質《じったいじっしつ》である名《な》、すなわち言葉《ことば》、特《とく》に万有《ばんゆう》の真奈《まな》である言霊《げんれい》を結《むす》び付《つ》けて握《にぎ》り納《おさ》めた時《とき》、初《はじ》めて事物《じぶつ》の真相《しんそう》を、簡潔《かんけつ》に然《しか》も正確《せいかく》に把握《はあく》した事《こと》になる。これが神道《しんとう》の和幣《にぎて》である。石上神宮《いそのかみじんぐう》の教《おし》えには「一《ひと》 二《ふた》 三《み》 四《よ》 五《いつ》 六《む》 七《なな》 八《や》 九《ここの》 十《たり》」と唱《とな》えて、これに玉《たま》（言霊《げんれい》）を結《むす》べとある。

神社神道《じんじゃしんとう》に於《おい》て紙《かみ》や布《ぬの》を幾何学的《きかがくてき》な形《かたち》、電光《でんこう》の形《かたち》に切《き》って飾《かざ》って幣《にぎて》と称《しょう》するのはこの事《こと》の呪示《じゅじ》である。また紙幣《しへい》（通貨《つうか》）のことを同《おな》じくにぎてと云《い》うことは、人間《にんげん》の労働《ろうどう》の所産《しょさん》である価値《かち》を紙幣《しへい》が掌握《しょうあく》し、綜合代表《そうごうだいひょう》していることである。また神前《しんぜん》に供《そな》える種々《しゅじゅ》の生産物《せいさんぶつ》をみてぐら（饌《せん》）と云《い》うのも同《おな》じく勤労《きんろう》の綜合結晶《そうごうけっしょう》であるからである。

御手繰《みてぐり》の他《ほか》の一面《いちめん》は闇御津羽《くらみつは》であって、繰《く》って御稜威《みいづ》を、生命《せいめい》の知性《ちせい》の権威《けんい》を鳥《とり》の羽《は》の様《よう》に現《あら》わし拡《ひろ》げることで、その操作《そうさ》は闇淤加美《くらおかみ》とは反対《はんたい》に、握《にぎ》った指《ゆび》を一二三四《ひふみよ》……と次々《つぎつぎ》に起《お》こして行《い》くことである。この事《こと》を起《お》き手《て》と云《い》う。握《にぎ》ぎ手《て》として宇宙《うちゅう》の法則《ほうそく》とエネルギーを握《にぎ》り、結《むす》び、収《おさ》めて、それを自覚《じかく》して把持《はじ》しているだけでは死蔵《しぞう》である。これを時処位《じしょい》に応《おう》じて順々《じゅんじゅん》に活《い》かして行《い》く上《うえ》に初《はじ》めて御稜威《みいづ》（価値《かち》）が実際《じっさい》に発揮《はっき》される。起《お》き手《て》はすなわち掟《おきて》である。掌握《しょうあく》された生命《せいめい》の原理《げんり》を第一条《だいいちじょう》、人《ひと》を殺《ころ》す勿《なか》れ。第二条《だいにじょう》、姦淫《かんいん》する勿《なか》れ。第三条《だいさんじょう》、偽《いつ》はる勿《なか》れ……と律法《りっぽう》として現《あら》わして社会《しゃかい》の軌範《きはん》とすることである。この実際《じっさい》の軌範《きはん》の運用《うんよう》によって社会《しゃかい》が経営《けいえい》される。

握《にぎ》ぎ手《て》と起《お》き手《て》とは表裏《ひょうり》をなしている。但《ただ》し正《ただ》しい道《みち》に遵《したが》って和幣《にぎて》が完全《かんぜん》な様態《ようたい》に整《ととの》っているのでなければ其処《そこ》から正《ただ》しい掟《おきて》は生《う》まれて来《こ》ない。旧帝国憲法《きゅうていこくけんぽう》の御告文《ごこうもん》には「皇祖皇宗《こうそこうそう》ノ後裔《こうえい》ニ貽《のこ》シタマヘル統治《とうち》ノ洪範《こうはん》ヲ紹述《しょうじゅつ》スルニ外《ほか》ナラス」とあった。統治《とうち》の洪範《こうはん》は和幣《にぎて》であり、これを紹述《しょうじゅつ》する事《こと》は掟《おきて》である。但《ただ》し実際《じっさい》には明《めい》治政府《じせいふ》には布斗麻邇《フトマニ》としての国体原理《こくたいげんり》の掌握《しょうあく》がなかったから、折角《せっかく》のこの宣言《せんげん》も単《たん》なる信念若《しんねんも》しくは基本要求《きほんようきゅう》たるに過《す》ぎなかった。そして大《おお》きな抱負《ほうふ》をもって出発《しゅっぱつ》した維新《いしん》の意義《いぎ》は次々《つぎつぎ》に崩壊《ほうかい》して、百年後《ひゃくねんご》の今日精神的《こんにちせいしんてき》大混乱《だいこんらん》の劫末《ごうまつ》の時代《じだい》を招来《しょうらい》した。

以上《いじょう》、石析神《いはさくのかみ》より闇御津羽神《くらみつはのかみ》までの八神《はっしん》は剣《つるぎ》（太刀《たち》）の活《はた》らきであって、迦具土神《かぐつちのかみ》として出来上《できあが》った言霊《げんれい》麻邇《まに》（麻邇字《まにな》）の上《うえ》に宇宙《うちゅう》の道《みち》、生命《せいめい》の原理法則《げんりほうそく》を明瞭《めいりょう》に自覚《じかく》し、それを掌握《しょうあく》し活用《かつよう》する操作《そうさ》である。

（大島《おほしま》）

この八神《はっしん》が位《くらい》する宝座《ほうざ》を「大島《おほしま》、またの名《な》は大多麻流別《おほたまるわけ》」と云《い》う。大《おお》いなる意義《いぎ》を持《も》った範疇《はんちゅう》（島《しま》）であり、また大《おお》いなる言霊《げんれい》（多麻《たま》）が流露発揚《りゅうろはつよう》すると云《い》う義《ぎ》である。天之御中主神《あめのみなかぬしのかみ》からこの闇御津羽神《くらみつはのかみ》までの所《ところ》で布斗麻邇《フトマニ》の原理《げんり》はその言霊自体《げんれいじたい》の学《がく》として一先《ひとま》ず完成《かんせい》を見《み》たこととなる。

神《かみ》代《よ》文《も》字《じ》の原《げん》理《り》（山《やま》津《つ》見《み》八《はっ》神《しん》）

殺《ころ》さえましし迦《か》具《ぐ》土神《つちのかみ》の頭《みかしら》に成《な》りませる神《かみ》の名《みな》は

闇《くら》御《み》津《つ》羽神《はのかみ》までの八神《はっしん》は迦《か》具《ぐ》土《つち》を斬《き》る主体《しゅたい》である剣《つるぎ》（太刀《たち》）の活動《かつどう》の所産《しょさん》を言霊《げんれい》に結《むす》び付《つ》けて（湯《ゆ》津《つ》石村《いはむら》に走《はし》りつきて）道理《どうり》すなわち言葉《ロゴス》として確立《かくりつ》した事《こと》であるが、次《つぎ》に斬《き》られる側《がわ》の客体《きゃくたい》である迦《か》具《ぐ》土《つち》の側《がわ》の検《けん》討《とう》に移《うつ》って行《い》く。迦《か》具《ぐ》土《つち》とは神代《かみよ》表音《ひょうおん》仮名《かな》文字《もじ》を以《もっ》て五十《ごじゅう》の麻邇《まに》を記《しる》した粘土盤《ねんどばん》であるから、そこで斬《き》られた迦《か》具《ぐ》土《つち》の側《がわ》から現《あら》われる原理《げんり》は文字《もじ》の原理《げんり》であって、五十《ごじゅう》の言霊《げんれい》が如何《いか》なる方法《ほうほう》、如何《いか》なる原理《げんり》に則《のっと》った文《も》字《じ》によって如何《いか》に現《あら》わされるかと云《い》うことの検討《けんとう》である。前述《ぜんじゅつ》した大山津見神《おほやまつみのかみ》とは音波《おんぱ》の震動《しんどう》としての言語《げんご》である。これから説《と》く八《やっ》つの山津見《やまつみ》は文字《もじ》である。山津見《やまつみ》のヤマは大八島国《おほやしまのくに》の図形《ずけい》の八間《やま》の原理《げんり》のことであって、これを言葉《ことば》として現《あら》わしたものが大山津見神《おほやまつみのかみ》であり、文字《もじ》として現《あら》わしたものが八山津見神《はちやまつみのかみ》である。

頭《みかしら》に成《な》りませる神《かみ》の名《みな》は（、）正鹿山津見神《まさかやまつみのかみ》

頭《みかしら》、胸《みむね》、腹《みはら》、手足等《てあしなど》より文字構成《もじこうせい》の原理《げんり》があらわれる。正鹿《まさか》は真性《まさか》である。頭《かしら》とは神知《かしら》であって、言霊《げんれい》の本性《ほんしょう》を有《あ》りのままに表《あら》わすような正系《せいけい》の原理《げんり》と云《い》うことで、山腰明将《やまこしあきまさ》氏《し》の説《と》いた所《ところ》によるとその原理《げんり》で出来《でき》た文字《もじ》は竜形文字《りゅうけいもじ》である。

胸《みむね》に成《な》りませる神《かみ》の名《みな》は（、）淤騰《おど》（縢《ど》）山津見神《やまつみのかみ》

淤騰《おど(と)》（縢《ど(と)》）は音《おと》であり、胸《むね》は息《いき》が出《で》て来《く》る元《もと》と解《かい》すれば、音性《おんせい》に則《のっと》った文字《もじ》の作法《さほう》と云《い》うほどの意味《いみ》である。

腹《みはら》に成《な》りませる神《かみ》の名《みな》は（、）奥山津見神《おくやまつみのかみ》

腹《みはら》は原《はら》の意味《いみ》で阿波岐原《あはぎはら》などと云《い》う時《とき》の五十音図《ごじゅうおんず》の盤面《ばんめん》のことである。その音図全体《おんずぜんたい》がまとまるような文字《もじ》の構成法《こうせいほう》。

陰に成《な》りませる神《かみ》の名《みな》は（、）闇山津見神《くらやまつみのかみ》

陰陽《いんよう》の関係《かんけい》に立脚《りっきゃく》した文字《もじ》の作《つく》り方《かた》。

左《ひだり》の手《みて》に成《な》りませる神《かみ》の名《みな》は（、）志芸山津見神《しぎやまつみのかみ》

左《ひだり》は霊足《ひた》りで、全体《ぜんたい》に立脚《りっきゃく》した文字《もじ》の手法《しゅほう》、志芸《しき》は五十城《しき》（磯城《しき》、敷《しき》）で五十音《ごじゅうおん》のこと。手《て》は文字《もじ》の書《か》き方《かた》。

右《みぎり》の手《みて》に成《な》りませる神《かみ》の名《みな》は（、）羽山津見神《はやまつみのかみ》

右《みぎ》は身《み》切《ぎ》りで、部分《ぶぶん》に立脚《りっきゃく》した文字《もじ》の手法《しゅほう》。

左《ひだり》の足《みあし》に成《な》りませる神《かみ》の名《みな》は（、）原山津見神《はらやまつみのかみ》

全体《ぜんたい》に立脚《りつきゃく》した文字《もじ》の運用法《うんようほう》。　足《あし》は文字《もじ》の歩《ある》き方《かた》、　運用法《うんようほう》。

右《みぎり》の足《みあし》に成《な》りませる神《かみ》の名《みな》は（、）戸山津見神《とやまつみのかみ》

部分《ぶぶん》に立脚《りつきゃく》した文字《もじ》の運用法《うんようほう》。

四《よっ》つの比《ひ》礼《れ》

以上《いじょう》、甚《はなは》だすっきりしない解《と》き方《かた》であるが、それ以上《いじょう》はまだ釈《と》けない。山津見八神《やまつみはっしん》に就《つい》て神代文字研究家《かみよもじけんきゅうか》であった山腰明將氏《やまこしあきまさし》が説《と》いた所《ところ》は、それは竜形文字《りゅうけいもじ》を構成《こうせい》する上《うえ》に於《お》ける以上《いじょう》の如《ごと》き八《やっ》つの手法《しゅほう》を示《しめ》したものであると云《い》うのであるが、筆者《ひっしゃ》には竜形文字《りゅうけいもじ》が現《あら》わす意味《いみ》がよく判《わか》らない。

日文草文字《ひふみくさもじ》と云《い》われる竜形文字《りゅうけいもじ》は「陸《みち》（道《みち》）奥《のく》のしのぶ文字刷《もぢず》（もぢず）り」（『古今和歌集《こきんわかしゅう》』）と古歌《こか》に詠《よ》まれている神代文字《かみよもじ》の代表的《だいひょうてき》なものであって、その文字《もじ》の姿《すがた》の説明《せつめい》として「女《おんな》の髪《かみ》のおどろに乱《みだ》れたる如《ごと》き」とあるからには「しのぶ文字刷《もぢず》り」とは竜形文字《りゅうけいもじ》のことであり、またこの文字《もじ》が神道《しんとう》の奥義《おうぎ》（道《みち》の奥《おく》）を偲《しの》ぶ便《よすが》となるものであるわけである。その奥義《おうぎ》である言霊《げんれい》を形《かたち》に示《しめ》す手法《しゅほう》が八《やっ》つの山津見《やまつみ》の原理《げんり》であることとなる。

筆者《ひっしゃ》は今《いま》のところこの山津見八神《やまつみはっしん》は八種類《はっしゅるい》の神代文字《かみよもじ》の事《こと》ではなかろうかと考《かんが》えている。『竹内文献《たけうちぶんけん》』や『ウエツフミ』等《など》の古文献《こぶんけん》はいずれも神代仮名文字《かみよかなもじ》で記《しる》されたもので、その種類《しゅるい》を精《くわ》しく分《わ》けると数十通《すうじゅっとお》り、数百通《すうひゃくとお》りを数《かぞ》えられる。石上神宮《いそのかみじんぐう》の「十種《とくさ》の神宝《かんだから》」の中に「蛇《おろち》の比礼《ひれ》・百足《むかで》の比礼《ひれ》・蜂《はち》の比礼《ひれ》・種々物《くさぐさのもの》の比礼《ひれ》」とあるのは四種類《よんしゅるい》の典型的《てんけいてき》な神代文字《かみよもじ》のことである。比礼《ひれ》（比良《ひら》・牧《ひら》・平《ひら》）は霊顕《ひれ》の意義《いぎ》で、すな

蛇《おろち》の比《ひ》礼《れ》

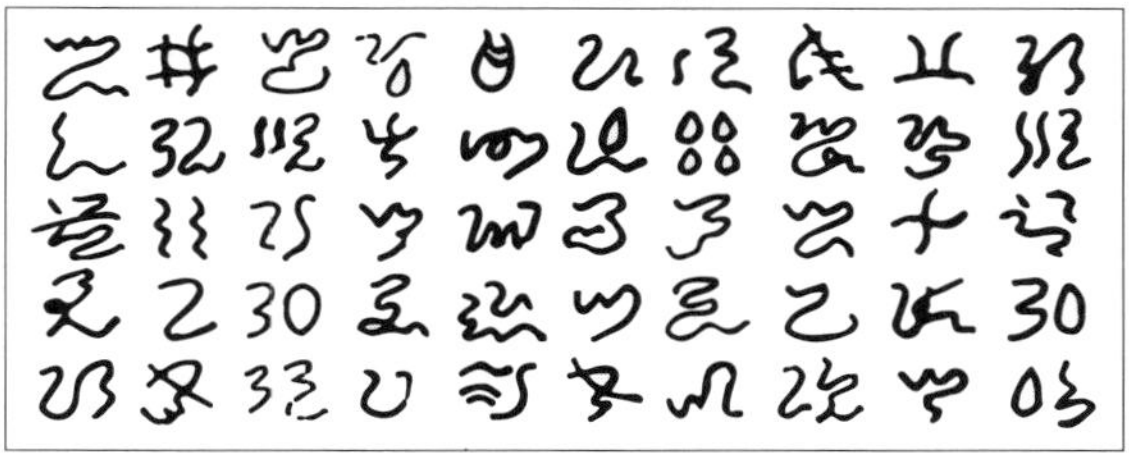

百足《むかで》の比《ひ》礼《れ》

蜂《はち》の比《ひ》礼《れ》

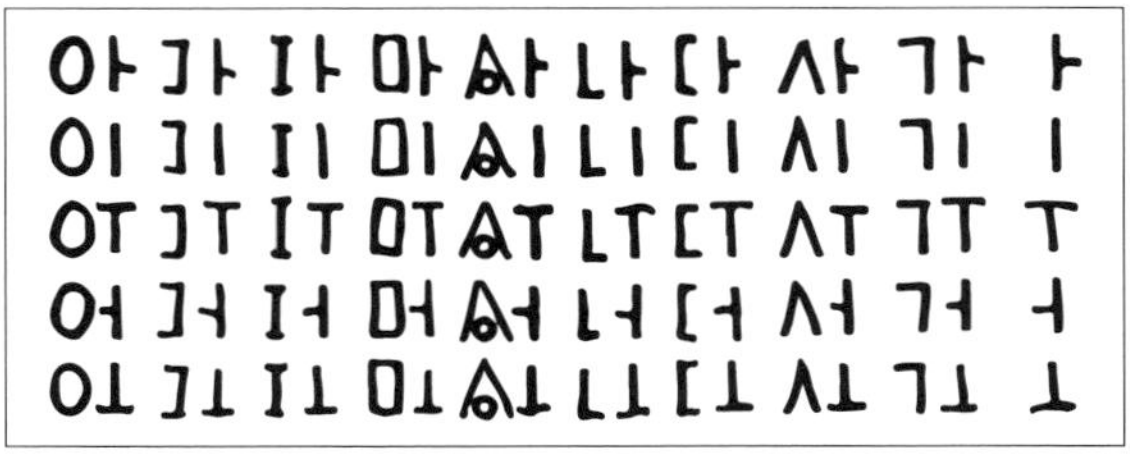

種々物《くさぐさのもの》の比《ひ》礼《れ》

図表-19｜**蛇・百足・蜂・種々物の比礼**

わち文字《もじ》である。蛇《おろち》の比礼《ひれ》は右《みぎ》の竜形文字《りゆうけいもじ》であり、百足《むかで》の比礼《ひれ》は楔形文字《くさびがたもじ》、鳥跡文字《ちようせきもじ》であり、蜂《はち》の比礼《ひれ》は大《おほ》八島文字《やしまもじ》、あひる文字《もじ》、対馬文字《つしまもじ》であり、種々物《くさぐさのもの》の比礼《ひれ》は象形文字《しようけいもじ》である。何《いず》れも五十音《ごじゆうおん》を夫々《それぞれ》の手法構《しゆほうこう》成法《せいほう》によって形《かたち》に表《あら》わしたもので、各々《おのおの》に特徴《とくちよう》がある。神代文字《かみよもじ》の手法《しゆほう》はこれだけではなくその他《ほか》にも色々《いろいろ》変《か》わった書《か》き方《かた》がある。それ等《ら》の全部《ぜんぶ》を概括《がいかつ》して八山津見《はちやまつみ》の八手法《はつしゆほう》として『古事記《こじき》』が述《の》べたものであると考《かんが》えられるが、正確《せいかく》なことは今後《こんご》の研究《けんきゆう》に俟《ま》つ。

（女島《ひめじま》）

以上《いじよう》の山津見八神《やまつみはつしん》を締《し》めくくった文字《もじ》の原理《げんり》の宝座《ほうざ》を「女島《ひめしま》またの名《な》は天一根《あめ(の)ひとつね》」と云《い》う。女《ひめ》（おんな）とは文字《もじ》のことである。その神代文字《かみよもじ》はすべて同一《どういつ》の五十音《ごじゆうおん》すなわち天鳥船《あめのとりふね》、火之迦具土《ひのかぐつち》と云《い》う唯一《ゆいいつ》の根源《こんげん》からのあらわれであるから一《ひと》つ根《ね》と云《い》う。

かれ（故《かれ》、）斬《き》りたまへる刀《みはかし》の名《な》は、天之尾羽張《あめのお(を)はばり》、
またの名《な》は伊都之尾羽張《いつのお(を)はばり》とい（謂《い》）ふ

伊邪那岐命《いざなぎのみこと》が迦具土《かぐつち》を斬《き》った刀《たち》（剣《つるぎ》）の作用《さよう》である判断《はんだん》と統覚《とうかく》すなわち分析《ぶんせき》、綜合《そうごう》、整理《せいり》、運用《うんよう》の作用《さよう》が五十音言霊《ごじゅうおんげんれい》の上《うえ》に実証《じつしょう》され確認《かくにん》され、道理《どうり》と言語《げんご》とが直接《ちょくせつ》に結《むす》び付《つ》いて、ここに言葉即《ことばそく》LOGOS《ロゴス》の原理《げんり》が確立《かくりつ》された。また斬《き》られた迦具土《かぐつち》からは文字《もじ》の原理《げんり》があらわれた。尾羽張《をはばり》は鳥《とり》の羽《はね》が末広《すえひろ》がりにひろがる様《さま》で、この神剣霊剣《しんけんれいけん》である「つるぎ、たち」はこれを活用《かつよう》すればするほど末広《すえひろ》がりに文明《ぶんめい》の内容《ないよう》が顕現発展《けんげんはってん》して来《く》るから尾羽張《おはばり》と云《い》う目出度《めでた》い名《な》がつけられたわけである。剣《つるぎ》、刀《たち》すなわち判断《はんだん》と統覚《とうかく》は文明《ぶんめい》を創造《そうぞう》する原器《げんき》であり、神器《じんぎ》であり、神宝《しんぽう》である。「珍重《ちんちょう》す大元三尺《だいげんさんせき》の剣《けん》」（「臨刃偈《りんじんげ》」）と禅《ぜん》でも云《い》われる剣《つるぎ》すなわち天之御柱《あめのみはしら》、天沼矛《あめのぬぼこ》の把握《はあく》こそ神道《しんとう》に入《はい》るの門《もん》であり、その道《みち》の内容《ないよう》に分《わ》け行《い》くための便《よすが》であり、禅《ぜん》の所謂《いわゆる》「拄杖子《しゅじょうす》」である。

この尾羽張《をはばり》の剣《つるぎ》の象徴《しょうちょう》を天空《てんくう》の星《ほし》に求《もと》めたものが、ギリシャ神話《しんわ》にあるオリオン（Orion《オリオン》, Oharion《オハリオン》, 参宿《しんしゅく》）である。十字形《じゅうじがた》をしたその星座《せいざ》は時空《じくう》、次元《じげん》を縦横《じゅうおう》に斬《き》る剣《つるぎ》の活用《かつよう》の姿《すがた》を示《しめ》している。その他《た》『聖書《せいしょ》』の「ヨブ記《き》」には右《みぎ》の参宿《しんしゅく》と共《とも》に北斗《ほくと》Arcturus《アークトウルス》や昴宿《ぼうしゅく》Pleiades《プレアデス》の名《な》が見《み》えているが、これもギリシャ神話《しんわ》と同様《どうよう》に言霊《げんれい》の原理《げんり》を星座《せいざ》を以《もっ》て示《しめ》してある例《れい》である。

黄《よ》泉《つ》国《くに》（未《み》完《かん》成《せい》世《せ》界《かい》）

伊邪那岐《いざなぎ》は気《き》、心《こころ》、精神《せいしん》、主観《しゅかん》、主体《しゅたい》、能動体《のうどうたい》であり伊邪那美《いざなみ》は身《み》、体《たい》、物体《ぶったい》、客観《きゃっかん》、客体《きゃくたい》、受動体《じゅどうたい》である。この両《ふた》つが結《むす》ばれて実相《じっそう》の自覚態《じかくたい》すなわちその実体《じったい》として言霊麻邇《げんれいまに》が生《しょう》じ、先天《せんてん》と合《あ》わせて五十《ごじゅう》の麻《ま》邇《に》が一通《ひととお》り整理《せいり》された時《とき》、その麻邇《まに》の構造《こうぞう》の上《うえ》に道理《ロゴス》が明《あき》らかにされた所《ところ》まで創造《そうぞう》は進《すす》んだ。そのはじめの麻邇《まに》の生成《せいせい》は主客《しゅきゃく》の交流的活動《こうりゅうてきかつどう》によるものだが、その後《ご》の麻邇《まに》の整理《せいり》とその内容《ないよう》の自覚《じかく》は主体側精神《しゅたいがわせいしん》の側《がわ》に於《お》いてのみ為《な》される仕事《しごと》であって、客体側物体《きゃくたいがわぶったい》の側《がわ》はこの事《こと》に預《あず》からない。それは客体側《きゃくたいがわ》には生命《せいめい》の自覚《じかく》がないためである。ここに妻神《つまがみ》の伊邪那美命《いざなみのみこと》は麻邇《まに》を生《う》んだ後《あと》「神避《かむさ》り」と云《い》う形《かたち》で夫神《おっとがみ》の伊邪那岐命《いざなぎのみこと》と離別《りべつ》して自《じ》己独特《こどくとく》の持《も》ち場《ば》である客体客観《きゃくたいきゃっかん》の世界《せかい》へ去《さ》って行《い》った。その世界《せかい》を黄泉国《よもつくに》と云《い》う。

ここ（是《これ》）にそ（其《そ》）の妹伊邪那美命《いもいざなみのみこと》を相見《あひみ》まくおも（欲《おも》）ほして、
黄泉国《よもつくに》に追《お》ひ住《い》でましき

月《つき》（四《よ》）弓命《よみのみこと》

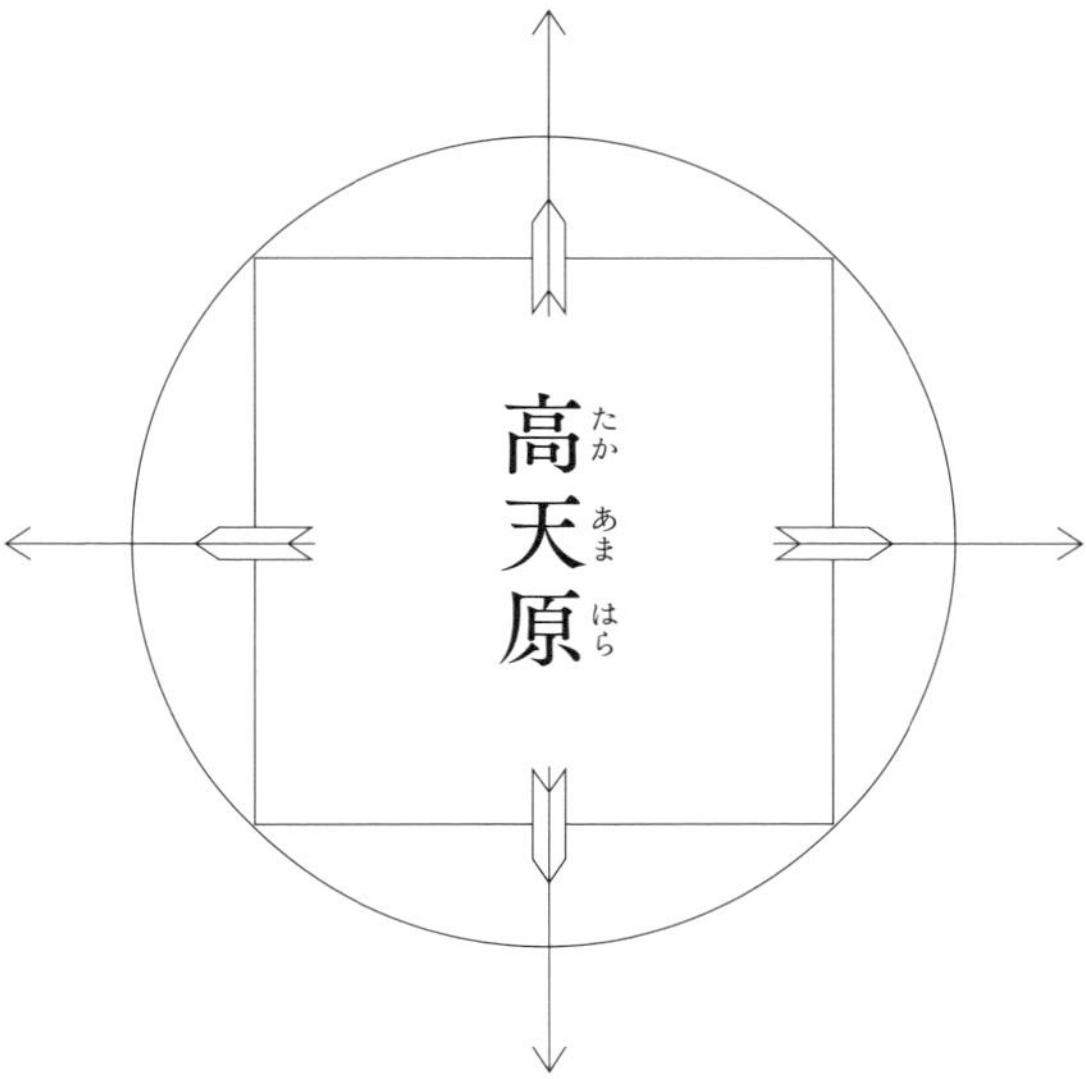

図表-20｜**月弓命**

岐美二神《きみにしん》の協同《きょうどう》の創造《そうぞう》は終了《しゅうりょう》したが、伊邪那岐命《いざなぎのみこと》は神避《かむさ》り給《たも》うた伊邪那美命《いざなみのみこと》が赴《おもむ》いた世界《せかい》の状況《じょうきょう》を知《し》りたくて黄泉国《よもつくに》に出《で》かけて行《い》った。妹《いも》は五百《いも》で、千《ち》の半分《はんぶん》、道《ち》を生《う》む半面《ベターハーフ》の協力者である。

黄泉国《よもつくに》を予母都国《よもつくに》、四方津国《よもつくに》、夜見国《よみのくに》、月読国《つきよみのくに》とも書《か》き且《か》つ云《い》う。四方津国《よもつくに》とは日本《にほん》の四方《よも》の国《くに》、外国《がいこく》の事《こと》である。日本《にほん》は高天原《たかあまはら》であって、天照大御神《あまてらすおほみかみ》の知食《しろしめ》す国《くに》であり、これに対《たい》して外国《がいこく》は月読命《つきよみのみこと》（月弓命《つきよみのみこと》）の国《くに》である。ツキは附《つき》でもあって、太陽《たいよう》に譬《たと》えられる天照大御神《あまてらすおほみかみ》に附属《ふぞく》して言霊麻邇《げんれいまに》であるその意義《いぎ》を所謂《いわゆる》、哲学宗教《てつがくしゅうきょう》とし、文字《もじ》、概念《がいねん》、神話《しんわ》、象徴《しょうちょう》、書物《しょもつ》として読《よ》み学《まな》び習《なら》い伝《つた》える世界《せかい》が月読《つきよみ》の世界《せかい》である。歴史的《れきしてき》にはその世界《せかい》を月氏国《げっしこく》（大月氏国《だいげっしこく》、大宜都比売《おほげつひめ》の国《くに》）と云《い》う。印度《いんど》の古名《こめい》である。

日《ひ》の本《もと》の日《ひ》は言霊《ひ》のことであって、四方津国《よもつくに》の月読《つきよみ》の世界《せかい》の哲学宗教《てつがくしゅうきょう》には言霊《げんれい》の道《みち》がない。摩尼《まに》とかManna《マンナ》

とか、あるいは白法《びゃくほう》とか、「言辞《ごんじ》の相《そう》」とか、卍字《まんじ》などと云《い》う言葉《ことば》だけは残《のこ》っているが、布斗麻邇《フトマニ》の実体《じったい》がない。すなわち神即言葉《かみそくことば》である言語《げんご》がないから、事物《じぶつ》の実相《じっそう》を把握表現《はあくひょうげん》するために或《ある》いは哲学的《てつがくてき》な概念《がいねん》を用《もち》いたり、仏教典《ぶつきょうてん》や老経《ろうきょう》などのように比喩《ひゆ》や象徴《しょうちょう》を用《もち》いたり、また特《とく》に支那《しな》では象形《しょうけい》を基礎《きそ》とする漢字《かんじ》を用《もち》いたりして真実真理《しんじつしんり》を現《あら》わそうとする。

然《しか》しそうした方法《ほうほう》では言葉即《ことばそく》ロゴスと云《い》う真奈《まな》の簡潔直截《かんけつちょくさい》な表現《ひょうげん》が出来《でき》ないから、すべて薄《うす》ぼんやりとしか真実《しんじつ》を示《しめ》すことが出来《でき》ず、夜間《やかん》に月《つき》の光《ひか》りで物《もの》を見《み》る如《ごと》くであるから月夜見《つきよみ》の世界《せかい》と云《い》う。これに対《たい》して高《たか》天原《あまはら》の日《ひ》の本《もと》では言葉《ことば》そのものが直接《ちょくせつ》に宇宙《うちゅう》の原理《げんり》であって、その「言霊《ことたま》の幸倍《さきは》へ」によって麻邇《まに》を活用《かつよう》して行《い》くから、天壌無窮《てんじょうむきゅう》、万世一系《ばんせいいっけい》に何処《どこ》まで行《い》っても言葉《ことば》すなわち道《みち》であることを逸脱《いつだつ》することがない。従《したが》って概念的《がいねんてき》な哲学《てつがく》の必要《ひつよう》がない。すなわち「惟神言挙《かんながらことあ》げせぬ国《くに》」(『万葉集《まんようしゅう》』)である。

然《しか》しそうかと云《い》って黄泉国《よもつくに》にはそれ自体《じたい》でまた重大《じゅうだい》な文化的意義《ぶんかてきいぎ》がある。実《じつ》はすべての人類《じんるい》の文化《ぶんか》は元来《がんらい》黄《よも》泉国《つくに》で発生《はっせい》したものである。人間《にんげん》の言語《げんご》にしても合理化《ごうりか》されない以前《いぜん》の不完全《ふかんぜん》なものならば既《すで》に早《はや》くから世界《せかい》に行《おこ》なわれていたわけであるが、歴史的発生的《れきしてきはっせいてき》に云《い》うならばその言語《げんご》と人間《にんげん》の霊性知性《れいせいちせい》の内容《ないよう》の活動《かつどう》を岐美二《きみに》神《しん》の婚《よば》い、すなわち〆縄《しめなわ》の方法《ほうほう》を以《もっ》て「裏合《うらあ》へ(占合《うらあへ》)まかなはして」霊性《れいせい》の完全《かんぜん》な表現《ひょうげん》、すなわち神即言《かみそくこと》葉《ば》である言語《げんご》として完成《かんせい》したものがすなわち布斗麻邇《フトマニ》である。

『古事記《こじき》』はこの言霊生成《げんれいせいせい》の経緯《けいい》を歴史的《れきしてき》な記録《きろく》としてでなく原理的《げんりてき》な順序《じゅんじょ》として、先天《せんてん》の内容《ないよう》から明《あき》らかにして、神話的《しんわてき》な手法《しゅほう》を以《もっ》て表現《ひょうげん》してあるのである。『古事記《こじき》』「神代巻《じんだいのかん》」は歴史《れきし》を説《と》いているのではなくして「中今《なかいま》」と云《い》われる恒常《こうじょう》の現在《げんざい》の生成《せいせい》と運行《うんこう》を説《と》いている。その恒常《こうじょう》の現在《げんざい》の理解《りかい》の上《うえ》から歴史《れきし》を顧《かえり》みる時《とき》、初《はじ》めて歴史《れきし》が一貫《いっかん》した道理《どうり》となって現前《げんぜん》するのである。然《しか》し逆《ぎゃく》に経験《けいけん》の堆積《たいせき》としての歴史認識《れきしにんしき》からは恒常《こうじょう》の「中今《なかいま》」に存《そん》する生命《せいめい》の言葉《ことば》の道《みち》の把握《はあく》は不可能《ふかのう》である。歴史《れきし》だけを研究《けんきゅう》しても日本《にほん》の真義《しんぎ》は捕《つか》めない。

黄泉《よもつ》とは黄《きざ》す（萌《きざし》・兆《きざし》・芽《め》・牙《かび》・黴《しるし》）泉《いずみ》と云《い》うことである。凡《およ》そ人類《じんるい》の文化《ぶんか》はすべて四方津国《よもつくに》に萌芽《ほうが》し成長《せいちょう》して、そして日《ひ》の本高天原《もとたかあまはら》に於《おい》て、高天原《たかあまはら》の内容《ないよう》として摂取《せっしゅ》され完成《かんせい》される。故《ゆえ》にこれをまた予母都国《よもつくに》とも書《か》く、文化《ぶんか》の予《あらかじ》めの母《はは》の都《みやこ》と云《い》うことである。

伊邪那岐命《いざなぎのみこと》は何故《なぜ》その妻《つま》に会《あ》うためにわざわざ黄泉国《よもつくに》に出《で》かけて行《い》ったのだろう。宗教《しゅうきょう》の行道《ぎょうどう》の上《うえ》からはかくの如《ごと》き意図《いと》を煩悩《ぼんのう》と云《い》う。煩悩《ぼんのう》は揚棄《ようき》され解脱《げだつ》されなければならない。それでなければその煩悩《ぼんのう》に拘束《こうそく》されて生命《せいめい》の菩提《ぼだい》の自覚《じかく》を得《え》て人間《にんげん》らしい自由《じゆう》な生活《せいかつ》を送《おく》ることが出来《でき》ないが、然《しか》しそのためには煩悩《ぼんのう》の世界《せかい》を一応経験《いちおうけいけん》して煩悩《ぼんのう》がまことに煩悩《ぼんのう》であることを知《し》って来《こ》なければならない。

悪《あく》はそれが悪《あく》であることを人間《にんげん》が自覚《じかく》せざる限《かぎ》り存在《そんざい》し、それを人間《にんげん》が自覚《じかく》する為《ため》に存在《そんざい》するのである。初《はじ》め岐美二神《きみにしん》が道理《どうり》とはならない神《かみ》である水蛭子《ひるこ》や淡島《あわしま》を産《う》んだ時《とき》のように、尾羽張《をはばり》の神剣《しんけん》を既《すで》に把握《はあく》しながら猶《な》お伊邪那岐命《いざなぎのみこと》は、云《い》わばその若《わか》い情熱《じょうねつ》が動《うご》くままに、煩悩《ぼんのう》の世界《せかい》であり、道《みち》のない未完成《みかんせい》の渾沌世界《こんとんせかい》である黄泉国《よもつくに》に赴《おもむ》いたわけであった。

すなは（爾《すなは》）ち殿騰戸《とののあがりど》（殿騰戸《とのど》）（縢戸《くみど》）より出《い》で向《むか》へます時《とき》に

殿《との》はみあらか（舎《いえ》）であり、神《かみ》の家《いえ》すなわち言霊図《げんれいず》のことである。その殿《との》のあがりどとは音図《おんず》の入口《いりぐち》のことで、すなわちアオウエイである。これは高御産巣日《たかみむすび》の神《かみ》であり、人間《にんげん》の霊性《れいせい》、知性《ちせい》、主体性《しゅたいせい》、主観《しゅかん》である。此処《ここ》から黄泉国《よもつくに》へ出《い》で向《むか》ったと云《い》うことはこの主観態《しゅかんたい》の若《わか》い情熱《じょうねつ》を出発点《しゅっぱつてん》とし拠点《きょてん》として黄泉国《よもつくに》の内容《ないよう》を求《もと》めたと云《い》うことである。アオウエイは少名彦神《すくなひこのかみ》であり、少《わか》（若《わか》）い神《かみ》である。

伊邪那岐命《いざなぎのみこと》語《かた》らひたまはく、
愛《うつく》しき我《あ》が汝妹《なにも》の命《みこと》（那邇妹命《なにものみこと》）、吾《あれ》（、）汝《みまし》と作《つく》れりし国《くに》、
未《いま》だ作《つく》り竟《お》へずあれば（、）還《か》へりまさね
と詔《の》りたまひき

岐美二神《きみにしん》は宇宙《うちゅう》の万象《ばんしょう》、空相実相《くうそうじっそう》の自覚《じかく》と表現《ひょうげん》である言語《げんご》の道《みち》を産《う》んだが、これだけで「漂《ただよ》へる国《くに》を修理固成《つくりかためなせ》」する人類文明建設《じんるいぶんめいけんせつ》の大神業《だいしんぎょう》が終《お》わったわけではない。そのためには更《さら》にその言葉即道《ことばそくみち》の発揚《はつよう》と活用《かつよう》をもっと深《ふか》く広《ひろ》い所《ところ》まで進《すす》めねばならず、また更《さら》に遙《はる》かに歴史的《れきしてき》な後世《こうせい》である現代《げんだい》に於《おい》て妻神《つまがみ》の伊邪那美神《いざなみのかみ》自身《じしん》の神業《かむわざ》である客観世界《きゃっかんせかい》の学問《がくもん》、科学《かがく》の完成《かんせい》を待《ま》たねばならぬ。精神文明《せいしんぶんめい》と科学文明《かがくぶんめい》はやがて完成《かんせい》される人類文明《じんるいぶんめい》の表裏《ひょうり》であり、車《くるま》の両輪《りょうりん》である。

ここ（爾《ここ》）に伊邪那美命《いざなみのみこと》（の）白《まを》（答白《まを》）したまはく、
悔《くや》しきかも（哉《かも》）、速《と》く来《き》まさずて、
吾《あ》は黄泉戸喫《よもつへぐひ》し（為《し》）つ

夫神《おっとがみ》が折角迎《せっかくむか》えに来《き》て呉《く》れたけれども、来《く》ることが遅《おそ》かったから、伊邪那美命《いざなみのみこと》は既《すで》に黄泉国《よもつくに》の食《た》べものを食《た》べてしまった。すなわち高天原《たかあまはら》の整理《せいり》された麻邇《まに》ではなく、外国《がいこく》の不完全《ふかんぜん》な言語《げんご》や文字《もじ》や学問《がくもん》を学《まな》んでしまったと云《い》うことで、この事《こと》はイヴが蛇《へび》に誘惑《ゆうわく》されて知慧《ちえ》の樹《き》の実《み》を食《く》ったと云《い》う「創世記《そうせいき》」の記事《きじ》と同《おな》じ意味《いみ》のものである。「創世記《そうせいき》」ではイヴに誘《さそ》われてアダムもまた知慧《ちえ》の樹《き》の実《み》を食《く》ったが、伊邪那岐命《いざなぎのみこと》はアダムの様《よう》に黄泉戸喫《よもつへぐ》いをしなかった。黄泉国《よもつくに》の学問《がくもん》は妻神《つまがみ》に任《まか》せて、彼自身《かれじしん》は間《ま》もなく高天原《たかあまはら》に帰《かえ》って、エデンの園《その》であるその高天原《たかあまはら》を完成《かんせい》し経営《けいえい》しなければならなかったからである。この両者《りょうしゃ》の経緯《けいい》の相違《そうい》のうちに天孫民族《てんそんみんぞく》（日本《にほん》）と神選民族《しんせんみんぞく》（ユダヤ）の天職《てんしょく》の相違《そうい》を観取《かんしゅ》しなければならぬ。

然《しか》れども愛《うつく》しき我《あ》が汝兄《なせ》の命《みこと》（那勢命《なせのみこと》）、入《い》り来《き》ま（坐《ま》）せること（事《こと》）恐《かしこ》ければ、
還《か》へりなむを。
先《ま》づ（旦《あした》に）具《つばら》（具《つばらか》）に黄泉神《よもつかみ》と論《あげつら》（相論《あげつら》）はむ。
我《あ》をな視《み》たまひそ

然《しか》し折角《せっかく》迎《むか》えに来《き》て下《くだ》さったのですから還《かえ》りましょう。その前《まえ》に黄泉神《よもつかみ》と精《くわ》しく議論《ぎろん》をして来《き》ますから私《わたし》を見《み》てはいけませんと云《い》うわけで、漂《ただよ》える国《くに》、文明《ぶんめい》の萌芽《ほうが》の国《くに》である黄泉国《よもつくに》にもそれなりの言葉《ことば》と文字《もじ》の原理《げんり》があり、当時《とうじ》まだ未完成《みかんせい》ながら客観世界《きゃっかんせかい》の物《もの》の原理《げんり》があるのだから、それを検《しら》べて来《き》ましょうと云《い》うことである。

この伊邪那美神《いざなみのかみ》と黄泉神《よもつかみ》とのあげつらい、すなわちその黄泉国《よもつくに》に於《お》ける原理《げんり》の検討《けんとう》はこの時《とき》だけで済《す》んだことではなく、間《ま》もなく伊邪那美神自身《いざなみのかみじしん》が黄泉津大神《よもつおほかみ》となって、この後長《のちなが》く数千年間《すうせんねんかん》に亘《わた》ってずっと研究《けんきゅう》が継続《けいぞく》され、遠《とお》く降《くだ》って今日《こんにち》に及《およ》んでいる。その現代《げんだい》に於《お》ける黄泉国《よもつくに》は伊邪那美命《いざなみのみこと》の後継者《こうけいしゃ》である須佐之男命《すさのをのみこと》、大国主命《おほくにぬしのみこと》の経営《けいえい》によって、まさに客観科学文明《きゃっかんかがくぶんめい》の黄金時代《おうごんじだい》を実現《じつげん》しつつあるが、その昔《むかし》の伊邪那美命《いざなみのみこと》の頃《ころ》の予母都国《よもつくに》の文化《ぶんか》は未《いま》だ全《まった》く渾沌《こんとん》たる和久産巣日《わくむすび》の萌芽時代《ほうがじだい》であったから、視《み》てはいけないと云《い》ったわけである。

かく（如此《かく》）白《まを》して、そ（其《そ》）の殿内《とのぬち》に還《かえ》り入《い》りませるほど（間《ほど》）に、い（甚《い》）と久《ひさ》しく（て）待《ま》ちか（難《か》）ねたまひき

伊邪那美命《いざなみのみこと》は黄泉《よもつ》の世界《せかい》にはいった切《き》りなかなか出《で》て来《こ》なかった。黄泉国《よもつくに》の渾沌状態《こんとんじようたい》はその後《あと》まだまだ長《なが》い間続《あいだつづ》いていた。伊邪那美命《いざなみのみこと》の研究《けんきゆう》は遅々《ちち》として進捗《しんちよく》しなかったわけである。

かれ（故《かれ》、）左《ひだり》の御髻《みみづら》（御《み》みづら）に刺《さ》（さ）せる湯津爪《ゆつつま》（津間《つま》）櫛《ぐし》の男柱《をばしら》一箇《ひとつ》取《と》り闕《か》きて、一《ひと》つ火《び》（一火《ひとつび》）燭《とも》して（、）入《い》り見《み》ます時《とき》に

湯津《ゆつ》は五百箇《いほつ》の略《りやく》、爪櫛《つまぐし》は髪《かみ》（神《かみ》）を櫛削《くしけず》る道具《どうぐ》で、湯津爪櫛《ゆつつまぐし》は音図《おんず》のことである。音図《おんず》は櫛《くし》の歯《は》の様《よう》な形《かたち》になっている。櫛名田姫《くしなだひめ》などとも云《い》う。左《ひだり》の御髻《みみづら》とは音図《おんず》の向《むか》って右方《みぎかた》。男柱一箇《おばしらひとつ》はアオウエイである。これに対《たい》して雌柱《めばしら》はワヲ《を》ウヱ《ゑ》ヰ《ゐ》である。アオウエイは主観的霊性《しゆかんてきれいせい》（生命《いのち》の樹《き》）であり、雌柱《めばしら》は客観的知性《きやつかんてきちせい》（知《ち》識《しき》の樹《き》）であって、一火《ひとつび》とはそのアオウエイのことである。この主観態《しゆかんたい》の中《なか》でも特《とく》にア言霊《げんれい》は生命《せいめい》の直接的《ちよくせつてき》な流露《りゆうろ》である感情《かんじよう》であるから、黄泉国《よもつくに》の煩悩《ぼんのう》に泥《なず》みたがり、その渾沌《こんとん》の世界《せかい》に流転輪廻《るてんりんね》したがる心《こころ》である。一《ひとつ》火《び》とはアオウエイの五《いつ》つの灯火《とうか》の中《なか》の特《とく》にアである。前述《ぜんじゆつ》の殿騰戸《とののあがりど》と同《おな》じ意味《いみ》で若《わか》い感情《かんじよう》である。「今《いま》、世人《よのひと》、夜一片之火《よるひとつび》とぼすこと（火《こと》を忌《い》む」（『日本書紀《にほんしょき》』）とあるのは主観的感情《しゅかんてきかんじょう》だけで行動《こうどう》してはならぬと云《い》うことである。神社神道《じんじゃしんとう》の祭祀《さいし》では必《かなら》ず灯明《とうみょう》は二基《にき》ともす。

蛆《うじ》（うじ）たかれとこ（ろ）ろぎて

その一火《ひとつび》を掲《かか》げて見《み》ると伊邪那美命《いざなみのみこと》の体《からだ》に蛆《うじ》がたかって鳴《な》り轟《うごめ》いていた。ウジはウ言霊《げんれい》が具体化《ぐたいか》したもの、すなはちウ字《じ》である。ウ言霊《げんれい》すなわち万有《ばんゆう》の相《そう》に即《そく》して作《つく》られた漢字《かんじ》の象形《しょうけい》、会意《かいい》、指事《しじ》、転註等《てんちゅうなど》の文字《もじ》などを意味《いみ》する。黄泉国《よもつくに》の原始的《げんしてき》な文化《ぶんか》である。

蛆虫《うじむし》と云《い》われる境涯《きょうがい》の人間《にんげん》を禅語《ぜんご》で「一切《いっさい》の糞塊上《ふんかいじょう》に向《むか》って乱咬《らんこう》する底《てい》の衆人《しゅうじん》」などと云《い》うが、それはウ(有《う》、相《う》）すなわち感覚《かんかく》と官能《かんのう》、色気《いろけ》と食気《くいけ》と慾気《よくけ》と云《い》う素朴単純《そぼくたんじゅん》ではあるが、然《しか》し精神《せいしん》の全局《ぜんきょく》からすれば一番低級《いちばんていきゅう》な原始的《げんしてき》な知性《ちせい》の境涯《きょうがい》に跼蹐《きょくせき》して、それ以外《いがい》にアオエイの四《よっ》つの世界《せかい》が存《そん》することを知《し》らず、教《おそ》わらず、ウの次元《じげん》のみが宇宙人生《うちゅうじんせい》のすべてであると思《おも》い、その糞壺《くそつぼ》に譬《たと》えられる世界《せかい》の中《なか》で、互《たが》いに競《きそ》い合《あ》い、せり合《あ》い、争《あらそ》い合《あ》って、業縁流転《ごうえんるてん》と栄枯盛衰《えいこせいすい》を繰返《くりかえ》し、其処《そこ》から離脱《りだつ》する機会《きかい》のない人々《ひとびと》を云《い》う。ここで云《い》う蛆《うじ》はワヲウヱヰ《をゑゐ》である伊邪那美命《いざなみのみこと》の世界《せかい》に於《お》ける歴史的《れきしてき》に未開発《みかいはつ》の渾沌時代《こんとんじだい》であるウの状態《じょうたい》を示《しめ》す意味《いみ》でもある。

若《わか》い人《ひと》の感情《かんじよう》はまだ理性《りせい》も経験智《けいけんち》も充分《じゆうぶん》に熟《じゆく》さない不完全《ふかんぜん》なものであるが、然《しか》しその感性《かんせい》としての純粋直観《じゆんすいちよつかん》は若《わか》い人《ひと》に授《さず》けられた事物《じぶつ》の善悪美醜《ぜんあくびしゆう》の判断力《はんだんりよく》であって、一々《いちいち》理窟《りくつ》は判《わか》らなくとも、例《たと》えば若鮎《わかあゆ》が河水《かすい》の清濁《せいだく》を敏感《びんかん》に識別《しきべつ》する如《ごと》くに判断《はんだん》して行《い》く。この直観的識別力《ちよつかんてきしきべつりよく》が鈍《にぶ》った者《もの》はも早《は》や青年《せいねん》ではない。斯《かく》の如《ごと》きが一《ひとつ》火《び》を掲《かか》げることの功能《くのう》である。

頭《みかしら》に（は）大雷《おほいかづちを》居り、胸《みむね》には火雷《ほのいかづちを》居り、腹《みはら》には黒雷《くろいかづちを》居り、陰《みほと》には析雷《さくいかづちを》居り、
左《ひだり》の手《みて》には若雷《わきいかづちを》居り、右《みぎり》の手《みて》には土雷《つちいかづちを》居り、
左《ひだり》の足《みあし》には鳴雷《なるいかづちを》居り、右《みぎり》の足《みあし》には伏雷《ふしいかづちを》居り、
并《あは》せて八《や》くさの雷神《いかづちかみ》（八雷神《やくさのいかづちかみ》）成《な》り居《を》りき

雷《いかづち》は五十《い》神《か》土《つち》であるから、言葉《ことば》を土《つち》に記《しる》した文字《もじ》である。但《ただ》しこの場合《ばあい》の雷《いかづち》は黄泉国《よもつくに》の文字《もじ》である。『竹《たけ》内文献《うちぶんけん》』の中《なか》には様々《さまざま》な外国文字《がいこくもじ》の形態《けいたい》と作《つく》り方《かた》の原理《げんり》が伝《つた》えられている。すなわちそのウ字《じ》にもそれぞれの原理《げんり》があるので、その種類《しゆるい》を区別《くべつ》して八種《やくさ》の雷神《いかづちかみ》と云《い》ったわけである。前述《ぜんじゆつ》の象形《しようけい》、会意《かいい》等《など》の種類《しゆるい》がそれに当《あた》るわけで、この黄泉国《よもつくに》の　八雷神《やくさのいかづちかみ》　は日本《にほん》の表音神代文字《ひようおんかみよもじ》の原理《げんり》である八《やっ》つの山津見神《やまつみのかみ》とは別箇《べつこ》のものであって、岐美二神《きみにしん》の創造《そうぞう》の内容《ないよう》である正系《せいけい》の百神《ひやくしん》の中《なか》には数《かぞ》えられない。

ここ（是《ここ》）に伊邪那岐命《いざなぎのみこと》（、）見畏《みかしこ》みて（、）逃《に》げ還《かへ》ります時《とき》に

黄泉国《よもつくに》の渾沌未開発《こんとんみかいはつ》の状態《じょうたい》、業縁流転《ごうえんるてん》の有様《ありさま》を見《み》て畏《おそ》れをなして伊邪那岐命《いざなぎのみこと》は逃《に》げ還《かえ》って来《き》た。

そ（其《そ》）の妹伊邪那美命《いもいざなみのみこと》、吾《あれ》に辱見《はぢみ》せたまひつとまを（言《まを》）したまひて

黄泉国客観世界《よもつくにきゃっかんせかい》の文明《ぶんめい》を完成《かんせい》することが伊邪那美命《いざなみのみこと》の独自《どくじ》の使命《しめい》であるのであるが、その頃《ころ》は歴史的《れきしてき》に云《い》うならば凡《およ》そ現代《げんだい》から七《しち》、八千年以上《はっせんねんいじょう》も昔《むかし》の事《こと》であるから、まだまだ世界《せかい》に碌《ろく》な学問《がくもん》はまとまっていない。その状況《じょうきょう》を夫神《おっとがみ》に見《み》られたのであるから伊邪那美命《いざなみのみこと》は恥《はず》かしく思《おも》った。

やがて（即《すなは》ち）予母都志許売《よもつしこめ》（よもつしこめ）を遣《つか》はして（、）追《お》はし（め）き

志許女《しこめ》は醜《みにく》い女《おんな》、女《おんな》はすなはち文字《もじ》であり、醜《みにく》い女《おんな》とは言葉《ことば》の原理《げんり》と一致《いっち》しない、仏教的《ぶっきょうてき》に云《い》ったら三十二《さんじゅうに》相八十種好《そうはちじっしゅこう》が円満具足《えんまんぐそく》していないところの文字《もじ》である。『日本書紀《にほんしょき》』には「泉津醜女《よもつしこめ》（泉津日狭女《よもつひさめ》）八人《やひと》を遣《つか》はして」「時《とき》に伊弉冉尊《いざなみのみこと》、脹満《は》れ大高《たた》へりまして上《うえ》に八色《やくさ》の雷公《いかづち》ありき……是《こ》の時《とき》に雷等《いかづちども》皆《みな》起《た》ちて追《お》ひ来《きた》る」とあるから「八《や》くさの雷神《いかづちかみ》」と「予母都志許売《よもつしこめ》」とは同《おな》じものである。

黄泉国《よもつくに》の文字《もじ》が追《お》って来《き》たとて何《なん》のこともない様《よう》だが、雷《いかづち》はまた音《おん》であり声《こえ》であり言葉《ことば》であって、その黄泉《よもつ》国《くに》の文字《もじ》によって写《うつ》し現《あら》わされた外国語《がいこくご》であり、宇宙生命《うちゆうせいめい》の根源《こんげん》から原理《げんり》を以《もつ》て創造《そうぞう》された麻邇名《まにな》とは相違《そうい》する不完全《ふかんぜん》な言語《げんご》であり、同時《どうじ》にその不完全《ふかんぜん》な言語文字《げんごもじ》によって組立《くみた》てられたところの、主《しゅ》としてウ言霊《げんれい》に根拠《こんきょ》を置《お》く外国《がいこく》の様々《さまざま》な思想《しそう》が、八雷神《やくさのいかづちかみ》、黄泉醜女《よもつしこめ》の正体《しょうたい》である。こうした者達《ものたち》が若《わか》い伊邪那岐命《いざなぎのみこと》を虜《とりこ》にしようとして追《お》って来《き》たのである。

かれ（爾《かれ》、）伊邪那岐命《いざなぎのみこと》、黒御鬘《くろみかつ（づ）ら》を（取《と》りて）投《な》げ棄《う》てたまひしかば、乃《すなわ》ち　蒲子《えびかつ（づ）らのみ》　生《な》りき

鬘《かつら》は書《か》いて連《つら》ねたもののことで、音図《おんず》の特《とく》に上段《じようだん》のア段《だん》（天児屋命《あめのこやねのみこと》）の言霊《げんれい》の連《つら》なり（筒《つつ》の男《お》）をかゝ、、、つらと云《い》う。仏教《ぶつきよう》の華鬘《げまん》に当《あた》る。頭《あたま》に巻《ま》いて頂《いただ》く心《こころ》の装《よそお》いであり、すなはちこれは古代《こだい》ギリシャのLaurell《ローレル》（桂冠《かつら》）でもある。「日蔭《ひかげ》の鬘《かつら》」「三室《みむろ》の山《やま》の真鬘《さなかつら》」などの名《な》で呼《よ》ばれ、またその言霊《げんれい》の連《つら》ね方《かた》にも種類《しゆるい》がある。「天《あま》津太祝詞音図《つふとのりとおんず》」と「天津金木音図《あまつかなぎおんず》」では母音《ぼいん》の樹《た》て方《かた》もちがうが、父音《ふいん》の配列《はいれつ》もちがう。

黒御鬘《くろみかづら》は陰性《いんせい》の闇《くら》い方《ほう》の音《おん》の連《つら》なりで、ヤマラナの四音《よんおん》（四行《よんぎよう》）である。これを醜女《しこめ》に投《な》げたら蒲子《えびかつらのみ》になった。えびかゝ、、、つらは知慧《え》の言霊《び》の書連《かつら》であって、これは結局《けつきよく》、高天原《たかあまはら》の麻邇《まに》の原理《げんり》の半分《はんぶん》を投《な》げ与《あた》えたこととなる。

こ（是《こ》）を摭《ひろ(り)》い（ひ）食《は》む間《あひだ》に（、）逃《に》げ行《い》でますを、猶《なほ》（、）追《お》ひしかば

言霊《げんれい》は生命《せいめい》の言葉《ことば》の原理《げんり》であるから、これを見《み》て黄泉醜女達《よもつしこめたち》すなわち外国《がいこく》の思想家達《しそうかたち》はよいものがあると急《いそ》いでそれを拾《ひろ》って食《く》った。と云《い》うことはそれを研究《けんきゅう》したと云《い》うことである。その間《かん》に伊邪那岐命《いざなぎのみこと》は逃《に》げて行《い》ったが、醜女《しこめ》は更《さら》に追《お》ひかけて来《き》た。

亦《また》（、）そ（其《そ》）の右《みぎり》の御髻《みみづら》（御《み》みづら）に刺《さ》（さ）せる湯津爪《ゆつつま》（津間《つま》）櫛《ぐし》を引《ひ》き闕《か》きて（、）
投《な》げ棄《す》てたまへば、乃《すなわ》ち笋《たかむな》生《な》りき、
こ（是《こ》）れを引《ひ》き抜《ぬ》き食《は》む間《あひだ》に、逃《に》げ行《い》でましき

前述《ぜんじゅつ》の左《ひだり》の御髻《みみづら》の爪櫛《つまぐし》の男柱《おばしら》はアオウエイであるから、右《みぎ》の御髻《みみづら》のそれは雌柱《めばしら》ワヲ《を》ウヱ《ゑ》ヰ《ゐ》である。ア行《ぎょう》は初《はじ》めであり、ワ行《ぎょう》は終《お》わりである。ワ行《ぎょう》は客観的《きゃっかんてき》な知性《ちせい》であると共《とも》に、ア行《ぎょう》の主観的《しゅかんてき》な霊性《れいせい》の発露《はつろ》が自覚《じかく》されて知識《ちしき》となった状態《じょうたい》であり、ワ行《ぎょう》は全体《ぜんたい》の和《わ》であり綜合《そうごう》であり結論《けつろん》であるから、そのワ行《ぎょう》を投《な》げ与《あた》えたと云《い》うことは結局五十音《けつきょくごじゅうおん》の全体《ぜんたい》を提供《ていきょう》したと云《い》うことになる。黄泉国《よもつくに》の人々《ひとびと》は昔《むかし》から高天原日本《たかあまはらにほん》の道《みち》をひたすらに知《し》りたがっている。伏羲《ふくぎ》、老子《ろうし》、孔子《こうし》、釈迦《しゃか》、キリストの来朝留学《らいちょうりゅうがく》もそうした事《こと》のあらわれであったと云《い》うことが出来《でき》る。この渇仰《かつごう》は伊邪那美命《いざなみのみこと》の経営《けいえい》に係《かか》わる科学文明《がくぶんめい》の完成期《かんせいき》が近《ちか》づいた今日《こんにち》いよいよ激烈《げきれつ》である。文明《ぶんめい》の淵源《えんげん》は高天原《たかあまはら》の日本《にほん》であることを人類《じんるい》は忘《わす》れていても、潜在意識《せんざいいしき》が知《し》って居《お》り、また文明《ぶんめい》の結論《けつろん》は日本《にほん》に還《かえ》らなければ見出《みいだ》し得《え》ないことを世界《せかい》の宗教書《しゅうきょうしょ》が黙《もく》示《し》し暗示《あんじ》し予言《よげん》しているからである。

また（且《また》）後《のち》には（、）か（其《か》）の八《や》くさの雷神《いかづちかみ》（八雷神《やくさのいかづちがみ》）に、千五百《ちいほ》の黄泉軍《よもついくさ》を副《そ》へて（、）追《お》はしめき

後《のち》には八雷神《やくさのいかづちかみ》と黄泉醜女《よもつしこめ》のみならず、千五百《せんごひゃく》の黄泉《よもつ》の軍勢《ぐんぜい》を加《くわ》えて追《お》うて来《き》た。日蓮《にちれん》（天台《てんだい》）の云《い》う「一念三千《いちねんさんぜん》」に対《たい》して千五百《せんごひゃく》はその半数《はんすう》である。それを数《かぞ》える基本数《きほんすう》は言霊数五十《げんれいすうごじゅう》であって、これを展開細分《てんかいさいぶん》すれば千《せん》にも千五百《せんごひゃく》にも三千《さんぜん》にもなる。人類文明《じんるいぶんめい》の道《みち》は岐美二神《きみにしん》が共同《きょうどう》して、そしてやがて分担《ぶんたん》して創造《そうぞう》するものであって、三千《みち》（道《みち》）の半分千五百《はんぶんせんごひゃく》ずつを高天原《たかあまはら》と黄泉国《よもつくに》が受《う》け持《も》って完成《かんせい》して行《い》く。三千《みち》の半分《はんぶん》は千五百《ちいほ》であり、千《ち》（道《ち》）の半分《はんぶん》は五百《いも》（妹《いも》、妻《いも》）である。

軍《いくさ》は五種《いくさ》（五雑《いくさ》）でアイウエオの五行《ごぎょう》を根幹《こんかん》とするすべての（東洋的《とうようてき》）知識学問《ちしきがくもん》のことである。太古神代《たいこかみよ》には近代科学《きんだいかがく》の生物学《せいぶつがく》、理論物理学《りろんぶつりがく》の知識《ちしき》はもとよりなかったわけだが、然《しか》しその当時《とうじ》の黄泉国《よもつくに》にも文字《もじ》の原《げん》理《り》を始《はじ》めとして、それ相当《そうとう》な哲学《てつがく》が印度《いんど》にもギリシャにも或《ある》いはエジプトにもメソポタミアにも存《そん》し、また支《し》那《な》には煉丹還金術《れんたんかんきんじゅつ》と云《い》う原始的《げんしてき》な科学《かがく》の原理《げんり》さえもあったろうわけで、それ等《ら》が挙《こぞ》って伊邪那岐命《いざなぎのみこと》を追《お》いかけて来《き》た。

『古事記《こじき》』「神代巻《じんだいのかん》」は歴史《れきし》ではなくして、原理《げんり》の神話的記述《しんわてききじゅつ》であって、「今《いま》」のことを説《と》いている。常《つね》に今《いま》の事《こと》を説《と》いているのであるから、この故《ゆえ》にこれを一面預言《いちめんよげん》と見《み》ることも出来《でき》る。高天原《たかあまはら》の国《くに》は原理《げんり》としての日本国体《にほんこくたい》であり、伊邪那岐命《いざなぎのみこと》は高天原《たかあまはら》の日本人《にほんじん》である時《とき》、この黄泉醜女《よもつしこめ》と黄泉軍《よもついくさ》の反撃襲来《はんげきしゅうらい》は現在日本《げんざいにほん》が当面《とうめん》している事実《じじつ》であり、歴史的《れきしてき》には特《とく》に明治維新以来《めいじいしんいらい》引《ひ》き続《つづ》き日本《にほん》と四方津国《よもつくに》との間《あいだ》に起《お》こりつつある事態《じたい》である。

此《こ》の事《こと》の歴史的開明《れきしてきかいめい》の詳細《しょうさい》は他《ほか》の冊子《さっし》に譲《ゆず》るが（『ユダヤ民族《みんぞく》の世界経営《せかいけいえい》』『第三文明《だいさんぶんめい》への通路《つうろ》』参照《さんしょう》）、千五百《ちいほ》の黄泉軍《よもついくさ》の実体《じったい》は『聖書《せいしょ》』の云《い》う「万軍《ばんぐん》のエホバ」に当《あた》る。この事《こと》は伊邪那美命《いざなみのみこと》、須佐之男命《すさのをのみこと》、大国主命《おほくにぬしのみこと》、そして予言者《よげんしゃ》モーゼと云《い》う一連《いちれん》の歴史的《れきしてき》な思想系列《しそうけいれつ》の発展《はってん》を顧《かえり》みる時《とき》、その然《しか》ることが了解《りょうかい》される。エホバは権力者《けんりょくしゃ》である。云《い》わばスペードのエースであって、エホバと戦《たたか》う者《もの》、すなわちその民族《みんぞく》と戦《たたか》う者《もの》は必《かなら》ず敗《やぶ》れると云《い》う『聖書《せいしょ》』の予言《よげん》は神律《しんりつ》であり真理《しんり》である。嘗《かつ》ての「大日本帝国《だいにほんていこく》」もこれと武力戦争《ぶりょくせんそう》を交《まじ》えて、当然《とうぜん》の結果《けつか》として惨憺《さんたん》たる敗北《はいぼく》を喫《きつ》した。然《しか》もその後《ご》の思想《しそう》と経済《けいざい》の追撃《ついげき》に対《たい》して上下《うえした》挙《こぞ》って自主性《じしゆせい》、主体性《しゆたいせい》を失《うしな》った日本人《にほんじん》は徒《いたず》らに右往左往《うおうさおう》逃《に》げ廻《まわ》っているだけの状態《じようたい》である。或《あ》る者《もの》は既《すで》に自意識《じいしき》の完全《かんぜん》な喪失《そうしつ》者《しや》となって彼等《かれら》の虜《とりこ》となり眷族走狗《けんぞくそうく》となってしまった。

だがこの万軍《ばんぐん》のエホバの席巻《せつけん》を言向《ことむ》け和《や》わすことが出来《でき》る道《みち》が世界《せかい》にたった一《ひと》つ存《そん》する。エホバ自身《じしん》も須佐之男命《すさのをのみこと》と天照大御神《あまてらすおほみかみ》の「天《あめ》の誓《うけ》ひ」と云《い》う神《かみ》と神《かみ》との間《あいだ》の契約《けいやく》としてエホバの道《みち》に生命《いのち》あらしめる道《みち》の出現《しゆつげん》を予定《よてい》し期待《きたい》している。その道《みち》はこの日本《にほん》に存《そん》し、日本《にほん》が世界《せかい》の霊《ひ》の本《もと》である所以《ゆえん》として存《そん》しているのである。そのエホバの科学《かがく》、客観哲学《きやつかんてつがく》、唯物論《ゆいぶつろん》とその哲学《てつがく》の全部《ぜんぶ》の背景《はいけい》となって来《き》たところの覇道思想《はどうしそう》、生存《せいぞん》競争思想《きようそうしそう》を言向《ことむ》けて、これに所《ところ》を得《え》しむることによって、人類文化《じんるいぶんか》に最高《さいこう》の調和《ちようわ》をもたらすことが岐美二神《きみにしん》の修理固成《しゆりこせい》の完成《かんせい》としての日本肇国建国《にほんちようこくけんこく》の最終《さいしゆう》の為事《しごと》であり、日本人《にほんじん》の歴史的《れきしてき》な使命《しめい》であるのである。

かれ（爾《かれ》、）御佩《みはか》せる十拳剣《とつかつるぎ》を抜《ぬ》きて、後手《しり（へ）で》に振《ふ》（ふ）きつつ逃《に》げ来《き》ませるを

事物《じぶつ》の全体《ぜんたい》を十《じゆう》と規定《きてい》することは布斗麻邇《フトマニ》に則《のつと》った人間《にんげん》の判断法《はんだんほう》の原則《げんそく》であり、本具《ほんぐ》の先天性《せんてんせい》の一《ひと》つである。追撃《ついげき》された伊邪那岐命《いざなぎのみこと》は十拳剣《とつかつるぎ》を抜《ぬ》いて、後手《うしろで》に振《ふ》りながら逃《に》げて来《き》た。剣《つるぎ》の活用《かつよう》は前述《ぜんじゆつ》の如《ごと》く判断《はんだん》であって、十拳剣《とつかつるぎ》は「一二三四五六七八九十《ひふみよいむなやこと》」と物事《ものごと》を十段《じゆうだん》にたち斬《き》る判断《はんだん》である。これを後《しり》（尻《しり》）手《で》に振《ふ》ると云《い》うことは「十九八七六五四三二一《とこやなむいよみふひ》」と逆《ぎゃく》の順序《じゅんじょ》に判断《はんだん》して行《い》くことである。この時《とき》、伊邪那岐命《いざなぎのみこと》が剣《つるぎ》を用《もち》いたのは黄泉国《よもつくに》の雷神《いかづちかみ》、醜女《しこめ》、黄泉軍《よもついくさ》の原理《げんり》の内容《ないよう》を判断《はんだん》、理解《りかい》、整理《せいり》するためであって、そのためには十拳剣《とつかつるぎ》を逆《ぎゃく》に振《ふ》らなければならない。

「一二三四五六七八九十《ひふみよいむなやこと》」の道《みち》は演繹《えんえき》の道《みち》であって、これは宇宙全体《うちゅうぜんたい》を一者《いっしゃ》と把握《はあく》した先天《せんてん》の始原《しげん》から出発《しゅっぱつ》して来《く》る道《みち》で、これを高御産巣日《たかみむすび》の道《みち》と云《い》う。これに対《たい》して「十九八七六五四三二一《とこやなむいよみふひ》」の順序《じゅんじょ》の道《みち》は万有《ばんゆう》から逆《ぎゃく》に一者《いっしゃ》に至《いた》る帰納《きのう》の道《みち》で、すなわちこれを神産巣日《かみむすび》の道《みち》と云《い》う。後者《こうしゃ》は換言《かんげん》すれば科学《かがく》の研究方法《けんきゅうほうほう》であり、また本元《ほんげん》の一者《いっしゃ》である神《かみ》（宇宙《うちゅう》）に合一《ごういつ》するための宗教上《しゅうきょうじょう》の初歩的《しょほてき》の修証《しゅしょう》の道《みち》でもある。生命《せいめい》の光《ひかり》の原《げん》理《り》が直接自覚《ちょくせつじかく》されていない渾沌《こんとん》と暗黒《あんこく》の世界《せかい》である夜見国《よみのくに》から、元《もと》の生命《せいめい》の世界《せかい》に逃《に》げ還《か》える道《みち》は、その夜《よ》見国《みのくに》の内容《ないよう》を帰納的《きのうてき》に判断識別《はんだんしきべつ》して、最後《さいご》の本源《ほんげん》の一《はじめ》に帰《かえ》って行《い》くことより他《ほか》はない。斯《か》くして伊邪那岐命《いざなぎのみこと》は逃《に》げて逃《に》げて、漸《ようや》くにして元《もと》の一《はじめ》に辿《たど》り着《つ》いた。その一《はじめ》は但《ただ》し無内容《むないよう》な全一《ぜんいつ》（仏教《ぶっきょう》の空《くう》）としての一《はじめ》ではなく、機能《きのう》と構造《こうぞう》を完備《かんび》した宇宙《うちゅう》、世界《せかい》、人性《じんせい》の奥底《おくそこ》の中枢《ちゅうすう》としての組織体高天原《そしきたいたかあまはら》である。

以上《いじょう》の様《よう》な思惟《しゆい》の運用《うんよう》を宗教上《しゅうきょうじょう》の魂《たましい》の遍歴修業《へんれきしゅぎょう》の過程《かてい》として考《かんが》えることもまた一応意義《いちおういぎ》のある事《こと》である。十拳剣《とつかつるぎ》を後手《うしろで》に振《ふ》ることはすなわち哲学的《てつがくてき》な否定《ネガチオン》すなわち禅《ぜん》の所謂《いわゆる》「無字《むじ》」の拈提《ねんてい》でもあって、儒教《じゅきょう》、キリスト教《きょう》にあってはこの事《こと》を反省《はんせい》と云《い》い、懺悔《ざんげ》と云《い》い、神道《しんとう》では鎮魂《ちんこん》と云《い》う。その反省懺悔《はんせいざんげ》を執拗《しつよう》に徹底《てってい》して間《かん》断《だん》なく行《ぎょう》ずることによって、渾沌《こんとん》たる業縁《ごうえん》、輪廻《りんね》、煩悩《ぼんのう》を帰納整理《きのうせいり》し、そこから飛躍《ひやく》して最後《さいご》の最初《さいしょ》の一《はじめ》に疑《うたが》いなく帰《かえ》り得《え》た時《とき》が禅《ぜん》で云《い》えば「公案現成《こうあんげんじょう》」「見性成仏《けんしょうじょうぶつ》」、念仏《ねんぶつ》で云《い》えば「信心決定《しんじんけつじょう》」、キリスト教《きょう》で云《い》えば「聖潔《きよめ》」の時《とき》である。この一《はじめ》に帰《か》える道《みち》を称《しょう》して禅《ぜん》では「退歩《たいほ》の学《がく》」と云《い》って、進歩《しんぽ》の学《がく》とは云《い》わない。退《たい》歩《ほ》の学《がく》とはキリスト教《きょう》の「汝改《なんじあらた》まりて幼児《ようじ》の如《ごと》くなれ」と云《い》うことである。まさに「十《と》九《こ》八《や》七《な》六《む》五《い》四《よ》三《み》二《ふ》一《ひ》」と十拳剣《とつかつるぎ》を後手《うしろで》に振《ふ》きつつ逃《に》げ来《き》ます道《みち》である。此《こ》の時《とき》逃《に》げ還《かえ》った元《もと》の一《はじめ》は仏教《ぶつきょう》にあっては空《くう》（零《れい》）である。その一《はじめ》を権力《けんりょく》を持《も》った質点《ポテンシャル》と考《かんが》えたのが戦前《せんぜん》の日本《にほん》の天皇中心思想《てんのうちゅうしんしそう》であった。その一《はじめ》が機能《きのう》と構造《こうぞう》を完備《かんび》した人性《じんせい》の中枢《ちゅうすう》布斗麻邇《フトマニ》であるのが神道《しんとう》である。

猶《なほ》（、）追《お》ひて（、）黄泉比良坂《よもつひらさか》の坂本《さかもと》に到《いた》る時《とき》に

伊邪那岐命《いざなぎのみこと》はこのように追《お》われながら懸命《けんめい》に黄泉国《よもつくに》の言語《げんご》、文字《もじ》、学問《がくもん》を研究《けんきゅう》した。そして最後《さいご》に黄泉比良坂《よもつひらさか》の坂本《さかもと》に到達《とうたつ》した。比良《ひら》は比礼《ひれ》であって、前述《ぜんじゅつ》した如《ごと》く文字《もじ》のことであり、またその文字《もじ》を書《か》き連《つら》ねたものを云《い》う。文字《もじ》を祭《まつ》った神社《じんじゃ》に牧岡神宮《ひらおかじんぐう》（河内国《かわちのくに》）がある。神代文字《かみよもじ》を記《しる》した素焼《すやき》の盤《ばん》である平甍《ひらか》（埴土簡《はにふだ》）が神宝《しんぽう》として祭《まつ》られてある。ひ、ら、お、か、の社名《しゃめい》は平甍《ひらか》（比良瓦《ひらか》）の意味《いみ》である。その文字《もじ》の比良坂《ひらさか》（性《さか》）とは文字《もじ》の性質《せいしつ》のことであり、その坂本《さかもと》とは文字《もじ》の性質《せいしつ》の根本原理《こんぽんげんり》と云《い》うことである。伊邪那岐命《いざなぎのみこと》はその外国文学《がいこくぶんがく》、言語《げんご》、哲学《てつがく》を根本《こんぽん》まで帰納的《きのうてき》に研究《けんきゅう》したわけで、その黄泉比良坂《よもつひらさか》の坂本《さかもと》が生命《せいめい》の自覚《じかく》の世界《せかい》

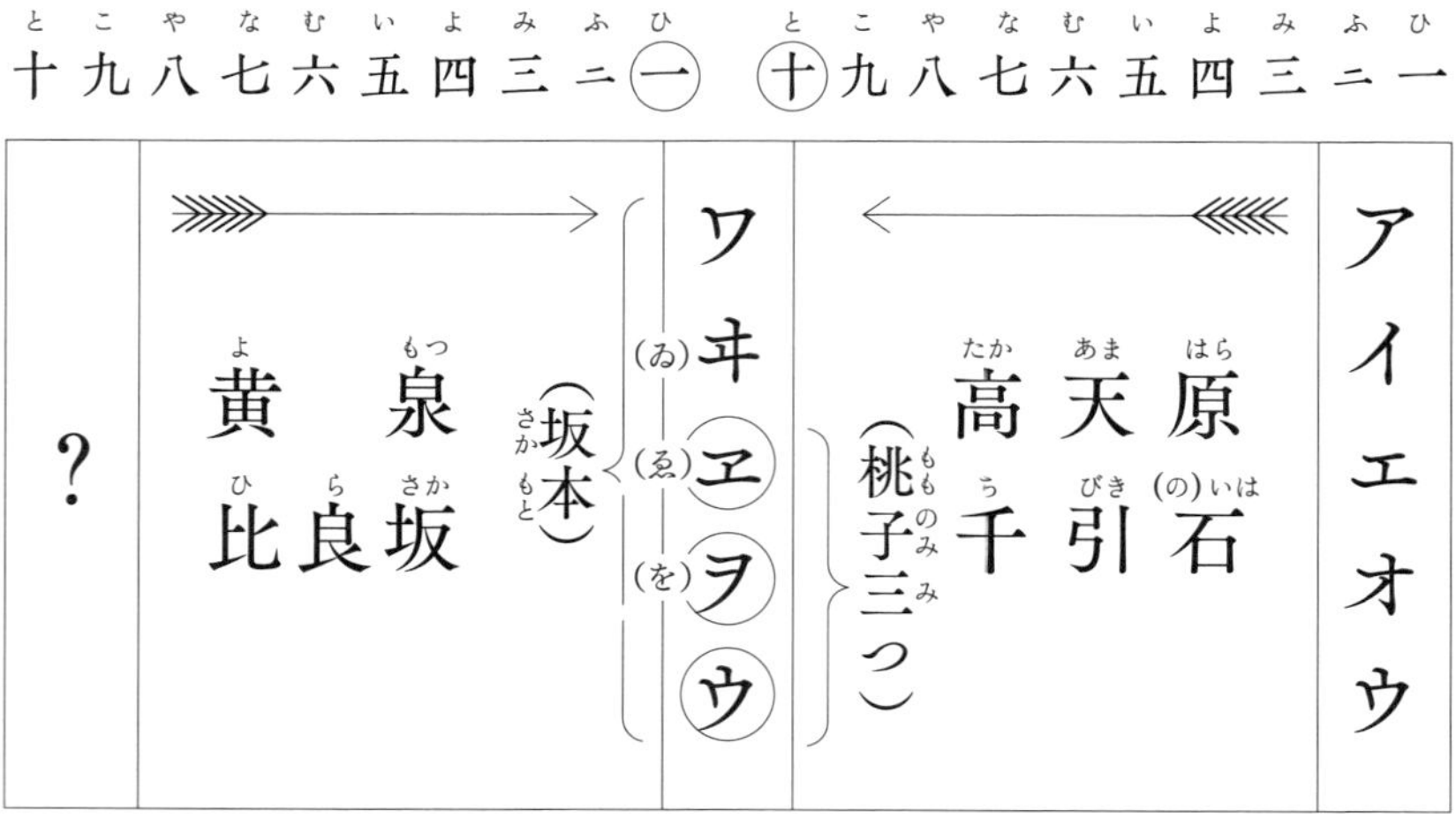

図表-21｜**黄泉比良坂**

である高天原《たかあまはら》日《ひ》の本《もと》と無自覚《むじかく》の世界《せかい》である黄泉国《よもつくに》との境目《さかいめ》である。

そ（其《そ》）の坂本《さかもと》なる
桃子《もものみ》（を）三《み》つ（筒《つ》）と（取《と》）りて（、）
待《ま》ち撃《う》ちたまひしかば、悉《ことごと》に逃《に》げ返《かへ》りき

黄泉比良坂《よもつひらさか》の坂本《さかもと》はそこが黄泉国《よもつくに》の文化《ぶんか》の無自覚《むじかく》の起点出発点《きてんしゅつぱつてん》であり、同時《どうじ》にそこが高天原《たかあまはら》の文明《ぶんめい》の限界境界《げんかいきょうかい》であり結論終点《けつろんしゅうてん》である。「桃子三《もものみみ》つ」を釈《と》けば「百《もも》の御《み》稜《い》威《づ》」であり、その呪文《じゅもん》である。前述《ぜんじゅつ》した建御雷神《たけみかづちのかみ》の百音言霊図《ひゃくおんげんれいず》（百敷《ももしき》の大宮《おほみや》）の権威《けんい》と云《い》うことである。

坂本《さかもと》は言霊《げんれい》で云《い》えばワヰ《ゐ》ヱ《ゑ》ヲ《を》ウであり、その坂本《さかもと》の「桃子三《もものみみ》つ」（百《もも》の子三《みみ》つ）とはヱ《ゑ》、ヲ《を》、ウの三音《さんおん》である。ヱ《ゑ》は理性《りせい》（カントの云《い》う実践理性《じっせんりせい》）、ヲ《を》は悟性《ごせい》（カントの云《い》う純粋理性《じゅんすいりせい》）、ウは現識《げんしき》（感覚《かんかく》）の自覚体《じかくたい》であって、この三《みっ》つの実在《じつざい》の夫々《それぞれ》に立脚《りっきゃく》して樹《た》てられた麻邇《まに》の組織《そしき》の三《みっ》つの体系《たいけい》は人類《じんるい》の宇宙観《うちゅうかん》、生命観《せいめいかん》、人生観《じんせいかん》の典型《てんけい》であり、これが人類精神文明《じんるいせいしんぶんめい》を代表《だいひょう》する知性《ちせい》の三《みっ》つの範疇《はんちゅう》である。その名《な》を天照大御神《あまてらすおほみかみ》、月読命《つくよみのみこと》、須佐之男命《すさのをのみこと》と云《い》い、三《みっ》つを綜合《そうごう》して「三貴子《みはしらのうづみこ》」と云《い》う。三人《さんにん》の命《みこと》としての「生命《せいめい》の言《こと》の葉《は》の道《みち》」の三《みっ》つの体系《たいけい》であるからこれを三命《みち》と云《い》う。すなわち道《みち》の語源《ごげん》の一《ひと》つである。この三命《みち》の内容《ないよう》は次段《じだん》の「禊祓《みそぎはらひ》」によって完成《かんせい》される。仏教《ぶっきょう》で阿耨多羅三藐三菩提《あのくたらさんみゃくさんぼだい》と称《しょう》するものはすなわち此《こ》の三《みっ》つの道《みち》に他《ほか》ならぬ。此《こ》の三《みっ》つ以外《いがい》に有《あ》り得《え》ないからそうだと云《い》える。三菩提《さんぼだい》の実質《じっしつ》は摩尼宝珠《まにほうじゅ》であり一切種智《いっさいしゅち》である神道布斗麻邇《しんとうフトマニ》によるにあらざれば、仏教自身《ぶっきょうじしん》を以《もっ》てしては明《あき》らかになし得《え》ない。

伊邪那岐命《いざなぎのみこと》は追詰《おいつ》められた揚句《あげく》、この三《みっ》つの麻邇《まに》の範疇《はんちゅう》、すなわち百《もも》（桃《もも》）の言霊《げんれい》の稜威《みいづ》を示《しめ》したところ、黄泉国《よもつくに》の思想的軍勢《しそうてきぐんぜい》は此処《ここ》にはじめてその道理《どうり》の素晴《すば》らしさに驚《おど》ろいて悉《ことごと》く逃《に》げ帰《かえ》った。

ここ（爾《ここ》）に伊邪那岐命《いざなぎのみこと》、桃子《もも》に告《の》りたまはく、
汝《いまし》（、）吾《あ》を助《たす》けしがごと（如《ごと》）く、葦原中国《あしはらのなかつくに》に有《あ》らゆる（所有《あらゆる》）現《うつ》（うつ）しき青人草《あをひとくさ》の、
苦《う》き瀬《せ》（苦瀬《うきせ》）に落《お》ちて、苦《くる》し（患惚《くるし》）まむ時《とき》に（、）助《たす》けてよと告《の》りたまひて、
意富加牟豆美命《おほかむづみのみこと》と云《い》（号《い》）ふ名《な》を賜《たま》ひき

そこで伊邪那岐命《いざなぎのみこと》は桃子《もものみ》に斯《こ》う仰言《おつしや》った。将来吾《しょうらいあ》が高天原《たかあまはら》の国日《くにひ》の本《もと》に住《す》む人々《ひとびと》が、黄泉国《よもつくに》の思想《しそう》にかぶれ、虜《とりこ》となり、或《ある》いは追詰《おいつ》められて、みずから還《かえ》る道《みち》を失《うし》なって苦《くる》しんだ時《とき》、今《いま》お前《まえ》が私《わたし》を助《たす》けた如《ごと》くに助《たす》けてやって呉《く》れよ。

『古事記《こじき》』は昔《むかし》のことを云《い》っているのではなく、恒常《こうじょう》の「中今《なかいま》」を説《と》いている。「桃子三《もものみみ》つ」の権威《けんい》を世界《せかい》に示《しめ》す時《とき》は常《つね》に今《いま》であり、特《とく》に現代《げんだい》の今日《こんにち》に於《おい》てである。『古事記《こじき》』は人類《じんるい》の第一文明《だいいちぶんめい》である精神原理《せいしんげんり》の把持《はじ》保存継承《ほぞんけいしょう》に任《にん》じて来《き》た日本人《にほんじん》のために書《か》き伝《つた》えられた預言書《よげんしょ》であり、指導書《しどうしょ》である。布斗麻邇《フトマニ》は日本人《にほんじん》を救《すく》うと共《とも》に全世界《ぜんせかい》を救《すく》う。世界《せかい》の第二《だいに》の文明《ぶんめい》である科学文明《かがくぶんめい》はその日本人《にほんじん》が天職使命《てんしょくしめい》として把持《はじ》している精神《せいしん》の麻邇《まに》の運用《うんよう》によって初《はじ》めて永遠《えいえん》の合理性生命性《ごうりせいせいめいせい》を附与《ふよ》される。

意富加牟豆美命《おほかむづみのみこと》とは大《おお》いなる神《かみ》の稜威《みいづ》の身《み》（実体《じったい》）と云《い》うほどの意味《いみ》である。梅若《うめわか》の狂言《きょうげん》にある「桃太郎《ももたろう》」は伝説《でんせつ》の桃太郎《ももたろう》を演《えん》じたもので、その中《なか》でシテの桃太郎《ももたろう》はみずから意富加牟豆美命《おほかむづみのみこと》と名乗《なの》る。桃太郎《ももたろう》は百太郎《ももたろう》であって、桃子《ももの》三《み》つ《み》の三姉弟《さんしてい》（三貴子《さんきし》）の中《なか》の長子《ちょうし》（太郎《たろう》）と云《い》うことである。それは天照大御神《あまてらすおほみかみ》のことである。

絶《こと》妻《ど》の誓《わたし》（高《たか》天《あま》原《はら》日《に》本《ほん》と世《せ》界《かい》の関《かん》係《けい》）

最後《いやはて》に（、）そ（其《そ》）の妹《いも》伊邪那美命《いざなみのみこと》、身自《みづか》ら追《お》ひ来《き》ましき

伊邪那美命《いざなみのみこと》は既《すで》に黄泉国《よもつくに》の主宰者《しゆさいしや》黄泉津大神《よもつおほかみ》になっている。それは黄泉国《よもつくに》の神々《かみがみ》すなわちその原理《げんり》の研究《けんきゆう》総攬者《そうらんしや》であって、その歴史的思想的内容《れきしてきしそうてきないよう》はその後《のち》、須佐之男命《すさのをのみこと》、大国主命《おほくにぬしのみこと》によって継承発展《けいしようはつてん》され、その思想《しそう》の実際《じつさい》は高天原日本《たかあまはらにほん》以外《いがい》の地域《ちいき》に於《おい》て全世界《ぜんせかい》の覇権《はけん》を掌握《しようあく》しているヨーロッパ民族《みんぞく》、広《ひろ》い意味《いみ》でのモーゼの宗教《しゆうきよう》の民族《みんぞく》によって経営《けいえい》されて今日《こんにち》に至《いた》っている。その思想学問《しそうがくもん》は五千年以上《ごせんねんいじよう》の昔《むかし》である太古神代《たいこかみよ》にあっては混沌《こんとん》たるものに過《す》ぎなかったが、歴史《れきし》の進展《しんてん》と共《とも》に今日《こんにち》に到《いた》って完成《かんせい》に近《ちか》づきつつある物質科学《ぶつしつかがく》を操縦《そうじゆう》する生存競争《せいぞんきようそう》思想《しそう》、覇道思想《はどうしそう》、帝国主義《ていこくしゆぎ》、民族主義等々《みんぞくしゆぎとうとう》と云《い》う形態《けいたい》としてその思想《しそう》の様相《ようそう》をはっきり現《あら》わして来《き》た。

この五千年以上《ごせんねんいじよう》にわたる長《なが》い歴史的経過《れきしてきけいか》の間《あいだ》に、此《こ》の伊邪那美命《いざなみのみこと》の追撃《ついげき》は幾回《いくかい》か時《とき》を変《か》え形《かたち》を変《か》えて繰返《くりかえ》して行《おこ》なわれた。第一回目《だいいつかいめ》はこの伊邪那美神自身《いざなみのかみじしん》の時代《じだい》に於《お》ける事態《じたい》であり、第二回目《だいにかいめ》は須佐之男命《すさのをのみこと》の「参《ま》ひ上《のぼ》り」であり、第三回目《だいさんかいめ》は大国主命《おほくにぬしのみこと》の国譲《くにゆず》りの時《とき》の事《こと》であり、第四回目《だいよんかいめ》は海幸彦《うみさちびこ》と山幸彦《やまさちびこ》の争《あらそ》いとしての

ものである。以上第一回《いじょうだいいっかい》から第四回《だいよんかい》に至《いた》るまでの事態《じたい》は実際《じっさい》の史実《しじつ》ではなく、真理《しんり》の発展《はってん》の神話的呪示解説《しんわてきじゅじかいせつ》であるか、若《も》しくは将来《しょうらい》の予言《よげん》であると見《み》ることが出来《でき》る。第五回目《だいごかいめ》は神武天皇《じんむてんのう》と饒速日命《にぎはやひのみこと》との争《あらそ》いとしてのものであった。神武以後《じんむいご》の事《こと》は明瞭《めいりょう》な史実《しじつ》である。

その後《ご》も此《こ》の追撃《ついげき》は両神《りょうしん》の対立抗争《たいりつこうそう》の形《かたち》として幾回《いくかい》か繰返《くりかえ》された。物部《もののべ》と蘇我《そが》の争《あらそ》い、壬申《じんしん》の乱《らん》、源平《げんぺい》の戦《たたか》い、南北朝《なんぼくちょう》の対立等《たいりつなど》を個々別々《ここべつべつ》な歴史的事実《れきしてきじじつ》と考《かんが》えず、人間《にんげん》の宿業《しゅくごう》の流転輪廻相続《るてんりんねそうぞく》の相《そう》と見《み》る時《とき》は、すべて同一《どういつ》の霊的因縁《れいてきいんねん》の繰返《くりかえ》しであるに他《ほか》ならぬ。その宿業《しゅくごう》とは岐美二神《きみにしん》の分離対立《ぶんりたいりつ》であって、日本《にほん》のみならず広《ひろ》く世界的意味《せかいてきいみ》に於《お》ける南北朝《なんぼくちょう》の対立《たいりつ》である。神武維新以後三千年《じんむいしんいごさんぜんねん》の今日《こんにち》、仏教《ぶっきょう》で云《い》う正像末《しょうぞうまつ》のどん詰《づ》まりの時期《じき》に当《あた》って、いよいよこの問題《もんだい》に関《かん》して人類《じんるい》が最高《さいこう》の解決《かいけつ》を得《え》なければならぬ機運《きうん》が到来《とうらい》した。

高天原《たかあまはら》とは天壌無窮《てんじょうむきゅう》、万世一系《ばんせいいっけい》、永劫不変《えいごうふへん》に完成《かんせい》された生命《せいめい》の知性《ちせい》、精神《せいしん》の主体《しゅたい》としての宇宙《うちゅう》の中枢《ちゅうすう》の自覚体《じかくたい》である。これに対《たい》する予母津国《よもつくに》は高天原以外《たかあまはらいがい》の地上世界《ちじょうせかい》を舞台《ぶたい》として生命《せいめい》の客体《きゃくたい》に関《かん》する学問《がくもん》の発展《はってん》と完成《かんせい》を目指《めざ》して悠久《ゆうきゅう》の努力《どりょく》を続《つづ》けつつあった。だが此処《ここ》で特《とく》に注意《ちゅうい》しなければならぬ事《こと》は、この間《かん》、歴史《れきし》を通《つう》じて幾回《いくかい》か行《おこ》なわれたその客体世界《きゃくたいせかい》からの攻撃《こうげき》に対して、精神《せいしん》の主体自覚体《しゅたいじかくたい》としての高天原《たかあまはら》が取《と》るべき態度《たいど》、施《ほどこ》すべき処置《しょち》は、時代《じだい》と事情《じじょう》の如何《いかん》に拘《かかわ》らず、常《つね》に唯《た》だ一《ひと》つしか存《そん》しないと云《い》うことである。何故《なぜ》ならば創造《そうぞう》の主体《しゅたい》としての人間《にんげん》の精神《せいしん》の構造《こうぞう》とその活動《かつどう》の基本的原理法則《きほんてきげんりほうそく》は歴史《れきし》を通《つう》じ、世代《せだい》を通《つう》じ、且《か》つまた人種《じんしゅ》の区別《くべつ》如何《いかん》に拘《かかわ》らず、宇宙《うちゅう》にただ一種類《いっしゅるい》、一系列《いちけいれつ》しか存《そん》しないからである。すなわち天壌無窮《てんじょうむきゅう》、万世一系《ばんせいいっけい》のものであるからである。「我《われ》、仏《ほとけ》を得《え》てより来《このかた》、経《へ》たる所《ところ》の諸《もろもろ》の劫数《こっしゅ》は、無量百千万《むりょうひゃくせんまん》億載阿僧祇《おくさいあそうぎ》なり。」（「寿量品《じゅりょうほん》」）高天原《たかあまはら》の神《かみ》すなわち仏陀《ぶつだ》とは人間性《にんげんせい》の原理《げんり》の全貌《ぜんぼう》の自覚態《じかくたい》であって、それはこの仏寿無量《ぶつじゅむりょう》を説《と》く「寿量品《じゅりょうほん》」の言葉《ことば》の如《ごと》く、人類《じんるい》が有《あ》らん限《かぎ》り天壌無窮《てんじょうむきゅう》のものであり、そしてその人類《じんるい》の生物学的《せいぶつがくてき》な「種《しゅ》」が存《そん》する限《かぎ》り、死《し》に替《か》わり生《い》き替《か》わり、永劫《えいごう》の世代《せだい》を通《つう》じて万世《ばんせい》に不変《ふへん》、恒常《こうじょう》、一系《いっけい》のものである。

斯《かく》の如《ごと》き故《ゆえ》にこの高天原神界《たかあまはらしんかい》に対《たい》する黄泉国《よもつくに》からの最初《さいしょ》の攻撃《こうげき》であった伊邪那美命《いざなみのみこと》との葛藤《かっとう》に対《たい》して伊邪那岐命《いざなぎのみこと》が取《と》った初《はじ》めての態度方法《たいどほうほう》は、そのままその後幾回《のちいくかい》も行《おこ》なわれた同様《どうよう》の攻撃《こうげき》に対《たい》する基本的《きほんてき》な処置《しょち》法《ほう》である。従《したが》って彼《か》の時《とき》の処置法《しょちほう》が復原《ふくげん》、把握《はあく》、開明《かいめい》されれば、そのまま今日全世界《こんにちぜんせかい》の科学文明《かがくぶんめい》と覇道思想《はどうしそう》から人類《じんるい》の精神文明《せいしんぶんめい》の本拠《ほんきょ》である高天原《たかあまはら》が、換言《かんげん》すれば人類《じんるい》の本然《ほんぜん》の生命《せいめい》そのものが加《くわ》えられている攻撃《こうげき》に対《たい》して、すなわち逆《ぎゃく》に言《い》えば近代科学文明《きんだいかがくぶんめい》の世界《せかい》からの高天原《たかあまはら》に対《たい》する切実《せつじつ》な要望《ようぼう》であり渇仰《かつごう》である所《ところ》の欲求《よっきゅう》の全部《ぜんぶ》に対《たい》して余蘊《ようん》なく回答《かいとう》を与《あた》えることが出来《でき》る。この処置法《しょちほう》を称《しょう》して此処《ここ》では「事戸度《ことどわたし》」（絶妻之誓《ことどど》）と云《い》ひ、またその次《つぎ》の段階《だんかい》に於《お》ては「禊祓《みそぎはらひ》」と云《い》う。

すなは（爾《すなは》）ち千引石《ちびき(の)いは》を（、）そ（其《そ》）の黄泉比良坂《よもつひらさか》に引《ひ》き塞《さ》へて、
そ（其《そ》）の石《いは》を中《なか》に置《お》きて、各対《あひむ》き立《た》たして、事戸《ことど》を度《わた》す時《とき》に

千引石《ちびきいは》の千《ち》は道《ち》（血《ち》）であり、石《いは》は五十葉《いは》すなち言霊《げんれい》であり、特《とく》にその中《なか》の三十二子音《さんじゆうにしいん》である。子音《しいん》は父韻《ふいん》と母音《ぼいん》の双方《そうほう》の血《ち》（道《ち》）を引《ひ》いて現《あら》われた実相自覚認識《じつそうじかくにんしき》の本質《ほんしつ》、原素《げんそ》としての音《おん》（声字《しようじ》）である。

伊邪那岐命《いざなぎのみこと》は高御産巣日神《たかみむすびのかみ》、神漏岐命《かむろぎのみこと》の実現体《じつげんたい》（命《みこと》）としての主観的《しゆかんてき》、主体的精神的宇宙生命《しゆたいてきせいしんてきうちゆうせいめい》の自覚者《じかくしや》であり、伊邪那美命《いざなみのみこと》は神産巣日神《かみむすびのかみ》、神漏美命《かむろみのみこと》の実現体《じつげんたい》としての客観的《きやつかんてき》、客体的現象宇宙《きやくたいてきげんしようちゆう》の研究者《けんきゆうしや》である。この時前者《ときぜんしや》は内《うち》に観《かん》ずる生命《せいめい》の自己内容自己目的《じこないようじこもくてき》の自覚《じかく》、自律《じりつ》、自主態《じしゆたい》であるが、後者《こうしや》は現象《げんしよう》を常《つね》に外《そと》にのみ観《かん》じて、その生命《せいめい》の自己目的《じこもくてき》に関《かん》しては盲目《もうもく》であり無自覚《むじかく》である。すなわち生命《せいめい》の開眼自覚《かいがんじかく》は必《かなら》ず意識《いしき》の主体側《しゆたいがわ》に於《おい》てのみなされ、客体側《きやくたいがわ》はこれに与《あず》かることがない。

その生命《せいめい》の実相認識《じつそうにんしき》としての自覚内容《じかくないよう》の精煉《せいれん》された要素《ようそ》が三十二子音《さんじゆうにしいん》であり、空相《くうそう》、実相《じつそう》（先天《せんてん》、後天《こうてん》）を併《あわ》せたすべての要素《ようそ》が四十八音《よんじゆうはちおん》である。仏説《ぶつせつ》ではこの四十八《よんじゆうはち》を一切種智《いつさいしゆち》と云《い》い、これを宗教的《しゆうきようてき》に象徴《しようちよう》したところのものが阿弥陀如来《あみだによらい》の四十八願《しじゆうはちがん》であり、三十二子音《さんじゆうにしいん》の功能《くのう》を象徴《しようちよう》したものが観世音菩薩《かんぜおんぼさつ》の三十二応身《さんじゆうにおうしん》である。世音《ぜおん》とはすなわち声字《しようじ》としての実相《じつそう》である。

四方津国《よもつくに》の言語《げんご》、文字《もじ》、思想《しそう》の性質《さが》である黄泉比良坂《よもつひらさか》の前面《ぜんめん》には黄泉国《よもつくに》の渾沌未完成《こんとんみかんせい》の客観世界《きやつかんせかい》の学問《がくもん》が、そしてその背後《はいご》には高天原《たかあまはら》の完成《かんせい》された無垢清浄《むくせいじよう》な精神世界《せいしんせかい》の原理《げんり》が存《そん》する。比良坂《ひらさか》のさ、か、は境《さかい》（堺《さかい》）と云《い》う意味《いみ》でもあって、千引石《ちびきいは》を比良坂《ひらさか》に引《ひ》き塞《さ》えると云《い》うことは、この両界《りようかい》の境目《さかいめ》に宇宙《うちゆう》の空想実相《くうそうじつそう》の自覚態《じかくたい》に於《お》ける原素《げんそ》としての布斗麻邇《フトマニ》一切種智《いつさいしゆち》の内容《ないよう》を羅列《られつ》すると云《い》うほどの意味《いみ》である。すなわち此《こ》の種智《しゆち》を呈示《ていじ》し、それを配置《はいち》することによって黄泉国《よもつくに》と高天原《たかあまはら》の境目《さかいめ》を劃《かく》するわけである。岐美二神《きみにしん》はこの千引石《ちびきいは》を中《なか》に置《お》いて各々《おのおの》が属《ぞく》する世界《せかい》を代表《だいひよう》して向《む》き合《あ》って立《た》って「事戸《ことど》を度《わた》す」こととなった。

事戸《ことど》は言戸《ことど》であって、言葉《ことば》を以《もつ》て構成《こうせい》された扉《とびら》を両世界《りようせかい》の間《あいだ》に引《ひ》き渡《わた》し、引《ひ》き塞《ふ》さぐと云《い》うことである。その言葉《ことば》の扉《とびら》とは千引石《ちびきいは》そのものに他《ほか》ならない、千引石《ちびきいは》と云《い》う時《とき》は麻邇字《まにじ》を意味《いみ》して神代表音文字《かみよひようおんもじ》のことであり、言戸《ことど》と云《い》う時《とき》は麻邇《まに》（言霊《げんれい》）そのものであると考《かんが》えたらよい。

初《はじ》め岐美二神《きみにしん》は力《ちから》を併《あわ》せて宇宙《うちゆう》の創造《そうぞう》に当《あた》った。そして淤能碁呂島《おのころしま》である己《おの》れの心《こころ》の内容《ないよう》として生《う》むべき限《かぎ》りの御子《みこ》を生《う》み終《お》えた時《とき》、伊邪那美命《いざなみのみこと》は黄泉国《よもつくに》に神避《かむさ》り給《たも》うて、その後《ご》の御子《みこ》の整理《せいり》は専《もつぱ》ら伊邪那岐命《いざなぎのみこと》の神《かむ》業《わざ》となった。子《こ》を産《う》むことは父母共同《ふぼきようどう》の仕事《しごと》であるが、その子《こ》の教育《きよういく》は父《ちち》の責任《せきにん》であるようなものである。諸《しよ》法空想実相《ほうくうそうじつそう》の正体《しようたい》である言霊麻邇《げんれいまに》の自覚整理《じかくせいり》は主体自覚体《しゆたいじかくたい》である心《こころ》の側《がわ》のみが為《な》し得《う》る業《わざ》である。

然《しか》しこの時《とき》、伊邪那岐命《いざなぎのみこと》は妻神《つまがみ》をもう一度《いちど》求《もと》めて客体世界《きやくたいせかい》の黄泉国《よもつくに》に赴《おもむ》いたが、その渾沌《こんとん》に追《お》われて逃《に》げ帰《かえ》って来《き》た。すなわち主体《しゆたい》が主体自身《しゆたいじしん》の世界《せかい》へ逃《に》げ帰《かえ》って来《き》たわけであるが、ここで愈々《いよいよ》霊《れい》と体《からだ》、物《もの》と心《こころ》、主《しゆ》と客《きやく》である岐美二神《きみにしん》が正式《せいしき》に離別《りべつ》の宣言《せんげん》をすることとなった。この夫《おつと》と妻《つま》に当《あた》る二命《ふたみこと》が離婚《りこん》と云《い》う形《かたち》でその住《す》み経営《けいえい》する世界《せかい》を異《こと》にすると云《い》うことは如何《いか》なる事実《じじつ》を云《い》うことであるかを改《あらた》めて確認《かくにん》し、その真義真相《しんぎしんそう》を明白《めいはく》に自覚《じかく》して、心《こころ》と外界《がいかい》との境《さかい》を定《さだ》め、心《こころ》が心《こころ》として成立《せいりつ》する原理《げんり》が存在《そんざい》する領域《りょういき》の限界《げんかい》を定《さだ》め、同時《どうじ》に物《もの》が物《もの》として存在《そんざい》する範囲《はんい》を定《さだ》めて、生命《せいめい》の自覚者《じかくしゃ》としての創造《そうぞう》の主体性《しゅたいせい》の内容《ないよう》を確立《かくりつ》したことが「事戸《ことど》の度《わた》し」である。故《ゆえ》にこれを「絶妻之誓《ことど》」（『日本書紀《にほんしょき》』）と書《か》く。

心《こころ》すなわち霊《れい》（魂《エ》・魄《ウ》・意《イ》・志《オ》・神《ア》）すなわち精神《せいしん》とは千引石《ちびきいは》である三十二子音《さんじゅうにしいん》、四十八言霊《よんじゅうはちげんれい》を内容《ないよう》とする麻邇《まに》であって、それ以外及《いがいおよ》びそれ以上《いじょう》の何《なに》ものでもなく、またそれ以内《いない》それ以下《いか》では心《こころ》の全局《ぜんきょく》とするに足《た》りない。その麻邇《まに》すなわち言葉《ことば》の扉《とびら》を立《た》てて心《こころ》の占《し》むる全域《ぜんいき》を決定《けってい》することが高天原神界《たかあまはらしんかい》すなわち精神性《せいしんせい》能《のう》としての人間性《にんげんせい》を確立《かくりつ》することであって、人間《にんげん》は考《かんが》える蘆《あし》であると云《い》われるが、その蘆《あし》が考《かんが》える全能力《ぜんのうりょく》すなわち一切智《いっさいち》、一切種智《いっさいしゅち》の確立《かくりつ》である。

斯《かく》の如《ごと》く神界《しんかい》すなわち法界《ほっかい》すなわち創造《そうぞう》の主体《しゅたい》であり中枢《ちゅうすう》である精神《せいしん》としての人間性《にんげんせい》の内容《ないよう》が簡単且《かんたんか》つ明瞭《めいりょう》に確立《かくりつ》された時《とき》、外界《がいかい》の如何《いか》なる渾沌《こんとん》もその自覚《じかく》としての、釈尊《しゃくそん》の所謂《いわゆる》「天上天下唯我独尊《てんじょうてんげゆいがどくそん》」である自我《じが》の尊厳《そんげん》を犯《おか》すことが出来《でき》ない。言葉《ことば》の扉《とびら》はすなわち心《こころ》の世界《せかい》の扉《とびら》であり、人間性《にんげんせい》の周囲《しゅうい》に結《ゆ》い廻《めぐ》らされた柵《さく》であり、神聖《しんせい》なる自我《じが》の「結界《けっかい》」である。神社神道《じんじゃしんとう》に於《おい》て地鎮祭《じちんさい》の祭壇《さいだん》の周囲《しゅうい》に四角《しかく》に張《は》り廻《めぐ》らしたり、或《ある》いは真言密教《しんごんみっきょう》に於《おい》て護摩壇《ごまだん》に結《むす》ぶ〆縄《しめなわ》はこの結界《けっかい》の印《しる》しである。この結界《けっかい》の内部《ないぶ》が高天原《たかあまはら》であって、渾沌《こんとん》の魔《ま》はその中《なか》に入《はい》ることを得《え》ない。

「(主《しゅ》の言葉《ことば》、天使《てんし》の長達《ちょうたち》に向《む》って) さてお前達本当《まえたちほんとう》の神《かみ》の子等《こら》は、生《い》き生《い》きした豊《ゆた》かな美《うつく》しさを見《み》て楽《たの》しむがよい、永遠《えいえん》に製作《せいさく》し活動《かつどう》する生々《せいせい》の力《ちから》が、愛《あい》の優《やさ》しい埒《しがらみ》をお前達《まえたち》の周囲《めぐり》に結《ゆ》うようにしよう。お前達《まえたち》は揺《ゆ》らぐ現象《げんしょう》として漂《ただよ》っているものを、持久《じきゅう》する思惟《しゆい》で繋《つな》ぎ止《と》めて行《ゆ》くがよい」(『ファウスト』天上《てんじょう》の序曲《じょきょく》)

ゲーテのこの言葉《ことば》は精神界《せいしんかい》の結界《けっかい》と云《い》うことの意義《いぎ》をよく現《あら》わしている。その結界《けっかい》は言霊《げんれい》アの発露《はつろ》である愛《あい》を以《もっ》て結《ゆ》い廻《めぐ》らされると説《と》くのがキリスト教《きょう》である。天使達《てんしたち》(菩薩《ぼさつ》)はその埒《しがらみ》の中《なか》で「阿弥陀仏五劫《あみだぶつごごう》の」思《し》惟《ゆい》を続《つづ》けて行《い》くのである。変化《へんか》して止《や》まぬ現象《げんしょう》を持久《じきゅう》する思惟《しゆい》もて繋《つな》ぎ止《と》めることは言霊《げんれい》オの活《はた》らきであって、これを生命《せいめい》の玉《たま》の緒《を》と云《い》う。だが言霊《げんれい》アの領域《りょういき》を言霊《げんれい》オだけで結《むす》んで以《もっ》て結界《けっかい》とすることは詩人《しじん》であり科学者《かがくしゃ》であり宰相《さいしょう》であったゲーテ自身《じしん》の結界《けっかい》であって、それだけが人間《にんげん》の思惟《しゆい》、種智《しゅち》の全部《ぜんぶ》ではない。

神道《しんとう》を客観的《きゃっかんてき》なものと思《おも》い錯《あやま》って直接科学《ちょくせつかがく》を以《もっ》て説明《せつめい》しようとすることは神道《しんとう》の本質《ほんしつ》を体験《たいけん》せぬ者《もの》、自己《じこ》の精神《せいしん》の意義《いぎ》を弁《わき》まえぬ者《もの》の空論《くうろん》であって、本来神道《ほんらいしんとう》は最《もっと》も主観的《しゅかんてき》なものであるが故《ゆえ》に最《もっと》も非科学的《ひかがくてき》なものであり、科学《かがく》とは全然別箇《ぜんぜんべっこ》のものである。やがて黄泉津大神《よもつおほかみ》である伊邪那美命《いざなみのみこと》の営《いとな》みである科学《かがく》が完成《かんせい》された暁《あかつき》に於《おい》て、これに対《たい》して純粋《じゅんすい》に正確《せいかく》にアンチテーゼをなすものが神道《しんとう》である。その科学《かがく》のアンチテーゼとしてそれと対照《たいしょう》された時《とき》、幾何学的《きかがくてき》な対称《シンメトリー》となる意味《いみ》に於《おい》て、初《はじ》めて神道《しんとう》は科学《かがく》と一致《いっち》する。この科学《かがく》は神道《しんとう》の主《しゅ》体《たい》、自主《じしゅ》、自己目的《じこもくてき》、自律《じりつ》、自由《じゆう》の諸徳《しょとく》である生命《せいめい》の自覚《じかく》の光明《こうみょう》に照射《しょうしゃ》されて、初《はじ》めて生命《せいめい》に対《たい》する科学《かがく》自身《じしん》の自己目的性《じこもくてきせい》を附与《ふよ》される。科学《かがく》は盲目《もうもく》であって、精神《せいしん》の自覚《じかく》の眼《め》の導《みちび》きがなければ自己《じこ》の行方《ゆくえ》を定《さだ》めることが出来《でき》ない。この意味《いみ》での科学文明《かがくぶんめい》の開眼《かいがん》を提婆達多《だいばだった》の成仏《じょうぶつ》、弥勒仏《みろくぶつ》の下生《げしょう》と云《い》うのである。

伊邪那美命《いざなみのみこと》（の）言《まを》したまはく、
愛《うつく》しき我《あ》が汝兄《なせ》の命《みこと》（那勢命《なせのみこと》）、
かくし（如此為《かくし》）たまはば、汝《みまし》の国《くに》の人草《ひとくさ》、
一日《ひとひ》に千頭《ちかしらくび》絞り殺《ころ》さむとまをしたまひき。
ここ（爾《ここ》）に伊邪那岐命《いざなぎのみこと》（の）詔《の》りたまはく、
愛《うつく》しき我《あ》が汝妹《なにも》の命《みこと》（那邇妹命《なにものみこと》）、汝《みまし》（、）然《しか》し（為《し》）たまはば、
吾《あれ》はや一日《ひとひ》に千五百産屋《ちいほうぶや》立《た》て（て）むとのりたまひき。
ここ（是《ここ》）を以《も》て（、）一日《ひとひ》に必《かなら》ず千人《ちひと》死《し》に、
一日《ひとひ》に必《かなら》ず千五百人《ちいほひと》なも生《うま》るる

高天原《たかあまはら》と黄泉国《よもつくに》に分《わか》れた岐美二命《きみふたみこと》はここで各々《おのおの》の職分《しょくぶん》と領域《りょういき》をはっきりと決定《けってい》して宣言《せんげん》を行《おこ》なった。美命《みのみこと》は破壊《はかい》の力《ちから》であり、岐命《きのみこと》は創造《そうぞう》の力《ちから》である。黄泉国《よもつくに》の本領《ほんりょう》は物事《ものごと》を破壊《はかい》することによって事象の根源《こんげん》を究《き》わめんとする科学的探究《かがくてきたんきゅう》にある。美命《みのみこと》が高天原《たかあまはら》の青人草《あをひとくさ》を一日《いちにち》に千頭《ちかしらくび》絞り殺《ころ》さんと云《い》うことは必《かなら》ずしも人間《にんげん》の肉体《にくたい》の事《こと》ではなく、千頭《ちかしら》は道神知《ちかしら》の咒文《じゅもん》と考《かんが》えられるから、これを道《ち》を明《あき》らかに知《し》る言葉《ことば》のことと取《と》れば、美命《みのみこと》はそうした正《ただ》しい真理《しんり》の言葉《ことば》を一日《ひとひ》に千個《せんこ》ずつ破壊《はかい》して行《い》くと云《い》う意味《いみ》である。これに対《たい》して岐命《きのみこと》が千五百産《ちいほうぶ》屋《や》を建《た》てると云《い》うことは、美命《みのみこと》の破壊《はかい》に増《ま》してより多《おお》くの正《ただ》しい言葉《ことば》をどんどん産《う》み出《だ》すから困《こま》りはしないと云《い》われたことである。

「初《はじ》め世界《せかい》は唯《た》だ一《ひと》つの言葉《ことば》なりき（全地《ぜんち》は一《ひと》つの言葉《ことば》一《ひとつ》の音《おん》のみなりき）」（『旧約聖書《きゅうやくせいしょ》』「創世記《そうせいき》」）とある如《ごと》く、最初世界《さいしょせかい》には神《かみ》の言葉麻邇《ことばまに》によって構成《こうせい》された言葉《ことば》のみが行《おこ》なわれていたが、エデンが閉鎖《へいさ》されて以後《いご》、特《とく》に神人《しんじん》ノアが元《もと》のエデンの制《せい》に倣《なら》って方舟《はこぶね》（言霊図《げんれいず》）を作《つく》り、その子孫《しそん》がこれを軌範《きはん》として国家《こっか》を建設《けんせつ》しようとした時《とき》、神《かみ》エホバはその言葉《ことば》を乱《みだ》し、その民《たみ》の意図《いと》を挫折《ざせつ》し、民族《みんぞく》を地《ち》に逸散《いっさん》せしめた。

「視《み》よ、民《たみ》は一《ひと》つにして皆一《みなひと》つの言葉《ことば》を用《もち》ふ。今既《いますで》に此《これ》を為《な》し始《はじ》めたり、然《さ》れば凡《す》べてその為《な》さんと図《はか》ることは禁《とど》め得《う》られざるべし、去来我等降《いざわれらくだ》り彼処《かしこ》にて彼等《かれら》の言葉《ことば》を淆《みだ》し、互《たがい》に言葉《ことば》を通《つう》ずることを得《え》ざらしめんと。エホバ遂《つひ》に彼等《かれら》を彼処《かしこ》より全地《ぜんち》の表《おもて》に散《ち》らしたまひければ、彼等《かれら》邑《まち》を建《た》つることを罷《や》めたり、是故《これゆえ》にその名《な》をバベル（淆乱《みだれ》）と呼《よ》ばる」（『旧約聖書《きゅうやくせいしょ》』「創世記《そうせいき》」第十一章《だいじゅういっしょう》）と『聖書《せいしょ》』は伝《つた》えている。

伊邪那美命《いざなみのみこと》の神業《かむわざ》とエホバの神業《かむわざ》とは同一《どういつ》の意義《いぎ》を有《ゆう》する同一《どういつ》の事実《じじつ》の別箇《べっこ》の記録《きろく》であり、美神《みのかみ》とエホバとは同一《どういつ》の性格《せいかく》を持《も》った黄泉国《よもつくに》の神《かみ》である。伊邪那美命《いざなみのみこと》の子《こ》、須佐之男命《すさのをのみこと》の応佐《おうさ》がエホバであると云《い》うわけである。そのエホバの性格《せいかく》は『聖書《せいしょ》』の歴史《れきし》の上《うえ》で三度顕著《さんどけんちょ》な変化《へんか》をしている。第一《だいいち》はエデンの園《その》を創始経営《そうしけいえい》していた時代《じだい》に於《お》ける愛《あい》と叡智《えいち》なる神《かみ》である。この時代《じだい》の神《かみ》の名《な》をエロヒムと呼《よ》ぶ。エロヒムは所謂《いわゆる》エホバではない。第二《だいに》はエデンの閉鎖《へいさ》の後《のち》、およそ右《みぎ》のバベルの混乱《こんらん》の時《とき》を境《さかい》として悪魔《あくま》（サタン、ルシファー、メフィストフェレス）の仮面《かめん》を被《かぶ》った破壊者《はかいしゃ》としての神《かみ》である。第三《だいさん》はイエス、キリストによって復古《ふっこ》され、その存在《そんざい》が証明《しょうめい》され、「黙示録《もくしろく》」によってその再現《さいげん》が予告《よこく》されているところの元《もと》の愛《あい》と叡智《えいち》なる神《かみ》エロヒムである。斯《こ》うした神性《しんせい》、神格《しんかく》の変化《へんか》を見《み》る時《とき》、そのまま伊邪那美神《いざなみのかみ》の性格《せいかく》と活動《かつどう》の様相《ようそう》を理解《りかい》し把握《はあく》するよすがとなる。

だが一方《いっぽう》こうした言葉《ロゴス》に対《たい》する破壊的経営《はかいてきけいえい》に対《たい》して世界《せかい》には道《みち》に則《のっと》った新《あた》らしい言葉《ことば》がその破壊《はかい》を超《こ》えて撓《たわ》むことなく次々《つぎつぎ》と創造《そうぞう》されて来《き》た。例《たと》えばそれは後世《こうせい》に於《お》ける伏羲《ふくぎ》、モーゼ、老子《ろうし》、釈迦《しゃか》、キリスト等《ら》、特《とく》に神代上古《かみよじょうこ》の日本《にほん》と密接《みっせつ》な関係《かんけい》を持《も》った聖者達《せいじゃたち》の歴史的《れきしてき》な活動《かつどう》に於《おい》て然《しか》るのであって、伊邪那美命《いざなみのみこと》が千頭絞《ちかしらくび》り殺《ころ》さんと云《い》ったのは斯《こ》うした道《ち》の神《か》（かみ）を知《し》った者《もの》、すなわち聖《ひじり》（霊知《ひじ》り）達《たち》を殺《ころ》しその言葉《ことば》を抹殺《まっさつ》することである。黙示録《もくしろく》には多数《たすう》の聖者《せいじゃ》が犠牲《ぎせい》となる予言《よげん》が述《の》べられてある。伊邪那岐命《いざなぎのみこと》が千五百《ちいほ》産屋《うぶや》立《た》てんと云《い》ったのは、その破壊《はかい》と犠牲《ぎせい》にも増《ま》して続々《ぞくぞく》と聖者達《せいじゃたち》を世《よ》の中《なか》に送《おく》り出《だ》すと云《い》う意味《いみ》が織込《おりこ》まれている。

斯《こ》うした意味《いみ》の岐美二神《きみにしん》（神《かみ》と魔《ま》）の争《あらそ》いであるロゴスの破壊《はかい》と建設《けんせつ》の交錯《こうさく》をキリストの死後今日《しごこんにち》に到《いた》るまでの、仏教《ぶっきょう》で云《い》う像法末法《ぞうほうまっぽう》の二千年《にせんねん》の期間《きかん》の上《うえ》に呪示《じゅじ》し預言《よげん》してあるのが右《みぎ》の「黙示録《もくしろく》」である。『古事記《こじき》』の「事戸《ことど》の度《わた》し」のこの一節《いっせつ》にも『聖書《せいしょ》』「黙示録《もくしろく》」と同《おな》じく世界《せかい》の歴史《れきし》の歩《あゆ》みを説《と》いた黙示呪示的預言《もくしじゅじてきよげん》的意味《てきいみ》が含《ふく》まれている。

その初《はじ》め言葉《ロゴス》としての人類《じんるい》の精神文明《せいしんぶんめい》は主客《しゅきゃく》、霊体《れいたい》である岐美二神《きみにしん》の交流《こうりゅう》によって結《むす》び出《だ》されたが、然《しか》る後《のち》に於《お》ける世界《せかい》の文明《ぶんめい》の歴史《れきし》もまたその言葉《ことば》の破壊《はかい》と言葉《ことば》の創造《そうぞう》と云《い》う同《おな》じ岐美二神《きみにしん》の交流交渉《こうりゅうこうしょう》、相関関係《そうかんかんけい》によって今日《こんにち》まで互《たが》いに糾《あざな》われながら経営《けいえい》されて来《き》た。言葉《ことば》（道理《どうり》）の破壊《はかい》は必然的《ひつぜんてき》に生存競争《せいぞんきょうそう》の世界相《せかいそう》を現出《げんしゅつ》した。このことがやがて物質科学文明《ぶっしつかがくぶんめい》の発達《はったつ》を促進《そくしん》した。然《しか》しこの他面《ためん》に於《お》ける道《みち》の言葉《ことば》の把持《はじ》と創造《そうぞう》は内《ない》面《めん》のロゴスを継承《けいしょう》、持続《じぞく》、保全《ほぜん》してその全面的《ぜんめんてき》な崩壊烟滅《ほうかいえんめつ》を支《ささ》えて来《き》た。（『第三文明《だいさんぶんめい》への通路《つうろ》』参照《さんしょう》）。斯《かく》の如《ごと》くして岐美二神《きみにしん》が今日《こんにち》まで別《わ》け持《も》って来《き》たところの、一方《いっぽう》に於《おい》ては精神的《せいしんてき》に瀕死《ひんし》の状態《じょうたい》にまで破壊《はかい》され、一方《いっぽう》に於《おい》て科学的《かがくてき》には究極《きゅうきょく》の原理《げんり》に到達《とうたつ》しようとしつつある内部《ないぶ》の知性《ちせい》の自覚《じかく》と外部《がいぶ》の映像《えいぞう》の研究《けんきゅう》と云《い》う両《ふた》つの文明《ぶんめい》の世界《せかい》が、初《はじ》めの日《ひ》のままに保続《ほぞく》されて来《き》ている一方《いっぽう》の内部《ないぶ》の完成《かんせい》された世界《せかい》、高天原《たかあまはら》の知性《ちせい》の原理《げんり》の指導《しどう》によって一《ひと》つに円満《えんまん》にまとまる日《ひ》が間《ま》もなく到来《とうらい》する。

原《げん》罪《ざい》（天《あま》津《つ》罪《つみ》）

神《かみ》エホバが人類《じんるい》の言葉《ことば》の原理《げんり》を紊《みだ》し昧《くら》ました時《とき》、人類《じんるい》は止《や》むなく夫々《それぞれ》に勝手《かって》な言葉《ことば》を使《つか》うようになって、互《たがい》に言葉《ことば》が通《つう》じなくなり、思惟《しゆい》の疎通《そつう》と普遍的判断《ふへんてきはんだん》と社会《しゃかい》の統一《とういつ》を失《うしな》って、バベルの混乱《こんらん》を来《き》たした。その言葉《ことば》の原理《げんり》を乱《みだ》すことを神道《しんとう》では「畔放《あはな》ち、溝埋《みぞう》め、樋放《ひはな》ち、敷蒔《しきま》き、串刺《くしさ》し」（「大祓祝詞《おほはらひのりと》」）の罪《つみ》と云《い》う。五十音図《ごじゅうおんず》の御営田《みつくだ》の範疇《はんちゅう》を乱《みだ》す天津罪《あまつつみ》である。

「神即言葉《かみそくことば》」の言語《げんご》の原典《げんてん》である五十音図《ごじゅうおんず》は縦横《じゅうおう》に区劃《くかく》された田《た》の形《かたち》に組織《そしき》される。この田《た》の原則《げんそく》を乱《みだ》すことが須佐之男命《すさのをのみこと》の罪《つみ》である。高天原天界《たかあまはらてんかい》の言語《げんご》の法則《ほうそく》を乱《みだ》す形而上《けいじじょう》の罪《つみ》であるから天津罪《あまつつみ》と云《い》う。須佐之男《すさのを》命《みこと》の天津罪《あまつつみ》をキリスト教《きょう》ではアダム、イヴの原罪《げんざい》と云《い》う。すなわち「生命《いのち》の樹《き》の葉《は》の道《みち》」、すなわち「言《こと》葉《は》の道《みち》」であるエデン（営田《えでん》、みつくだ）の法則《ほうそく》を破《やぶ》る罪《つみ》である。斯《か》くてその後数千年間《のちすうせんねんかん》にわたって地上《ちじょう》の漂泊《ひょうはく》を続《つづ》けて来《き》た人類《じんるい》が、その間《かん》に成《な》し遂《と》げなければならぬ事業《じぎょう》である科学《かがく》を完成《かんせい》して、エデンの楽園《らくえん》と云《い》われている元《もと》の統一《とういつ》と調和《ちょうわ》のある地上生活《ちじょうせいかつ》に還《か》える道《みち》は、途中《とちゅう》に於《おい》て故意《こい》に、そして方便《ほうべん》のために乱《みだ》された言葉《ことば》の原理《げんり》と法則《ほうそく》を回復再現《かいふくさいげん》して、その初《はじ》めの唯《た》だ一《ひと》つの言語《ロゴス》に還《か》えること以外《いがい》にはない。

かれ（故《かれ》、）そ（其《そ》）の伊邪那美命《いざなみのみこと》を（、）
黄泉津大神《よもつおほかみ》とまを（謂《まを》）す、
また（亦《また》、）か（其《そ》）の追《お》ひしきしによ（以《よ》）りて（、）
道敷大神《ちしきのおほかみ》と（号《まを》すと）もい（云《い》）へり。

伊邪那美命《いざなみのみこと》は黄泉軍《よもついくさ》を率《ひき》いる万軍《ばんぐん》のエホバであり、その活動《かつどう》は須佐之男命《すさのをのみこと》、大国主命《おほくにぬしのみこと》によって継承《けいしよう》され、その実際《じつさい》は高天原《たかあまはら》以外《いがい》の外国諸民族《がいこくしよみんぞく》、特《とく》にヨーロッパ民族《みんぞく》の活動《かつどう》として今日《こんにち》に及《およ》んでいる。黄泉津大神《よもつおほかみ》とは外国《がいこく》語《ご》、外国文学《がいこくぶんがく》の原理《げんり》であり、一般《いつぱん》に「言霊布斗麻邇《げんれいフトマニ》」（千引石《ちびきいは》）にまで精煉《せいれん》されていないところの高天原以《たかあまはらい》外《がい》の諸《もろもろ》の思想《しそう》を意味《いみ》する。「道敷大神《ちしきのおほかみ》」とは伊邪那岐命《いざなぎのみこと》を追撃《ついげき》して来《き》て高天原《たかあまはら》の結界《けつかい》を完成《かんせい》せしめるための道《みち》の土台《どだい》となった学問《がくもん》と云《い》うほどの意味《いみ》である。

また（亦《また》、）そ（其《そ》）の黄泉坂《よみのさか》に塞《さ》やれ（り）し石《いは》は、
道反大神《ちか(が)へしのおほかみ》ともまを（号《まを》）し、
塞坐黄泉戸大神《さやりますよみどのおほかみ》ともまを（謂《まを》）す

道反《ちかへ》しとは此処《ここ》から内《うち》は高天原《たかあまはら》、此処《ここ》から外《そと》は黄泉国《よもつくに》として各々《おのおの》の道《みち》を反《か》えすことであって、千引石《ちびきいは》を高《たか》天原《あまはら》の方《ほう》から見《み》れば其処《そこ》から黄泉国《よもつくに》へ出《で》て行《い》く扉《とびら》であり、黄泉国《よもつくに》から見《み》れば高天原《たかあまはら》に入《はい》る扉《とびら》であるから黄泉戸《よみど》と云《い》う。前述《ぜんじゅつ》した結界《けつかい》と云《い》う意味《いみ》である。言霊《げんれい》の注連縄《しめなわ》をもって結界《けつかい》された内部《ないぶ》の高天原《たかあまはら》の世界《せかい》を「玉垣《たまがき》の内津御国《うちつみくに》、磯輪上《しわかみ》の秀真《ほつま》の国《くに》、磯城島《しきしま》の大和《やまと》の国《くに》」と云《い》う。磯《いそ》は五十《いそ》である。

かれ（故《かれ》、）そ（其《そ》）の謂《い》はゆる（所謂《いわゆる》、）黄泉比良坂《よもつひらさか》は、
今《いま》（、）出雲国《いづものくに》の伊賦夜坂《いふやざか》となもい（謂《い》）ふ

黄泉比良坂《よもつひらさか》は外国《がいこく》の言語《げんご》、文字《もじ》、思想《しそう》の原理《げんり》であって、それは頭《あたま》の中《なか》に雲《くも》のように浮《う》かび出《で》て来《く》る様々《さまざま》な理念《イデア》（出雲《いづも》）を麻邇《まに》を用《もち》いずして表《あら》わした言葉《ことば》であり、またそうした言葉《ことば》（伊賦《いふ》）思想《しそう》を表《あら》わす文字《もじ》（夜《や》）の性質《せいしつ》（坂《さか》）と云《い》うことである。

以上《いじょう》の黄泉国《よもつくに》、黄泉比良坂《よもつひらさか》の消息《しょうそく》を更《さら》に『日本書紀《にほんしょき》』の上《うえ》で読《よ》んで行《い》こう。『日本書紀《にほんしょき》』「神代巻《じんだいのかん》」は独《どく》立《りつ》した書物《しょもつ》ではなく、初《はじ》めに撰《よ》せられた『古事記《こじき》』の註釈書《ちゅうしゃくしょ》として編《あ》まれたものである。「時《とき》に伊弉諾尊《いざなぎのみこと》、乃《すなは》ち其《そ》の杖《みつえ》を投《なげう》ちて曰《のたま》はく、此《ここ》より以還《このかた》雷《いかづち》来《く》な。是《これ》を岐神《ふなどのかみ》と謂《い》ふ。此《こ》の本《もと》の名《な》をば来名戸《くなど》の祖神《さへのかみ》と曰《い》ふ」。岐神《ふなどのかみ》は『古事記《こじき》』には衝立船戸神《つきたつふなどのかみ》とある。その本名《ほんみょう》は来名戸《くなど》の祖神《さへのかみ》である。くなは九七《くな》（九十七《きゅうじゅうなな》）と云《い》う数《かず》である。四十八言霊《よんじゅうはちげんれい》の二倍《にばい》は九十六《きゅうじゅうろく》であり、その九十六《きゅうじゅうろく》を全体《ぜんたい》として把握《はあく》する一者《いっしゃ》は第九十七番目《だいきゅうじゅうななばんめ》の神《かみ》である。これを来名戸神《くなどのかみ》と云《い》う。その意義《いぎ》は千引石《ちびきいは》と同《おな》じものであることは後段《こうだん》の「禊祓《みそぎはらひ》」の条《じょう》で説明《せつめい》する。

ヨブ記《き》

この様《よう》に千引石《ちびきいは》をもって中枢《ちゆうすう》である高天原《たかあまはら》を結界《けつかい》して、雷《いかづち》よ、醜女《しこめ》よ、黄泉軍《よもついくさ》よ来《く》る勿《な》と止《とど》めた記紀《きき》の記録《ろく》を読《よ》んだ時《とき》に、これに関連《かんれん》して思《おも》い出《だ》されるのは『旧約聖書《きゆうやくせいしよ》』「ヨブ記《き》」の左《ひだり》の数節《すうせつ》である。「海《うみ》の水《みづ》ながれ出《いで》て、胎内《たいない》より涌《わけ》いでし時《とき》誰《た》が戸《と》を以《も》て之《これ》を閉《と》ぢこめたりしや、かの時《とき》われ雲《くも》をもて之《これ》が衣服《ころも》となし、黒暗《くらやみ》をもて之《これ》が襁褓《むつぎ》となし、之《これ》に我《わ》が法度《のり》を定《さだ》め、関《くわん》および門《もん》を設《まう》けて、曰《いは》く、此《ここ》までは来《きた》るべし、此《ここ》を越《こ》ゆべからす、汝《なんぢ》の高波《たかなみ》ここに止《とど》まるべしと」（『旧約聖書《きゆうやくせいしよ》』「ヨブ記《き》」第三十八章《だいさんじゆうはつしよう》）

「ヨブ記《き》」のこの数節《すうせつ》と記紀《きき》の黄泉比良坂《よもつひらさか》の記事《きじ》とを比《くら》べる時《とき》、両者《りようしや》は全《まつた》く同一《どういつ》の事柄《ことがら》を述《の》べているものであることが肯《うなず》かれる。伊邪那美命《いざなみのみこと》の後継者《こうけいしや》である須佐之男命《すさのをのみこと》は海原《うなばら》を治《し》らす神《かみ》であって、黄泉軍《よもついくさ》はその海原《うなばら》の潮《しお》の氾濫《はんらん》に譬《たと》えることが出来《でき》る。「雲《くも》をもて之《これ》が衣服《ころも》となし」とは子音《しいん》のことであり、「黒暗《くらやみ》をもて之《これ》が襁褓《むつぎ》となし」とは母音《ぼいん》および父韻《ふいん》のことである。それは暗黒《あんこく》の隠神《かくりがみ》であり、幼稚《ようち》な魂《たましい》の衣《むつぎ》である。「関《くわん》および門《もん》を設《まう》けて」とは結界《けつかい》、千引石《ちびきいは》のことである。「エデンの園《その》の東《ひがし》にケルビムと自《おの》づから旋転《まは》る焔《ほのほ》の剣《つるぎ》を置《お》きて生命《いのち》の樹《き》の途《みち》を保守《まも》りたまふ」（『旧約聖書《きゆうやくせいしよ》』「創世記《そうせいき》」第三章《だいさんしよう》）とあるところのものである。「此《ここ》までは来《きた》るべし、此《これ》を越《こ》ゆべからす、汝《なんじ》の高波《たかなみ》ここに止《とど》まるべし」とは「雷《いかづち》よ来《く》な」と云《い》うことと同《おな》じである。

「ヨブ記《き》」と記紀《きき》とは何故《なにゆえ》にこのように一致《いっち》するのであろう。このほか前述《ぜんじゅつ》した如《ごと》く参宿《しんしゅく》、昴宿《ぼうしゅく》、北斗《ほくと》等《など》の星座《せいざ》の名《な》とその操作《そうさ》について「ヨブ記《き》」は述《の》べているが（『旧約聖書《きゅうやくせいしょ》』「ヨブ記《き》」第三十八章《だいさんじゅうはっしょう》）、これ等《ら》の星座《せいざ》のただずまいによって母音《ぼいん》、父韻《ふいん》、子音《しいん》である言霊《げんれい》の様相《ようそう》を示《しめ》そうとしていることが明《あき》らかに看取《かんしゅ》される。イエス・キリスト以前《いぜん》のキリストと云《い》われている預言者《よげんしゃ》ヨブもまたモーゼやイエスと同《おな》じく神代《かみよ》の日本《にほん》と密接《みっせつ》な関係《かんけい》を持《も》った人《ひと》であることが肯《うなず》かれる。此《こ》のことに関《かん》する記録《きろく》はまだ発見《はっけん》されないがヨブもまたモーゼ、イエスと同《おな》じく日本《にほん》に留学《りゅうがく》して神道《しんとう》を学《まな》んだ一人《ひとり》であったかもしれない。

盟《うけ(ちか)》ひて曰《のたま》はく、族《うか(が)ら》 離《はな》れなむ。又曰《またのたま》はく、族《うか(が)ら》 負《ま》けじ……（『日本書紀《にほんしょき》』）

族離《うがらはな》れなむは「私達《わたしたち》は夫婦別《ふうふわか》れをしましょう」と云《い》う絶妻之誓《ことどうけ》いであり、族負《うがらま》けじは「千頭絞《ちかしらくび》り殺《ころ》さむ」「千五百産屋立《ちいほうぶやた》てむ」の争《あらそ》いである。更《さら》にこの時《とき》「乃《すなは》ち唾《つば》く時《とき》に化出《なで》る神《かみ》の号《な》を速玉之男神《はやたまのをのかみ》と曰《のたま》ふ。次《つぎ》に掃《はら》ふ時《とき》に化出《なで》る神《かみ》の号《な》を泉津事解之男神《よもつことさかのをのかみ》と曰《のたま》ふ」とある。唾《つば》（椿《つばき》）は続《つ》（つづ）く言葉《ば》の気《き》であって、速玉《はやたま》之男神《のをのかみ》は前述《ぜんじゅつ》の甕速日神《みかはやびのかみ》、樋速日神《ひはやびのかみ》の義《ぎ》に近《ちか》く、伊邪那岐命《いざなぎのみこと》が投《な》げた蒲子《えびかつらのみ》と笋《たかむな》に当《あた》ろう。泉津事解之男《よもつことさかのを》神《かみ》は黄泉国外国《よもつくにがいこく》すなわち世界中《せかいじゅう》の言葉《ことば》や思想《しそう》の意義《いぎ》を判断理解《はんだんりかい》（事解《ことさか》、言性《ことさか》）する原理《げんり》と云《い》うことで、すなわち千引石《ちびきいは》（来名戸《くなど》の祖神《さへのかみ》）の活用《かつよう》と考《かんが》えられる。
岐美《きみ》二神《にしん》の離婚状態《りこんじょうたい》はこの時《とき》に始《はじ》まって、その期間《きかん》は今日《こんにち》に到《いた》るまで実《じつ》に悠久五千年以上《ゆうきゅうごせんねんいじょう》に亘《わた》っている。然《しか》しこれは永劫《えいごう》の離婚《りこん》ではなく、やがて伊邪那美命《いざなみのみこと》の使命《しめい》である黄泉国《よもつくに》の文明《ぶんめい》が完成《かんせい》される時《とき》、いずれ二神《にしん》が蓬莱《ほうらい》の島台《しまだい》の上《うえ》に友白髪《ともしらが》の高砂《たかさご》の尉《じょう》と姥《うば》として並立《へいりつ》する時《とき》が来《く》るのである。

「其《そ》の妹《いろも》と泉津平坂《よもつひらさか》に相闘《あひあらそ》ふに及《およ》びて、伊弉諾尊《いざなぎのみこと》曰《のたま》はく、始《はじ》め族《うがら》が為《ため》に悲《かな》しみ、思哀《しの》びけることは、是《こ》れ吾《わ》が怯《つたな》きなり……」（『日本書紀《にほんしょき》』）。伊邪那岐命《いざなぎのみこと》が神去《かむさ》り給《たも》うた伊邪那美命《いざなみのみこと》を黄泉国《よもつくに》に追《お》い求《もと》めたことは前述《ぜんじゅつ》の如《ごと》く、一火《ひとつび》を点《とも》して入《はい》り見《み》ましたところの、所謂煩悩《いわゆるぼんのう》の催《もよお》しのためであったわけである。『日本書紀《にほんしょき》』のこの記事《きじ》は仏教思想《ぶつきょうしそう》を取《と》り入《い》れてある書《か》き振《ぶ》りである。

ついでに申《もう》し添《そ》えたい事《こと》がある。『日本書紀《にほんしょき》』一書《いっしょ》の本文《ほんぶん》でない「註《ちゅう》」の部分《ぶぶん》に「或《あるい》は所謂泉津平坂《いわゆるよもつひらさか》とは、復《ま》た別《べつ》に処所《ところ》あるにあらす、但《た》だ死《まか》るに臨《のぞ》んで気絶《きた》ゆる際《あひだ》、是《こ》を謂《い》ふ歟《か》」と云《い》う一文《いちぶん》がある。これは全《まった》く記紀《きき》の真義《しんぎ》を弁《わきま》えない者《もの》の蛇足《だそく》である。黄泉《よもつ》を仏教《ぶつきょう》で云《い》う死後《しご》の世界《せかい》である黄泉《よもつ》の意味《いみ》に解釈《かいしゃく》しようとした何《なに》者《もの》かが挿入《そうにゅう》した憶説《おくせつ》に過《す》ぎない。

初《はじ》め記紀《きき》の作成《さくせい》に当《あた》り黄泉《よもつ》と云《い》う文字《もじ》を借《か》りて四方津《よもつ》（予母都《よもつ》）と云《い》う意味《いみ》に宛《あ》てたのだが、これを仏教的《ぶつきょうてき》に考《かんが》えようとする傾向《けいこう》が強《つよ》くなって理解《りかい》の障害《しょうがい》となった。我々《われわれ》は『竹内文献《たけうちぶんけん》』に「ヨモツクニ、アフスタン（アフガニスタン）」「ヨモツクニ、アラビア」等々《とうとう》とあることに接《せっ》して初《はじ》めて黄泉国《よもつくに》の本来《ほんらい》の義《ぎ》を知《し》り得《え》たわけであった。神代歴史《かみよれきし》の知識《ちしき》を背景《はいけい》として「言霊布斗麻邇《フトマニ》」の教科書《きょうかしょ》として読《よ》むのでなければ記紀《きき》の「神代巻《じんだいのかん》」は釈《と》き得《え》ない。

「言霊百神《げんれいひゃくしん》」の系列《けいれつ》は単《たん》に平面的《へいめんてき》にずらりと並《なら》んでいるだけのものではなく、立体的《りったいてき》な積《つ》み重《かさ》なりである。またその積《つ》み重《かさ》なりも一《ひと》つの段階《だんかい》の内容《ないよう》の全部《ぜんぶ》を綜合《そうごう》したところが次《つぎ》の段階《だんかい》の出発《しゅっぱつ》であるような次元的重畳《じげんてきちょうじょう》である。だから途中《とちゅう》から一《ひと》つ二《ふた》つの神名《しんめい》を抽出《ちゅうしゅつ》して、前後《ぜんご》との関係《かんけい》なしにそれだけを祭《まつ》ったり、信仰《しんこう》したり、説明《せつめい》しようとしても意味《いみ》をなさない。一神《いっしん》、一語《いちご》を把握《はあく》し解決《かいけつ》するためには全部《ぜんぶ》の関連《かんれん》の上《うえ》に立《た》たなければならない。

神道的次元《しんとうてきじげん》の段階《だんかい》を究《きわ》めようとすることは富士山《ふじさん》に登《のぼ》るようなもので、次元《じげん》が高《たか》まるに従《したが》って視野《しや》が開《ひら》けて行《い》くと共《とも》に道《みち》は益々《ますます》峻《けわ》しくなって行《い》く。その頂上《ちょうじょう》は今日《こんにち》まで日本歴史《にほんれきし》の上《うえ》では二千年間《にせんねんかん》天之岩戸《あまのいわと》の暗中《あんちゅう》に没《ぼっ》し、東洋歴史《とうようれきし》の上《うえ》では三千年間《さんぜんねんかん》入涅槃《にゅうねはん》の雲《くも》に隠《かく》れ、その真態《しんたい》が露《あら》わに示《しめ》されたことがない。この事《こと》を弁《わきま》えていた過去《かこ》の学者達《がくしゃたち》は、未《いま》だこれを説《と》くべき時期《じき》でなかった事《こと》を知《し》っていたから、知《し》っていても露《あら》わに説《と》くことがなかった。

然《しか》し今日《こんにち》は既《すで》にこれを登《のぼ》る道《みち》、登《のぼ》る方法《ほうほう》が開示《かいじ》されているのであるから、撓《たわ》まず登《のぼ》る努力《どりょく》を続《つづ》けさえすれば、無上正覚《むじょうしょうかく》と仏教《ぶっきょう》で云《い》われる山頂《さんちょう》に到《いた》り得《う》ることが可能《かのう》である。この意味《いみ》で引続《ひきつづ》き思《おも》いを凝《こ》らし筆《ふで》を呵《か》して行《い》く。既《すで》に研究《けんきゅう》されてあるものを常識的《じょうしきてき》に寄《よ》せ集《あつ》めて綴《つづ》り合《あ》わせているのではない、材料《ざいりょう》は記紀《きき》の原本《げんぽん》と先《せん》師《し》山腰《やまこし》明將《あきまさ》氏《し》、武智《たけち》時三郎《ときさぶろう》両氏《りょうし》から教《おそ》わった知識《ちしき》があるだけである。その上《うえ》に新《あら》たに筆者《ひっしゃ》がみずから思索《しさく》し得《え》た結果《けっか》を加《くわ》えて、改《あらた》めて組《く》み立《た》て直《なお》しながら筆《ふで》を進《すす》めて行《い》く。神霊《しんれい》の指導《しどう》を待《ま》つ。

禊《みそぎ》祓《はらひ》（一《いち》）（阿《あ》波《は》岐《ぎ》原《はら》）

伊邪那岐命《いざなぎのみこと》は情熱《じょうねつ》の赴《おもむ》くままに黄泉国《よもつくに》の言語《げんご》、文字《もじ》、思想《しそう》を研究《けんきゅう》したが、それ等《ら》に追撃《ついげき》されて自分《じぶん》の本拠《ほんきょ》の高天原《たかあまはら》の純精神《じゅんせいしん》の世界《せかい》へ還《かえ》って来《き》た。そこで改《あらた》めて自己本来《じこほんらい》の生命《せいめい》の自覚《じかく》の上《うえ》に立《た》って、今《いま》まで経験《けいけん》して来《き》た外国思想《がいこくしそう》の整理《せいり》と組織《そしき》を行《おこな》うこととなった。元来《がんらい》すべて思想的経験《しそうてきけいけん》はただ経験《けいけん》されたままでは、その経験《けいけん》が真《しん》に生命化《せいめいか》されたものとは云《い》えぬ。「自己《じこ》の経験《けいけん》を語《かた》る」ことを得意《とくい》として、それがその人《ひと》の人生観《じんせいかん》の全部《ぜんぶ》である如《ごと》き型《かた》の人間《にんげん》が政治家《せいじか》や実業家《じつぎょうか》に多《おお》く居《い》るが、それは単《たん》に言霊《げんれい》才だけの立場《たちば》からの主観的《しゅかんてき》な経験《けいけん》の集積《しゅうせき》に過《す》ぎず、人性《じんせい》の全局《ぜんきょく》からまとまった人生観《じんせいかん》ではない。斯《かく》の如《ごと》きを管見《かんけん》と云《い》う。

伊邪那岐命《いざなぎのみこと》は黄泉国《よもつくに》に赴《おもむ》く以前《いぜん》に於《おい》て、闇淤加美神《くらおかみのかみ》、闇御津羽神《くらみづはのかみ》までのところで、精神的法界《せいしんてきほっかい》の全内容《ぜんないよう》としての言霊《げんれい》の整理《せいり》を行《おこな》って言葉《ことば》の原理《げんり》として把握表現《はあくひょうげん》された道《みち》を完成《かんせい》したが、黄泉国《よもつくに》から帰《かえ》った後《のち》、今度《こんど》は自己内景《じこないけい》ではなく、その自己主観《じこしゅかん》に対《たい》する客体《きゃくたい》である妻神《つまがみ》の伊邪那美神《いざなみのかみ》の思想《しそう》や文化《ぶんか》の内容《ないよう》を本来《ほんらい》の自己主体《じこしゅたい》の言霊《げんれい》の立場《たちば》に立《た》って改《あらた》めて整理《せいり》して、これに生命《せいめい》を与《あた》えることとなった。この第二《だいに》の客体《きゃくたい》に対《たい》する整理《せいり》によって初《はじ》めて自己《じこ》の外《そと》なる世界《せかい》の内容《ないよう》が生命《せいめい》の言葉《ことば》の原理《げんり》のうちに摂取《せっしゅ》され、またこれを客体側《きゃくたいがわ》の立場《たちば》から云《い》うなら、その内容《ないよう》の各々《おのおの》がその所《ところ》を得《え》しめられるのである。斯《かく》の如《ごと》き意義《いぎ》の整理《せいり》の操作方法《そうさほうほう》を称《しょう》して「禊祓《みそぎはらひ》」と云《い》う。

以上《いじょう》のことをも一度《いちど》、宗教的実践《しゅうきょうてきじっせん》の上《うえ》から繰返《くりかえ》して説《と》いてみよう。前回《ぜんかい》で述《の》べた如《ごと》く十拳剣《とつかつるぎ》を後手《うしろで》に振《ふ》りながら渾沌《こんとん》、未組織《みそしき》の自他未剖《じたみぼう》の黄泉国《よもつくに》の内容《ないよう》を一《ひと》つ一《ひと》つ刻銘《こくめい》に判断否定《はんだんひてい》する禅《ぜん》の所謂《いわゆる》「無字《むじ》」の修練《しゅうれん》を積《つ》んだ時《とき》、最後《さいご》にその従前《じゅうぜん》の自己《じこ》にあらざる自己《じこ》、自己以前《じこいぜん》の自己《じこ》の世界《せかい》が開《ひら》ける。この自己《じこ》をあらしめる自己《じこ》、自己《じこ》を産《う》む自己《じこ》を予言者《よげんしゃ》モーゼは I am that I am.《アイアム ザットアイアム》（吾《あれ》＝神《かみ》とは我《われ》＝自己《じこ》をあらしめる者《もの》なり）と悟《さと》ったと『聖書《せいしょ》』は教《おし》える。これが黄泉国《よもつくに》から再《ふたた》び元《もと》の高天原《たかあまはら》の清浄界《せいじょうかい》に帰《かえ》った時《とき》の伊邪那岐命《いざなぎのみこと》の姿《すがた》であって、それはキリスト教《きょう》なり仏教《ぶつきょう》なりの宗教的《しゅうきょうてき》な修練《しゅうれん》、自己反省《じこはんせい》、懺悔《ざんげ》を積《つ》んで初《はじ》めて魂《たましい》の救《すく》われ、信心《しんじん》の決定《けつじょう》を獲《え》た時《とき》の消息《しょうそく》と同《おな》じものである。

この時《とき》、伊邪那岐命《いざなぎのみこと》が帰《かえ》って来《き》た高天原《たかあまはら》は、然《しか》しながら初地《しょち》の宗教修業者《しゅきょうしゅぎょうしゃ》である辟支仏《びゃくしぶつ》（独覚者《どっかくしゃ》）が経験《けいけん》する無垢清浄《むくせいじょう》な無碍光《むげこう》、無量寿光《むりょうじゅこう》の漲《みなぎ》った全一《ぜんいつ》の宇宙《うちゅう》（天之御中主神《あめのみなかぬしのかみ》）と云《い》うだけのものではなくして、この高天原《たかあまはら》は黄泉国《よもつくに》に赴《おもむ》く以前《いぜん》に於《お》ける思惟《しゆい》と創造《そうぞう》に係《かか》わるその無碍光《むげこう》の内容《ないよう》としての諸法空想《しょほうくうそう》の夫々《それぞれ》の内容《ないよう》と、鮮麗珠玉《せんれいしゅぎょく》の如《ごと》き実相《じっそう》の原理《げんり》の世界《せかい》であって、而《しか》もその空想実相《くうそうじっそう》の内容《ないよう》を母音《ぼいん》、父韻《ふいん》、子音《しいん》である言霊麻邇《げんれいまに》の千《ち》引石《びきいは》としてその周囲《しゅうい》に廻《めぐ》らした厳然《げんぜん》たる結界《けっかい》が定《さだ》まった金剛不壊《こんごうふえ》の世界《せかい》である。

然《しか》しその高天原《たかあまはら》の結界《けっかい》の外《そと》に於《お》ては黄泉国《よもつくに》の渾沌《こんとん》が元《もと》のままの状態《じょうたい》で蠢《うごめ》き、ざわめき、ひしめいている。すなわち其処《そこ》には嘗《かつ》て伊邪那岐命《いざなぎのみこと》が経験《けいけん》して来《き》た物事《ものごと》、見聞《みき》きした主義思想《しゅぎしそう》、出会《であ》った人物《じんぶつ》の魂等々《たましいとうとう》の内容《ないよう》が依然《いぜん》として雑然未整理《ざつぜんみせいり》のままに堆積《たいせき》している。

そこで改《あらた》めてその未整理経験《みせいりけいけん》の一《ひと》つ一《ひと》つを取《と》りあげて、生命《せいめい》の自覚《じかく》の麻邇《まに》の体系《たいけい》に結《むす》び付《つ》けて理解《りかい》し、整理《せいり》し、その意義《いぎ》と価値《かち》すなわち時処位《じしょい》を決定《けってい》し、世界《せかい》の諸相《しょそう》を有機的生命的《ゆうきてきせいめいてき》に綜合《そうごう》、調和《ちょうわ》、摂取《せっしゅ》して行《い》くのである。世界《せかい》の文明《ぶんめい》は人間《にんげん》の思惟《しゆい》によってまとめて行《い》く以外《いがい》にはまとめる方法《ほうほう》がない。その時《とき》それをまとめる思惟自体《しゆいじたい》が統覚《とうかく》の上《うえ》に立《た》ち、先天《せんてん》を根拠《こんきょ》として全体《ぜんたい》としてまとまっていなければ、世界《せかい》を全一《ぜんいつ》としてまとめることが出来《でき》ない。だが人間個人《にんげんこじん》が独自《どくじ》の努力《どりょく》によって人類《じんるい》の思惟《しゆい》の全局《ぜんきょく》をまとめ上《あ》げることは不可能《ふかのう》である。誰《だれ》かが一《ひと》つの哲学体系《てつがくたいけい》を作《つく》り上《あ》げて、それで宇宙《うちゅう》の全貌《ぜんぼう》がすっかりまとまったように思《おも》えても、時《とき》が経《た》つとやがてその哲学体系《てつがくたいけい》も哲学《てつがく》の一部分《いちぶぶん》になってしまう。仏陀《ぶっだ》だと自負《じふ》して勢《いきお》い込《こ》んでも、結局《けっきょく》はその人独自《ひとどくじ》の見解《けんかい》に止《と》まる独覚者《どっかくしゃ》（辟支仏《びゃくしぶつ》）に終《お》わる。

その人類《じんるい》の思惟《しゆい》を全一《ぜんいつ》としてまとめる最高《さいこう》の道法《どうほう》すなわち道《みち》の鏡《かがみ》であるのが布斗麻邇《フトマニ》である。また逆《ぎゃく》に云《い》えば布斗麻邇《フトマニ》は人間《にんげん》の思惟《しゆい》がそれを以《もっ》て構成《こうせい》され、其処《そこ》から出《で》て来《く》る思惟《しゆい》の原素《げんそ》であり根拠《こんきょ》である。この布斗麻邇《フトマニ》は誰《だれ》か個人《こじん》が一人《ひとり》で考《かんが》えたものではない。人類《じんるい》の遠《とお》い祖先《そせん》の神代《かみよ》の覚者神人達《かくしゃしんじんたち》、仏陀達《ぶっだたち》、救世主達《きゅうせいしゅたち》が多《た》数集《すうあつ》まって、宗教的《しゅうきょうてき》には五劫十劫《ごこうじっこう》と云《い》われる長《なが》い年月《ねんげつ》を費《つい》やして完成《かんせい》し得《え》た所《ところ》のものである。その完成《かんせい》の代表者《だいひょうしゃ》の名《な》を原理的《げんりてき》に神道《しんとう》で伊邪那岐大神《いざなぎのおほかみ》と呼《よ》ぶだけのことである。その完成《かんせい》の道程《どうてい》は科学《かがく》が今日《こんにち》の域《いき》にまで到達《とうたつ》するために過去《かこ》数千年《すうせんねん》の歴史《れきし》を通《つう》じての研究努力《けんきゅうどりょく》を要《よう》したことと似《に》ている。

此《こ》の人類《じんるい》の過去《かこ》からの最大《さいだい》の遺産《いさん》である布斗麻邇《フトマニ》（摩尼宝珠《まにほうじゅ》）を鏡《かがみ》として文明《ぶんめい》を完成《かんせい》し経営《けいえい》して行《い》く操作《そうさ》を仏教《ぶっきょう》では菩薩行《ぼさつぎょう》と云《い》い、特《とく》に普賢菩薩行《ふげんぼさつぎょう》と云《い》う。禊祓《みそぎはらひ》はその菩薩行《ぼさつぎょう》、普賢行《ふげんぎょう》の典型《てんけい》であり、指導原理《しどうげんり》であり、その行《ぎょう》のための恒常不変《こうじょうふへん》の定席《じょうせき》である。『法華経《ほけきょう》』はその菩薩行《ぼさつぎょう》の意義《いぎ》を説《と》いているのだが、然《しか》しその概《がい》念《ねん》を説《と》いているだけであって、基本法《きほんほう》を顕《あら》わに教《おし》えてはいない。斯《か》の如《ごと》き菩薩行《ぼさつぎょう》である禊祓《みそぎはらひ》はもとより自己《じこ》を救《すく》うとか魂《たましい》の安心《あんしん》を得《え》ようとするための自利《じり》の行《ぎょう》ではない。高天原《たかあまはら》の清浄界《せいじょうかい》に住《す》む者《もの》がその高天原《たかあまはら》の法《ほう》を以《もっ》て世界文明《せかいぶんめい》を救《すく》う利他《りた》の行《ぎょう》である。禊祓《みそぎはらひ》とは概念的《がいねんてき》ないし行的《ぎょうてき》におよそ以上《いじょう》のような精神的《せいしんてき》、思想的操作《しそうてきそうさ》であると云《い》う紹介《しょうかい》を前置《まえお》きとして、その内容《ないよう》の開明《かいめい》を進《すす》めて行《い》こう。

是《こ》を以《も》て伊邪那岐大神《いざなぎのおほかみ》（の）詔《の》りたまはく、
吾《あ》は伊那志古米志古米岐《いなしこめしこめき》（いなしこめしこめき）穢《きたな》き国《くに》に到《いた》りて在《あ》りけり、
かれ（故《かれ》、）吾《あ》は御身《おほみま》の祓《はらひ》せ（為《せ》）なとのりたまひて

此処《ここ》に伊邪那岐大神《いざなぎのおほかみ》と云《い》う言葉《ことば》が初《はじ》めて出《で》て来《き》たことに注意《ちゅうい》する必要《ひつよう》がある。今《いま》までは単《たん》に伊邪那岐神《いざなぎのかみ》または命《みこと》とのみ記《しる》されてあったが、ここで特《とく》に大神《おほかみ》と称《しょう》するわけは、「御子産《みこう》み」と「黄泉国《よもつくに》」の経緯《けいい》を経《へ》た後《のち》に於《お》ける伊邪那岐神《いざなぎのかみ》の行動《こうどう》は彼《か》れ単独《たんどく》の行動《こうどう》ではなくして、伊邪那岐《いざなぎ》、美二神《みにしん》（二命《ふたみこと》）の神力神理《じんりきしんり》の綜合《そうごう》体《たい》としてのそれであるわけで、伊邪那岐大神《いざなぎのおほかみ》と云《い》う時《とき》は伊邪那美神《いざなみのかみ》もその中《なか》に含《ふく》まれている。おほみま（御《おん》身《み》、大身《おほみ》）とは岐美二神《きみにしん》を綜合《そうごう》した全宇宙身《ぜんうちゅうしん》、全世界身《ぜんせかいしん》である。

前回《ぜんかい》に説《と》いた如《ごと》く黄泉比良坂《よもつひらさか》に於《おい》て事戸《ことど》（絶妻《ことど》の誓《わたし》）を渡《わた》して離別《りべつ》した姿《すがた》である岐美二神《きみにしん》が、此《こ》の段《だん》になると伊邪那岐大神《いざなぎのおほかみ》として再《ふたた》び二者共同《にしやきようどう》の活動《かつどう》をすると云《い》うことは一見大《いっけんおお》きな矛盾《むじゅん》である如《ごと》くに感《かん》ぜられるが、この矛盾《むじゅん》が意義深《いぎふか》いところであって、絶《た》えず分離《ぶんり》して行《い》くことは予母都国《よもつくに》（あらかじめの母《はは》の都《みやこ》）であり、黄泉国《よもつくに》（萌《きざ》す泉《いずみ》の国《くに》）の主宰者《しゅさいしゃ》である客体側《きやくたいがわ》の美神《みのかみ》の業《わざ》であり、その新《あら》たに分離《ぶんり》し生成《せいせい》された内容《ないよう》を常《つね》に綜合《そうごう》することは主体側《しゅたいがわ》である岐神《きのかみ》の原理《げんり》であり活動《かつどう》である。

絶《た》えず新《あら》たなものを生《う》み出《だ》し、喰《は》み出《だ》させて分離《ぶんり》して行《い》こうとする妻神《つまがみ》の世界《せかい》の内容《ないよう》を絶《た》えず生命《せいめい》の自覚内《じかくない》容《よう》として摂取抱擁《せつしゅほうよう》して行《い》くことが夫神《おっとがみ》の神業《かむわざ》である。たとえ一見《いっけん》この世界《せかい》に阿弥陀如来《あみだにょらい》の摂取不捨《せつしゅふしゃ》の浄土《じょうど》が完《かん》成《せい》しても垢穢《くえ》なる女人《にょにん》（須佐之男命《すさのをのみこと》、変性女子《へんじようによし》）はその成就《じようじゅ》の刹那《せつな》から未摂取《みせつしゅ》の新《あた》らしい文化内容《ぶんかないよう》を生《う》んで行《い》く。するとその新《あた》らしい黄泉国《よもつくに》の内容《ないよう》の新《あ》らたな摂取綜合《せつしゅそうごう》が行《おこな》われる。斯《かく》の如《ごと》きが天壌無窮《てんじようむきゅう》、万世一系《ばんせいいっけい》である皇運《こううん》すなわち人類文明《じんるいぶんめい》の発展《はってん》の様相《ようそう》であるのである。何故《なぜ》これを天壌無窮《てんじようむきゅう》、万世一系《ばんせいいっけい》と称《しょう》するかと云《い》うと、萌《きざ》して生長《せいちょう》した新《あら》たな文化《ぶんか》を摂取《せつしゅ》する主体側《しゅたいがわ》の道《みち》が無限《むげん》に古《ふる》く、しかも永遠《えいえん》に新《あた》らしい恒久不変《こうきゅうふへん》の法《ほう》、一切種智《いっさいしゅち》の道《みち》であるからである。この恒久不変《こうきゅうふへん》の摂取《せつしゅ》の道《みち》が存在《そんざい》しなければ皇運《こううん》は天壌無窮《てんじようむきゅう》、万世一系《ばんせいいっけい》で有《あ》り得《え》ない。同時《どうじ》に人類文明《じんるいぶんめい》に救《すく》われは有《あ》り得《え》ないのである。

「穢《きた》なき国《くに》」とは生《き》田《た》無《な》き国《くに》の義《ぎ》で、生《い》きた生命《せいめい》の言葉《ことば》の田《た》の無《な》い世界《せかい》、すなわち言霊麻邇《げんれいまに》が田《た》の形《かたち》に縦横《じゆうおう》に整理《せいり》された言霊図《げんれいず》（神田《みとしろ》、御営田《みつくだ》）のない国《くに》と云《い》うことである。伊邪那岐大神《いざなぎのおほかみ》はその穢《きた》なき黄泉国《よもつくに》から色々《いろいろ》な汚垢《けがれ》を未解決《みかいけつ》な問題《もんだい》として身《み》に背負《せお》って来《き》た。それは知《し》った学問《がくもん》、読《よ》んだ書物《しよもつ》の内容《ないよう》であり、そうした未整理《みせいり》、未組織《みそしき》の黄泉国《よもつくに》の渾沌《こんとん》が懸案《けんあん》として、解決《かいけつ》の努力《どりよく》の対象《たいしよう》として、すなわち生命《せいめい》の合理《ごうり》合目的性《ごうもくてきせい》を附与《ふよ》さるべき救済《きゆうさい》の材料《ざいりよう》、対象《たいしよう》として御身《おんみ》の外側《そとがわ》に附着《ふちやく》している。その渾沌《こんとん》たる汚垢《けがれ》こそ宗教的《しゆうきようてき》に云《い》うならば弥陀仏《みだぶつ》に摂取《せつしゆ》さるべき衆生《しゆじよう》の心《こころ》である。

竺紫《つくし》の日向《ひむか》の橘《たちばな》の小門《をど》の阿波岐原《あわ（は）ぎはら》にい（到《い》）でま（坐《ま》）して（、）禊《みそぎ》（ぎ）祓《はら》ひたまひき

これは禊祓《みそぎはらひ》を行《おこな》う形而上《けいじじよう》の場所《ばしよ》であり、その立地《りつち》である。竺紫《つくし》は心《こころ》を尽《つく》し身《み》を尽《つく》すと云《い》う様《よう》な意味《いみ》の尽《つく》しであって、法界《ほつかい》の全内容《ぜんないよう》を悉《ことごと》くと云《い》う意味《いみ》である。日向《ひむか》とは日《ひ》に向《むか》うこと、生命《せいめい》の光《ひかり》に直面《ちよくめん》すると云《い》うほどの意味《いみ》、天疎日向津媛《あまさかるひむかひつひめ》などと用《もち》いられている。橘《たちばな》の小門《おと》は万有《ばんゆう》の性《たち》を現《あら》わした言葉《は》を成《な》すところの音《おと》（小門《おと》）と云《い》うことで、以上《いじよう》ですなわち五十音《ごじゆうおん》と云《い》うことであり、一切種智《いつさいしゆち》の空想実相《くうそうじつそう》をひっくるめた麻邇《まに》である。橘《たちばな》

阿波岐原《あはぎはら》

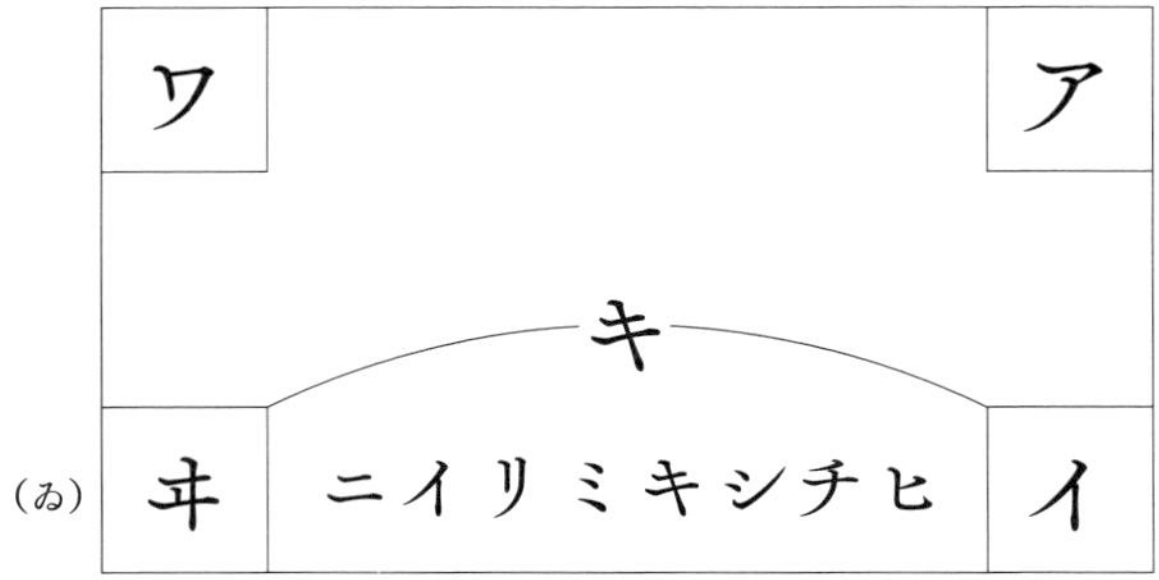

図表-22｜**阿波岐原（二）**

を仏教《ぶっきょう》では竜華《たつはな》と云《い》う。

阿波岐原《あはぎはら》は現《あ》（阿《あ》）らわにされた言葉《は》（波《は》）の気《き》（岐《き》）の展開《てんかい》（原《はら》）と云《い》うことである。アハギはアワキであり、アワキは元来《がんらい》アワイヰ《ゐ》（粟飯《あわいい》）である。五十音図《ごじゅうおんず》の四隅《よすみ》にはこの四《よっ》つの音《おん》が位《くらい》している。そのイヰ《ゐ》が詰《つ》まってキ（岐《き》）となったのである。アワイヰ《ゐ》の四音《よんおん》をもって五十音《ごじゅうおん》を代表《だいひょう》させているわけである。伊邪那岐大神《いざなぎのおほかみ》は斯《かく》の如《ごと》く五十音図《ごじゅうおんず》を場《ば》とし、そこに立脚《りっきゃく》して禊祓《みそぎはらひ》を開始《かいし》した。

禊《みそぎ》と祓《はらひ》には夫々《それぞれ》二様《によう》の義《ぎ》がある。ミソギは身削《みそ》ぎ（霊殺《みそ》ぎ）であると共《とも》に霊注《みそ》ぎである。ハラヒは払霊《はらひ》であると共《とも》に張霊《はらひ》である。一語《いちご》に積極《せっきょく》と消極《しょうきょく》の両様《りょうよう》の義《ぎ》があって、同時《どうじ》に両面《りょうめん》から理解《りかい》して行《い》かなければならない。あたかも哲学的《てつがくてき》な「否定《ひてい》」や禅《ぜん》の「無字《むじ》」がその半面《はんめん》に於《おい》て全面的《ぜんめんてき》な肯定《こうてい》である如《ごと》く。

ここで既《すで》に納得《なっとく》して頂《いただ》いているわけであるが、重《かさ》ねて蛇足《だそく》を添《そ》えて置《お》こう。神道《しんとう》の禊祓《みそぎはらひ》は自己《じこ》の魂《たましい》の救《すく》われとか安心《あんしん》などと云《い》うような自己《じこ》の為《ため》にする小乗的《しょうじょうてき》な心証《しんしょう》、所得《しょとく》を求《もと》めようとする有漏《うろ》の行《ぎょう》ではない。すなわち哲学的《てつがくてき》に云《い》うならばan-sich《アンジッヒ》（即自《そくじ》）の態度《たいど》に於《お》ける物欲《ものほ》しげな修練法《しゅうれんほう》や行道《ぎょうどう》ではない。禊祓《みそぎはらひ》は小我《しょうが》としての自己《じこ》を救《すく》う道《みち》ではない。自己《じこ》の心身《しんしん》の思《おも》いの穢《けが》れを洗濯払拭浄化《せんたくふっしょくじょうか》することが禊祓《みそぎはらひ》であるのではない。未《いま》だなお自己《じこ》の心身《しんしん》の穢《けが》れに拘泥《こうでい》し左右《さゆう》されなければならぬ者《もの》は神道《しんとう》に於《お》ける禊祓《みそぎはらひ》の場《ば》に立《た》つ資格《しかく》のない者《もの》であり、その者《もの》は神道者《しんとうしゃ》として未《いま》だ麻邇《まに》を運用《うんよう》する資格《しかく》を具備《ぐび》していない者《もの》である。自己主体《じこしゅたい》の内容《ないよう》の整理《せいり》である迦具土神《かぐつちのかみ》の整理《せいり》を終了《しゅうりょう》した者《もの》にして、初《はじ》めて客観世界《きゃつかんせかい》、人類文明全体《じんるいぶんめいぜんたい》の整理《せいり》である禊祓《みそぎはらひ》に従事《じゅうじ》する資格《しかく》が具《ぐ》現《げん》される。

禊祓《みそぎはらひ》は他者《たしゃ》を救《すく》う道《みち》である。世界《せかい》の不完全《ふかんぜん》を整理《せいり》する身削《みそ》ぎ払霊《はら》いの道《みち》であると共《とも》に、これに生命《せいめい》あらしめる霊注《みそ》ぎ張霊《はらひ》の道《みち》である。既《すで》に自己救済《じこきゅうさい》を終了《しゅうりょう》して無垢清浄《むくせいじょう》な高天原《たかあまはら》に住《じゅう》し、その高天原《たかあまはら》の内容《ないよう》の麻邇《まに》を把握《はあく》した境涯《きょうがい》に立《た》つ者《もの》が進《すす》んで全世界《ぜんせかい》を救《すく》うための道法《どうほう》であり、その規範《きはん》である。これを仏教的《ぶつきょうてき》に理解《りかい》しようとするならば、禊祓《みそぎはらひ》とは法蔵比丘《ほうぞうびく》（阿弥陀仏《あみだぶつ》）が極楽浄土《ごくらくじょうど》を建設《けんせつ》するための四十八願《しじゅうはちがん》の菩薩行《ぼさつぎょう》の実践《じっせん》であり、その指導原理《しどうげんり》である。

禊《みそぎ》祓《はらひ》（二《に》）（身《み》削《そ》ぎ払《はら》霊《ひ》）

かれ（故《かれ》、）投《な》げ棄《う》つる御杖《みつえ》に成《な》りませる神《かみ》の名《みな》は（、）衝立船戸神《つきたつふなどのかみ》

禊祓《みそぎはらひ》には二段階《にだんかい》の操作《そうさ》がある。前段《ぜんだん》は身削《みそ》ぎ払霊《はらひ》であり、後段《こうだん》は霊注《みそ》ぎ張霊《はらひ》である。前者《ぜんしゃ》は消極面《しょうきょくめん》、後者《こうしゃ》は積極面《せっきょくめん》の操作《そうさ》である。禊祓《みそぎはらひ》は伊邪那美神《いざなみのかみ》の内容《ないよう》である高天原《たかあまはら》以外《いがい》の世界《せかい》の言語《げんご》、文字《もじ》、思想《しそう》の整理《せいり》であって、「投《な》げ棄《う》つる」と云《い》うことはその罪穢《つみけが》れである不完全《ふかんぜん》な外国思想《がいこくしそう》そのものを投《な》げ棄《す》てると云《い》うことではない。罪穢《つみけが》れを嫌《いま》わしきもの、有《あ》るべからざるものとして放棄《ほうき》してしまっては摂取不捨《せっしゅふしゃ》の阿弥陀如来《あみだにょらい》の行願《ぎょうがん》にはならない。それを整理《せいり》するために言霊麻邇《げんれいまに》の原理《げんり》をその外国思想《がいこくしそう》の中《なか》に投入《とうにゅう》することである。たとえば油《あぶら》や垢《あか》で汚《よご》れた衣類《いるい》を水《みず》に漬《つ》けて、それに石鹸《せっけん》を投入《とうにゅう》する如《ごと》きことである。　岐命《きのみこと》が黄泉国《よもつくに》から逃《に》げ還《かえ》る途中《とちゅう》で黒《くろ》御鬘《みかつら》、湯津爪櫛《ゆつつまくし》、桃子《もものみ》三《みっ》つを投《な》げ棄《す》てた場合《ばあい》と略々《ほぼ》同《おな》じ操作《そうさ》である。

御杖《みつえ》とは人間《にんげん》の魂《たましい》の憑《より》（依《より》）代《しろ》と云《い》うことの象徴《しょうちょう》である。本講義《ほんこうぎ》は今《いま》まで此《こ》の魂《たましい》の依《よ》り代《しろ》についての各部《かくぶ》面《めん》に関《かん》して説《と》いて来《き》た。復習《ふくしゅう》になろうが、「天之御柱《あめのみはしら》、国之御柱《くにのみはしら》」と云《い》う時《とき》は「一心《いっしん》の霊台《れいだい》、諸神変通《しょしんへんつう》の

本基《ほんもと》」（『神道五部書《しんとうごぶしょ》』山崎闇斎記《やまざきあんさいき》）であって、「我《わ》れ今《いま》ここに在《あ》り」と云《い》う「中今《なかいま》」を貫《つらぬ》く自覚《じかく》の本体《ほんたい》であり、言霊《げんれい》を以《もっ》てこれをあらわせばアオウエイ（風水空火地《ふうすいくうかち》・木水金火土《もくすいこんかど》）の五大五行《ごだいごぎょう》であり、これを不動明王《ふどうみょうおう》と云《い》う。「剣《つるぎ》」と云《い》い「沼矛《ぬぼこ》」と云《い》う時《とき》は時間《じかん》、空間《くうかん》、次元《じげん》の内容《ないよう》としての空想《くうそう》、実相《じっそう》を判断《はんだん》し綜合《そうごう》する統覚《とうかく》の作用《さよう》である。それはまたアオウエイ五母音《ごぼいん》であり、特《とく》にキシチニヒミイリの八父韻《はちふいん》である。

斯《こ》うした統覚《とうかく》の実体《じったい》と活用《かつよう》をキリスト教《きょう》では「アロンの杖《つえ》」と称《しょう》し、禅《ぜん》でも同《おな》じく剣《つるぎ》と云《い》い、或《ある》いは「拄《しゅ》杖子《じょうす》」と称《しょう》している。「汝《なんじ》は拄杖子有《しゅじょうすあ》らば、我汝《なんじ》に拄杖子《しゅじょうす》を与《あた》へん。汝《なんじ》に拄杖子無《しゅじょうすな》くんば、我汝《なんじ》の拄杖子《しゅじょうす》を奪《うば》はん」（『無門関《むもんかん》』「第四十四則《だいよんじゅうよんそく》」）と云《い》う公案《こうあん》はその統覚《とうかく》である自我《じが》が拠《よ》って立《た》つ心棒《しんぼう》の確立《かくりつ》を慫慂《しょうよう》した教《おし》えである。

統覚《とうかく》は一旦《いったん》これを確立《かくりつ》すれば、その内容《ないよう》と活用《かつよう》の面《めん》が次々《つぎつぎ》と拡大《かくだい》され精密化《せいみつか》されて来《く》る。すなわち拄杖子《しゅじょうす》の把持者《はじしゃ》には更《さら》に拄杖子《しゅじょうす》が与《あた》えられることとなる。すなわち天之尾羽張《あめのおはばり》の剣《つるぎ》である。キリスト教『聖書』に「汝《なんじ》ら聴《き》くことに心《こころ》せよ……それ有《も》てる人《ひと》は、なほ与《あた》へられ、有《も》たぬ人《ひと》は、有《も》てる物《もの》をも取《と》らるべし」（『新《しん》約聖書《やくせいしょ》』「マルコ伝《でん》」第四章《だいよんしょう》）とあることも全《まった》く同《おな》じ意味《いみ》である。拄杖《しゅじょう》の確立《かくりつ》の出発《しゅっぱつ》は「阿字本不生《あじほんぷしょう》」と云《い》われる言霊《げんれい》ア、すなわち「南無阿弥陀仏《なむあみだぶつ》」の心《こころ》であるが、アの体得《たいとく》がなされればやがてアオウエイ五行五大《ごぎょうごだい》の把握《はあく》がなされ、次《つい》でイ言霊《げんれい》の展開《てんかい》が捕捉《ほそく》される。その五行五大《ごぎょうごだい》の体得《たいとく》に入《はい》る道《みち》の教《おし》えが「五蘊皆空《ごうんかいくう》」の『般若心経《はんにゃしんぎょう》』である。

アオウエイの最後《さいご》のイの意義《いぎ》が明《あき》らかになる時《とき》、キシチニヒミイリの八相識別《はっそうしきべつ》の根拠《こんきょ》が捕《つか》めて、やがて実相《じっそう》三十二子音《さんじゅうにしいん》が明《あき》らかになる。この意義《いぎ》を説《と》いたのが『法華経《ほけきょう》』の「唯物与仏《ゆいぶつよぶつ》、乃能究尽《ないのうくじん》、諸法実相《しょほうじっそう》」と云《い》うことである。斯《か》くて法界《ほっかい》の全内容《ぜんないよう》として先天《せんてん》と後天《こうてん》、すなわち母音《ぼいん》、半母音《はんぼいん》、父韻《ふいん》、子音《しいん》の全部《ぜんぶ》を集《あつ》めた数《かず》が四十八個《よんじゅうはちこ》となり、すなわちこれが『法華経《ほけきょう》』の一切種智《いっさいしゅち》、摩尼宝珠《まにほうじゅ》である。統覚《とうかく》を収《おさ》めれば倶胝《ぐてい》が堅《た》てた一指《いっし》となり、開《ひら》けば四十八《よんじゅうはち》の種智《しゅち》となる。これが拄杖《しゅじょう》の活動《かつどう》である。

衝立船戸神《つきたつふなどのかみ》の衝立《つきたつ》は斎《いつ》き立《た》つであり、船戸《ふなど》の船《ふね》は葉子国《はねのくに》の浮船神《うきふねのかみ》と云《い》われ、伊勢神宮《いせじんぐう》の御船代《みふなしろ》として祭《まつ》られる五十音言霊図《ごじゅうおんげんれいず》のことであり、或《ある》いは仏教《ぶつきょう》の大乗《だいじょう》の船《ふね》でもあり、キリスト教《きょう》のノアの方舟《はこぶね》でもある。この神《かみ》を『日本書紀《にほんしょき》』では前述《ぜんじゅつ》の如《ごと》く「来名戸《くなど》の祖神《さへのかみ》」と云《い》う。「黄泉平坂《よもつひらさか》より以還《このかた》、雷来《いかづちく》な」とのたまうて伊邪那岐命《いざなぎのみこと》が投《な》げうちたまうた杖《つえ》の名《な》であると記《しる》されてある。『古事記《こじき》』はこの神《かみ》を禊祓《みそぎはらひ》の段《だん》で説《と》き、『日《に》本書紀《ほんしょき》』は黄泉平坂《よもつひらさか》の所《ところ》で説《と》いているが、どちらでも意味《いみ》に変《かわ》りはない。

来名戸《くなど》のクナは九《く》十七《な》と云《い》う数《かず》である。一切種智《いっさいしゅち》の総数四十八《そうすうよんじゅうはち》を更《さら》に陰《いん》と陽《よう》に取《と》った二倍《にばい》の九十六数《きゅうじゅうろくすう》の全体《ぜんたい》を一者《いっしゃ》とした第九十七番《だいきゅうじゅうななばん》と云《い》う意味《いみ》である。それはまた後述《こうじゅつ》する『古事記《こじき》』百神《ひゃくしん》の結論《けつろん》である三貴子《さんきし》の三数《さんすう》を全体《ぜんたい》の百《ひゃく》から差引《さしひ》いた九十七数《きゅうじゅうななすう》のことであって、すなわちこれはその三貴子《さんきし》が構成《こうせい》されるための前提《ぜんてい》であり、その内容《ないよう》をなすところの九十七《きゅうじゅうなな》と云《い》う意味《いみ》でもある。

換言《かんげん》すればこの九十七番目《きゅうじゅうななばんめ》に当《あた》る神《かみ》が三貴子《さんきし》を産《う》む伊邪那岐大神《いざなぎのおほかみ》であるから、これを祖神《さへのかみ》と云《い》う。祖《おや》

（親《おや》）神《かみ》の義《ぎ》である。禊祓《みそぎはらひ》の第一階程《だいいちかいてい》に於《おい》て伊邪那岐大神《いざなぎのおほかみ》は先《ま》ず自己《じこ》の魂《たましい》の依《よ》り代《しろ》である九十七《きゅうじゅうなな》の一切種智《いっさいしゅち》の全部《ぜんぶ》を世界《せかい》の未解決未整理《みかいけつみせいり》の思想《しそう》の中《なか》に投入《とうにゅう》すると共《とも》に、これを斎《いつ》き立《た》（衝立《つきたつ》）てて批判整理《ひはんせいり》の規範《きはん》を樹立《じゅりつ》したのである。前述《ぜんじゅつ》した「千引石《ちびきいは》」および「泉津事解之男神《よもつことさかのをのかみ》」は、すなわち衝立船戸神《つきたつふなどのかみ》と同意義《どういぎ》のものであることが理解《りかい》されたことと思《おも》う。

次《つぎ》に投《な》げ棄《う》つる御帯《みおび》に成《な》りませる神《かみ》の名《みな》は（、）道之長乳歯神《みちのながちはのかみ》

杖《つえ》は古来洋《こらいよう》の東西《とうざい》に宗教的《しゅうきょうてき》な呪物《じゅぶつ》として用《もち》いられているが、帯《おび》は例《れい》が少《すく》ない。息長帯姫《おきながたらしひめ》などと用《もち》いられている。オビの義《ぎ》は緒霊《おび》であるから哲学語《てつがくご》の連続性《れんぞくせい》と云《い》うことである。連続性《れんぞくせい》は事物《じぶつ》を整理《せいり》する上《うえ》の重要《じゅうよう》な法《ほう》理《り》の一《ひと》つである。道之長乳歯《みちのながちは》と云《い》うことも帯《おび》と云《い》うことと同《おな》じ意味《いみ》の呪文《じゅもん》であって、言葉《ことば》が長《なが》く連絡《れんらく》し連続《れんぞく》して行《い》くと云《い》うことである。衝立船戸神《つきたつふなどのかみ》は整理《せいり》の方法《ほうほう》の全貌《ぜんぼう》を掲《かか》げた総括的《そうかつてき》、総論的《そうろんてき》なものであって、道之長《みちのなが》乳歯神《ちはのかみ》以下《いか》の諸神《しょしん》は、その船戸神《ふなどのかみ》の内容《ないよう》であり、その活用方法《かつようほうほう》であると解《かい》すべきである。連続性《れんぞくせい》とは例《たと》えば「水素《すいそ》、ヘリウム、ベリリウム、リチウム、硼素《ほうそ》、炭素《たんそ》、窒素《ちっそ》、酸素《さんそ》」の如《ごと》く、或《ある》いは「紅《くれない》、赤《あか》、橙《だいだい》、黄《き》、緑《みどり》、青《あお》、藍《あい》、紫《むらさき》」の如《ごと》き云《い》う。斯《こ》うした種々《しゅじゅ》の事物《じぶつ》の連続性《れんぞくせい》を麻邇《まに》の相《そう》に於《おい》て把握《はあく》し、これを用《もち》いて世界《せかい》を批判整理《ひはんせいり》して行《い》く方法《ほうほう》が道之長乳歯神《みちのながちはのかみ》である。

次《つぎ》に投《な》げ棄《う》つる御裳《みも》に成《な》りませる神《かみ》の名《みな》は、時置師神《ときおかしのかみ》

裳《も》は百《も》であり、コロモである。百《も》は言霊図《げんれいず》であり、それは心《こころ》の上《うえ》に着《き》るものであるからコロモである。この言霊図《げんれいず》の中《なか》に時《とき》の変化《へんか》が示《しめ》されてある。音図《おんず》のア行《ぎょう》とワ行《ぎょう》を除《のぞ》いた中間《ちゅうかん》の八行《はちぎょう》（ヒチシキミリイニ）は実相《じっそう》の変化《へんか》の律《リズム》であり、すなわち時《とき》の変化《へんか》である。実相《じっそう》の変化《へんか》が時《とき》の内容《ないよう》であって、変化《へんか》の相《そう》が現《あら》われなければ時《とき》は存在《そんざい》しない。先天的《せんてんてき》、自然的《しぜんてき》な事物《じぶつ》にも、また人為的《じんいてき》、文明的《ぶんめいてき》な事物《じぶつ》にもすべて事物《じぶつ》には夫々《それぞれ》特有《とくゆう》の変化《へんか》の律《リズム》があり、またなければならぬ。その律《リズム》を時置師《ときおかし》と云《い》う。

例《たと》えば春《はる》（春分《しゅんぶん》）・夏《なつ》（夏至《げし》）・秋《あき》（秋分《しゅうぶん》）・冬《ふゆ》（冬至《とうじ》）と云《い》い、幼年《ようねん》、少年《しょうねん》、青年《せいねん》、中年《ちゅうねん》、老年《ろうねん》と云《い》い、或《ある》いは「格物《かくぶつ》、致知《ちち》、誠心《せいしん》、誠意《せいい》、修身《しゅうしん》、斉家《せいか》、治国《ちこく》、平天下《へいてんか》」（『大学《だいがく》』）と云《い》うのが時置師《ときおかし》である。易《えき》はこの時置師《ときおかし》の律《リズム》を「乾兌離震巽坎艮坤《けんだりしんそんかんごんこん》」の八卦《はっけ》の変化《へんか》として捕《とら》えて行《い》く方法《ほうほう》であって、この変化《へんか》の順序《じゅんじょ》を麻邇名《まにな》を以《もっ》て認識掌握操作《にんしきしょうあくそうさ》して行《い》く方法《ほうほう》が神道《しんとう》である。その昔《むかし》、伏羲氏《ふくぎし》が来朝留学《らいちょうりゅうがく》して葺不合朝《ふきあえずちょう》五十八代《ごじゅうはちだい》 御中主《みなかぬし》幸玉《さきたま》天皇《すめらみこと》から神道《しんとう》の一面《いちめん》を伝授《でんじゅ》されたものが易《えき》であって、言霊《げんれい》の配列《はいれつ》を数《かず》（河図洛書《かとらくしょ》）と象形《しょうけい》（漢字《かんじ》）に更《さら》えて運用《うんよう》して行《い》く道《みち》である。

その八卦《はっけ》の実体《じったい》である言霊麻邇《げんれいまに》を以《もっ》て示《しめ》された時置師《ときおかし》の例《れい》の数個《すうこ》を掲《かか》げる。

アタカサハヤマラナワ
アタハカサナラヤマワ
}天津菅麻《あまつすがそ》

アカタマハサナヤラワ　赤珠音図《あかたまおんず》
アタカラハサナヤマワ　宝音図《たからおんず》
アカサタナハマヤラワ　天津金木《あまつかなぎ》
アタカマハラナヤサワ　天津太祝詞《あまつふとのりと》

「大祓祝詞《おほはらひのりと》」に「天津金木《あまつかなぎ》を　本末打切《もとすえうちきり》て　千座《ちくら》の置座《おきくら》に置足《おきたら》はし　天津清《あまつすが》（菅《すが》）麻《そ》を　本末苅断《もとすえかりたち》八津針《やつはり》に取《と》り辟《さし》て　天津祝詞《あまつのりと》の　太祝詞事《ふとのりとごと》を以《も》て宣《の》る」と教《おし》えられてある。天津金木《あまつかなぎ》は須佐之男命《すさのをのみこと》の思想《しそう》をあらわにした曼荼羅《マンダラ》であって、その時置師《ときおかし》は三千年来《さんぜんねんらい》この世界《せかい》に行《おこな》われている現代世界《げんだいせかい》の個別主義的《こべつしゅぎてき》な生存競争時代《せいぞんきょうそうじだい》の動《うご》き方《かた》の時置師《ときおかし》であり、天津菅麻《あまつすがそ》は大自然界《だいしぜんかい》の時置師《ときおかし》の一種《いっしゅ》と考《かんが》えられる。本《もと》と末《すえ》はア行《ぎょう》とワ行《ぎょう》であって、その各々《おのおの》の体系《たいけい》からア行《ぎょう》とワ行《ぎょう》を除《のぞ》いて、真中《まなか》の八父韻《はちふいん》（八卦《はっけ》）を天津祝詞《あまつのりと》の太祝詞《ふとのりと》の順序《じゅんじょ》に宣《の》り直《なお》せ、太祝詞《ふとのりと》の時置師《ときおかし》を以《もっ》て文明《ぶんめい》を運営《うんえい》せよと云《い》う教示《きょうじ》である（冊子《さっし》『大祓祝詞要義《おほはらひのりとようぎ》』参照《さんしょう》）。

宇宙《うちゅう》は時間《じかん》と空間《くうかん》と次元《じげん》の三《みっ》つの組合《くみあ》わせによって実相《じっそう》すなわち事実《じじつ》、現象《げんしょう》を現出《げんしゅつ》する。この三《みっ》つを時処位《じしょい》と云《い》う。実相《じっそう》は時処位《じしょい》の三《みっ》つを具有《ぐゆう》する。逆《ぎゃく》にすべての現象《げんしょう》、事実《じじつ》は時処位《じしょい》の三《みっ》つによって制約《せいやく》され限局《げんきょく》されている宇宙《うちゅう》の部分《ぶぶん》の顕現《けんげん》である。宇宙自体《うちゅうじたい》は常《つね》に空《くう》（空相《くうそう》）であって、宇宙全体《うちゅうぜんたい》が現象《げんしょう》すると云《い》うことは無《な》い。精神《せいしん》と物質《ぶっしつ》とを問《と》わず現象《げんしょう》は時処位《じしょい》の三《みっ》つに於《おい》て生成《せいせい》し、変化《へんか》し、消滅《しょうめつ》する。永遠《えいえん》に同一現象《どういつげんしょう》を持続《じぞく》するものは存在《そんざい》しない。「我《わ》が世《よ》誰《たれ》ぞ常《つね》ならむ」（いろは歌《うた》）である。仏教《ぶっきょう》でこれを生死《しょうじ》と云《い》う。

以上《いじょう》のうち時間《じかん》の処理法《しょりほう》である時置師《ときおかし》が説《と》かれてある以上《いじょう》、『古事記《こじき》』には直接述《ちょくせつの》べられていないが、この他《ほか》に処置師《ところおかし》と位置師《くらいおかし》がなければならぬ。処置師《ところおかし》は空間《くうかん》に於《お》ける場所《ばしょ》の決定《けってい》であり、位置師《くらいおかし》はアオウエイを段階《だんかい》として五《いつ》つの次元《じげん》の重畳《ちょうじょう》を整理《せいり》して行《い》く道《みち》である。時間《じかん》は空間《くうかん》の変化《へんか》であり、空間《くうかん》は時間《じかん》の内容《ないよう》である。時間《じかん》のない空間《くうかん》、空間《くうかん》のない時間《じかん》は抽象《ちゅうしょう》の糟《かす》に過《す》ぎない。空間《くうかん》（時間《じかん》）とはアならア、オならオと云《い》う如《ごと》き単一《たんいつ》の次元《じげん》の領域《りょういき》の拡《ひろ》がりのことであって、空間時間《くうかんじかん》は次元《じげん》の一部《いちぶ》であり、その空間時間《くうかんじかん》の重畳《ちょうじょう》が次元《じげん》である。時間《じかん》、空間《くうかん》、次元《じげん》の交叉《こうさ》である三十二子音《さんじゅうにしいん》が実相《じっそう》である。時置師《ときおかし》、処置師《ところおかし》、位置師《くらいおかし》を三置《みち》（道《みち》）と云《い》う。前述《ぜんじゅつ》した三貴子《さんきし》の意味《いみ》である三命《みち》の意義《いぎ》と相通《あいつう》ずるものである。

次《つぎ》に投《な》げ棄《う》つる御衣《みけし》に成《な》りませる神《かみ》の名《みな》は（、）和豆良比能宇斯能神《わづらひのうしのかみ》

衣《ころも》をケシともソとも訓《よ》む。御裳《みも》と同《おな》じく音図《おんず》のことである。和豆良比能宇斯《わづらひのうし》とは煩《わず》らわしい、曖昧《あいまい》な言葉《ことば》や思想《しそう》の中《なか》に一切種智《いっさいしゅち》である言霊《げんれい》の原理《げんり》を投入《とうにゅう》して批判整理《ひはんせいり》して、その思想《しそう》を確認掌握《かくにんしょうあく》する者《もの》と云《い》う意味《いみ》である。宇斯《うし》は大人《うし》（主人《しゅじん》）であり、主宰者《しゅさいしゃ》、管理者《かんりしゃ》である。

次《つぎ》に投《な》げ棄《う》つる御褌《みはかま》に成《な》りませる神《かみ》の名《みな》は、道俣神《ちまたのかみ》

褌《はかま》は物事《ものごと》が左右《さゆう》に分《わか》れる形《かたち》。道俣《ちまた》（衢《ちまた》、巷《ちまた》）は道《みち》の分岐点《ぶんきてん》のことで、思想《しそう》の批判整理《ひはんせいり》には陰陽《いんよう》、前後《ぜんご》、左右《さゆう》、主客《しゅきゃく》、往還等《おうかんなど》の区別分岐《くべつぶんき》を誤《あや》まらぬことが肝要《かんよう》である。この分岐《ぶんき》を判断《はんだん》する根拠《こんきょ》はまた言霊《げんれい》が示《しめ》す陰《いん》陽性《ようせい》にある。言霊図《げんれいず》を瑞穂《みづほ》（水火《みずほ》）の国《くに》と云《い》い、やがてこれが日本《にほん》の国名《こくめい》の一《ひと》つになっている。母音《ぼいん》も父韻《ふいん》も子音《しいん》も、またその構成《こうせい》もすべて陰陽《いんよう》（水火《みずほ》）の関係《かんけい》の上《うえ》に立《た》っている。道俣《ちまた》の神《かみ》はすなわち陰陽《いんよう》の原理《げんり》であり、所謂道祖神《いわゆるどうそじん》である。

次《つぎ》に投《な》げ棄《う》つる御冠《みかがふり》に成《な》りませる神《かみ》の名《みな》は、飽咋之宇斯能神《あきぐひのうしのかみ》

言霊図《げんれいず》の冠《かんむり》に当《あた》る所《ところ》はア段《だん》である。これを天児屋命《あめのこやねのみこと》と云《い》う。ア段《だん》は芸術《げいじゅつ》の世界《せかい》であって、「柳《やなぎ》は緑《みどり》、花《はな》は紅《くれない》」と云《い》われる如《ごと》く、ア段《だん》に物事《ものごと》の実相《じっそう》が一番《いちばん》はっきりと現《あら》われる。この言霊《げんれい》のア段《だん》の知性《ちせい》を投入《とうにゅう》してその指導《しどう》によって事物《じぶつ》の真相実相《しんそうじっそう》の識別整理《しきべつせいり》を行《おこな》うことが飽咋之宇斯《あきぐひのうし》である。アキグヒは明《あきら》かに組《く》む指導原理《しどうげんり》で

あって、冠《かんむり》を神《かん》を生《む》む理《り》と解《かい》すれば、すべての生命《せいめい》なる神《かみ》は先《ま》ず芸術《げいじゅつ》の心《こころ》であるア段《だん》から生《う》まれて来《く》る。「阿《あ》字《じ》」「阿弥陀仏《あみだぶつ》」といい「アラー」と云《い》い「アーメン」と云《い》う。ア言霊《げんれい》の把握《はあく》が芸術《げいじゅつ》、宗教《しゅうきょう》に入《はい》る門《もん》である。ア言霊《げんれい》の把握者《はあくしゃ》を辟支仏《びゃくしぶつ》（正定衆《しょうじょうじゅ》）と云《い》う。

さて此処《ここ》で飽咋之宇斯能神《あきぐひのうしのかみ》までの意義《いぎ》は大凡《おおよそ》釈《と》けたわけだが、以下《いか》の六神《ろくしん》に関《かん》してはまだはっきりした説明《せつめい》の要領《ようりょう》がつかめない。暫《しば》らくは先師山腰明将《せんしやまこしあきまさ》氏《し》の説《と》いた所《ところ》に準《じゅん》じて説《と》いて置《お》くことにする。

次《つぎ》に投《な》げ棄《う》つる左《ひだり》の御手《みて》の手纏《たまき》に成《な》りませる神《かみ》の名《な》は、奥疎神《おきさ(ざ)かるのかみ》。
次《つぎ》に奥津那芸佐毘古神《おきつなぎさびこのかみ》。
次《つぎ》に奥津甲斐弁羅神《おきつかひべらのかみ》。
次《つぎ》に投《な》げ棄《う》つる右《みぎり》の御手《みて》の手纏《たまき》に成《な》りませる神《かみ》の名《な》は、辺疎神《へさ(ざ)かるのかみ》。
次《つぎ》に辺津那芸佐毘古神《へつなぎさびこのかみ》。
次《つぎ》に辺津甲斐弁羅神《へつかひべらのかみ》。

疎神《さかるのかみ》は疎《わ》け隔《へだ》てる原理《げんり》。那芸佐毘古《なぎさびこ》は雉《な》き続《つづ》ける原理《げんり》。甲斐弁羅神《かひべらのかみ》は間《かひ》を減《へ》らす原理《げんり》で、甲斐《かひ》は山《やま》と山《やま》との間《あいだ》の峡《かひ》のこと。中間《ちゅうかん》のどっちともつかずの言葉《ことば》や思想《しそう》を減《へ》らすこと。奥《おく》、奥津《おきつ》のオキは沖《おき》、起《おき》で陽性音《ようせいおん》。辺《へ》、辺津《へつ》は陰性音《いんせいおん》。すなわち「左《ひだり》の御手《みて》の手纏《たまき》」は音図《おんず》の向《むか》って右《みぎ》の陽性音《ようせいおん》、すなわちタカサハの続《つづ》きであり、「右《みぎり》の御手《みて》の手纏《たまき》」は向《む》かって左《ひだり》の陰性音《いんせいおん》、すなわちヤマラナの続《つづ》きである。このことを科学《かがく》の上《うえ》で云《い》うならば元素《げんそ》の周期律《しゅうきりつ》を確定《かくてい》するために同素体《どうそたい》を整理《せいり》して行《い》く操作《そうさ》のような事《こと》だろう。

以上《いじょう》はもとより充分《じゅうぶん》につくし得《え》た解釈《かいしゃく》とは云《い》えないけれども、世界《せかい》の混沌未整理《こんとんみせいり》の思想《しそう》を整理《せいり》する方法《ほうほう》である禊祓《みそぎはらひ》の前段《ぜんだん》の身削《みそ》ぎ払霊《はらひ》としての意義《いぎ》の大要《たいよう》を述《の》べた。繰返《くりかえ》すが禊祓《みそぎはらひ》は自己《じこ》を救済《きゅうさい》しようとする者《もの》の小乗《しょうじょう》の道《みち》ではない。況《いわ》んや従来《じゅうらい》の一派《いっぱ》の神道者《しんとうしゃ》が神《かみ》に到達《とうたつ》しようとする物欲《ものほ》しさから河海《かかい》に水浴《すいよく》する如《ごと》き児戯《じぎ》、狂態《きょうたい》を演《えん》ずる如《ごと》き行道《ぎょうどう》などではない。

禊祓《みそぎはらひ》とはすべての客体的《きゃくたいてき》、客観的思想《きゃっかんてきしそう》の上《うえ》に主観態《しゅかんたい》に於《お》ける精神組織《せいしんそしき》の自覚《じかく》の全体系《ぜんたいけい》（衝立船戸神《つきたつふなどのかみ》）の内容《ないよう》である高天原《たかあまはら》の言霊麻邇《げんれいまに》の原理《げんり》を一《ひと》つ一《ひと》つ規範《きはん》として投入《とうにゅう》し、適用《てきよう》し、応用《おうよう》し、活用《かつよう》して渾沌未整理《こんとんみせいり》の世界文化《せかいぶんか》を普《あまね》く批判《ひはん》、整理《せいり》、綜合《そうごう》する文明樹立《ぶんめいじゅりつ》の操作《そうさ》である。世界《せかい》は人間《にんげん》の精神《せいしん》を以《もっ》て整理《せいり》する以外《いがい》には整理《せいり》の方法《ほうほう》はない。この時完全《ときかんぜん》に整理《せいり》された精神《せいしん》を以《もっ》て整理《せいり》する時《とき》、初《はじ》めて世界文明《せかいぶんめい》の完全《かんぜん》な整理《せいり》が叶《かな》う。整理《せいり》する精神《せいしん》が完全《かんぜん》に整理《せいり》されていなければ整理《せいり》される世界《せかい》は完全《かんぜん》には整理《せいり》されない。その完全《かんぜん》に整理《せいり》された精《せい》神《しん》の原理《げんり》が布斗麻邇《フトマニ》三種《さんしゅ》の神器《じんぎ》である。

すなわち禊祓《みそぎはらひ》は精神《せいしん》の原理《げんり》でありその全局《ぜんきょく》である一切種智《いっさいしゅち》の運用《うんよう》によって世界《せかい》の一切《いっさい》の事物《じぶつ》、一切《いっさい》の学問《がくもん》、一切《いっさい》の制度《せいど》の不完全《ふかんぜん》を是正《ぜせい》（身削《みそ》ぎ、払霊《はらひ》）し、これを生命《せいめい》の原理原律《げんりげんりつ》の中《なか》に摂取《せっしゅ》して、これに時《とき》と処《ところ》と位《くらい》とを得《え》しめる（霊注《みそ》ぎ、張霊《はらひ》）ところの神道《しんとう》の実施《じつし》に於《お》ける活動方法《かつどうほうほう》であり、その実行《じつこう》である。禊祓《みそぎはらひ》こそ神道《しんとう》が真《まこと》に主《ぬし》の主《ぬし》たる者《もの》、王《おう》の王《おう》たる者《もの》、すなわち救世主《きゅうせいしゅ》と云《い》われ転輪聖王《てんりんじょうおう》と云《い》われる天津日嗣天皇《あまつひつぎすめらみこと》の道《みち》として実際《じっさい》の権威《けんい》を発揮《はっき》する所以《ゆえん》である。

最初《さいしょ》から此処《ここ》まで説《と》いて来《き》た所《ところ》を試《こころ》みに仏教教典《ぶっきょうきょうてん》に当嵌《あては》めて云《い》うならば、禊祓《みそぎはらひ》の行《ぎょう》は『無量寿経《むりょうじゅきょう》』のそれに当《あた》るだろう。黄泉国《よもつくに》に於《お》ける経緯《けいい》は『般若経《はんにゃきょう》』や『華厳経《けごんきょう》』に当《あた》るだろう。そして最初《さいしょ》の岐美二神《きみにしん》の御《み》子生《こう》みと音《おん》の整理《せいり》の心《こころ》は『法華経《ほけきょう》』に当《あた》るだろう。仏教《ぶっきょう》の道《みち》と神道《しんとう》の道《みち》とは順序《じゅんじょ》が逆《ぎゃく》になっていることに注意《ちゅうい》すべきである。前者《ぜんしゃ》は向上《こうじょう》の道《みち》であり、後者《こうしゃ》は向下《こうげ》の道《みち》であるからである。言霊麻邇《げんれいまに》を運用《うんよう》する実体《じったい》は高天《たかあま》原日本《はらにほん》の完成《かんせい》された主体文明《しゅたいぶんめい》であり、言霊《げんれい》の活用《かつよう》によって生命《せいめい》をあらしめられる実体《じったい》は黄泉国世界《よもつくにせかい》の客体文明《きゃくたいぶんめい》である。

（知訶島《ちかのしま》）

以上《いじょう》、衝立船戸神《つきたつふなどのかみ》より辺津甲斐弁羅神《へつかひべらのかみ》までの十二神《じゅうにしん》が位《くらい》する宝座《ほうざ》を「知訶島《ちかのしま》、またの名《な》は天之忍男《あめのおしを》」と云《い》う。知訶《ちか》とは知識《ちしき》を叱《しか》り、たしなめ、とがめて是正《ぜせい》することであり、すなわち知識経験《ちしきけいけん》の整理方法《せいりほうほう》であり、文明確立《ぶんめいかくりつ》の原法《げんぽう》である。忍男《おしを》は大《おお》いなる男《おとこ》、すなわち言霊《げんれい》（男《おとこ》、音子《おとこ》）の偉大《いだい》なる活用《かつよう》と云《い》う意味《いみ》である。

言霊麻邇《げんれいまに》の把握《はあく》はその初《はじ》め純精神的《じゅんせいしんてき》なものであって、従《したが》って、主体的《しゅたいてき》なもの、冷煖自知《れいだんじち》すべきのみのものである。すなわちそれは自己内面《じこないめん》の世界《せかい》から外《そと》に出《で》ることのない、ただ自証《じしょう》のみがその存在《そんざい》を認識《にんしき》し得《う》るところの限局《げんきょく》されたものである。その自証《じしょう》をお互《たが》いに交換《こうかん》し合《あ》うためには矢張《やは》り「唯仏与仏《ゆいぶつよぶつ》」の世界《せかい》における「拈華微笑《ねんげみしょう》」の方法《ほうほう》を土台《どだい》としなければならない。

黄泉神《よもつかみ》と交渉《こうしょう》して高天原《たかあまはら》に逃《に》げ帰《かえ》った時《とき》までの伊邪那岐命《いざなぎのみこと》が言霊麻邇《げんれいまに》を把握《はあく》していた状態《じょうたい》はその如《ごと》く依然《いぜん》として独自《どくじ》のもの主観的《しゅかんてき》なものであったが、ここに伊邪那岐命《いざなぎのみこと》は伊邪那岐大神《いざなぎのおほかみ》として起《た》ち上《あが》って、主客自他双方《しゅきゃくじたそうほう》を併《あわ》せた自己《じこ》の大我法身《たいがほっしん》（御身《おほみま》）をその麻邇《まに》を以《もっ》て御杖《みつえ》とし法《ほう》として禊祓《みそぎはらひ》することによって、その時《とき》まで主観界《しゅかんかい》のものであった麻邇《まに》は依然主観界《いぜんしゅかんかい》のものでありながら、その独自性《どくじせい》をすっきりと脱却《だつきゃく》し、同時《どうじ》に純客観的《じゅんきゃっかんてき》なものとなって普《ふ》遍性《へんせい》を発揮《はっき》し、天壌無窮《てんじょうむきゅう》、万世一系《ばんせいいっけい》に人類《じんるい》の種智《しゅち》（物種《ものだね》）である所以《ゆえん》が証明《しょうめい》され確定《かくてい》するのである。

禊祓《みそぎはらひ》とは斯《かく》の如《ごと》き意味《いみ》で主観《しゅかん》が客観《きゃっかん》へ飛躍《ひやく》することであり、自他《じた》を律《りつ》する原理《げんり》の一致《いっち》であり、麻邇《まに》から云《い》えば普遍性《ふへんせい》の証明《しょうめい》である。ヘーゲル哲学《てつがく》ではこの様《よう》に主観《しゅかん》が客観《きゃっかん》に高揚《こうよう》することを「主観態《しゅかんたい》の無限的真態《むげんてきしんたい》」と称《しょう》するが、その無限《むげん》なる純粋主観《じゅんすいしゅかん》の内容《ないよう》である麻邇《まに》が一《ひと》つ一《ひと》つ真理《しんり》であることを実際《じっさい》に証明《しょうめい》することが禊祓《みそぎはらひ》である。斯《かく》の如《ごと》くにして人間《にんげん》の主観的真理《しゅかんてきしんり》である麻邇《まに》がそのままに純客観《じゅんきゃっかん》の世界《せかい》を律《りつ》し、これと一致《いっち》して、思《おも》うことがそのまま自己《じこ》に取《と》って真実《しんじつ》であり、他《た》に取《と》って真理《しんり》であるからこそ人《ひと》の魂《たましい》がそのまま神《かみ》の魂《たましい》であり、人《ひと》は神《かみ》の子《こ》であり、仏《ほとけ》の現身《げんしん》としての菩薩《ぼさつ》であるのであり、人間《にんげん》の思惟《しゆい》の原理《げんり》そのものが世界《せかい》の指導原理《しどうげんり》であるのである。

神代上古《かみよじようこ》にあって天皇《てんのう》たるの資格《しかく》はこの自我《じが》の真諦《しんてい》を獲得《かくとく》した者《もの》であることであった。神代上古《かみよじようこ》の日本《にほん》の朝廷《ちようてい》には人物《じんぶつ》の試験制度《しけんせいど》が存《そん》していて、厳密《げんみつ》なこの試験《しけん》を通過《つうか》しなければ天津日嗣《あまつひつぎ》の位《くらい》に即《つ》くことを許《ゆる》されなかった。男性《だんせい》に適当《てきとう》な資格者《しかくしや》がない時《とき》は女性《じよせい》が起《た》った。神代《かみよ》には女帝《じよてい》が多《おお》かった。天皇《てんのう》の位《くらい》が単《たん》なる世襲制《せしゆうせい》となったのは大凡奈良朝以後《おおよそならちようい ご》の事《こと》である。爾来道《じらいみち》の把持者《はじしや》としての天皇《てんのう》の権威《けんい》は漸次衰退《ぜんじすいたい》して、天之岩戸隠《あまのいわとかく》れの暗《くら》闇《やみ》の色《いろ》がいよいよ濃厚《のうこう》になって行《い》った。

日本《にほん》と同《おな》じく古代《こだい》ユダヤに於《おい》ても帝王《ていおう》たる者《もの》は必《かなら》ず予言者《よげんしや》でなければならなかった。予言者《よげんしや》は受膏者《アノインテツト》であって、受膏者《アノインテツト》とは一応《いちおう》この自我《じが》の真態《しんたい》を把握《はあく》した者《もの》であり、帝王《ていおう》は予言者《よげんしや》の中《なか》から互選《ごせん》によって起《た》った。(例《れい》、『旧約聖書《きゆうやくせいしよ》』「サムエル前書《ぜんしよ》」第十章《だいじゆつしよう》)。古代中華《こだいちゆうか》に於《おい》ても同様《どうよう》だったと云《い》える。その頃《ころ》の帝王《ていおう》は尭《ぎよう》にせよ舜《しゆん》にせよ覚者《かくしや》であり聖人《せいじん》である神仙達《しんせんたち》の中《なか》から選《えら》ばれて位《くらい》に即《つ》いた。

斯《か》くして黄泉国《よもつくに》の罪穢《つみけが》れをみずからの生命自覚《せいめいじかく》の原理《げんり》をもって禊祓《みそぎはらひ》することを得《え》たことによって、その権威《けんい》が証明《しようめい》された五十個《ごじゆつこ》の麻邇《まに》は人間《にんげん》の魂《たましい》に大自然《だいしぜん》から附与《ふよ》された種智《しゆち》として、同時《どうじ》に大宇宙《だいうちゆう》の事物《じぶつ》の原素《げんそ》の精神《せいしん》的把握《てきはあく》として、すなわち文明創造《ぶんめいそうぞう》の能動体《のうどうたい》の中枢《ちゆうすう》としてこれを運用《うんよう》し組合《くみあ》わせて、宇宙《うちゆう》の森羅万象《しんらばんしよう》の名《な》を悉《ことごと》く的確《てきかく》に表現《ひようげん》し、その名《な》によって事物相互《じぶつそうご》を有機的《ゆうきてき》に関連《かんれん》せしめて、然《しか》もこの事《こと》が無限《むげん》に可能《かのう》であるところの「声字即実相《しようじそくじつそう》、文字即涅槃《もじそくねはん》」の世界《せかい》を実現《じつげん》する基礎《きそ》となる。斯《かく》の如《ごと》き神《かみ》の魂《たましい》すなわち人《ひと》の魂《たましい》、神《かみ》の言葉《ことば》すなわち人《ひと》の言葉《ことば》、神《かみ》すなわち言葉《ことば》である麻邇《まに》を以《もつ》て構成《こうせい》された高天原《たかあまはら》の国《くに》の国語《こくご》を「大和言葉《やまとことば》」と云《い》う。神代《かみよ》の日本語《にほんご》がすなわちこれである。現在我々《げんざいわれわれ》日本人《にほんじん》が日常使用《にちじょうしよう》している日本語《にほんご》の半分《はんぶん》はこの神代《かみよ》ながらの原理《げんり》によって創作《そうさく》された言語《げんご》である。

百《ひゃく》神《しん》構《こう》成《せい》の概《がい》括《かつ》（九《きゅう》十《じゅう》六《ろっ》個《こ》の種《しゅ》智《ち》）

扨《さ》て、今《いま》まで「言霊百神《げんれいひゃくしん》」の実体《じったい》、実相《じっそう》とその顕現活動《けんげんかつどう》に就《つい》て段階的《だんかいてき》に次々《つぎつぎ》と述《の》べて来《き》た。その段階《だんかい》は平《へい》面的《めんてき》な並列《へいれつ》や立体的《りったいてき》な積重《つみかさ》なりではなくて、次元的《じげんてき》な発展成育《はってんせいいく》の過程《かてい》であることを説《と》いた。ここでいよいよ百神《ひゃくしん》の原理《げんり》の総結論《そうけつろん》にはいる前提《ぜんてい》として、今《いま》までのことをもう一度《いちど》初《はじ》めからざっとお浚《さら》いしてみよう。

百神《ひゃくしん》の第一《だいいち》の段階《だんかい》は「天津神諸《あまつかみもろもろ》の命《みこと》」である天名《あな》と云《い》われる先天《せんてん》の発現《はつげん》である。母音《ぼいん》、半母音《はんぼいん》、父韻《ふいん》の十七音《じゅうななおん》の世界《せかい》の顕現《けんげん》であって、この世界《せかい》の状況《じょうきょう》を数《かず》を以《もっ》て並《なら》べ示《しめ》したものが易《えき》の河図洛書《かとらくしょ》である。

第二《だいに》の段階《だんかい》は「岐美二神《きみにしん》の御子生《みこう》み」として述《の》べられた真奈《まな》である後天《こうてん》の子音三十二神《しいんさんじゅうにしん》の世界《せかい》の創造《そうぞう》である。その三十二《さんじゅうに》の後天《こうてん》と十七《じゅうなな》の先天《せんてん》とを合《あ》わせた四十九《よんじゅうきゅう》の言霊麻邇《げんれいまに》が火之迦具土《ひのかぐつち》（書《か》く土《つち》）神《かみ》として神代《かみよ》表音文字《ひょうおんもじ》に写《うつ》し表《あら》わされて粘土盤《ねんどばん》の上《うえ》に刻《きざ》み記《しる》された。この粘土盤《ねんどばん》が最《もっと》も始原《しげん》の甕神《みかがみ》（御鏡《みかがみ》）である。

第三《だいさん》の段階《だんかい》はその迦具突智《かぐつち》に表現《ひょうげん》されたところの人間智性《にんげんちせい》の主観的主体的内容《しゅかんてきしゅたいてきないよう》である五十音《ごじゅうおん》（麻邇《まに》、麻邇《まに》字《じ》）の検討整理《けんとうせいり》である。金山毘古神《かなやまびこのかみ》以下《いか》、和久産巣日神《わくむすびのかみ》に至《いた》るまでの操作《そうさ》がこれであって、この操作《そうさ》によって精神即言葉《せいしんそくことば》、心即言霊《こころそくげんれい》、神即言葉《かみそくことば》としての高天原《たかあまはら》の主体《しゅたい》の世界《せかい》の全貌《ぜんぼう》の確立《かくりつ》を見《み》た。

第四《だいよん》の段階《だんかい》は斯《こ》うして整理《せいり》確立《かくりつ》された人間精神《にんげんせいしん》の全貌《ぜんぼう》である五十音言霊《ごじゆうおんげんれい》は如何《いか》なる内容《ないよう》の組織《そしき》を有《ゆう》し、それが如何《いか》に運行《うんこう》するか、それを如何《いか》に運営《うんえい》すべきかと云《い》うことに就《つ》いての部分的及《ぶぶんてきおよ》び全体《ぜんたい》としての研究《けんきゆう》であって、石柝神《いはさくのかみ》以下《いか》、闇美津羽神《くらみつはのかみ》までがその操作《そうさ》である。この操作《そうさ》によって精神主体《せいしんしゅたい》としての高天原《たかあまはら》の世界《せかい》の道《みち》が確立《かくりつ》された。すなわち人類《じんるい》の精神《せいしん》を司《つかさど》る神道原理《しんとうげんり》の完成《かんせい》を見《み》たのである。この完成《かんせい》の後《のち》、純主観《じゅんしゅかん》の精神世《せいしんせ》界《かい》である高天原《たかあまはら》と客観世界若《きやつかんせかいも》しくは主客未剖《しゅきやくみぼう》の渾沌世界《こんとんせかい》である黄泉国《よもつくに》との間《あいだ》の最初《さいしょ》の交渉《こうしょう》のいきさつがあった。

第五《だいご》の段階《だんかい》は禊祓《みそぎはらひ》の前段《ぜんだん》の身削《みそ》ぎ払霊《はらひ》であって、衝立船戸神《つきたつふなどのかみ》より辺津甲斐弁羅神《へつかひべらのかみ》までの操作《そうさ》を以《もつ》て、主観《しゅかん》客観両方《きやつかんりようほう》の世界《せかい》を兼《か》ねた宇宙身《うちゆうしん》、世界身《せかいしん》、大我《たいが》、神我《しんが》、法身《ほつしん》すなわち伊邪那岐大神《いざなぎのおほかみ》自身《じしん》の整理是正《せいりぜせい》が行《おこな》われた。

扨《さ》て、第六《だいろく》の段階《だんかい》は是《これ》から説《と》く禊祓《みそぎはらひ》の後段《こうだん》に於《お》ける霊注《みそ》ぎ張霊《はらひ》の操作《そうさ》である。八十禍津日神《やそまがつひのかみ》以下《いか》、建速《たけはや》須佐之男命《すさのをのみこと》に至《いた》るまでの神《かみ》の発生《はつせい》がその操作《そうさ》の内容《ないよう》であって、これによっていよいよ宇宙身《うちゆうしん》、世界身《せかいしん》としての人類生命《じんるいせいめい》の道《みち》の内容《ないよう》が主観客観両面《しゅかんきやつかんりようめん》を合《あ》わせた純客観《じゅんきやつかん》の真理《しんり》として簡潔《かんけつ》に表出《ひようしゅつ》され、恒常不変《こうじようふへん》の意義《いぎ》を発揮《はつき》することとなる。

この第六《だいろく》の段階《だんかい》の最後《さいご》は天照大御神《あまてらすおほみかみ》、月読命《つくよみのみこと》、須佐之男命《すさのをのみこと》の出生《しゅつしよう》として述《の》べられてある三貴子《さんきし》の三命《みち》（三《み》置《ち》、三知《みち》）の体系《たいけい》の完成《かんせい》である。仏教《ぶつきよう》で云《い》う阿耨多羅三藐三菩提《あのくたらさんみやくさんぼだい》はこの三《みつ》つの体系《たいけい》を指《さ》すものでなければならない。人間《にんげん》の知性活用《ちせいかつよう》の三態《さんたい》であるウオエの三《みっ》つの先天《せんてん》に従《したが》って宇宙世界《うちゅうせかい》を三分《さんぶん》して統治《とうち》し運営《うんえい》する道《みち》の誕生《たんじょう》である。

この時《とき》、『古事記《こじき》』冒頭《ぼうとう》の先天《せんてん》の出発《しゅっぱつ》である天之御中主神《あめのみなかぬしのかみ》より末尾《まつび》の文明《ぶんめい》の実際《じっさい》の経営担当者《けいえいたんとうしゃ》である須佐之男命《すさのをのみこと》までに出現《しゅつげん》する神《かみ》、すなわち原理《げんり》、原律《げんりつ》、原法《げんぽう》がきっちりと百箇存《ひゃっこそん》する。この百箇《ひゃっこ》が道《みち》の内容《ないよう》の全体数《ぜんたいすう》である。神社神道《じんじゃしんとう》に於《お》いてこの百神《ひゃくしん》を咒示《じゅじ》したものが鏡餅《かがみもち》（百道《もち》）であり、この百神《ひゃくしん》の原理《げんり》を形而上《けいじじょう》と形而下《けいじか》に取扱《とりあつか》う教庁《きょうちょう》すなわち政庁《せいちょう》を百敷《ももしき》の大宮《おほみや》と云《い》う。この百《ひゃく》から生《う》まれた道《みち》の典型《てんけい》を桃《ももの》（百《もも》）子三《みみっ》つと云《い》う。すなわち三貴子《さんきし》である。この三貴子《さんきし》の原理《げんり》を運営《うんえい》して世界《せかい》の文明《ぶんめい》を無始《むし》から無終《むしゅう》に亘《わた》って経営《けいえい》する責任者《せきにんしゃ》を天津日嗣天皇《あまつひつぎすめらみこと》（仁仁杵命《ににぎのみこと》、邇邇芸尊《ににぎのみこと》）と云《い》う。またこの百箇《ひゃっこ》を二《ふた》つに分《わ》けて原理原律《げんりげんりつ》である五十《ごじゅう》の言霊麻邇《げんれいまに》を祭《まつ》り示《しめ》した宮《みや》を五十鈴《いすず》の宮《みや》と云《い》い、原法《げんぽう》である五十《ごじゅう》の操作法《そうさほう》を祭《まつ》った宮《みや》を五十神《いそのかみ》（石上《いそのかみ》、石神《いわがみ》）と云《い》う。

百神《ひゃくしん》の道《みち》である右《みぎ》の六《む》つの段階《だんかい》を次々《つぎつぎ》に人間自己《にんげんじこ》の精神《せいしん》の内容《ないよう》として究明《きゅうめい》、自覚《じかく》、体得《たいとく》、把持《はじ》、証明《しょうめい》、活用《かつよう》、実現《じつげん》して行《い》くことが神道《しんとう》の正系《せいけい》の修証《しゅしょう》であり、これを惟神《かんながら》（神髄《しんずい》）の道《みち》と云《い》い、言《こと》の葉《は》の誠《まこと》の道《みち》と云《い》い、敷島《しきしま》（五十城島《しきしま》）の道《みち》と云《い》う。この道以外《みちいがい》に神道《しんとう》は存在《そんざい》しない。また宇宙《うちゅう》にはこの百神《ひゃくしん》の道以外《みちいがい》には完全《かんぜん》に精煉整理《せいれんせいり》された生命《せいめい》の自覚《じかく》に於《お》ける人類《じんるい》の道《みち》は存在《そんざい》しない。この他《ほか》に何《なに》か別箇《べっこ》の道《みち》が考《かんが》えられるとしても、それ等《ら》が究極的《きゅうきょくてき》に完成《かんせい》された時《とき》、悉《ことごと》くこの百神《ひゃくしん》の道《みち》に帰一《きいつ》し一致《いっち》する。この道《みち》は凡《およ》そ人類《じんるい》（ホモ・サピエンス）

が存在《そんざい》するところ、神《かみ》であること、魔《ま》であることとを選《えら》ばず、宗教《しゅうきょう》の世界《せかい》であると科学《かがく》の世界《せかい》であるとを問《と》わず、すべての時処位《じしょい》に於《おい》て適用《てきよう》されて普遍妥当《ふへんだとう》であって、人類《じんるい》の種《スピーシー》の淵源《えんげん》であるその細胞《さいぼう》の染色体《せんしょくたい》の数《かず》と性《せい》質《しつ》に変化《へんか》なき限《かぎ》り天壌無窮《てんじょうむきゅう》、万世一系《ばんせいいっけい》の道《みち》である。

然《しか》もこの百神《ひゃくしん》の道《みち》を要約《ようやく》すればそのもとは五母音《ごぼいん》、八父韻《はちふいん》に帰結《きけつ》し、その操作《そうさ》は常《つね》にただ五十個《ごじゅっこ》にして五十《ごじゅっ》箇《こ》に限《かぎ》る言霊《げんれい》の運用《うんよう》を以《もっ》てし、これ以外《いがい》の如何《いか》なる概念《がいねん》（哲学《てつがく》）も表象《ひょうしょう》（宗教的信仰《しゅうきょうてきしんこう》）も必要《ひつよう》としない。この百神《ひゃくしん》の道《みち》こそ究極《きゅうきょく》まで完全《かんぜん》に精煉《せいれん》された高天原《たかあまはら》の精神文明《せいしんぶんめい》の実体《じったい》であり、神《かみ》の営《いとな》みによって完成《かんせい》されたエデンの園《その》の内景《ないけい》であり、「仏所護念《ぶつしょごねん》」として一切《いっさい》の仏陀《ぶつだ》が護持実践《ごじじっせん》するところの種智《しゅち》（摩尼宝珠《まにほうじゅ》）運用《うんよう》の原《げん》理《り》そのものである。神道言霊学《しんとうげんれいがく》は斯《かく》の如《ごと》ききわめて簡潔《かんけつ》な原理《げんり》であって、しかもこれによって人間精神活動《にんげんせいしんかつどう》のすべてを処理《しょり》し、無限《むげん》の変化《へんか》に応《おう》じて活用適用《かつようてきよう》して誤《あや》まることなきものである。そして斯《かく》の如《ごと》きが遙《はる》かなそのかみに人類《じんるい》が創造完成《そうぞうかんせい》して今日《こんにち》に保続伝承《ほぞくでんしょう》している第一《だいいち》の文明《ぶんめい》の内容《ないよう》である。

但《ただ》し此《こ》の麻邇《まに》を操作《そうさ》する上《うえ》の心《こころ》の準備《じゅんび》として是非《ぜひ》とも統覚《とうかく》の神剣《しんけん》の把握《はあく》を必要《ひつよう》とする。神剣《しんけん》の把持《はじ》なくして麻邇《まに》を弄《もてあそ》べば自己分裂《じこぶんれつ》を生《しょう》じ、若《も》しくは思惟《しゆい》が観念《かんねん》にかすれて真実《しんじつ》が現《あら》われない。禅《ぜん》で云《い》う獅子吼《ししく》の前《まえ》に於《お》ける野干《やかん》（狐《きつね》）脳裂《のうれつ》の状態《じょうたい》に陥《おちい》る。みずからの判断《はんだん》の立地《りっち》が定《さだ》まらない為《ため》である。その神剣《しんけん》の確立把握《かくりつはあく》の修《しゅ》法《ほう》が従来《じゅうらい》の仏教《ぶっきょう》であり、キリスト教《きょう》、儒教《じゅきょう》である。人類《じんるい》は過去三千年《かこさんぜんねん》にわたる天之岩戸《あまのいわと》隠《かく》れ、仏陀入涅槃《ぶつだにゅうねはん》、麻邇《まに》隠没《おんもつ》、キリスト不在《ふざい》の時代《じだい》を通《つう》じて、是等諸教《これらしょきょう》の教義《きょうぎ》に指導《しどう》されて自己本然《じこほんぜん》の姿《すがた》の確立《かくりつ》、すなわち所謂《いわゆる》魂《たましい》の救《すく》われ、煩悩業縁《ぼんのうごうえん》の解脱《げだつ》のための修練《しゅうれん》を続《つづ》けつつ今日《こんにち》に及《およ》び、その今日《こんにち》の原理開顕《げんりかいけん》の時《とき》と、一方《いっぽう》に於《お》ける人類《じんるい》の第二《だいに》の文明《ぶんめい》である科学完成《かがくかんせい》の時《とき》に備《そな》えるべく努力《どりょく》して来《き》たのである。仏教《ぶっきょう》、キリスト教《きょう》、儒教《じゅきょう》を理解《りかい》せず、若《も》しくは実践理解《じっせんりかい》し得《う》る能力資格《のうりょくしかく》がなくしては神道《しんとう》の門《もん》に入《はい》り得《え》ない。

禊《みそぎ》祓《はらひ》（三《さん》）（霊《み》注《そ》ぎ張《はら》霊《ひ》）（世《せ》界《かい》の整《せい》理《り》）

ここ（是《ここ》）に上瀬《かみつせ》は瀬速《せはや》し、
下瀬《しもつせ》は瀬弱《せよわ》しと詔《の》りごちたまひて、
初《はじ》めて中瀬《なかつせ》に降《お》り潜《かづ》（かづ）きて、滌《そそ》ぎたまふ時《とき》に

禊祓《みそぎはらひ》の前段《ぜんだん》である身削《みそ》ぎ払霊《はらひ》の消極的《しょうきょくてき》な操作《そうさ》が終《お》わって、その後段《こうだん》の霊注《みそ》（滌《そ》）ぎ張霊《はらひ》の積極的《せっきょくてき》な操作《そうさ》が開《かい》始《し》された。主客《しゅきゃく》、自他双方《じたそうほう》である宇宙大身《うちゅうおほみま》、世界大身《せかいおほみま》からその罪穢《つみけが》れである余計《よけい》なもの、重複《ちょうふく》したもの、足《た》りないもの、不明瞭《ふめいりょう》なもの、順序《じゅんじょ》の整《ととの》わぬもの等《など》の不完全《ふかんぜん》な部分《ぶぶん》の悉《ことごと》くを身削《みそ》（殺《そ》）ぎ払霊《はらひ》したから、これによって完全《かんぜん》に禊《はら》い潔《きよ》められた精華《せいか》として、その結論《けつろん》として、その麻邇《まに》即宇宙身《そくうちゅうしん》としての内容《ないよう》がどのように意《い》義《ぎ》と価値《かち》を発現発揚《はつげんはつよう》して来《く》るか、そして大自然《だいしぜん》に代《か》わって此《こ》の宇宙《うちゅう》の文明《ぶんめい》の経営《けいえい》に任《にん》ずる人間《にんげん》として、如何《いか》なる立場《たちば》に於《おい》て自己自身《じこじしん》であるその宇宙身即麻邇《うちゅうしんそくまに》を運営《うんえい》すべきか、この最後《さいご》の問題《もんだい》の解決《かいけつ》とその操作《そうさ》がすなわち霊滌《みそ》ぎ張霊《はらひ》である。

その形而上《けいじじよう》の場所《ばしよ》を竺紫《つくし》の日向《ひむか》の橘《たちばな》の小門《をど》の阿波岐原《あはぎはら》の上瀬《かみつせ》、下瀬《しもつせ》、中瀬《なかつせ》と云《い》う。瀬《せ》とは生命《いのち》の河《かわ》の流《なが》れである。この所《ところ》は『古事記《こじき》』とキリスト教『聖書』とを併《あわ》せて説《と》いて行《い》くと理解《りかい》し易《やす》い。生命《いのち》の河《かわ》の源《みなもと》には生命《いのち》の樹《き》があって、ここに五《いつ》つの泉《いずみ》がある。その名《な》を生井《いくゐ》（イ）榮井《さくゐ》（エ）津長井《つながゐ》（オ）婆比支《はひき》（ウ）阿《あ》須波《すは》（ア）（『延喜式《えんぎしき》』「祝詞《のりと》」祈年祭《としごひのまつり》）と云《い》う。すなわちアオウエイの五行五大《ごぎようごだい》である。このアオウエイが生命《いのち》の樹《き》であり、高木神《たかぎのかみ》であり、或《ある》いは扶桑樹《ふそうじゆ》であり、そして「一心《いつしん》の霊台《れいだい》、諸神変通《しよしんへんつう》の本基《ほんもと》」と云《い》われる天之御柱《あめのみはしら》そのものである。諸神諸霊《しよしんしよれい》すなわちあらゆる人間《にんげん》の精神現象《せいしんげんしよう》はすべて天之御柱《あめのみはしら》を根源《こんげん》として、ここより発現《はつげん》し、普《あまね》く時間《じかん》と空間《くうかん》の中《なか》を流《なが》れて変通《へんつう》の相《そう》を現《げん》ずるのである。この生命《いのち》の霊魂《れいこん》の流《なが》れをすなわち生命《いのち》の河《かわ》と云《い》う。

アの河《かわ》は芸術宗教《げいじゆつしゆうきよう》の流《なが》れである。オの河《かわ》は科学《かがく》の流《なが》れ、ウの河《かわ》は現実《げんじつ》の政治経済産業《せいじけいざいさんぎよう》の流《なが》れ、エの河《かわ》は道《どう》徳《とく》の流《なが》れ、そしてイの河《かわ》は根源《こんげん》の生命自体《いのちじたい》、すなわち麻邇一切種智《まにいっさいしゆち》の流《なが》れである。人類文明《じんるいぶんめい》の世界《せかい》にはこの五《いつ》つの大河《たいが》が普《あまね》く空間《くうかん》を渡《わた》り、時間《じかん》を貫《つらぬ》いて、無始《むし》から無終《むしゆう》に向《むか》って蕩々《とうとう》として流《なが》れている。

「河《かは》エデンより出《い》で、園《その》を潤《うる》ほし、彼処《かしこ》より分《わか》れて四《よつ》つの源《みなもと》となれり、その第一《だいいち》の名《な》をピソンといふ。是《これ》は金《きん》あるハビラの全地《ぜんち》を繞《めぐ》る者《もの》なり……第二《だいに》の河《かは》の名《な》はギホンといふ。是《これ》はクシの全地《ぜんち》を繞《めぐ》る者《もの》なり……第三《だいさん》の河《かは》はヒデケルといふ。是《これ》はアツスリヤの東《ひがし》に流《なが》るる者《もの》なり……第四《だいよん》の河《かは》はユフラテなり」（『旧約聖書《きゆうやくせいしよ》』「創世記《そうせいき》」第二章《だいにしよう》）。「御使《みつかい》また水晶《すいしよう》の如《ごと》く透徹《すきとほ》れる生命《いのち》の水《みづ》の河《かは》を我《われ》に示《しめ》せり、その河《かは》は神《かみ》と羔羊《こひつじ》の御座《みくら》よ

高木神《たかぎのかみ》（生命《いのち》の樹《き》・扶桑樹《ふそうじゅ》）		
ア	芸術《げいじゅつ》	ピソン
オ	科学《かがく》	ヒグデル
ウ	産業《さんぎょう》	ユフラテ
エ	道徳《どうとく》	ギホン
イ	種智《しゅち》	

図表-23｜**生命の河**

り出《い》て都《みやこ》の大路《おほじ》の真中《まなか》を流《なが》る。河《かは》の左右《さいう》に生命《いのち》の樹《き》ありて、十二種《じふにしゅ》の実《み》を結《むす》び、その実《み》は月毎《つきごと》に生《しやう》じ、その樹《き》の葉《は》は諸国《しょこく》の民《たみ》を医《い》やすべし」（『新約聖書《しんやくせいしょ》』「ヨハネの黙示録《もくしろく》」第二十二章《だいにじゅうにしょう》）。

生命《いのち》の河《かわ》の源《みなもと》は原理的《げんりてき》には五《いつ》つである。禊《みそぎ》祓《はらひ》の時《とき》はこれを三《みっ》つの瀬《せ》とし、「創世記《そうせいき》」は四《よっ》つの河《かわ》としている。五《いつ》つの河《かわ》、五《いつ》つの泉《いずみ》（井《い》）に就《つい》ては今《いま》まで繰返《くりかえ》し述《の》べた。

『古事記《こじき》』に従《したが》ってこの本来《ほんらい》の五《いつ》つの瀬《せ》を阿波岐原《あはぎはら》の上瀬《かみつせ》、中瀬《なかつせ》、下瀬《しもつせ》の三《みっ》つとして取扱《とりあつか》う時《とき》は次図《じず》（図表《ずひょう》24）の如《ごと》くなる。

霊滌《みそ》ぎ張霊《はらひ》は宇宙法身《うちゅうほっしん》の内容《ないよう》の確立《かくりつ》であると共《とも》に、その内容《ないよう》を提《かか》げて人類独特《じんるいどくとく》の文明《ぶんめい》を建設経営《けんせつけいえい》する上《うえ》の原《げん》理原則《りげんそく》の確定《かくてい》である。この確定《かくてい》のためには人間《にんげん》の持《も》つ五《いつ》つの精神能力《せいしんのうりょく》の何《いず》れを根拠《こんきょ》としてそれに則《のっと》るべきかと云《い》うことがその問題《もんだい》である。

上瀬《かみつせ》アは情性《だせい》であり感情《かんじょう》であって、これは余《あま》りに奔放《ほんぽう》であるから、その赴《おもむ》くに任《まか》せて生命《いのち》の自由《じゆう》を楽《たの》しむに

上瀬《かみつせ》	天《てん》	情性《じょうせい》	感情《かんじょう》
中瀬《なかつせ》	人《じん》	知性《ちせい》	悟性《ごせい》 現識《げんしき》 理性《りせい》
下瀬《しもつせ》	地《ち》	麻邇《まに》	意志《いし》

図表-24｜**上瀬・中瀬・下瀬**

はよいが、これを以《もっ》て文明全体《ぶんめいぜんたい》を律《りっ》しようとすることは無理《むり》である。絵画《かいが》や音楽《おんがく》、詩歌《しいか》、演劇《えんげき》では国家《こっか》や社会《しゃかい》を経営《けいえい》して行《い》けない。すなわち「上瀬《かみつせ》は瀬速《せはや》し」である。

下瀬《しもつせ》イは生命意志《せいめいいし》であり麻邇《まに》である。これはすべての精神現象《せいしんげんしょう》の原因《げんいん》であり原律《げんりつ》であり、すなわち万物《ばんぶつ》が存在《そんざい》し生成《せいせい》する道《みち》の根底《こんてい》ではあるが、然《しか》しそれ自体《じたい》、永久《えいきゅう》に変化《へんか》することなき人間精神《にんげんせいしん》の法則《ほうそく》としての恒常《こうじょう》の大自然界《だいしぜんかい》の属性《ぞくせい》であり、そこに流動性《りゅうどうせい》がないから、すなわち「下瀬《しもつせ》は瀬《せ》弱《よわ》し」である。

『古事記《こじき》』はその首《はじ》めから此処《ここ》に至《いた》るまで縷々《るる》一貫《いっかん》して麻邇《まに》の効能《こうのう》を述《の》べているが、此処《ここ》で注意《ちゅうい》しなければならぬことは、ここに至《いた》ってイ言霊《げんれい》の意義《いぎ》が「下瀬《しもつせ》は瀬弱《せよわ》し」として初《はじ》めて改《あらた》めて省《かえり》みられることとなった事《こと》である。それは大自然《だいしぜん》から人間《にんげん》が受継《うけつ》いだ麻邇自体《まにじたい》の内容《ないよう》である知性《ちせい》の活《はた》らきによって、その麻邇全体《まにぜんたい》を運用《うんよう》して、大自然《だいしぜん》から独立《どくりつ》した人類独特《じんるいどくとく》の文明《ぶんめい》を創造建設経営《そうぞうけんせつけいえい》して行《い》かなければならないからである。

中瀬《なかつせ》のオウエの三《みっ》つは悟性《ごせい》、現識《げんしき》、理性《りせい》の所謂知性《いわゆるちせい》の三態《さんたい》であり、それは音《おん》としては弥都波能売《みつはのめ》（罔象女《みつはのめ》、三《み》つ葉《は》の目《め》）と云《い》われるところのものである。この三《みっ》つは奔放《ほんぽう》でもなく固定《こてい》したものでもなく、これに依《よ》って法界《ほっかい》を運営《うんえい》し、人間《にんげん》が住《す》むに適《てき》した文明世界《ぶんめいせかい》を建設《けんせつ》し、その国家社会《こっかしゃかい》を経営《けいえい》して行《い》くための最《もっと》も適切《てきせつ》な精神能力《せいしんのうりょく》である。このウオエの三音《さんおん》はやがて三貴子《さんきし》、天照大御神《あまてらすおほみかみ》（エ）、月読命《つくよみのみこと》（オ）、須佐之男命《すさのをのみこと》（ウ）の所依《しょえ》の言霊《げんれい》である。道《みち》を三命《みち》と説《と》き三置《みち》と説《と》いたが更《さら》にこれを三知《みち》とも釈《と》くことが出来《でき》る。「潜《かづ》き」は担《かつ》ぐことで、この三《みっ》つの言霊《げんれい》を禊祓《みそぎはらひ》の根拠《こんきょ》とすることである。また迦豆伎《かづき》はオウエの三音《さんおん》を書《か》き続《つづ》けることでもある。「滌《そそ》ぐ」は注《そそ》ぐで、霊滌《みそ》ぎであり張霊《はらひ》である。

八十禍津日神《やそまがつひのかみ》

先《ま》ず言霊《げんれい》アの意義《いぎ》が確立《かくりつ》されたことである。八十《やそ》と云《い》う数《かず》は百音図《ひゃくおんず》より両側《りょうがわ》の母音《ぼいん》、半母音《はんぼいん》の二十《にじゅう》を除《のぞ》いた残《のこ》りの数《かず》、すなわち宇宙《うちゅう》から実在《じつざい》を除《のぞ》いた残《のこ》りの実相《じっそう》、現象《げんしょう》だけの数理《すうり》である。この八十数《はちじゅうすう》の展開《てんかい》がア言《げん》霊《れい》である。「柳《やなぎ》は緑《みどり》、花《はな》は紅《くれない》」「渓声長口舌《けいせいちょうこうぜつ》、山色妙色身《さんしょくみょうしきしん》」「あらたふと青葉若葉《あおばわかば》の日《ひ》の光《ひかり》」と云《い》う芸術《げいじゅつ》の心《こころ》がア言霊《げんれい》である。他力本願《たりきほんがん》の態度《たいど》に立《た》って「南無阿弥陀仏《なむあみだぶつ》」と弥陀《みだ》の浄土《じょうど》の姿《すがた》を讃嘆《さんたん》する心《こころ》である。だが然《しか》し上瀬《かみつせ》は瀬速《せはや》しで、この芸術《げいじゅつ》あるいは宗教信仰《しゅうきょうしんこう》の心《こころ》は余《あま》りに奔放《ほんぽう》であるから禍津日神《まがつひのかみ》と云《い》う。日蓮《にちれん》はこのアの心《こころ》を呼《よ》んで「念仏無間《ねんぶつむげん》、禅天魔《ぜんてんま》」と云《い》った。

大禍津日神《おほまがつひのかみ》

言霊《げんれい》イの意義《いぎ》が確定《かくてい》されたことである。イはすなわち麻邇《まに》であって、人間生命本具《にんげんせいめいほんぐ》の性能《せいのう》、すなわち大自然《だいしぜん》のままの精神的個性《せいしんてきこせい》であり、生命意志発現《せいめいいしはつげん》の原理原律《げんりげんりつ》である。「神言《かみい》ひたまひけるは我《わ》が我《われ》と汝等《なんぢら》……の間《あいだ》に世々限《よよかぎ》りなく為《な》す所《ところ》の（生命《いのち》の）契約《けいやく》の徴《しるし》は是《これ》なり」（『旧約聖書《きゅうやくせいしょ》』「創世記《そうせいき》」第九章《だいきゅうしょう》）と云《い》われるところのものである。第一次《だいいちじ》の大自然《だいしぜん》のままで未《いま》だ第二次《だいにじ》の文明《ぶんめい》に創《つく》り変《か》えられていないものであるからこれも禍津《まがつ》日神《ひのかみ》である。

こ（此《こ》）の二神《ふたはしら》は、か（其《か》）の穢《きたな》き繁《しげ》き国《ぐに》（繁国《しきぐに》）に到《いた》りましし時《とき》の、汚垢《けがれ》によ（因《よ》）りて（、）成《な》りませる神《かみ》なり（也《なり》）

人間《にんげん》が神《かみ》の子《こ》であり万物《ばんぶつ》の霊長《れいちょう》である所以《ゆえん》はその独特《どくとく》の三《みっ》つの知性《ちせい》を運用《うんよう》することにある。ア言霊《げんれい》は惰性《だせい》であって、阿波岐原《あはぎはら》の上瀬《かみつせ》の心《こころ》である。イ言霊《げんれい》は意志内容《いしないよう》であって、阿波岐原《あはぎはら》の下瀬《しもつせ》である。前者《ぜんしゃ》は有《あ》りのままの自由《じゆう》なもの、後者《こうしゃ》は本来《ほんらい》の自然《しぜん》のものである。もとより二《ふた》つとも生命《せいめい》の本質《ほんしつ》であり、その顕現《けんげん》であるには相《そう》違《い》ないが、然《しか》しそれだけではまだ天《あめ》と地《つち》だけで、天《あめ》（ア）に寂光《じゃっこう》（愛《あい》）、地《つち》（イ）に布斗麻邇《フトマニ》（種智《しゅち》）と云《い》っても、まだ人《ひと》が定《さだ》まらない。天《てん》は流動《りゅうどう》、地《ち》は規範《きはん》、そして人《ひと》は文明《ぶんめい》の創造者《そうぞうしゃ》である。黄泉国《よもつくに》にもこのアとイは始原《しげん》の混沌《こんとん》の形《かたち》で存《そん》している。斯《こ》うしたわけでこのアとイを汚垢《けがれ》（気枯《けが》れ）と云《い》い禍津日《まがつひ》と云《い》う。すべて感情《かんじょう》と意欲《いよく》だけで行動《こうどう》して知性《ちせい》の指導《しどう》を欠《か》くことが文明世界《ぶんめいせかい》の悪《あく》である。黄泉国《よもつくに》の思想《しそう》は「三歳《みとせ》にして足猶立《あしなほた》たず」と云《い》われる。「天地人《てんちじん》」（アイウ）三才《さんさい》の思想《しそう》のことである。それにはエとオが欠除《けつじょ》されている。

言霊《げんれい》ア、イは有《あ》りのままの自然《しぜん》のものであるから、それ自体《じたい》では善《ぜん》でも悪《あく》でもない。アである美醜《びしゅう》、好悪《こうお》以外《いがい》の得失《とくしつ》、真偽《しんぎ》、当否《とうひ》の価値判断《かちはんだん》が加《くわ》わらない。それ以前《いぜん》のものであり、所謂善悪無記《いわゆるぜんあくむき》のものである。上《かみ》瀬《つせ》、下瀬《しもつせ》に立《た》って滌《そそ》いだのでは生命《せいめい》の自己目的《じこもくてき》に対《たい》する価値《かち》の識別《しきべつ》は為《な》し得《え》ない。そのアとイが共《とも》に禍津日神《まがつひのかみ》であることはオウエの知性《ちせい》の上《うえ》に立《た》って判断《はんだん》するからである。すなわち禍津日《まがつひ》が禍津日《まがつひ》であることは中瀬《なかつせ》に滌《そそ》いだ時《とき》に現《あら》われるのである。

次《つぎ》にそ（其《そ》）の禍《まが》を直《なほ》さむとして（、）成《な》りませる神《かみ》の名《みな》は

このアなる自由性《じゆうせい》、無限性《むげんせい》とイなる制約性《せいやくせい》、限定性《げんていせい》を如何《いか》に運用処理《うんようしょり》して人間生命《にんげんせいめい》に即《そく》した合理性《ごうりせい》、合目《ごうもく》的性《てきせい》を具備《ぐび》した文明《ぶんめい》の内容《ないよう》たらしめるかが次《つぎ》のオウエの三知《みち》の働《はたら》きである。

神直毘神《かむなほびのかみ》

言霊《げんれい》オの意義《いぎ》が確定《かくてい》された事《こと》である。オ言霊《げんれい》の活《はた》らきが悟性《ごせい》（純粋理性《じゅんすいりせい》）であり、経験智《けいけんち》であり、所謂《いわゆる》学問《がくもん》であり、広《ひろ》く科学《かがく》と云《い》われるところのものである。オは生命《せいめい》の玉《たま》の緒《お》であって、事物《じぶつ》と事物《じぶつ》の関連《かんれん》を一《ひと》つ一《ひと》つ繋《つな》ぎ結《むす》んで行《い》くところの知性活動《ちせいかつどう》である。オ言霊《げんれい》の活動《かつどう》の軌跡《きせき》が歴史《れきし》であり、精神的《せいしんてき》であると、霊魂的《れいこんてき》であると、科学的《かがくてき》であるとを問《と》わず、すべての因縁果報《いんねんかほう》の連鎖《れんさ》である。

大直毘神《おほなほびのかみ》

言霊《げんれい》ウの意義《いぎ》の決定《けってい》である。ウの顕《あら》われは直接《ちょくせつ》には感覚《かんかく》（五官感覚《ごかんかんかく》）であり、現識《げんしき》であり、すべて現実事実《げんじつじじつ》、具体的《ぐたいてき》、具象的《ぐしょうてき》なものを然《しか》らしめる根拠《こんきょ》である。ウ言霊《げんれい》の活動《かつどう》を伴《ともな》わぬ精神活動《せいしんかつどう》はすべて理念《りねん》の範囲内《はんいない》のものであり、思惟《しゆい》の世界《せかい》だけのものである。たとえ如何《いか》なる真理《しんり》であろうとも未《いま》だなお現実《げんじつ》ではない。逆《ぎゃく》に天之岩戸隠《あまのいわとかく》れ、仏陀《ぶつだ》の入涅槃《にゅうねはん》とは過去三千年《かこさんぜんねん》の歴史《れきし》を通《つう》じて生命《せいめい》の真理《しんり》の組織《そしき》から独《ひと》りこの現識《げんしき》であるウ言霊《げんれい》が逸脱《いつだつ》して、他《た》の二《ふた》つの知性《ちせい》との協力《きょうりょく》を肯《がえ》んじない状態《じょうたい》を意味《いみ》する。これ須佐之男命《すさのをのみこと》の神遂《かむやら》いと云《い》い、その叛逆《はんぎゃく》と云《い》う。キリスト教《きょう》では天使《てんし》ルシファーの堕落《だらく》と云《い》う。

伊豆能売神《いづのめのかみ》

言霊《げんれい》エの意義《いぎ》が決定《けってい》されたことである。伊豆能売《いづのめ》とは御稜威《いづ》の眼《め》の意味《いみ》である。万物《ばんぶつ》の霊長《れいちょう》たる人間《にんげん》の霊《れい》性神性《せいしんせい》の眼目《がんもく》と云《い》うことで、それは凡《およ》そ行動《こうどう》に先立《さきだ》って、行為《こうい》の目的《もくてき》と手段方法《しゅだんほうほう》を全宇宙《ぜんうちゅう》の中《なか》から判断選択《はんだんせんたく》して、これに生命《せいめい》の自己目的《じこもくてき》に即《そく》した合理性《ごうりせい》、合目的性《ごうもくてきせい》、妥当性《だとうせい》をあらしめるところの知的直観《ちてきちょっかん》である。すなわち人間本具《にんげんほんぐ》の道徳性《どうとくせい》である。この人間《にんげん》の最《もっと》も尊厳《そんげん》な知性《ちせい》を理性《りせい》（実践理性《じっせんりせい》）と云《い》い、叡智《ソフイア》と云《い》い、般若《はんにゃ》と云《い》い、或《ある》いは小羊《こひつじ》と云《い》う。

伊豆能売《いづのめ》をまた大日孁《おほひるめ》と云《い》う。昼眼《ひるめ》の義《ぎ》である。大日霊女《おほひみこ》は天照大御神《あまてらすおほみかみ》の神格《しんかく》の基礎《きそ》である。この昼眼《ひるめ》である般若《はんにゃ》の眼《め》すなわち理性《りせい》に対《たい》して、人間《にんげん》のいま一《ひと》つの知性《ちせい》である悟性経験智《ごせいけいけんち》を夜《よる》の眼《め》と考《かんが》える。すなわちそれは月読命《つくよみのみこと》の精神的性能《せいしんてきせいのう》である。この二《ふた》つの知性《ちせい》に須佐之男命《すさのをのみこと》の現識《げんしき》を合《あ》わせた三《みつ》つを後述《こうじゅつ》の如《ごと》く左《ひだり》の眼《め》と右《みぎ》の眼《め》とそして鼻《はな》とに譬《たと》えてある。

オウエの三《みつ》つの知能《ちのう》は、ア、イの直接性《ちょくせつせい》、自然性《しぜんせい》をそのまま保持《ほじ》しながら、これを転《てん》じて、ここに人間独《にんげんどく》特《とく》の文明《ぶんめい》を創造経営《そうぞうけいえい》して行《い》く上《うえ》の精神的根拠《せいしんてきこんきょ》であり、人間《にんげん》が神《かみ》の子《こ》、菩薩《ぼさつ》、万物《ばんぶつ》の霊長《れいちょう》として宇宙世界《うちゅうせかい》の経《けい》営《えい》を大自然《だいしぜん》（神《かみ》）から委嘱《いしょく》された上《うえ》に於《お》ける保証《ほしょう》であり、条件《じょうけん》であり、その資格《しかく》である。

この三《みつ》つの知能《ちのう》は更《さら》に関連《かんれん》し合《あ》い、感応同交《かんのうどうこう》して三位一体《さんみいったい》の形《かたち》を取《と》って活動《かつどう》する。この三位一体《さんみいったい》が成《な》り立《た》たないと文明《ぶんめい》の正《ただ》しい運営《うんえい》が出来《でき》ない。現在《げんざい》はなお右《みぎ》の如《ごと》く人間性《にんげんせい》の全局《ぜんきょく》の中《なか》からウの知能《ちのう》が独《ひと》り逸脱《いつだつ》して勝手《かって》気儘《きまま》に世界《せかい》を横行《おうこう》し支配《しはい》している時代《じだい》である。換言《かんげん》すれば人間《にんげん》の感覚《かんかく》の操縦者《そうじゅうしゃ》である覇道的権力《はどうてきけんりょく》が独《ひと》り世界《せかい》を支配《しはい》している時代《じだい》である。そのため道徳《どうとく》や芸術《げいじゅつ》は世《よ》の中《なか》の隅《すみ》っこで慎《つつ》ましく暮《く》らすことを余儀《よぎ》なくさせられ、科学《かがく》に至《いた》っては全《まった》くその支配者《しはいしゃ》の家来《けらい》となっている。これがルシファーが支配《しはい》している時代《じだい》の姿《すがた》である。五人《ごにん》の天使《てんし》であり兄弟《きょうだい》である五《いつ》つの実在《じつざい》の仲間《なかま》から離《はな》れて今《いま》なお一人世界《ひとりせかい》を彷徨《ほうこう》しつつあるそのルシファー、須佐之男命《すさのをのみこと》の眷属《けんぞく》を広《ひろ》く「さ迷《まよ》えるユダヤ人《じん》」と云《い》う。このウ言霊《げんれい》の逸脱横行《いつだつおうこう》の時代《じだい》を末法《まっぽう》と云《い》う。

次《つぎ》に水底《みなそこ》に滌《そそ》ぎたまふ時《とき》に（、）成《な》りませる神《かみ》の名《みな》は（、）底津綿津見神《そこつわたつみのかみ》、
次《つぎ》に底筒之男命《そこづつのをのみこと》

水底《みなそこ》は中瀬《なかつせ》の水底《みなそこ》であって、エ段《だん》である。綿津見《わたつみ》のワタは渡《わた》であり、また海《わた》である。海《うみ》は産霊《うみ》である。無《む》自覚《じかく》であり、老子《ろうし》の謂《い》う「無名《むめい》」であるところのア行《ぎょう》から、自覚《じかく》であり「有名《ゆうめい》」であるところのワ行《ぎょう》に至《いた》るまでの時間空間《じかんくうかん》を渡《わた》して実相《じっそう》を生《う》んで行《い》く母音父韻《ぼいんふいん》の活《はた》らきが綿津見神《わたつみのかみ》である。筒之男命《つつのをのみこと》とは石筒之男神《いはつつのをのみこと》と云《い》うのと同《おな》じで、ア行《ぎょう》からワ行《ぎょう》までの間《あいだ》に子音《しいん》が一貫《いっかん》した一連《いちれん》の筒《つつ》（石筒《いはつつ》）の様《さま》をなして流《なが》れて行《い》く。すなわち底筒之男《そこづつのを》はエ段《だん》のテケメヘレネヱ《ゑ》セである。以上《いじょう》、底津綿津見神《そこつわたつみのかみ》、底筒之男《そこづつのを》命《にみこと》は理性《りせい》エを発現《はつげん》して行《い》く原理《げんり》の決定確立《けっていかくりつ》である。

中《なか》に滌《そそ》ぎたまふ時《とき》に（、）成《な》りませる神《かみ》の名《みな》は（、）
中津綿津見神《なかつわたつみのかみ》、
次《つぎ》に 中筒之男命《なかづつのをのみこと》

中瀬《なかつせ》の真中《まなか》はウ段《だん》であって、中津綿津見神《なかつわたつみのかみ》はウからウに渡《わた》す働《はた》らき。中筒之男命《なかづつのをのみこと》 はツクムフルヌユスである。
以上《いじょう》、中瀬《なかつせ》の中《なか》の神《かみ》の発現《はつげん》は現識《げんしき》を運用《うんよう》する原理《げんり》の決定確立《けっていかくりつ》である。

水《みず》の上《うへ》に滌《そそ》ぎたまふ時《とき》に（、）成《な》りませる神《かみ》の名《みな》は、上津綿津見神《うはつわたつみのかみ》、
次《つぎ》に上筒之男命《うはづつのをのみこと》

中瀬《なかつせ》の上段《じょうだん》はオ段《だん》であって、上津綿津見神《うはつわたつみのかみ》はオからヲ《を》への道程《どうてい》、上筒之男命《うはづつのをのみこと》 はその道程《どうてい》であるトコモホロノヨソである。以上《いじょう》は悟性《ごせい》、経験智《けいけんち》を運用《うんよう》する原律《げんりつ》の決定確立《けっていかくりつ》である。

こ（此《こ》）の三柱《みはしら》の綿津見神《わたつみのかみ》は（、）阿曇連等《あづみのむらじら》が祖神《おやがみ》とも（以《も》）ち斎《いつ》（いつ）く神《かみ》なり（也《なり》）、かれ（故《かれ》、）阿曇連等《あづみのむらじら》は、こ（其《こ》）の綿津見神《わたつみのかみ》の子《みこ》、宇都志日金析命《うつしひか(が)なさくのみこと》の子孫《すゑ(え)》なり（也《なり》）

綿津見《わたつみ》と阿曇《あづみ》は同義語《どうぎご》。宇都志《うつし》は現《うつし》であり現実《げんじつ》である。日《ひ》は霊《ひ》。金《かな》は神名《かな》すなわち言葉《ことば》。宇都志日金析命《うつしひかなさくのみこと》はその現実《げんじつ》の言葉《ことば》が咲《さ》き出《で》ることで、「言《こと》の葉《は》の誠《まこと》の道《みち》」によって、たとえば国《くに》、家《いえ》、人《ひと》、生命《いのち》、道《みち》、君《きみ》、政治《まつり》、山《やま》、川《かは》、稲《いね》、麦《むぎ》、豆《まめ》、菜《な》、魚《な》、鳥《とり》、虫《むし》、鍋《なべ》、釜《かま》、衣等《ころもとう》々と云《い》うようなすべての現実《げんじつ》の事物《じぶつ》の命名《めいめい》を司《つかさど》る役人《やくにん》のことであって、『竹内文献《たけうちぶんけん》』には天日万言文造主尊《あめひのよろずことふみつくりぬしのみこと》と云《い》う名《な》がある。その万《ばん》物《ぶつ》に命名《めいめい》する根拠原理《こんきょげんり》が禊祓《みそぎはらひ》によって精煉《せいれん》され普遍化《ふへんか》された言霊麻邇《げんれいまに》そのものであるところの此《こ》の三《みっ》つの綿津見神《わたつみのかみ》と三筒之男命《みつつのをのみこと》である。即《すなわ》ちそれは高天原《たかあまはら》の国《くに》の国語《こくご》であり神《かみ》の言葉《ことば》である大和言葉《やまとことば》を創《つく》り出《だ》す原理《げんり》である。

幾度《いくど》も説《と》いたが高天原《たかあまはら》の国《くに》の言葉《ことば》は麻邇《まに》を以《もっ》て組織構成《そしきこうせい》され、その国《くに》は麻邇《まに》によって経営《けいえい》される。その経営《けいえい》者《しゃ》の名《な》を邇邇芸命《ににぎのみこと》と云《い》う。天照大御神《あまてらすおほみかみ》（布斗麻邇《フトマニ》）の孫《まご》に当《あた》る。邇《に》は近《に》、似《に》、二《に》である。布斗麻邇《フトマニ》から生《う》まれた子《こ》は大和言葉《やまとことば》の言葉《ことば》の世界《せかい》としての国《くに》である。これを聞召《きこしめ》す者《もの》を忍穂耳命《おしほみみのみこと》と云《い》う。大《おお》いなる（忍《おし》）言《げん》霊《れい》（穂《ほ》）を聞《き》く（耳《みみ》）人《ひと》である。忍穂耳命《おしほみみのみこと》の子《こ》はその大和言葉《やまとことば》によって指導運営《しどううんえい》される現実《げんじつ》の国家社会《こっかしゃかい》であって、その経綸者《けいりんしゃ》が邇邇芸命《ににぎのみこと》であり、すなわち布斗麻邇《フトマニ》の孫《まご》に当《あた》る。国家社会《こっかしゃかい》と云《い》うものは二番目《にばんめ》の更《さら》に二番目《にばんめ》の、すなわち孫《まご》に当《あた》る芸術《げいじゅつ》であるから邇邇芸《ににぎ》と云《い》う。

大和言葉《やまとことば》の世界《せかい》では各人《かくじん》がみずから言《い》う言葉通《ことばどお》りに実践《じっせん》すればおのずから道《みち》に叶《かな》う。言葉《ことば》そのものが道《ロゴス》であるからである。そこには疑惑《ぎわく》も迷《まよ》いもない。疑惑《ぎわく》や迷《まよ》いは言葉自身《ことばじしん》が即座《そくざ》に解決《かいけつ》して呉《く》れる。神《かみ》である自分《じぶん》の言葉《ことば》が神《かみ》の子《こ》である自分《じぶん》の心《こころ》を指導《しどう》するからである。「視《み》よ、神《かみ》の幕屋《まくや》、人《ひと》と偕《とも》にあり、神《かみ》、人《ひと》と偕《とも》に住《す》み、人《ひと》、神《かみ》の民《たみ》となり、神《かみ》みづから人《ひと》と偕《とも》に在《いま》して、かれ等《ら》の目《め》の涙《なみだ》をことごとく拭《ぬぐ》ひ去《さ》り給《たま》はん。今《いま》よりのち死《し》もなく、悲歎《かなしみ》も號叫《さけび》も苦痛《くるしみ》もなかるべし。」（『新約聖書《しんやくせいしょ》』「ヨハネの黙示録《もくしろく》」第二十一章《だいにじゅういっしょう》）。この神《かみ》は「言葉《ことば》は神《かみ》なり」と云《い》われる神《かみ》であり、神《かみ》の幕屋《まくや》とは言霊麻邇《げんれいまに》の曼荼羅《マンダラ》のことである。

またその大和言葉《やまとことば》の言葉通《ことばとお》りに社会《しゃかい》を経営《けいえい》して行《い》けば、そのままに世界《せかい》は平和偕調《へいわかいちょう》を得《え》て永遠《えいえん》に変《か》わることがない。言葉《ことば》そのものが生命《せいめい》の原理《げんり》であるからである。発達《はったつ》の極《きわみ》に達《たっ》せんとしている現代《げんだい》の科学文明《かがくぶんめい》もまたこの言葉即道《ことばそくロゴス》の原理《げんり》によって改《あらた》めて禊祓《みそぎはらひ》されることによって生命《せいめい》を息吹《いぶ》きするものとなるのである。然《しか》も斯《こ》うした勝《すぐ》れた文明《ぶんめい》を経営《けいえい》するために何等《なんら》特殊《とくしゅ》の哲学《てつがく》も法律《ほうりつ》も必要《ひつよう》としない。もとよりイデオロギーの強要《きょうよう》である洗脳《せんのう》をしたり、金権《きんけん》と武力《ぶりょく》を以《もっ》て強制支配《きょうせいしはい》しなければならぬような事《こと》はない。麻邇《まに》こそ世界共通《せかいきょうつう》の恒常《こうじょう》の人類憲法《じんるいけんぽう》である。

そ（其《そ》）の底筒之男命《そこづつのをのみこと》、中筒之男命《なかづつのをのみこと》、上筒之男命《うはづつのをのみこと》は（、三柱《みはしら》の神《かみ》は、）墨江《すみのえ》の三前《みまへ》の大神《おほかみ》なり（也《なり》）

墨江《すみのえ》のスミは総見《すみ》であり、スミラミコトのスミでもある。総見《すみ》は仏教《ぶっきょう》の総持《そうじ》（マニハンドマ）であり、阿耨《あのく》多羅三藐三菩提《たらさんみゃくさんぼだい》であり、すなわち天照大御神《あまてらすおほみかみ》、月読命《つきよみのみこと》、須佐之男命《すさのをのみこと》の三貴子《さんきし》である。墨《すみ》はまたその総持《そうじ》の曼荼羅《マンダラ》（天斑馬《あめのふちこま》）五十音図《ごじゅうおんず》を書《か》く墨《すみ》でもある。三筒之男《みつつのを》であるエ段《だん》、ウ段《だん》、オ段《だん》の三《みっ》つの知能《ちのう》を根拠《こんきょ》として、五十音《ごじゅうおん》を以《もっ》て組織《そしき》され完成《かんせい》された宇宙観《うちゅうかん》、世界観《せかいかん》、人生観《じんせいかん》とも云《い》うべき三《みっ》つの体系《たいけい》（曼荼羅《マンダラ》、音図《おんず》）がすなわち三貴子《さんきし》の実体《じったい》である。「墨江《すみのえ》の三前《みまへ》」とは総見《すみ》であり皇《すみ》である三貴子《さんきし》、三菩提《さんぼだい》が生《う》まれる前提《ぜんてい》としての三神《さんしん》と云《い》うことである。

三貴子《さんきし》の誕生《たんじょう》（三個《さんこ》の範疇《はんちゅう》）

ここ（是《ここ》）に左《ひだり》の御目《みめ》を洗《あら》ひたまふ（ひし）時《とき》に（、）
成《な》りませる神《かみ》の名《みな》は、天照大御神《あまてらすおほみかみ》。
次《つぎ》に右《みぎり》の御目《みめ》を洗《あら》ひたまふ（ひし）時《とき》に（、）
成《な》りませる神《かみ》の名《みな》は、月読命《つき(く)よみのみこと》。
次《つぎ》に御鼻《みはな》を洗《あら》ひたまふ（ひし）時《とき》に（、）
成《な》りませる神《かみ》の名《みな》は、建速須佐之男命《たけはやすさのをのみこと》。

眼鼻《めはな》と云《い》うのは音図《おんず》を人《ひと》の顔《かお》に見立《みた》てた母音《ぼいん》の位置《いち》である。エ言霊《げんれい》（理性《りせい》）を所依根拠《しょえこんきょ》としてこれによって一切種智《いっさいしゅち》、五十音麻邇《ごじゅうおんまに》を処理運営《しょりうんえい》し行《い》く宇宙生命観《うちゅうせいめいかん》の曼荼羅《マンダラ》が天照大御神《あまてらすおほみかみ》の心《こころ》であり姿《すがた》である。これを「天津太祝詞音図《あまつふとのりとおんず》」と云《い》い、八咫鏡《やたのかがみ》と云《い》う。エが中心《ちゅうしん》でオ、ウの二智《にち》は両脇立《りょうわきだち》となる。ウ言霊《げんれい》（現識《げんしき》、感覚《かんかく》）を根底《こんてい》として、これにならって麻邇《まに》を配列《はいれつ》した人生観《じんせいかん》の典型《てんけい》が須佐之男命《すさのをのみこと》の心《こころ》であり姿《すがた》である。これを

イ　エ　ウ　オ　ア

右《みぎり》の眼《め》（夜《よる》之《の》食国《おすくに》）
鼻《はな》（海原《うなばら》）
左《ひだり》の眼《め》（高天原《たかあまはら》）

図表-25｜**眼と鼻**

「天津金木音図《あまつかなぎおんず》」と云《い》い、韓鋤《からさび》の太刀《たち》と云《い》う。この場合《ばあい》はオ、エの二智《にち》が両脇立《りょうわきだち》となる。そしてオ言霊《げんれい》（悟性《ごせい》、経験智《けいけんち》）を根拠《こんきょ》としてこれに基《もと》づいた世界観《せかいかん》の体系《たいけい》が月読命《つくよみのみこと》の姿《すがた》である。然《しか》しこの命《みこと》の音図《おんず》は不明《ふめい》である。月《つき》読《よみ》の正体《しょうたい》は哲学《てつがく》であり実質《じっしつ》は概念《がいねん》であるから麻邇《まに》の曼荼羅《マンダラ》として構成《こうせい》されないと考えることが至当《しとう》である。

いま一《ひと》つ「天津菅麻音図《あまつすがそおんず》」と云《い》うのは結局《けつきょく》は伊邪那岐大《いざなぎのおほ》神《かみ》の衝立船戸神《つきたつふなどのかみ》の音図《おんず》であり、火之迦具突智神《ひのかぐつちのかみ》の図《ず》と考《かんが》えてもよい（図表《ずひょう》1参照《さんしょう》）。

左《ひだり》の眼《め》は日像《ひがた》の鏡《かがみ》である。霊《ひ》すなわち言霊《げんれい》の鏡《かがみ》である。左《ひたり》は霊足《ひたり》であって、「言霊布斗麻邇《げんれいフトマニ》」が成就完成《じょうじゅかんせい》した知慧《ちえ》であり叡智《えいち》である。これを総持《そうじ》（摩尼鉢孥摩《マニハンドマ》）と云《い》い、スメラミコトと云《い》う。統《すべ》る言葉《みこと》すなわち言《げん》霊《れい》の統一体《とういつたい》の義《ぎ》である。

右《みぎり》の眼《め》は月像《つきがた》の鏡《かがみ》である。右《みぎり》は身極《みぎり》であって、色身《しきしん》の活動《かつどう》による経験《けいけん》を綜合組織《そうごうそしき》した知識《ちしき》であり、広《ひろ》い意《い》味《み》での科学《かがく》の姿《すがた》である。

人間《にんげん》はこの左右《さゆう》の眼《め》すなわち二《ふた》つの光明《こうみょう》、すなわち智慧《ちえ》と知識《ちしき》、カントの謂《い》う二種類《にしゅるい》の理性《りせい》に照《て》らされて文《ぶん》明《めい》を建設指導《けんせつしどう》し、そして鼻《はな》（端成《はな》）に当《あた》る先端《せんたん》の知性《ちせい》である感覚《かんかく》を駆使《くし》してその文明《ぶんめい》を運営《うんえい》し、且《か》つ一方《いっぽう》自《し》然物《ぜんぶつ》を創《つく》り変《か》え組立直《くみたてなお》して文明《ぶんめい》の利器《りき》を製造《せいぞう》する。大国主命《おほくにぬしのみこと》は須佐之男命《すさのをのみこと》の天津金木《あまつかなぎ》を以《もつ》てする実際《じっさい》の世界《せかい》の経営者《けいえいしゃ》である。その領有《りょうゆう》する出雲《いづも》の国《くに》を意宇《おう》の国《くに》と云《い》う。オ言霊《げんれい》とウ言霊《げんれい》の国《くに》と云《い》う義《ぎ》である。オウの国《くに》がオエ（意恵《おえ》）の国《くに》すなわちオ言霊《げんれい》とエ言霊《げんれい》の国《くに》となる時《とき》が大国主命《おほくにぬしのみこと》の成道《じょうどう》である（『出雲国風土記《いづものくにふどき》』）。

かれ（此《こ》の時《とき》、）伊邪那岐命《いざなぎのみこと》、大《いた》く歓《よろこ》（歓喜《よろこ》）ばして詔《の》りたまはく、

吾《あ》は子生《みこう》み生《う》みて、生《う》みの終《はて》に、三柱《みはしら》の貴子《うづみこ》（三貴子《みはしらのつづのみこ》）得《え》たりと詔《の》（の）りたまひて、

やがて（即《すなは》ち）そ（其《そ》）の御頸珠《みくびたま》の玉《たま》の緒《を》（玉緒《たまのを》）もゆらに、取《と》り揺《ゆらか》（ゆらか）して、

天照大御神《あまてらすおほみかみ》に賜《たま》ひて詔《の》りたまはく、

汝《な》が命《みこと》は（、）高天原《たかあまはら》を知《し》らせと、ことよ（事依《ことよ》）さして賜《たま》ひき。

かれ（故《かれ》、）そ（其《そ》）の御頸珠《みくびたま》の名《な》を御倉板挙之神《みくらたなのかみ》とまう（謂《まを》）す。

次《つぎ》に月読命《つき(く)よみのみこと》に詔《の》りたまはく、

汝《な》が命《みこと》は夜之食国《よ(る)のお(を)すくに》を知《し》らせと、ことよ（事依《ことよ》）さしたまひき。

次《つぎ》に建速須佐之男命《たけはやすさのをのみこと》に詔《の》りたまはく、

汝《な》が命《みこと》は(、)海原《うなばら》を知《し》らせと、ことよ(事依《ことよ》)さしたまひき

斯《か》くしていよいよ岐美二神《きみにしん》の創造《そうぞう》すなわち修理固成《しゅりこせい》の最後《さいご》の結論《けつろん》に到達《とうたつ》した。オウエの三《みっ》つの知性《ちせい》を代表《だいひょう》する三貴子《さんきし》の思想《しそう》の体系《たいけい》が樹立《じゅりつ》された。初《はじ》め『古事記《こじき》』はウ（天之御中主神《あめのみなかぬしのかみ》）・ア（高御産巣日神《たかみむすびのかみ》）・ワ《わ》（神産巣日神《かみむすびのかみ》）の三音《さんおん》（三言霊《さんげんれい》）から出発《しゅっぱつ》した。この三音《さんおん》はたとえばx・y・zの三《みっ》つの未知数《みちすう》である。この未知数《みちすう》を釈《と》く方程式《ほうていしき》の運算《うんざん》が百神《ひゃくしん》（九十七神《きゅうじゅうななしん》）の操作《そうさ》と経過《けいか》であって、その解《と》けた答《こた》えがオ（月読命《つくよみのみこと》）・ウ（須佐之男命《すさのをのみこと》）・エ（天照大御神《あまてらすおほみかみ》）である。

神道《しんとう》の眼目《がんもく》でありその開眼《かいがん》である天照大御神《あまてらすおほみかみ》、月読命《つくよみのみこと》、須佐之男命《すさのをのみこと》と云《い》う三柱《みはしら》の神《かみ》とは人間自体《にんげんじたい》であるそれぞれの思想内容《しそうないよう》と体系展相《たいけいてんそう》を具備《ぐび》した形而上《けいじじょう》の麻邇《まに》の原理《げんり》であって、単《たん》に日本人《にほんじん》の祖先《そせん》とされる理念的《りねんてき》、神話的《しんわてき》、歴史的存在《れきしてきそんざい》でもなければ、民族《みんぞく》の信仰《しんこう》の対象《たいしょう》としての表象《ひょうしょう》（絵姿《えすがた》）でもない。またその実体《じったい》は人間《にんげん》の心象《しんしょう》に現《あら》われて啓示《けいじ》を与《あた》えて呉《く》れるところの、自己《じこ》から分裂遊離《ぶんれつゆうり》して存在《そんざい》する如《ごと》くに見《み》える超越的《ちょうえつてき》な神秘的《しんぴてき》な神霊或《しんれいある》いは心霊《しんれい》などでもないのである。

「神代《かみよ》のこと幽微《ゆうび》、理《ことわり》に非《あら》ざれば通《つう》せず。」（『日本書紀《にほんしょき》』「跋文《ばつぶん》」清原国賢《きよはらのくにかた》）であって、神道《しんとう》とは布斗麻邇《フトマニ》の道理《どうり》であることを知《し》らず学《まな》ばずして神道《しんとう》を説《と》いても悉《ことごと》く画餅《がべい》に終《お》わる。それが由《よ》って来《く》る所《ところ》の方程式《ほうていしき》の運算《うんざん》である百神《ひゃくしん》の操作《そうさ》を経《へ》ずして、いきなり答《こた》えである三貴子《さんきし》の名《な》だけを取《と》り上《あ》げて担《かつ》ぎ廻《まわ》ったとて意味《いみ》のない

観念《かんねん》の玩弄《がんろう》に過《す》ぎない。惟神《かんながら》の道《みち》であるところの人間精神《にんげんせいしん》の内容《ないよう》と活動《かつどう》の原理《げんり》は百神全体《ひゃくしんぜんたい》の生成運行《せいせいうんこう》そのものであるからである。

この時《とき》、伊邪那岐大神《いざなぎのおほかみ》から三貴子《さんきし》に対《たい》してオウエの三音《さんおん》の性能《せいのう》に従《したが》って、この宇宙世界《うちゅうせかい》を夫々《それぞれ》が分治《ぶんち》すべき領域《りょういき》が定《さだ》められた。天照大御神《あまてらすおほみかみ》は高天原《たかあまはら》を、月読命《つくよみのみこと》は夜之食国《よのをすくに》を、須佐之男命《すさのをのみこと》は海原《うなばら》を統治《とうち》することとなった。高天原《たかあまはら》は叡智《えいち》の世界《せかい》、夜之食国《よるのをすくに》は知識《ちしき》の世界《せかい》、そして海原《うなばら》は現実《げんじつ》の世界《せかい》、産業《うみ》（海《うみ》）の世界《せかい》である。

この三権分治《さんけんぶんち》は前述《ぜんじゅつ》の如《ごと》く三位一体《さんみいったい》をなすものである。そのうち天照大御神《あまてらすおほみかみ》が正位《せいい》に座《ざ》し、月読命《つくよみのみこと》は右《みぎ》、須佐之男命《すさのをのみこと》は左《ひだり》の脇立《わきだち》の形《かたち》となる。月読《つきよみ》とは日《ひ》である天照大御神《あまてらすおほみかみ》に附《つ》属して、その意義《いぎ》を読《よ》み解釈《かいしゃく》すると云《い》うことで、像法末法《ぞうほうまつぼう》の時代《じだい》を通《つう》じて今日《こんにち》まで釈氏《しゃくし》（釈迦牟尼仏《しゃかむにぶつ》）がその役目《やくめ》に任《にん》じて来《き》た。釈《しゃく》は解《ほどく》で、すなわち仏《ほとけ》である。須佐之男《すさのを》とは皇《す》（須《す》）である天照大御神《あまてらすおほみかみ》を佐《たす》（助《たす》）けると云《い》う意味《いみ》である。

三権分治《さんけんぶんち》の領域《りょういき》を地理的《ちりてき》に説《と》いて行《い》ったら判《わか》り易《やす》い。高天原《たかあまはら》は叡智《えいち》の国《くに》、言霊《ことたま》の幸倍《さきは》う国《くに》である惟神《かんながら》の高天原日本《たかあまはらにほん》である。夜之食国《よるのをすくに》は夜見国《よみのくに》（黄泉国《よもつくに》）、或《ある》いは常世《とこよ》の国《くに》で、広《ひろ》く東洋《とうよう》の地域《ちいき》であり、印度《いんど》すなわち大《だい》月氏国《げっしこく》（大宜都姫《おほげつひめ》の国《くに》）であり、中華《ちゅうか》であって、そこから月読命《つくよみのみこと》の学問《がくもん》である古代印度《こだいいんど》哲学《てつがく》、仏教《ぶつきょう》、儒教《じゅきょう》、。キリスト教《きょう》、或《ある》いは回教等《かいきょうなど》の哲学宗教《てつがくしゅうきょう》が発祥《はっしょう》した。海原《うなばら》の地域《ちいき》はヨーロッパであり、近《ちか》くは米大陸《アメリカたいりく》である。此処《ここ》で科学《かがく》と近代産業《きんだいさんぎょう》が発祥《はっしょう》し発達《はったつ》し完成《かんせい》されんとしつつある。

是等《これら》世界《せかい》の精神文明《せいしんぶんめい》、物質文明《ぶっしつぶんめい》は夫々別箇《それぞれべっこ》に偶然《ぐうぜん》に発祥《はっしょう》したわけではない。すべて高天原《たかあまはら》に於《お》ける世界《せかい》の天津日嗣《あまつひつぎ》の指導《しどう》に基《もと》づき、その経綸《けいりん》に係《かか》わる所《ところ》のものである。斯《こ》うした歴史的《れきしてき》な経緯消息《けいいしょうそく》は『第三文明《だいさんぶんめい》への通路《つうろ》』の中《なか》で簡潔《かんけつ》に説《と》いて置《お》いた。今日《こんにち》まで三千年《さんぜんねん》ないし五千年間《ごせんねんかん》この様《よう》に三貴子《さんきし》の三権分治《さんけんぶんち》は世界《せかい》の三《みっ》つの地域《ちいき》に分散割拠《ぶんさんかっきょ》した形《かたち》で発達《はったつ》して来《き》たが、これが本来《ほんらい》の元通《もとどお》りの緊密《きんみつ》な三位一体《さんみいったい》の姿《すがた》、すなわちその初《はじ》め太古神代《たいこかみよ》に於《おい》て然《さも》あった姿《すがた》に復原統合《ふくげんとうごう》される時《とき》が来《き》たのである。

この三貴子分治決定《さんきしぶんちけってい》の時《とき》、伊邪那岐大神《いざなぎのおほかみ》から特《とく》に天照大御神《あまてらすおほみかみ》に対《たい》して御頸珠《みくびたま》の玉《たま》を賜《たま》わって、高天原《たかあまはら》を知食《しろしめ》す天璽《あまつみしるし》とされた。頸《くび》は組霊《くび》と釈《と》かれる。御頸珠《みくびたま》は言霊神麻邇《げんれいしんまに》である。すなわち八坂之勾玉《やさかのまがたま》の五百箇《いほっ》の御統《みすまる》の玉《たま》である。言霊《げんれい》を象徴呪示《しょうちょうじゅじ》した珠玉《しゅぎょく》を緒《お》に貫《つらぬ》いて珠子《ロザリー》として首《くび》に懸《か》ける呪事《じゅじ》が東洋《とうよう》にも西洋《せいよう》にも行《おこな》われている。御倉板挙《みくらたな》は御厨《みくりや》の棚《たな》である。それは天照大御神《あまてらすおほみかみ》が聞召《きこしめ》し知食《しろしめ》す食物《しょくもつ》である言霊《げんれい》を整理《せいり》して棚《たな》の上《うえ》に並《なら》べて置《お》く所《ところ》であって、すなわち五十音図《ごじゅうおんず》のことである。

然《しか》らば伊邪那岐大神《いざなぎのおほかみ》は何故《なぜ》に天照大御神《あまてらすおほみかみ》だけに麻邇《まに》を賜《たま》わって、他《ほか》の二命《ふたみこと》には授《さず》けなかったのだろう。その理由《りゆう》は高天原《たかあまはら》の国日本《くににほん》の朝廷《ちょうてい》だけが人類《じんるい》の精神文明《せいしんぶんめい》の宗家宗源《そうけそうげん》としてこの麻邇《まに》の把持《はじ》、継承《けいしょう》、運営《うんえい》の天職《てんしょく》に任《にん》じ、他《た》の世界《せかい》ではこれを用《もち》いる必要《ひつよう》がなかったからであると云《い》うことが出来《でき》る。また言霊《げんれい》は叡智《えいち》によってのみ運用《うんよう》すべきものであるからでもある。

その他《た》の二《ふた》つの知性《ちせい》は麻邇《まに》を用《もち》いずしてやって行《い》く人類《じんるい》の修業《しゅぎょう》と研究《けんきゅう》の過程《かてい》に於《お》けるものであったから、仏教《ぶっきょう》やキリスト教《きょう》や儒教《じゅきょう》では摩尼宝珠《まにほうじゅ》、マナ、或《ある》いは「結縄の政《けつじょうまつりごと》」などと云《い》う名称《めいしょう》だけは知《し》られているが、その実体《じったい》の伝承《でんしょう》がない。時《とき》にはモーゼの場合《ばあい》に於《お》ける如《ごと》くそれを授《さず》けられた事《こと》もあったが、必要《ひつよう》が終《おわ》るとやがて日本《にほん》に返還《へんかん》されて、その使用《しよう》を中止《ちゅうし》した。「羔羊《こひつじ》シオンの山《やま》に立《た》ちたまふ。」（『新約聖書《しんやくせいしょ》』「ヨハネの黙示録《もくしろく》」第十四章《だいじゅうよんしょう》）とはこの叡智《えいち》エが言霊麻邇《げんれいまに》を執《と》って起《た》ち上《あが》る姿《すがた》である。

然《しか》し『古事記《こじき》』には述《の》べられていないが、月読命《つくよみのみこと》、須佐之男命《すさのをのみこと》にも此《こ》の麻邇《まに》に代《か》わるべきものが与《あた》えられてある。すなわち月読命《つくよみのみこと》に授《さず》けられたものは概念《がいねん》と文字《もじ》（漢字《かんじ》）である。須佐之男命《すさのをのみこと》に授《さず》けられたものは数《かず》の原理《げんり》である。その昔《むかし》、伏羲《ふくぎ》が日本《にほん》に来《き》て神道《しんとう》を学《まな》び、天津金木《あまつかなぎ》の法《ほう》を伝授《でんじゅ》されたと歴史《れきし》に伝《つた》えられるが、その法《ほう》は直接言霊《ちょくせつげんれい》を組立《くみた》てたものではなくて、言霊《げんれい》を数《かず》に置《お》き換《か》えたものであった。すなわち河図洛書《かとらくしょ》である。天津金木《あまつかなぎ》の実際《じっさい》はすなわち易《えき》である、是等《これら》の概念法《がいねんほう》、文字法《もじほう》、数法《すうほう》から東洋《とうよう》の哲学《てつがく》が起《お》こり、数法《すうほう》はやがてヨーロッパの科学《かがく》に発展《はってん》して行《い》った。

（両児島《ふたごのしま》）

以上《いじょう》、八十禍津日神《やそまがつひのかみ》より須佐之男命《すさのをのみこと》までの十四神《じゅうよんしん》を綜合《そうごう》する神々《かみがみ》の宝座《ほうざ》を「両児島《ふたごのしま》、またの名《な》は天両屋《あめのふたや》」

と云《い》う。両《ふた》つとは禍津日《まがつひ》と直毘《なおび》の二《ふた》つであり、また天照大御神《あまてらすおほみかみ》と月読命《つくよみのみこと》、須佐之男命《すさのをのみこと》の二《ふた》つである。その一《いっ》方《ぽう》は整理《せいり》された麻邇《まに》を運用《うんよう》する思想《しそう》であり、他《た》は自由思想《じゆうしそう》、自然思想《しぜんしそう》である。

日《ひ》の少《わく》宮《みや》（永《えい》遠《えん》の創《そう》造《ぞう》）

三貴子《さんきし》の出生《しゅっせい》を以《もっ》て伊邪那岐大神《いざなぎのおほかみ》すなわち岐美二神《きみにしん》の創造《そうぞう》は完了《かんりょう》した。すなわち神道《しんとう》の基礎《きそ》である布斗麻邇《フトマニ》百神《ひゃくしん》の原理《げんり》は完結《かんけつ》した。人類《じんるい》の霊魂《れいこん》、精神《せいしん》に関《かん》する高天原法界《たかあまはらほっかい》の文明《ぶんめい》は斯《かく》の如《ごと》くにして完成《かんせい》された。それは歴史的《れきしてき》には凡《およ》そ一万年《いちまんねん》の昔《むかし》のことであったろう。またこの事《こと》が実現《じつげん》された地理的場所《ちりてきばしょ》は此《こ》の日本本土《にほんほんど》であったかも知《し》れないが、其処《そこ》を高天原《たかあまはら》と云《い》うからには或《ある》いはチベットか、パミール、イランの高原地方《こうげんちほう》であったかも知《し》れない。だがこの事《こと》は然《しか》しまだ資料《しりょう》がないから今《いま》は説《と》けない。この後《のち》この布斗麻邇《フトマニ》は人間《にんげん》が有《あ》らん限《かぎ》り、人類《じんるい》の種《しゅ》が存続《そんぞく》する限《かぎ》り、人間《にんげん》の自我《じが》とは、人類《じんるい》の知性《ちせい》、霊魂《れいこん》とは何《なに》であるかと云《い》うことに関《かん》する完全無欠《かんぜんむけつ》の原理《げんり》として、天壌無窮《てんじょうむきゅう》、万世一系《ばんせいいっけい》の権威《けんい》を発揮《はっき》して変《か》わることがない。この原理《げんり》を体得把握《たいとくはあく》することが仏教《ぶっきょう》で云《い》う無上正覚《むじょうしょうかく》である。

『古事記《こじき》』「神代巻《じんだいのかん》」は以上《いじょう》の百神《ひゃくしん》の原理《げんり》を以《もっ》て終《お》わらず、この後更《のちさら》に「天《あめ》の誓《うけ》ひ」「天之岩戸開《あまのいわとびら》き」「須佐之男命《すさのをのみこと》と櫛名田比売《くしなだひめ》」「大国主神《おほくにぬしのかみ》の経営《けいえい》」「武甕槌神《たけみかづちのかみ》の言向《ことむ》け和《や》はし」「国譲《くにゆず》り」「天孫降臨《てんそんこうりん》」「海《うみ》幸彦《さちびこ》（海佐知毘古《うみさちびこ》）と山幸彦《やまさちびこ》（山佐知毘古《やまさちびこ》）」等々《とうとう》のいきさつが次々《つぎつぎ》に述《の》べられている。これ等《ら》は然《しか》し独立《どくりつ》した別箇《べっこ》の事実《じじつ》ではなく、右《みぎ》の「言霊百神《げんれいひやくしん》」の原理《げんり》を夫々《それぞれ》の時処位《じしょい》の上《うえ》に応用《おうよう》してその稜威《りょうい》を証明《しょうめい》したところの理論的活動《りろんてきかつどう》と発展《はってん》の記録《きろく》である。すべて咒文隠語《じゅもんいんご》を以《もっ》て述《の》べられてあるが、根底《こんてい》である五十音言霊《ごじゅうおんげんれい》、百箇《ひやっこ》の原則《げんそく》を以《もっ》て釈《と》いて行《い》けば、境涯《きょうがい》と気根《きこん》と努力《どりょく》に応《おう》じ、且《か》つ時代《じだい》の進展《しんてん》に応《おう》じて誰《だれ》にでも釈《と》くことが出来《でき》る。云《い》わば布斗麻邇《フトマニ》の応用問題《おうようもんだい》である。元来神道《がんらいしんとう》には秘密《ひみつ》も秘伝《ひでん》もない、人間自体《にんげんじたい》の学《がく》である。そして此《こ》の百神《ひやくしん》の最後《さいご》の証明《しょうめい》であり結論《けつろん》であるものは山幸彦《やまさちびこ》と海幸彦《うみさちびこ》の物語《ものがた》りとして説《と》かれている天津神籬《あまつひもろぎ》、天津磐境《あまついはさか》の原理《げんり》である。この後更《のちさら》に著者《ちょしゃ》が天命《てんめい》を受《う》けたならば、改《あらた》めて神霊《しんれい》の啓示指導《けいじしどう》を蒙《こうむ》って爾後《じご》の『古事記《こじき》』「神代巻《じんだいのかん》」の全部《ぜんぶ》を執筆《しっぴつ》する時《とき》があろうことをみずからに期待《きたい》している。

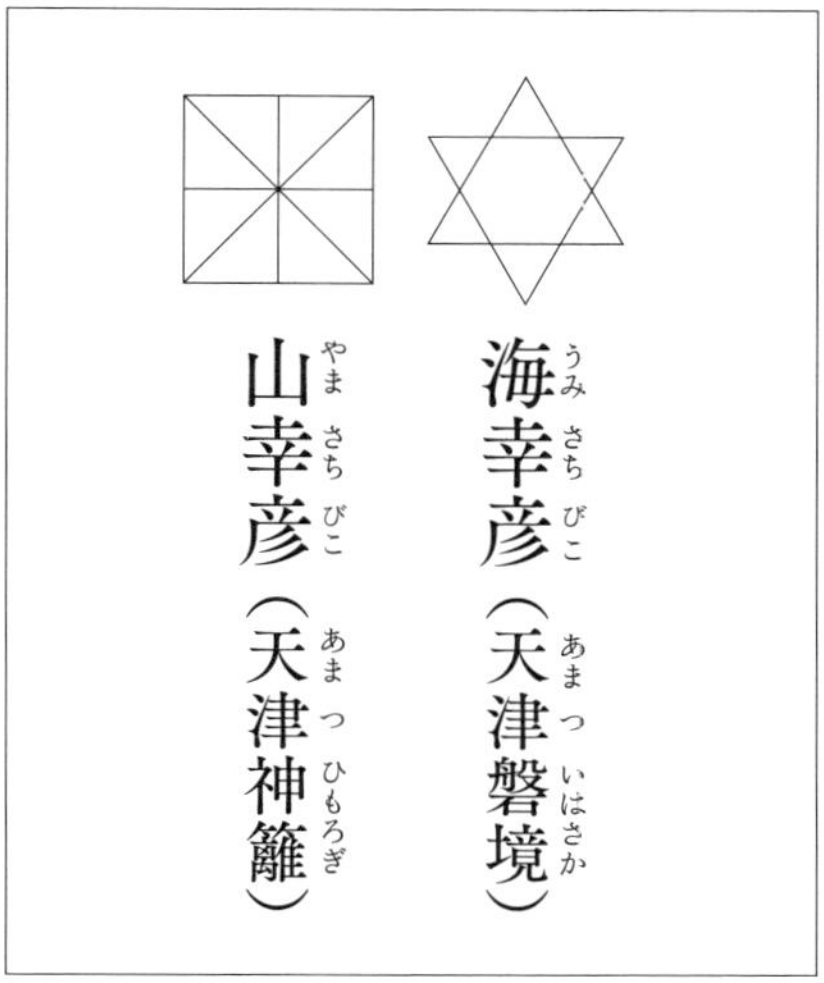

図表-26｜**海幸彦・山幸彦**

岐美二神《きみにしん》の創造《そうぞう》は終《おわ》った。この事《こと》を『日本書紀《にほんしょき》』は斯《こ》う述《の》べている。「是《これ》の後《あと》に伊弉諾尊《いざなぎのみこと》、神功既《かんことすで》に畢《お》へたまひて、霊運当遷《かむあがりましなんとす》、是《ここ》を以《もっ》て幽宮《かくれのみや》を淡路《あはぢ》の州《す》に構《つく》り、寂然《しずかた》長《なが》く隠《かく》れましき。亦曰《またいわ》く、伊弉諾尊《いざなぎのみこと》、功既《ことすで》に至《いた》りぬ。徳亦大《いきほひまたおほ》きなり、是《ここ》に天《あめ》に登《のぼ》りまして、報命《かへりごと》したまふ。仍《よ》りて日《ひ》の少宮《わくみや》に留《とどま》り宅《す》みしまぬ。」神功畢《かんことお》へたまふとは三《さん》貴子《きし》の出生《しゅっせい》のことであり、霊運当遷《かむあがりましなんとす》とは創造《そうぞう》の座《ざ》を去《さ》って天《あめ》に還《か》えることである。淡路《あわじ》の州《す》とはア（吾《あ》）とワ（我《わ》・汝《な》）の間《あいだ》に生《う》まれる御子《みこ》である「言霊《げんれい》布斗麻邇《フトマニ》」の内容《ないよう》の全部《ぜんぶ》を生《う》み終《お》え、整理《せいり》と証明《しょうめい》が完了《かんりょう》して、それがス（洲《す》・皇《す》・静《す》・巣《す》）の姿《すがた》にまとまった形《かたち》であって、伊邪那岐大神《いざなぎのおほかみ》はこの事《こと》を改《あらた》めてその始《はじ》めの先天《せんてん》（天名《あな》）である「天津神諸《あまつかみもろもろ》の命《みこと》」の前《まえ》に報告復命《ほうこくふくめい》された。

この（静《す》）洲《す》の心《こころ》が布斗麻邇《フトマニ》の出発《しゅつぱつ》の心《こころ》であり、そして終局《しゅうきょく》の完成《かんせい》の心《こころ》である。出発《しゅつぱつ》のスは天地《あめつち》の初《はじ》めの無名《むめい》である。終局《しゅうきょく》のスはすべての言葉《ことば》を綜合統一《そうごうとういつ》したスメラギ（皇《すめ》）のスである。伊邪那岐大神《いざなぎのおほかみ》はこの静《す》の心《こころ》の永劫《えいごう》の寂滅《じゃくめつ》の中《なか》に住《す》（宅《す》・澄《す》）み給《たも》うて居《い》られる。此《こ》の寂滅為楽《じゃくめついらく》の世界《せかい》を「日《ひ》の少宮《わくみや》」と云《い》う。日《ひ》は霊《ひ》、少宮《わくみや》は若《わか》（稚《わか》）い宮《みや》であり、アオウエイである。すなわち「一心《いっしん》の霊台《れいだい》、諸神変通《しょしんへんつう》の本基《ほんもと》」（『神道《しんとう》五部書《ごぶしょ》』山崎闇斎記《やまざきあんさいき》）である。それはまた霊《ひ》の湧《わ》く宮《みや》であって、永遠《えいえん》の創造《そうぞう》の根源《こんげん》である。神道《しんとう》で皇祖《すめみおや》と云《い》う場合《ばあい》は伊邪那岐美二神《いざなぎみにしん》を指《さ》し、皇神《すめかみ》と云《い》う場合《ばあい》は天照大御神《あまてらすおほみかみ》を意味《いみ》する。

この講義《こうぎ》は三種《さんしゅ》の神器《じんぎ》の基礎学《きそがく》である「言霊《げんれい》布斗麻邇《フトマニ》百神《ひゃくしん》」の意義《いぎ》を一通《ひととお》り解明《かいめい》した所《ところ》までで止《とど》めて、その先《さき》とその内容《ないよう》の精密《せいみつ》な解明《かいめい》はいずれ神機《しんき》と時期《じき》を待《ま》つこととするが、最後《さいご》に重《かさ》ねて神道研究修練者《しんとうけんきゅうしゅうれんしゃ》に向《むか》って注意《ちゅうい》しなければならぬことは、『古事記《こじき》』、『日本書紀《にほんしょき》』の「神代巻《じんだいのかん》」は必《かなら》ずしも実際《じっさい》の歴史《れきし》ではなくして、国体原理《こくたいげんり》すなわち三種《さんしゅ》の神器《じんぎ》、「言霊《げんれい》布斗麻邇《フトマニ》」の実体《じったい》とその活用《かつよう》と発展《はってん》、すなわち天津日嗣《あまつひつぎ》が経綸《けいりん》する皇《こう》運《うん》の理論的経路《りろんてきけいろ》を説《と》いている道《ロゴス》の教科書《きょうかしょ》であると云《い》うことである。この時神代《ときかみよ》に於《お》ける実際《じっさい》の歴史《れきし》を知《し》るためには『竹内文献《たけうちぶんけん》』、『富士宮下文献《ふじみやしたぶんけん》』、『物部文献《もののべぶんけん》』、『大友《おおとも》ウエツフミ』等々《とうとう》の古文献《こぶんけん》を参照《さんしょう》すべきであり、実際《じっさい》の記録《きろく》と考《かんが》えられる斯《こ》うした輝《かがや》かしい皇運《こううん》の歴史《れきし》のバックボーンであるその皇運《こううん》の指導原理《しどうげんり》すなわち神道《しんとう》原理《げんり》を学《まな》ぶためには『古事記《こじき》』に拠《よ》ったアイウエオ五十音言霊《ごじゅうおんげんれい》を明《あき》らかにしなければならない。

天武天皇《てんむてんのう》はその国体原理《こくたいげんり》を保存《ほぞん》するために『古事記《こじき》』、『日本書紀《にほんしょき》』を編纂《へんさん》せしめ、武烈天皇《ぶれつてんのう》は国史《こくし》の真相《しんそう》を伝《つた》えるために竹内《たけうち》（武内《たけうち》）、物部《もののべ》、大伴《おおとも》、葛城《かつらぎ》、巨勢《こせ》の五大臣《いつおおみ》をして神代《かみよ》の皇統譜《こうとうふ》を秘蔵《ひぞう》せしめたのであった。日本国体《にほんこくたい》を明《あき》らかにするためには武烈《ぶれつ》・天武両帝《てんむりょうてい》の御経綸《ごけいりん》の両面《りょうめん》から究《きわ》めて行《い》くのでなければ正《ただ》しい解決《かいけつ》は得《え》られない。

道《ロゴス》の教科書《きょうかしょ》である『古事記《こじき》』を釈《と》くことは自己《じこ》を釈《と》き、人間《にんげん》の知性《ちせい》すなわち精神的性能《せいしんてきせいのう》を釈《と》き、世界《せかい》と宇宙《うちゅう》の内面《ないめん》を釈《と》き、恒常《こうじょう》の「中今《なかいま》」に活動《かつどう》している生命《せいめい》を釈《と》くことである。そして是等《これら》の問題《もんだい》を我等人類《われらじんるい》の祖先《そせん》が完全《かんぜん》に釈《と》き得《え》て伝《つた》えて下《くだ》さった答《こた》えが「言霊布斗麻邇《げんれいフトマニ》」であり、『古事記《こじき》』はその布斗麻邇《フトマニ》を黙示咒《もくしじゅ》文《もん》の形《かたち》を以《もつ》て残《のこ》し伝《つた》えているのである。すべて自己《じこ》の考《かんが》えの正否《せいひ》を鑑《かんが》みる道《ロゴス》の鏡《かがみ》が『古事記《こじき》』である。これを越《こ》ゆる完全《かんぜん》の鏡《かがみ》は世界《せかい》に存在《そんざい》しない。自己《じこ》の考《かんが》えのすべてを布斗麻邇《フトマニ》に照合《しょうごう》して誤《あやま》りなきを期《き》することが高天原《たかあまはら》に住《す》む人類本然《じんるいほんぜん》の行《ゆ》き方《かた》である。『古事記《こじき》』は永遠《えいえん》に新《あら》たなる生命《せいめい》の奥義書《おうぎしょ》である。

昭和三十八年《しょうわさんじゅうはちねん》八月《はちがつ》　第一稿謄写《だいいちこうとうしゃ》プリント作成《さくせい》
昭和四十四年《しょうわよんじゅうよねん》三月《さんがつ》　本稿擱筆《ほんこうかくひつ》

百神目次《ひゃくしんもくじ》

ツ　大戸日別神《おほとひわけのかみ》……136
テ　天之吹男神《あめのふきをのかみ》……136
ヤ　大屋毘古神《おほやびこのかみ》……137
ユ　風木津別之忍男神《かさげつわけのおしをのかみ》……137
ヰ《ゐ》　大綿津見神《おほわたつみのかみ》……137
ケ　速秋津日子神《はやあきつひこのかみ》……138
メ　速秋津比売神《はやあきつひめのかみ》……138
佐度島《さどのしま》……117 142
ク　沫那芸神《あはなぎのかみ》……140
ム　沫那美神《あはなみのかみ》……140
ス　頬那芸神《つらなぎのかみ》……140
ル　頬那美神《つらなみのかみ》……140
ソ　天之水分神《あめのみくまりのかみ》……141
セ　国之水分神《くにのみくまりのかみ》……141
ホ　天之久比奢母智神《あめのくひざもちのかみ》……141
ヘ　国之久比奢母智神《くにのくひざもちのかみ》……141
大倭豊秋津島《おほやまととよあきつしま》……117 150
フ　志那都比古神《しなつひこのかみ》……143
モ　久久能智神《くくのちのかみ》……143
ハ　大山津見神《おほやまつみのかみ》……144
ヌ　鹿屋野比売神《かやのひめのかみ》（野椎神《ぬつちのかみ》）……145
ラ　天之狭土神《あめのさつちのかみ》……146
サ　国之狭土神《くにのさつちのかみ》……146
ロ　天之狭霧神《あめのさぎりのかみ》……147
レ　国之狭霧神《くにのさぎりのかみ》……147
ノ　天之闇戸神《あめのくらどのかみ》……147
ネ　国之闇戸神《くにのくらどのかみ》……147
カ　大戸惑子神《おほとまどひこのかみ》……148
マ　大戸惑女神《おほとまどひめのかみ》……148
ナ　鳥之石楠船神《とりのいはくすぶねのかみ》……148

巻《かん》末《まつ》

『言霊百神』新装版が刊行された理由

大野靖志

長らく「言霊学《げんれいがく》」を迂闊《うかつ》に説くことは、本書の著者である小笠原孝次氏より固く禁じられていた。それは、言霊の真髄《しんずい》である布斗麻邇《フトマニ》の法《ほう》が、個人・組織の欲望や、国家の一時的な利益のために優先されるものではなく、人類文明の生成発展という公《おおやけ》の世界にあって初めて力を発揮するものだからである。

その布斗麻邇の法は、小笠原氏が晩年に語った内容と共に、すべて言霊神社《げんれいじんじゃ》に封印された。

『言霊百神《げんれいひゃくしん》』の新装版である本書の発行は、この言霊神社の由来と無関係ではない。否、言霊神社が封印の眠りから覚めたことで、言霊麻邇《げんれいまに》の法が再び息を吹き返し、本書と共に世に発動されようとしている。

ここに言霊神社の概要に触れると同時に、「小笠原言霊学」の最晩期《さいばんき》の消息を辿ってみたい。

言霊神社には、刃渡り五十センチの諸刃《もろは》の剣がご神体として祀られている。これは、相手（現象）を裁断《さいだん》すると同時に自分をも斬り捨てる剣である。五十という数字には、日本語の五十音、そして両刃《りょうば》を合わせて言霊百神の意味を持たせてある。

布斗麻邇の法、すなわち日本語五十音の法則を後世に残すため、小笠原氏は、七沢賢治に言霊神社の創設と神剣《しんけん》の製作を命じた。この剣は「言霊の剣」と呼ばれる。小笠原孝次七十八歳、七沢賢治が三十四歳の時であった。

小笠原氏は七沢賢治にこのように語ったという。

「いずれこの法は、テレビのようなものを介して一晩で世界中に伝わることになる。しかし、あなたが五十歳を過ぎてからでないと、そのようなことにはならない。それまでの間、この人類の至宝《しほう》を護るために、言霊神社を創設し、そこに封印する。」

こうして布斗麻邇の法は七沢賢治に相伝《そうでん》され、一九八一年十月、甲府の七沢邸内に言霊神社が設立された。そして、法の開示が七沢に託される。

小笠原氏と七沢の関係は、丁度、禅の師と弟子の関係と同じであった。常に一対一で対峙《たいじ》するこの接心修《せっしんしゅ》行《ぎょう》は、幡ケ谷の小笠原邸で七年間ほぼ毎日続いた。学びを共にする多くの者たちが出入りを重ねる中、最後に残ったのは七沢唯一人であった。

言霊神社ができた後、七沢邸には小笠原氏の寝室も用意されていた。最後は叶わなかったが、小笠原氏は、七沢邸を終《つい》の棲家《すみか》と考えていたようだ。小笠原氏がそれまでに書き溜めた原稿や、所有していた書籍、印刷物はすべて七沢賢治の義弟に引き継がれた。

その後、布斗麻邇の真髄《しんずい》は、小笠原氏の予言通り言霊神社に眠り続けた。小笠原氏のかつての教えや著作物の一部が紹介されることはあったが、表面上の意味をなぞっただけのものに過ぎず、人類生命の根源的実在に迫ろうというものではなかった。しかし、それでよかったのである。

七沢は師から次のように厳命《げんめい》されていた。

「(言霊の法則が)最先端の自然科学的分析により実証されるまでは、努々《ゆめゆめ》これを表に出してはならない」

と。

機が熟すのをただ待っていたわけではない。七沢の頭に常にあったのは、人類の行く末と布斗麻邇の科学的運用方法であった。と同時に、「言霊学」そのものより一層の探求も忘れなかった。

それは、ある意味、自身が継承した伯家神道《はっけしんとう》の修行と表裏一体の関係にあり、言霊の真理を掴《つか》むことは、同時に古神道の原理を掌握《しょうあく》することでもあった。逆もまた然りである。言霊接心の後、伯家神道の修行に更に七年の歳月《さいげつ》が費《つい》やされた。

それにより、七沢個人の世界において法体系の整理は一応の完成を見た。しかし、それは主観的な獲得であり、誰にでも掴めるものではない。別の言い方をすれば、いわゆる体感《たいかん》や頓悟《とんご》の世界を含むものであって、直観的ではあるが科学的ではないのである。

こうした悟りの後に飛び込んだ世界は、ソフトウェアの開発分野であった。日米を跨《また》ぐ政府のプロジェクトに参画《さんかく》し、一時は大きな富の形成もあったが、そのすべてを残らず知の統合システムの研究と開発に注ぎ込んだ。そして、日本語一音一音の整理に取り組んだ。

それは、後に日本語という特定言語の発信技術を生むこととなった。いくつかの変換プロセスを実験した後、最終的に日本語の一音一音、すなわち言霊の周波数がデジタル的に特定できることがわかったのである。これはアナログからデジタルへの大いなる飛躍《ひやく》であった。この大転換により、コンピュータによる解析《かいせき》と連動が可能となった。

こうして、ついに言霊学、伯家神道、ソフトウェアの世界が、デジタルシステムとして統合された。それはまさに、小笠原氏の預言《よげん》の実現であり、インターネットを通して言霊の本質が瞬時《しゅんじ》に伝わる時代の到来ともいえる。

そして、一九八一年から三十二年の年月を経て、言霊神社の封印は解かれ、二〇一三年十月をもって再度立ち現われることとなった。本書の刊行が企図《きと》されたのは、まさにその時期であった。まるで、百神と小笠原氏に動かされたかのようである。

こうして、本書は刊行された。『言霊精義』、『言霊開眼』の新装版がこれに続く予定である。日本文化の源泉《げんせん》であり人類の羅針盤《らしんばん》となる本書は、読んでもそのまま意味の通じるものではない。自我《じが》の領域を超えた人類共通の基盤《きばん》に立って初めてわかるものである。その基盤の発見が、読者に新たな生命を吹き込むことだろう。

二〇一四年六月一日　八ヶ岳南麓にて

大野靖志（おおのやすし）
宗教・科学ジャーナリスト。別ペンネームにて代替医療・精神世界系専門誌に執筆多数。国内大手企業、中堅出版社勤務を経て、現在は執筆業に専念。世界各国の宗教と民間伝承を研究後、七沢賢治氏より伯家神道と言霊学を学ぶ。
著書『言霊はこうして実現する～伯家神道の秘儀継承者・七沢賢治が明かす神話と最先端科学の世界』（文芸社二〇一〇年）

監修者あとがき

七沢賢治

この度、ここに『言霊百神』新装版が発刊されることを、誠に嬉しく思う次第である。新装版の制作に協力していただいた方々に、衷心《ちゅうしん》より改めて感謝の意をお伝えしたい。

『言霊百神』（東洋館出版社）は、昭和四十四年に刊行され、爾後《じご》言霊学を志《こころざ》す者たちの「指月《しげつ》の指《ゆび》」として、知る人ぞ知る啓発の書となった。それ以上の話題は特になく、歴史の片隅《かたすみ》に埋もれたまま、消え失せるかに見えた。が、その実は、日本語の神たちが小笠原孝次という媒介《ばいかい》を通じて開示した、人類のための偉大な教典であった。

今も当時の思い出が蘇《よみがえ》る。小笠原先生には常に限《ぎ》り限《ぎ》りの精神状態にお付き合いいただいた。六畳一間という狭い空間で、二人きりの七年間に及ぶ言霊接心《せっしん》は、邪心《じゃしん》の僅《わず》かの発動も許されぬ真剣勝負であった。寒《かん》暑苦楽《しょくらく》の身体的な揺らぎは許されても、真理体認《たいにん》の覚悟を忘れることは一瞬も許されなかった。

現代にこのようなスタイルがどこまで通用するのかはわからない。しかし、少なくともあの時の魂から魂への永遠の活きた教えが、活字として本書に現れていることは確かである。あとは読む者がそれをどう捉《とら》えるかである。その識閾《しきいき》を広げる手段は既に開発してある。

三十年は掛からないであろうという先生の言葉に反して遅れてしまった。しかし、やっと待ちに待った小笠原先生との約束の時が到来した。

「小笠原孝次先生、言霊百神を宇宙に向かって発信します。」

願わくば、読者の皆様に人類の至宝麻邇《しほうまに》が届かんことを。

二〇一四年六月一日　山梨県甲府市　言霊神社にて

（『言霊百神』初版出版日　一九六九年六月一日から四十五年目の日）

参考文献一覧

本書刊行にあたって参照した文献を掲載しています。

本文中にて言及されている文献

【古事記】

『古事記』幸田成友校訂（岩波書店 一九二七年）
（以上は著者が参照したと思われる文献です。詳しくは本書巻頭の凡例をご一読ください）
『訂正古訓古事記』本居宣長訓・小野田光雄解説（勉誠社 一九八一年）
『古事記』幸田成友校訂（岩波書店・改訂版 一九三七年）
『古事記』幸田成友校訂（岩波書店・改正版 一九四三年）
『古事記 祝詞』倉野憲司・武田祐吉校注（岩波書店 一九五八年）
『校注古事記』武田祐吉校注（角川書店 一九五六年）
『古事記注釈』西郷信綱校注（平凡社 一九七五年）
『新版古事記』中村啓信訳注（角川文庫 二〇〇九年）
『古事記事典』尾畑喜一郎編（桜楓社 一九八八年）

『国史大系 古事記・先代旧事本紀・神道五部書』黒板勝美編（吉川弘文館 一九六六年）
『朗読のための古訓古事記』岸本弘編（三光社出版印刷 二〇一一年）
『ことばで聞く古事記 上巻「古事記に親しむ」より』佐久間靖之編集（青林堂 二〇一二年）
『日本古典文学全集1 古事記 上代歌謡』荻原浅男・鴻巣隼雄校注（小学館 一九七三年）

【日本書紀】 掲載頁（以下同）：6、23、26、28、29、30、44、51、59、75、79、80、84、87、88、101、109、167、187、208、210、227、237、239、240、254、289、295、296、297頁
『新編日本古典文学全集 日本書紀』（全三冊）小島憲之校注（小学館 一九九四年）
『日本書紀』坂本太郎・家永三郎・井上光貞・大野晋校注（岩波書店 一九九三年）

【続日本紀】 17頁
『続日本紀 全現代語訳』（上中下）宇治谷孟著（講談社 一九九五年）

【神道五部書】 38、52、253頁
『国史大系 古事記・先代旧事本紀・神道五部書』黒板勝美編（吉川弘文館 一九六六年）に所収

【出雲国風土記】 288頁
『出雲国風土記』荻原千鶴著（講談社 一九九九年）

【徒然草諸抄大成】 152頁
『徒然草諸抄大成』吉田兼好著・浅香久敬輯・吉沢義則撰（立命館出版部 一九三一年）

【ウエツフミ】 31、40、196、296頁
『完訳 上つ記』（上下）吉田八郎訳・著（八幡書店 一九九一年）

【竹内文献】31、60、75、196、209、240、283、296頁
『縮刷版 定本 竹内文献』武田崇元監修・編集（八幡書店二〇一六年）
【富士宮下文献】296頁
『神皇紀（宮下文書／富士古文献）：大正十年刊 Kindle 版』三輪義熙著（デジタルアーカイバー二〇一九年）
【物部文献】296頁
『秋田「物部文書」伝承』進藤孝一著（無明舎出版二〇一六年）
【万葉集】202頁
『万葉集』（全五冊）佐竹昭広・山田英雄・工藤力男・大谷雅夫・山崎福之校注（岩波書店二〇一五年）
【古今和歌集】196頁
『古今和歌集』佐伯梅友校注（岩波書店一九八一年）
【延喜式】273頁
『延喜式祝詞（付）中臣寿詞』粕谷興紀註解（和泉書院二〇一三年）
【神話 解釈学的考察】97頁
『神話 解釈学的考察』高坂正顕著（岩波書店一九四〇年）
【聖書】32、45、50、82、84、98、112、121、130、149、157、199、214、230、231、238、239、245、253、264、273、274、277、284、292頁
『文語訳 舊新約聖書』（日本聖書協会一八八七年）
『口語訳（旧約聖書＋新約聖書）＋文語訳（旧約聖書＋新約聖書）』（日本聖書協会）
『文語訳 旧約聖書Ⅰ 律法』（岩波書店二〇一五年）

『文語訳新約聖書 詩編付』（岩波書店 二〇一四年）
【老子】 44、47、81、144、149、154、155、281頁
『老子』 蜂屋邦夫訳注（岩波書店 二〇〇八年）
『老子』 福永光司訳注、吉川幸次郎監修（朝日新聞社 一九九七年）
『老子』 小川環樹訳注（中央公論新社 一九九七年）
『老子』 金谷治訳注（講談社 一九九七年）
『タオ 老子』 加島祥造著（筑摩書房 二〇〇六年）
【易経】 151頁
『易経』（全二冊） 高田真治・後藤基巳訳（岩波書店 一九六九年）
『易 中国古典選』 本田済著（朝日新聞社 一九九七年）
【大学】 48、256頁
『大学・中庸』 金谷治訳注（岩波書店 二〇〇三年）
【中庸】 88頁
『大学・中庸』 金谷治訳注（岩波書店 二〇〇三年）
『中庸』 宇野哲人訳注（講談社 一九八三年）
【礼記】 66頁
『礼記（中国古典新書）』 下見隆雄著（明徳出版社 二〇一一年）
【離騒】 97頁
『中国の古典20 楚辞』 黒須重彦訳（学習研究者 一九八二年） などに所収

【歎異抄】 47、87頁
『歎異抄』金子大栄校注（岩波書店 一九三一年）

【無門関】 17、47、66、253頁
『無門関』西村恵信訳注（岩波書店 一九九四年）
『無門関を読む』秋月龍珉著（講談社 二〇〇二年）

【槐安国語】 46、176頁
『訓注槐安国語』道前慈明訓注（禅文化研究所 二〇一六年）

【法華経】 18、32、60、67、80、81、82、86、93、113、128、130、161、172、247、254、262頁
『法華経』（全三冊）坂本幸男・岩本裕訳注（岩波書店 一九六二年）

【無量寿経】 130、262頁
『浄土三部経』（全二冊）中村元・早島鏡正・紀野一義訳注（岩波書店 一九六三年）、『大乗仏典』（第六巻）山口益・桜部健・森三樹三郎訳（中央公論社 一九七六年）などに所収

【阿弥陀経】 81、96、161頁
『浄土三部経』（全二冊）中村元・早島鏡正・紀野一義訳注（岩波書店 一九六三年）、『大乗仏典』（第六巻）山口益・桜部健・森三樹三郎訳（中央公論社 一九七六年）などに所収

【観無量寿経】 88頁
『浄土三部経』（全二冊）中村元・早島鏡正・紀野一義訳注（岩波書店 一九六三年）、『大乗仏典』（第六巻）山口益・桜部健・森三樹三郎訳（中央公論社 一九七六年）などに所収

【涅槃経】 81頁

『傍訳 仏教経典大鑑』 渡辺宝陽監修（四季社二〇一一年）などに所収

【般若心経】 48、49、87、253頁
『傍訳 仏教経典大鑑』 渡辺宝陽監修（四季社二〇一一年）などに所収

【華厳経】 262頁
〈『華厳経』『楞伽経』現代語訳 大乗仏典5〉 中村元著（東京書籍二〇〇三年）などに所収

【声字実相義】 155、164頁
『空海コレクション』（全四冊） 空海著、宮坂宥勝監修（筑摩書房二〇〇四年）などに所収

【般若心経秘鍵】 81頁
『空海コレクション』（全四冊） 空海著、宮坂宥勝監修（筑摩書房二〇〇四年）などに所収

【大毘盧遮那経】 154頁
『密教経典 大日経・理趣経・大日経疏・理趣釈』 宮坂宥勝訳注（講談社二〇一一年）などに所収

【仏説観普賢菩薩行法経】 131頁
『④法華部二 新国訳大蔵経』 多田孝正・多田孝文校注（大蔵出版一九九七年）などに所収

【ファウスト】 188、228頁
『ファウスト・森鷗外全集』（第十一巻） ゲーテ著、森鷗外訳（筑摩書房一九九六年）
『ファウスト』（全二冊） ゲーテ著、相良守峯訳（岩波書店一九九一年）など

【エチカ】 23頁
『エチカ』（全二冊） スピノザ著、畠中尚志訳（岩波書店一九五一年）など

【岩波哲学辞典】56頁
『岩波哲学辞典』 宮本和吉等編 (岩波書店 一九二五年)

その他の文献

『本居宣長全集』 第八巻 本居宣長著・大久保正編 (筑摩書房 一九七二年)
『古事記伝』 (全四冊) 本居宣長撰・倉野憲司校訂 (岩波書店 一九四〇年)
『本居宣長』 (全二冊) 小林秀雄著 (新潮社 一九九二年)
『本居宣長 古事記伝を読む』 (全四冊) 神野志隆光著 (講談社 二〇一一年)
『本居宣長 FOR BEGINNERS』 中島誠著、清重伸之絵 (現代書館 一九九六年)
『神道事典』 國學院大學日本文化研究所編 (弘文堂 一九九四年)
『神代の万国史』 竹内義宮編著 (宗教法人皇祖皇太神宮 一九七〇年)
『神霊正典』 矢野シン編 (神政龍人会 一九六四年)
『山崎闇斎の世界』 田尻祐一郎著 (ぺりかん社 二〇〇六年)
『昭和新纂國譯大藏經』 經典部第六巻 昭和新纂國譯大藏經編輯部 (東京 大法輪閣 二〇〇九年)
『浄土真宗聖典 (注釈版) 第二版』 教学伝道研究センター編 (本願寺出版社 一九八八年)
『浄土真宗聖典 (注釈版) 七祖篇』 教学伝道研究センター編 (本願寺出版社 一九九六年)
『修養大講座 (従容録)』 (第十巻) 加藤咄堂著 (平凡社 一九四一年)
『教行信証』 親鸞著、金子大栄校注 (岩波書店 一九五七年)

『碧巌録』（全三冊）入矢義高・溝口雄三・末木文美士・伊藤文生訳注（岩波書店一九九七年）
『碧巌録提唱』（全三冊）西片擔雪著（明日香塾二〇〇九年）
『臨済録』入矢義高訳注（岩波書店一九九一年）
『維摩経講話』鎌田茂雄著（講談社一九九〇年）
『維摩経』石田瑞麿訳（平凡社一九六六年）
『改版維摩経』長尾雅人訳（中央公論新社一九八三年）
『維摩経をよむ』菅沼晃著（日本放送出版協会一九九九年）
『正法眼蔵』（全四冊）道元著、水野弥穂子校注（岩波書店一九九〇年）
『景徳伝灯録』（四巻）入矢義高監修、景徳伝灯録研究会編（禅文化研究所一九九七年）
『禅語録』柳田聖山編（中央公論新社一九七八年）
『禅語百選』松原泰道著（祥伝社一九八五年）
『禅家語録Ⅱ』西谷啓治・柳田聖山編（筑摩書房一九七四年）
『仏教経典の世界 総解説』（自由国民社一九九八年）
『芸術と宗教』佐々木徹著（一燈園燈影舎一九九四年）
『出家とその弟子』倉田百三著（岩波書店一九六二年）
『おくのほそ道』（全）松尾芭蕉著（角川書店二〇〇一年）
『芭蕉おくのほそ道』松尾芭蕉著、萩原恭男校注（岩波書店一九七九年）
『神曲地獄』（上）ダンテ著、山川丙三郎訳（岩波書店一九五二年）
『神曲ダンテ』ダンテ著、平川祐弘訳（河出書房新社一九九二年）

『神曲地獄篇』ダンテ・アリギエーリ著、寿岳文章訳（集英社 一九七四年）
『五十音圖の歴史』山田孝雄著（宝文館出版 一九三八年）
『五十音図の話』馬淵和夫著（大修館書店 一九九三年）
『言霊研究入門』小寺小次郎著（八幡書店 一九九八年）
『大祓に秘められたる純粋日本学講義』武智時三郎著（八幡書店 二〇一〇年）
『第三文明への通路』小笠原孝次著（第三文明会 一九六四年）
『古事記解義 言霊百神』小笠原孝次著（東洋館出版社 一九六九年）
『世界維新への進発』小笠原孝次著（第三文明会 一九七五年）
『言霊精義』小笠原孝次著（第三文明会 一九七七年）
『言霊百神』（新装版）小笠原孝次著、七沢賢治監修（七沢研究所 二〇一四年）
『言霊精義』（新装版）小笠原孝次著、七沢賢治監修（七沢研究所 二〇一五年）
『言霊開眼』（新装版）小笠原孝次著、七沢賢治監修（七沢研究所 二〇一五年）
『言霊設計学』七沢賢治著（ヒカルランド 二〇一二年）
『言霊はこうして実現する』大野靖志著（文芸社 二〇一〇年）
『白川学館入門講義資料 白川学館入門講義集』一般社団法人入門講座テキスト編集委員会編（一般社団法人白川学館 二〇一五年）

著者

小笠原孝次 おがさわら こうじ

1903年　東京都に生まれる。
1922年　東京商科大学（現在の一橋大学）にて、
吹田順助氏よりドイツ文学ドイツ哲学を学ぶ。
1924年　一灯園の西田天香氏に師事し托鉢奉仕（常不軽菩薩の行）を学ぶ。
1932年　矢野祐太郎氏（元海軍大佐）および夫人の矢野シン氏と共に
『神霊密書』（神霊正典）を編纂。
1933年　大本教の行者、西原敬昌氏の下でテレパシーと鎮魂の修行を行う。
1936年　山腰明將氏（元陸軍少佐）が主催する秘密結社「明生会」の門下生となる。
明治天皇、昭憲皇太后が宮中で研究していた「言霊学」について学ぶ。
1950年　言霊・数霊研究家の武智時三郎氏より言霊研究のアドバイスを受けると共に
同氏の研究を受け継ぐ。
1954年　「皇学研究所」を設立。
1961年　「日本開顕同盟」（発起人 葦津珍彦氏、岡本天明氏ほか）の
主要メンバーの一人として活動。
1963年　「ヘブライ研究会」を設立。
1964年　合気道創始者の植芝盛平氏より「武道即神道」（言霊布斗麻邇）の学問的研究
の提携を依頼される。
1965年　「ヘブライ研究会」を「第三文明会」に発展。
1975年　72歳の誕生日当日に「言霊学」の後継者となる七沢賢治が来訪する。
以降「言霊学」を七沢賢治に継承伝授。
1981年　「布斗麻邇の法」を奉戴するため七沢賢治氏に「言霊神社」創設を命ずる。
七沢賢治氏との連盟で山梨県甲府市に「言霊神社」創建。
「布斗麻邇の法」の継承と「科学的運用方法の研究」を七沢賢治氏に遺言。
1982年　79歳にて帰幽。

［ **著書** ］

・『言霊百神』新装版（和器出版 2016年）
・『言霊精義』新装版（和器出版 2016年）
・『言霊開眼』新装版（和器出版 2016年）
・『神道から観た仏教三部書』（和器出版 2016年）
・『神道から観たヘブライ研究三部書』（和器出版 2017年）
・『龍宮の乙姫と浦島太郎』（七沢賢治氏との共著 和器出版 2017年）
など

監修者

七沢賢治　ななさわ けんじ

1947年　山梨県甲府市に生まれる。
1972年　早稲田大学卒業。
言語学者であり、宗教研究者でもあった東京外国語大学アジアアフリカ言語文化研究所教授（当時）の奈良毅氏に師事。言語学、世界の宗教を実践的に学ぶ。
1975年　国会図書館で『言霊百神』と出会い強い感銘を受ける。
その場で著者の小笠原孝次氏に電話、その日の内に氏の御宅を訪ねる。
（その日は奇しくも小笠原孝次氏の72歳の誕生日にあたっていた）
以来、1982年までの7年間に渡り対面参学し「言霊学」の奥伝を受ける。
1978年　大正大学大学院文学研究科博士課程修了（宗教学）。
1981年　小笠原孝次氏より「言霊神社」創設の命を受け小笠原孝次氏との連盟で山梨県甲府市に「言霊神社」を創建し「布斗麻邇の法」を奉戴。
1982年　白川伯王家伝の継承者、高濱浩氏に入門。
1989年までの7年間に渡り「おみち」修行を受け全階梯を修了。
十種神寶御法を口授される。
2010年　白川伯王家伝の継承者として「一般社団法人白川学館」を創設。
2013年　小笠原孝次氏の御遺言に従い「言霊大学校」を開講。
2014年　和学研究への助成を目的とした「一般財団法人和学研究助成財団」を創設。
2020年　neten株式会社 代表取締役会長、一般社団法人白川学館 代表理事、一般財団法人和学研究助成財団 代表理事などを務める。

［ **著書・監修書** ］

・『言霊設計学』（ヒカルランド 2012年）
・『なぜ、日本人はうまくいくのか?』（文芸社 2012年）
・『龍宮の乙姫と浦島太郎』（小笠原孝次氏との共著 和器出版 2017年）
・『言霊百神』新装版（監修 和器出版 2016年）
・『言霊開眼』新装版（監修 和器出版 2016年）
・『言霊精義』新装版（監修 和器出版 2016年）
・『言霊学事始』（監修 和器出版 2016年）
・『神道から観た仏教三部書』（監修 和器出版 2016年）
・『神道から観たヘブライ研究三部書』（監修 和器出版 2017年）
・『ウォーターデザイン』（和器出版 2018年）
・『七澤賢治 講話選集一 祓い』（和器出版 2021年）
・『七澤賢治 講話選集二 鎮魂』（和器出版 2021年）
・『七澤賢治 講話選集二 言霊』（和器出版 2021年）
など

謝辞

本書の企画、編集、編集補助には、次の諸氏の協力を得た。ここに謹んで謝意を表する。

岩田伊知郎　岩原由美子　斉藤亘弘　櫻井慎也　佐々木貴子
佐藤志保　種池奈美　七沢清仁　七沢智樹　能澤壽彦
松浦正典　望月正　（五十音順・敬称略）

古事記解義
言霊百神［新装版］

2014年 6 月 1 日 第一版発行（株式会社七沢研究所）
2015年 5 月 1 日 第二版発行（株式会社七沢研究所）
2016年 6 月 1 日 第三版発行
2023年12月27日 第四版四刷発行

著　者　小笠原孝次
監　修　七沢賢治

発行者　佐藤大成
発行所　和器出版株式会社
住　所　〒150-0001 東京都渋谷区神宮前3-14-15 石崎ビル202
電　話　03-5213-4766
URL　https://wakishp.com
E-Mail　info@wakishp.com

ブックデザイン　薮内新太　松沢浩治
印刷製本　モリモト印刷株式会社

ISBNコード 978-4-908830-01-3
※定価は裏表紙に表示してあります。

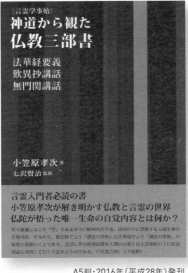